# 하얀 지평선

# 하얀 지평선

장순근

秀文出版社

# 하얀 지평선 · 차례

## 제2장 나의 남극일기

# 머 리 말

남극이 "남쪽의 알려지지 않은 땅(Terra Australis Incognita)"으로 인간의 머리 속에 자리잡은 것은 기원 전의 일이다. 그러나 남극의 실체가 알려진 것은 19세기 초 용기있는 물개잡이 선장과 제정 러시아의 남극탐험대에 의해서이다. 이후 많은 사람들이 미지에 싸인 남극의 신비에 도전했다. 드디어 1911년 12월 노르웨이의 아문젠은 인류 최초로 남극점 도달에 성공했다. 그보다 한 달 늦게 영국의 스코트 일행도 도달했으나 돌아오다가 5명 전원이 조난당하는 비극을 맞게 된 것은 우리 모두 잘 아는 유명한 영웅적 탐험이야기들이다.

이후 국제지구물리관측년도인 1957~1958년부터 남극은 국적, 이념, 종교, 피부색을 넘어선 인류공동연구의 장이 되면서 그 신비를 서서히 드러내 보이고 있다. 지금은 20여 개 국가가 40개가 넘는 상주기지와 30여 개의 하계기지 등에서 남극을 연구하는 시대에 들어와 있다. 시간이 감에 따라 남극에 관한 국제적 관심은 고조되고 있다.

이들의 노력으로 남극은 98퍼센트가 평균 두께 2,160미터의 얼음으로 덮인 한반도의 60배가 넘는 거대한 대륙임이 밝혀졌다. 나아가서 남극은 지질시대의 신비를 밝힐 수 있고 현재 일어나고 있는 지구 환경의 변화를 밝힐 수 있는 단서를 제공하고 있다. 그러나 아직도 남극의 과학적 신비는 대부분이 베일에 싸여 있다. 최근에는 남극의 자연환경을 보호하자는 쪽으로 국제적인 여론이 기울고 있다.

우리나라는 1978~1979년 남빙양의 크릴을 시험 조업하면서 남극에 관심을 보였다. 이후 1985년 11~12월에는 한국 남극관측탐험단이 조직되어 남극최고봉을 등정했으며 1986년 11월에는 남극조약에 가입했다. 이듬해 4~5월에는 한국 남극기지 후보지 답사가 있었으며 드디어 1988

년 2월 17일에 서남극 남 쉐틀란드군도의 킹 조지섬에 우리나라 최초의 남극기지인 세종기지를 준공하게 되었다. 이후 매년 대한민국 남극과학연구단이 조직되어 연구를 수행하고 있다. 따라서 우리나라도 남극의 과학적 연구에 돌입하게 된 것이다.

한국 남극관측탐험때부터 남극활동에 참여하고 있는 필자는 남극의 자연환경과 인간의 활동을 소개할 필요를 느껴왔다. 그러나 망설이던 중 다행히 산악도서출판사인 수문출판사(秀文出版社)에서 필자로 하여금 글을 쓸 용기를 갖게 했다.

이 글은 남극에 대한 단순한 흥미위주이기보다는 상당부분은 읽고 생각하는 내용으로 쓰려고 노력하였다.

필자로 하여금 남극연구에 참여케하는 직접적인 동기가 된 1985년 11~12월에 걸친 한국 남극관측탐험단을 조직한 윤석순(尹碩淳) 단장님과 필자로 하여금 한국남극활동에 참여한 기회를 준 한국해양연구소 당국과 극지연구에 참여하는 연구원들에게 깊은 감사를 드린다. 나아가서 이 글을 쓰도록 권유한 홍석하(洪錫夏) 대장님과 졸문이 빛을 보게 한 수문출판사 이수용(李秀用) 사장님께 깊은 감사를 드린다.

1990년 10월 20일
필자 장순근

# 제1장
# 남극(南極)의 모든 것

# 1. 남극의 자연

## 지리상의 특색

남극은 지구의 자전축이 남쪽에서 지면과 만나는 남극점을 중심으로 한 거대한 대륙이다. 두께 2백~9백미터의 얼음으로 덮인 대륙붕인 빙붕을 포함하여 면적은 1,360만 제곱킬로미터에 달한다. 이는 한반도의 62배, 미국과 멕시코를 합친 면적, 또는 중국과 인도를 합한 정도의 면적으로 세계에서 아시아, 아프리카, 북미, 남미에 이어 5번째 크기의 대륙이다. 평균고도는 2천3백미터가 넘어서 2위인 아시아의 8백미터보다 훨씬 높다.

본초자오선과 경도 180°의 동쪽을 동남극, 서쪽을 서남극이라 하기도 하며, 남극대륙을 동경 160°에서 로스빙붕의 서쪽을 지나 남위 85°, 서경 90°까지를 잇는 높이 3천~3천5백미터의 남극횡단산맥의 동쪽을 큰 남극(Bigger Antarctica), 서쪽을 작은 남극(Lesser Antarctica)으로 부르기도 한다.

동남극이 서남극보다 더 넓고 더 높으며 더 춥고, 얼음이 더 두껍다. 남극의 최고봉은 서남극에 위치한 빈슨 매시프(Vinson Massif)로서 5,140미터에 이른다.

남극은 동남극, 남극횡단산맥, 서남극, 남극반도 등으로 크게 구분하기도 한다. 남극반도의 해안선은 대단히 복잡하며, 섬은 주로 남극반도 서쪽에 발달하여 있다.

남극대륙의 약 98퍼센트는 일년내내 평균두께 2,160미터의 얼음으로 덮여 있으며 가장 두꺼운 곳은 남위 69° 54′, 동경 135° 12′으로 4,776미터가 된다. 따라서 동남극 특히 동경 100°~150°, 남위 80°까지는 해

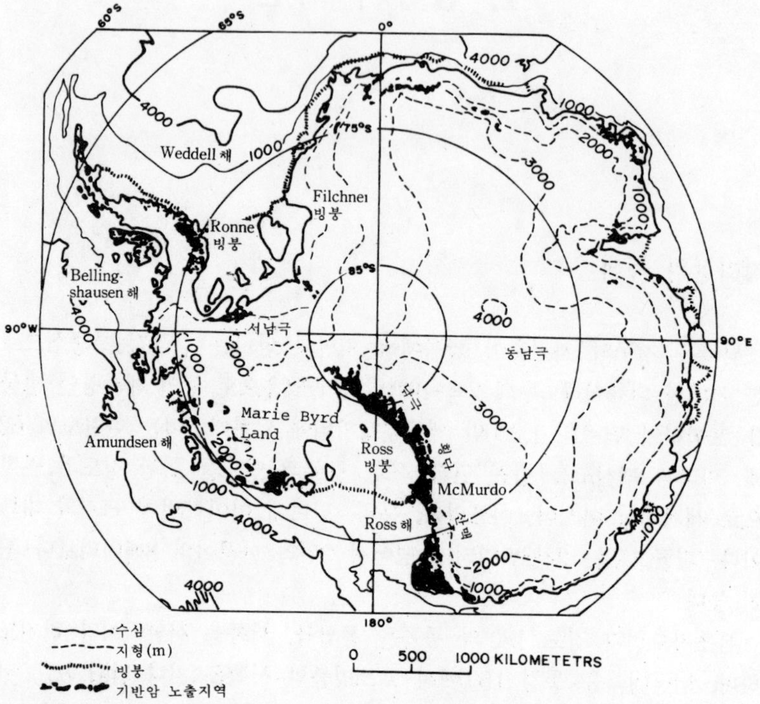


**남극대륙 (검은 부분은 여름에 기반암이 노출되는 곳)**

면 이하로 얼음이 발달되어 있으며 서남극의 대부분도 해면 아래로 얼음이 발달되어 있다.

얼음 때문에 남극기반암은 6백미터 정도 눌려 있다. 이 얼음이 다 녹는다면 전세계의 해면이 약 70미터 정도 상승하게 되며, 인류거주지의 대부분이 물에 잠기게 될 것이다.

남극의 얼음이 다 녹을 경우 '큰 남극', 특히 서경 30°~동경 100°까지와 남극횡단산맥은 육지로서 대륙으로 남을 것이지만 '작은 남극'은 몇 개의 섬으로 될 것이다. 얼음이 없어지면 기반암은 상승해서 평균고도가 1천미터 정도는 될 것으로 생각된다.

남극의 약 2퍼센트에 해당하는 27~28만 제곱킬로미터는 남극의 여름(12월~3월)에 눈이 녹아서 흙과 바위가 노출된다.

남극도 보통 대륙과 같아 활화산과 온천이 있다. 가장 잘 알려진 것으로 로스섬의 에레부스산으로서 높이 3,794미터이며, 다음이 북빅토리아랜드 남위 74.4°, 동경 160°에 있는 2,537미터의 멜버른산이다. 서남극남 쉐틀란드군도의 디셉션섬과 남극반도 동쪽 라르센빙붕 부근의 실 누나타크도 활화산이다.

디셉션섬은 1967, 1969, 1970년도에 폭발했으며 이 섬에 위치했던 영국 및 칠레의 기지는 흘러내리는 얼음녹은 흙물로 전부 파손되고 다행히 아르헨틴기지는 무사했다. 그러나 언제 다시 폭발할지 모르는 위험 때문에 연중 상주 조사는 어렵고 여름에만 조사대가 활동한다. 섬에 있는 크로너호수와 해안 가까이에서는 온탕 목욕을 할 수 있으며 해안의 모래는 뜨거워 손을 집어 넣기 어려울 정도다.

## 처음 보는 대기 환경

남극은 지상에서 기온이 가장 낮고 바람이 가장 세다는 점에서 기상조건이 가혹하다. 이는 남극의 특유한 생태계의 원인이며 인류의 남극탐험 및 연구개발 노력에 가장 큰 장애가 되고 있다.

한겨울에는 해안이 영하16℃~영하25℃ 정도이며 내륙은 영하40℃~영하70℃ 정도이다. 한여름인 1월에는 대륙해안선이 0℃ 정도이며, 내륙은 영하25℃~영하40℃정도이다. 기온은 북극보다 낮아서 남위 78.5°, 동경 106.9°의 고도 3,480미터에 위치한 소련 보스토크(동쪽이라는 뜻)기지에서 1983년 7월 21일 영하89.6℃(영하129.3°F)가 기록되었으며 이 기지의 연평균기온은 영하55.4℃이다.

이곳에서는 저온 때문에 찬 공기를 그냥 흡입하면 폐조직이 순간적으로 얼기 때문에 3중 특수마스크를 포함한 방한복을 착용해야 하며 야외활동을 15분 이상 계속할 수 없다. 남극점에서 평균기온은 영하49.3℃

(영하27℃～영하59.9℃)이다.

남극해안지방은 내륙고원에 비하여 바람이 세다. 특히 남위 68°, 동경 140° 해안의 연평균풍속은 초속 22.2미터 정도이다. 보포트풍력계급에 따르면 풍속이 13.9미터 이상이면 바람을 안고 걷기가 힘들다는 사실을 생각할 때, 일년 내내 이 정도의 바람이 분다는 것은 대단한 것이다.

초속 15～20미터의 심한 바람이 눈을 동반하게 되면 불과 2～3미터 앞이 안 보이는 남극폭풍설(Blizzard)이 짧게는 몇 시간 길게는 며칠씩 계속되기도 한다. 이때에는 모든 야외작업이 불가능하며 방향을 알지 못하므로 어떤 목표에로의 전진도 불가능하며 있는 자리에 그대로 정지해서 폭풍설이 지나가기를 기다려야만 한다.

실제 1908～1909년까지 이 부근을 조사한 호주의 다글라스 모슨 경이 식수채집차 얼음을 깨어 올 때 바람 때문에 정상대로 서서 걷지 못하고 눈 위에 엎드려서 기어 다닌 유명한 남극탐험기록 「폭풍설의 고향 : 바람 위에 엎드려(The Home of the Blizzard : Leaning on the Wind)」를 남겼다.

1912년 1월 17일 남극점을 정복한 영국 해군대령 스코트 일행이 돌아오다가 조난당한 2명을 제외한 나머지 3명이 3월 19일에는 식량과 연료가 비축된 남위 79° 38′, 동경 169° 15′의 1톤 창고에서 18킬로미터 떨어진 남위 79° 50′까지 왔다. 그러나 20일에서 29일까지 강한 바람 때문에 그들은 텐트에서 출발하지 못하고 모두 조난당할 정도로 남극의 바람은 심하다. 남극대륙고원에서의 바람은 약해서 남극점의 경우 여름인 12월의 평균풍속이 9노트(초속 4.6미터)이며, 겨울인 6～7월이 17노트(초속 8.8미터) 정도이다.

인간이 몸으로 추위를 느낄 수 있는 체감온도는 기온과 바람 등의 함수로 풍속 초속 20미터까지는 바람이 세어질수록 심해진다. 개인의 추위 적응정도, 건강, 성별 등에 따라 차이가 있겠으나 체감온도가 영하30℃ 정도이면 노출된 피부가 1분 이내에 얼며, 영하30℃～영하60℃ 정도이면 30초 이내에 얼고 영하60℃ 이하에서는 노출 즉시 언다.

그림자나 물체 간의 비교할 것이 없을 경우, 예를 들면 눈으로 덮인 설원 위나 하늘에 구름이 고르게 낄 경우에 인간은 인식을 상실하게 되는 수가 있다. 대기는 대단히 맑으나 설원의 기복이 인식되지 않을 때의 현상을 백시현상(whiteout)이라 하며, 이 때에는 가까이 있는 작은 물체와 멀리 있는 큰 물체를 구별하지 못하는 수가 있다. 원근, 하늘과 땅을 구별하지 못하여 비행기나 헬리콥터가 빙원에 충돌하는 수가 있다. 이러한 현상은 인간뿐 아니라 동물에게도 나타나 새가 설면에 충돌하기도 한다.

공기가 맑고 먼지와 연기가 없어서 날씨가 좋으면 남극의 시계는 대단히 좋다. 따라서 사람들은 물체 간의 거리를 과소평가할 수도 있다. 신기루를 볼 수도 있으며, 특히 찬 공기가 아래에 있고 더운 공기가 위에 있을 때 신기루가 잘 생긴다. 이는 두 층 사이에서 빛의 굴절과 전파방식의 차이로 상이 복잡하게 찌그러져 산이나 빙산 따위 등, 멀리 떨어져 있는 물체들이 지평선 위에 희미하고 불분명하게 나타날 수도 있고 거꾸로 나타나기도 한다. 이러한 현상 때문에 남극탐험에서 생명을 잃을 수도 있다.

심한 바람 때문에 측정이 곤란하기는 하지만, 남극을 흰 사막이라 부를 정도로 강수량이 적다. 남극반도 북단이 연 450~500밀리미터 정도이며, 내륙중심 고원지대는 50밀리미터 미만으로 실제 사하라사막의 강수량보다 적다. 우리나라의 연평균강수량이 1천2백~1천4백밀리미터 정도라는 점을 생각하면 남극은 대단히 건조한 것이다.

남극반도 북쪽 및 주변도서에서는 여름에는 기온이 영상으로 올라가서 비가 오나 나머지 지역에서는 눈이 내린다.

## 육상 환경

남극은 춥고 건조하며 낮이나 밤이 계속되는데 낮에도 태양의 고도가 매우 낮아 어두우므로 이러한 환경에서 생존할 수 있는 생물만이 살고 있다.

남극에는 최소 430여 종의 지의류, 85종의 선태류, 28종의 대형균류 및 30여 종의 조류(藻類) 등이 서식하는 것으로 알려져 있다. 우리가 흔히 말하는 풀, 즉 꽃피는 고등식물인 유관속식물은 단 2종이 서남극에서 알려져 있다. 눈에서 생장하는 눈 조류 외에는 모든 식물이 여름에 눈과 얼음이 녹는 기반암 노출지역의 모래, 흙, 암반, 암석틈, 풍화된 동물의 뼈나 깃 또는 다른 식물체 위에서 생장한다.

화석을 살펴보면 지역에 따라서는 현재보다 식물상이 더 다양했으며 오늘날의 식물상은 지질학적으로 최근의 것으로 생각된다.

기후에 잘 견디지 못하고 확산이 잘 안 되는 동물군들은 식물이 번성하는 곳을 따라 서식한다. 남극에 서식하는 특유한 동물군은 주로 무척추동물로서 선형동물, 섬모충류 등의 원생동물과 무시류 계통의 곤충 등이 흙과 눈녹은 담수에 서식한다.

남극의 육상에는 해치는 적이 적고 바다에 많은 먹이가 있어서 남극해안에는 많은 새들이 서식하고 있다.

남극수렴선 이남의 조류(鳥類) 가운데에 가장 다양하고 개체수가 많은 종류가 페트렐이다. 발의 물갈퀴, 치밀한 깃, 풍부한 피하지방 및 튜브처럼 생긴 코가 특징적이다. 튜브의 역할은 불분명하나 눈 위에 있는 선에서 농축된 염분눈물액을 배출하는 데에 이용하는 것으로 생각된다. 남극에는 8종의 페트렐이 서식하며 물고기나 플랑크톤을 먹으며 다른 동물의 시체를 먹기도 한다.

펭귄은 날지 못하나 수영과 잠수에 적합한 체형을 하고 있으며 찬 기온과 수온에 견딜 수 있도록 깃털과 피하지방이 발달되어 있다. 펭귄은 현재 17종이 있으며 남반구의 적도－온대－극지방에 서식한다. 남극에는 황제펭귄, 아델리펭귄, 젠투펭귄, 췬스트랩펭귄 및 마카로니펭귄 등 5종이 부화하며 서식한다. 펭귄은 지금으로부터 4～5천만년 전인 신생대 에오세 초기에 지상에 출현하였다. 현생종의 분포지역 이외에서 펭귄화석이 발견된 적은 없으며 갈매기 비슷한 날아다니는 새로부터 발전한 것으로 생각된다.

이 외에도 펭귄 및 다른 조류와 알을 먹고 사는 남극의 매인 도적갈매기 스쿠아 등이 서식하고 있다.

## 얼음 · 얼음 · 얼음

지상 얼음의 90퍼센트가 남극에 있으며 대륙과 주변 도서에 빙상이나 빙모, 빙하, 빙붕, 빙산, 빙해 등으로 형성되어 있다.

빙상은 상당한 두께와 넓은 면적의 얼음이며 지상에는 남극과 그린랜드에 있다. 동남극 빙상은 남극전체 빙상의 넓이로는 82퍼센트, 부피로는 88퍼센트를 차지하며 최고점의 높이는 4,030미터이며 서남극 빙상은 최고점이 2천5백미터이다.

넓이가 5만 제곱킬로미터 이하인 것을 빙모라 부른다. 빙상이나 빙모는 낮은 곳으로 흘러내리며 이 속도는 대륙 내부에서는 1년에 1~5미터이나, 해안쪽으로 갈수록 빨라져 1킬로미터 이상도 흘러내린다. 계곡의 낮은 곳으로 흘러 내리는 얼음이 빙하로 남극전역에만 260여 개가 있다. 동남극의 프린스 찰스산맥에서 흘러내리는 폭 40~60킬로미터, 길이 4백킬로미터, 두께 7백여 미터의 램버트빙하는 세계 최대의 것이다.

얼음으로 1년 내내 덮여 있는 얕은 바다를 빙붕이라 하며, 얼음두께는 보통 2백~9백미터, 넓이는 바다와 육지간의 경계가 조사된 정밀도에 따라 다르기는 하나 대략 150~160만 제곱킬로미터이다. 남극반도 주변 및 동남극 해안 등 10여 곳에 발달해 있다. 빙붕 가운데 가장 넓은 곳이 동, 서남극에 걸친 로스빙붕으로 면적은 한반도의 3배인 약 70만 제곱킬로미터이다. 빙붕은 매년 5백~1천5백미터 정도 바다쪽으로 이동한다.

빙붕이 깨어져 생기는 빙산은 매년 약 1천~1천2백 세제곱킬로미터 정도인 것으로 알려져 있다. 빙산의 분포는 9~10월이 최대가 되어, 서경 50°~동경 20°의 대서양 해역에서 가장 북쪽인 남위 42°~43°까지 분포하며, 인도양쪽 동경 110° 부근에서도 남위 54°~55°까지 분포한다. 남극의 빙산은 대부분이 빙붕에서 갈라져 나온 것으로 윗면이 평탄한 탁상형으로서 불규칙한 북극의 빙산과는 다르다. 크기도 수백미터 규모에서 큰 것은 수십킬로미터 이상 1백킬로미터에 이르고 넓이는 1만 제곱킬로미터 이상에 이르기도 한다.

빙해는 해수가 얼어서 만들어진 얼음으로 덮인 바다인데 계절에 따라 넓이가 달라진다. 여름에 면적이 최소일 때 약 350~450만 제곱킬로미

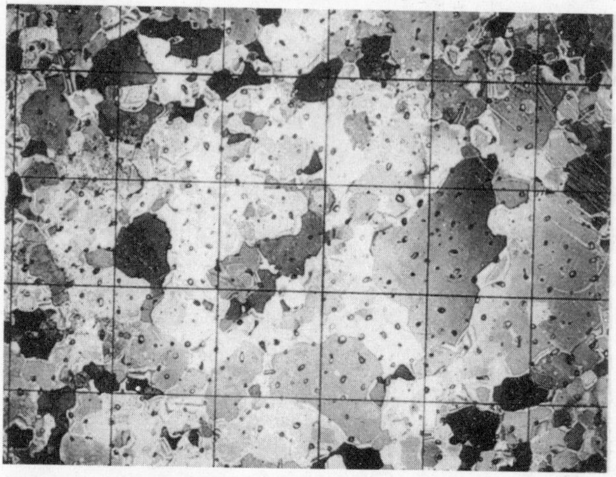

표면 밑 80m에서 채집된 얼음박편의 편광 현미경 사진

터이고, 최대일 때에는 약 1천8백~2천만 제곱킬로미터가 된다. 따라서 빙해가 최대일 때에는 남극대륙과 빙해 면적은 약 3천4백만 제곱킬로미터로서 남반구 전 면적의 약 13퍼센트에 해당한다. 빙해를 이루는 얼음, 즉 해빙의 두께는 10~11월에 최대가 되어서 110~180센티미터에 이른다. 해에 따라 차이가 있겠으나, 1974년의 경우 9월에 빙해가 최대가 되어 서경 60°~동경 20°까지의 대서양해역에서 비교적 북쪽인 남위 53°~57°까지 발달하며, 태평양쪽 서경 150°~130°해역, 인도양쪽 동경 40°~80°해역에도 비교적 북쪽까지 발달했다. 2~3월에는 최소가 되어서 서남극 남극반도를 따라 비교적 넓게 발달하며 동남극 해안을 따라서는 비교적 좁게 발달한다.

동남극쪽 로스해 및 서경 10°~동경 30°까지의 몇몇 곳은 2~3월에는 바다가 얼지 않는다.

눈은 쌓여서 표면 밑으로 50~60미터까지 눈의 상태를 유지하나 그보다 깊어지면 얼음으로 된다. 따라서 깊어질수록 밀도가 커지며 몇 차례 밀도가 급격히 증가하는 변곡점이 관찰된다. 얼음의 결정이 커지며 공기방울은 크기가 작아지고 숫자는 많아져 물리적 성질이 바뀐다.

얼음조각을 박편으로 만들어 편광현미경으로 관찰하면 찬란한 간섭색이 관찰된다. 또한 공기방울은 눈이 쌓일 때의 대기성분을 나타내므로 고(古)환경 연구에 좋은 재료가 된다.

해저에서 굴착한 재료의 고온도 연구에 의하면 지금으로부터 3천8백만 년 전인 신생대 제3기 에오세~올리고세의 경계로부터 찬 해수인 남극저층수의 존재가 인지되어, 이때부터 기후가 급격히 냉각되기 시작하여 남극대륙이 얼음으로 덮이기 시작한 것으로 생각된다. 서남극 전체가 얼음으로 덮인 것은 중기 마이오세로 생각되며 서남극빙상이 동남극빙상보다 현저히 불안정한 것으로 생각된다.

## 남극의 바다는 다르다

남극의 찬 표층수가 북쪽의 그보다 따뜻한 아남극(亞南極) 표층수와 닿는 전선을 남극수렴선이라 한다. 남극수렴선은 지역에 따라서는 남위 50° 이상까지 북상하기도 한다. 남극수렴선 이남의 남빙양의 해류는 그 지역에서의 바람과 깊은 관계가 있다. 즉, 남극대륙을 둘러싸는 고착빙을 따라서 대략 남위 65° 이남으로는 극동풍의 영향을 받아 시계바늘 반대방향으로 남극대륙을 싸고 흐르는 동풍류가 있다. 그 북쪽으로 남극수렴선까지는 편서풍의 영향으로 시계 방향으로 흐르는 편서풍류가 발달한다. 그 북쪽으로는 태평양, 대서양, 인도양에서 편서풍류와 같은 방향으로 흐르고 있다.

남빙양에는 북극에서보다는 척추동물의 종류가 적기는 하나 생물량과 개체의 크기는 더 크다. 대표적인 해양생물로 고래류와 물개류가 있다.

고래류에는 길이 30미터 정도에 무게 150톤이 되는 푸른 고래를 비롯하여 크게 6종류가 있다.

물개류에는 물개와 해표가 있다. 물개는 귀바퀴가 있고 앞지느러미가 대단히 크며 뒷지느러미를 앞으로 돌려서 상체를 세우고 불편하나마 뒤뚱거리며 걸어다닐 수 있다. 행동도 민첩해서 사람이 방심하면 공격당할 수 있다. 고운 모피 때문에 18세기 후반부터 인간에 의해 도살되기 시작해서 19세기 전반기에는 거의 멸종되기에 이르렀으나 현재는 물개류 보호정책에 힘입어 증가하고 있다. 남극물개가 이에 속한다.

해표는 물개와 달라서 귀바퀴가 없고 앞지느러미가 짧으며 뒷지느러미를 앞으로 돌릴 수 없어 배를 땅에 대고 배를 밀며 기어다닌다. 물개류 중에서 가장 큰 것은 길이 5~6미터, 무게 3.6톤이 되는 코끼리해표를 비롯 크게 5종이 있다.

남빙양에는 고래류, 물개류, 조류 및 펭귄의 먹이가 되며 남극생태계에서는 중요한 동물성 플랑크톤인 크릴이 있으며 이외에도 오징어, 어류 등이 있다.

## 남극의 하늘

남극은 보통 6개월의 낮과 6개월의 밤이 계속되는 것으로 알려져 있으나, 하루 24시간이 낮이거나 밤인 날은 천문학적으로 남극권인 남위 66°33′ 이남으로 내려갈 때에만 생기게 되며 남쪽으로 갈수록 이 날수는 길어지고 있다.

예를 들면 남위 80°에서는 하지를 전후한 4월 18일경부터 8월 25일까지 약 17주가 밤이며 동지를 전후한 10월 19일경부터 이듬해 2월 26일까지 17주는 낮이 계속된다. 그리고 중간은 밤과 낮이 있게 된다. 남극점에서는 6개월 동안 24시간이 낮이며 6개월이 밤이다.

24시간이 낮인 때에는 태양이 지평선 아래로 내려가는 일이 없고 단지 태양의 고도만이 변해서 태양이 남중하는 낮 12시경이 가장 높고 반대로 밤 12시경에는 가장 낮다. 남극점에서의 경우 24시간이 낮이라 해서 서울에서의 낮처럼 밝은 것은 아니며 태양의 고도가 가장 높은 12월 22일경 동지에도 23.5°로 어두운 편이다. 태양의 고도는 북쪽으로 갈수록 높아져 밝아진다.

남극의 하늘에서 관찰되는 오로라는 태양풍과 지자기장(地磁氣場)간의 상호관계로서 생기게 된다. 지상 약 100킬로미터 상공에서 주로 플라스마로 된 자기권에서 자력장선을 따라 내려오는 대전된 전자에 충돌된 대기성분이 빛을 내는 현상이다. 기체원자와 입자는 충돌 전 상태로 돌아오게 되며 이때에 이들의 종류와 충돌 정도에 따라 특유한 파장의 전자복사를 하게되어 녹색~청색 등 여러 색깔을 낸다. 따라서 오로라는 지자기와 깊은 관계가 있으며 계절과 시간에 따라 다르며 남위 78° 30′, 동경 111°에 위치한 지자기남극(South Geomagnetic Pole)을 중심으로 20°정도의 원형지대에서 잘 관찰된다.

# 2. 남극에 도전한 사람들

## (1) 잃어버린 대륙을 찾아서(기원전~1894년)

남극의 존재가 기원전 '남쪽의 알려지지 않은 땅'으로만 관념적으로 생각된 이래 19세기 초에 발견되어 19세기 말 대륙에 상륙하게 되었으며, 1911년 12월에는 인간이 남극점을 밟았다.

이제는 20여 개 국가의 3천여 명의 인간이 여름에는 40여 개의 상주기지를 포함하여 80여 개의 기지에서 활동을 하고 있다. 연구탐험을 제외하고도 남극 본토에 대한 탐험은 대소 3백여 회 이상이 되지만 그 가운데에서 크고 중요한 것을 몇 가지 골라서 소개한다.

남극이 현재의 국제적 협력과 연구 지역이 될 때까지를 크게 둘로 나누어 기원전에서 1895년 본토에 상륙하기 이전까지의 탐험과 발견, 그 후 영웅적 탐험과 기계화 탐험 시대로 나누어 말하고자 한다.

### 남쪽의 알려지지 않은 땅

남극의 존재는 '남쪽의 땅'이라는 개념으로 희랍시대까지 거슬러 올라간다. 피타고라스의 정리로 잘 알려진 기원전 6세기의 위대한 그리스 수학자 피타고라스(B.C 582~500)는 지구가 구형이라고 주장했다.

기원전 4세기의 아리스토텔레스(B.C 384~322)는 이 주장에 동의했으며 알렉산드리아의 에라토스테네스( B.C.276~194 )는 지구의 둘레를 계산하기까지 했다.

그러나 남쪽의 땅이란 존재가 구체적으로 알려지지 않았기에 이들은 그들의 상상력으로 남쪽의 땅과 바다를 채워 놓았다. 그들은 지구가 구형이고 따라서 대칭을 이룬다는 전제 아래 인간이 거주하는 북쪽의 알려진 땅에 균형을 이루기 위하여 남쪽에도 땅이 있다고 믿었으나 알려지지 않아 그들은 그 땅을 '남쪽의 알려지지 않은 땅(Terra Australis Incognita)'이라 명명했다.

이집트의 천문 · 지리학자 프톨레미(A.D. 150)는 이 알려지지 않은, 불과 무서운 괴물이 사는 지역인 남쪽의 땅은 비옥하며 사람이 살 수 있다고 생각했다. 그러나 이 땅은 문명세계와는 완전히 단절되어 있다고 생각하였다.

유럽에서는 지구가 구형이라는 정확한 주장이 전통적인 종교와 맞지 않아 중세기까지 1,200여 년 동안 인정을 받지 못 하였다. 15세기 들어와서 항해가들이 대양을 항해하면서 지구가 둥글고 남쪽의 알려지지 않은 땅이 있을 것이라는 생각이 다시 고개를 들기 시작했다. 따라서 15세기 유럽의 지도는 프톨레미의 생각을 받아들여 1486년 인쇄된 지도에는 알려지지 않은 땅이 아프리카에 연결되어 남반구 전체에 걸쳐 널리 발달되어 있었다.

## 위대한 항해가들

1486년 아프리카탐험대를 지휘하여 희망봉까지 간 포르투갈의 항해가 바톨로뮤 디아즈(1450?~1500)와 1497년 4월에 네 척의 배를 지휘하여 리스본을 출발해서 희망봉을 돌아 인도에 도착한 포르투갈 항해가 바스코 다 가마(1469~1524)의 노력으로 아프리카의 남단은 희망봉이라는 사실이 밝혀졌다.

스페인의 항해가이며 탐험가인 마젤란(1480?~1521)이 1519년 대서양을 횡단 남하하여 1520년 10월 마젤란 해협을 발견하고 통과하여 북서쪽으로 태평양에 나서면서 남미는 남쪽의 알려지지 않은 땅과 연결되지 않았다는 사실이 밝혀졌다. 그러나 한 때 지리학자들은 마젤란 해협 남쪽의 띠에라 델 푸에고가 오랫동안 찾던 남극점에 중심을 둔 거대한 남쪽에 있는 대륙의 끝이라는 생각을 가졌었다.

영국 항해가이며 제독인 프란시스 드레이크(1543?~1596)경은 1577~80년에 걸쳐 마젤란에 이어 두 번째로 세계 일주 항해를 했다. 이때 1578년 9월에 마젤란해협을 지나 태평양에 들어서다가 폭풍에 남쪽으로 밀려 드레이크해협을 발견하게 되었다. 그럼으로써 띠에라 델 푸에고가 남쪽의 알려지지 않은 대륙과는 연결되지 않는다는 사실을 알게 되었다.

1592년 8월 18일 영국 탐험가 존 데이비스가 포클랜드 제도를 발견하고, 북상하다 남미 푸에르토 데세아도 부근의 작은 섬에 상륙했다.

이때 이들은 1만4천마리의 펭귄을 잡아 소금에 절여 보관했다. 그러나 열대지방을 지나면서 이 절인 펭귄들은 썩기 시작해서 크기 25밀리미터의 벌레가 생기기 시작해 금속을 제외한 의류, 신발, 목재 등을 갉아먹기 시작했다. 선원들도 병에 걸리기 시작하여 선원 76명 중 겨우 16명만 살아서 집에 돌아갔다.

1599년 화란 항해가 디르크 게리츠의 항해에 관해서는 1622년 출판된 책에 다음과 같은 기록이 있다. '9월 15일 출항한 배 2척은 폭풍에 남위 64°까지 밀려갔으며 이때 노르웨이와 비슷한 눈 덮인 땅을 발견했다.' 그러나, 다른 기록은 이들이 남위 56°까지 밀려갔다고 말함으로써 이를 부정하고 있다.

1603년 3월에도 다른 선박이 남위 64°까지 밀려간 기록이 있다. 이때 서남극의 남극반도에서 1백킬로미터 떨어지며 반도에 평행한 남 쉐틀란드군도를 발견한 것으로 믿어진다.

1616년에는 남미의 끝 케이프 혼이 발견되었으며 1675년에는 후일 코끼리해표 사냥기지가 되는 남 조지아섬이 발견되었다. 1687년에는 남극의 빙산을 "얼음으로 된 섬이며 얼핏 보기에는 진짜 땅처럼 보인다"라고 최초로 기술하였다.

1772년 2월에는 불란서의 케르구엘렌 트레마렉이 남 인도양에서 얼음 덮인 3백여 개의 섬으로 된 군도를 발견했다. 그는 이 제도를 '남쪽 불란서'라 명명하고, "남극의 중심체로 보이는 섬을 발견했으며 목재, 광물, 금강석, 루비 등이 발견될 것이다.…"라고 보고했다. 이 섬은 현재 케르구엘렌제도로서 불란서 영토이다.

18세기 최고의 항해가이던 제임스 쿡(1728~1779)은 레절루션과 어드벤처의 두 척의 배를 이끌고 1773년 1월 17일에는 남극권을 돌파하여 항해했으나 얼음에 막혀 더 남진하지 못하고 3월 뉴질랜드에 입항했다. 12월에는 남위 71°까지 남진해서 남빙양 2만9천킬로미터를 항해하면서 남극을 발견하지 못하고 돌아왔다. 1774년 11월에 시작한 세번째 남빙양 항해에서 1775년 1월에 남 조지아섬을 영국 영토로 선언하였으며 2주 후에는 남 샌드위치군도를 발견하고 7월에는 3년 8일 간에 걸친 거의 10만킬로미터의 항해를 끝내고 영국에 돌아왔다.

이 항해에서 제임스 쿡은 누구보다도 남쪽을 항해했으며 남극대륙이 있다면 유빙군 남쪽에 있음을 증명했다. 그는 비타민 C가 많은 신선한 식품인 귤을 공급함으로써 괴혈병을 극복하고 정확한 항해술을 정착시켰으며, 태평양, 남빙양, 북극해에서 누구보다도 많은 것을 발견했다.

## 각국의 남극탐험 활동

### 제정 러시아

제정 러시아가 남극에 관심을 갖기 시작하여 황제 알렉산더 1세의 명에 의해 1819년 9월 보스토크호(선장 벨링스하우젠)와 머르니호(선장 라자레프)로 남극항해에 나섰다. 남 조지아섬, 남 샌드위치군도를 지나 1820년 1월에는 빙산에 올라가서 얼음을 채취하여 식수로 사용했으며 펭귄 38마리를 잡아왔다. 이들은 식초에 며칠간 담근 펭귄고기는 먹을 만하다는 사실을 알아냈다. 1월 26일에는 남극권을 돌파했으며 27일에는 남위 69° 21, 서경 2° 14′에 도달해 남극대륙으로부터 32킬로미터 이내에 들어오게 되었다. 그러나 그들은 남극대륙에 관해서 언급을 하지 않았고 위치와 날씨만을 기록했다. 이들 배 2척은 식품이 떨어지자 3월 중순경 서로 헤어져 보스토크호가 1820년 4월 11일에 시드니로 들어오고 8일 머르니호가 뒤따라 들어왔다.

보스토크호와 머르니호는 윌리암 스미스라는 영국 물개잡이선장이 남위 67°에서 일단의 섬을 발견했다는 소식을 듣고, 1820년 11월 시드니를 떠나 확인에 나섰다. 12월 24일에는 서경 164°에서 남극권을 6번이나 돌파했으며 시계바늘방향으로 항해를 계속해 1월 21일에는 그들의 항해 중 가장 남쪽인 남위 69° 53′, 서경 92° 19′에 도달했다. 얼음과 구름 속에서 육지를 발견했으며, 다음날에는 이 육지가 길이 15킬로미터, 폭 7킬로미터, 최고봉의 높이 1천2백미터의 섬이라는 사실을 알아냈으며, 이 섬을 러시아 해군을 창설한 피터대제를 기념하는 뜻에서 '피터 1세섬'이라 명명했다.

1월 28일에는 남위 68° 43′, 서경 73° 10′에 있는 봉우리를 발견했으며 이보다 먼 여러 섬을 발견해서 이들을 '알렉산더 해안'이라 명명했다. 현재 이곳은 알렉산더 섬으로 알려져 있다.

일주일 후 이들은 8척의 영국 및 미국 물개잡이배들을 만났으며, 이 가운데에 젊은 미국인 나다니엘 파머가 있었다. 이들은 이미 4개월 동안이나 이곳에 있었다는 사실을 알고 벨링스하우젠은 파머가 발견한 해안을 '파머랜드'라 명명했다. 40이 넘은 제정 러시아 해군의 선장이 21살 난 젊은 물개잡이선장의 물개사냥을 위한 항해능력과 업적을 기꺼이 인정했다는 점은 높이 살 만하다.

벨링스하우젠은 1821년 2월 11일 남위 60°를 지나 북상했으며 만 2년 21일 만의 항해를 끝내고 사관과 선원 가운데에서 죽은 세 명을 제외하고 탈주자 한 명 없이 8월 4일 본국으로 돌아왔다. 그러나 제정 러시아 남극탐험가들의 업적은 널리 알려지지 않았으며 러시아도 남극에 흥미가 없었다.

### 영국

영국의 본격적인 남극 탐험은 제임스 웨델(1787~1834)이 시작했다. 그는 어려서부터 영국 해군과 인연을 맺었으며 성장해서는 서인도제도에 무역으로 수 차례 항해하였다. 불란서와의 전쟁 중에는 해군으로 복무했

## II. 3-й ЛИСТ ОТЧЕТНОЙ НАВИГАЦИОННОЙ КАРТЫ

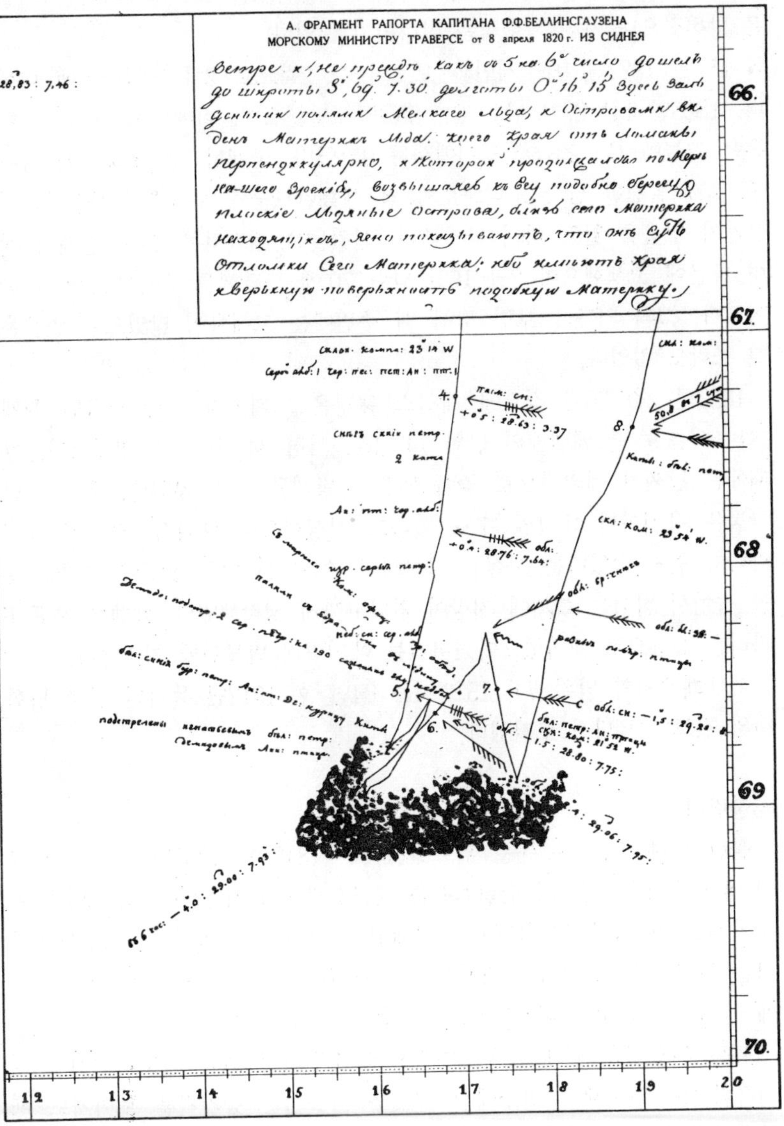


벨링스하우젠의 일지와 해도 (아스트리드해안의 고착빙에 상륙한 사실을 기록)

고 후에 다시 무역차 서인도제도로 항해했다.

1819년~22년까지 물개사냥하러 남 쉐틀란드군도로 항해했다는 사실은 밝혀졌으나 자세한 행적은 알려지지 않았다.

웨델은 1822년 9월 제인과 보포이 등 2척으로 2차 남극항해에 나섰다. 1823년 1월 27일 남위 64° 58′에 도달했으며, 이때 수온은 1℃, 기온은 그늘에서는 2.8℃, 양지에서는 9℃였다. 물개탐색을 위해 항해하던 중 그가 발견한 남 오크니군도와 남 쉐틀란드군도 사이까지 북상했다가 물개가 없음을 알고 다시 남하했다. 선원들은 계속되는 추위, 안개와 질병 때문에 고생했으며 2월 16일 남위 70°에 도달했을 때에는 날씨가 좋아졌다. 그의 기록을 보면 당시 배 주변에는 고래들이 많았으며 얼음은 한 조각도 없었다.

1823년 2월 20일 정오에 제임스 웨델은 그때까지 가장 남쪽인 현재 그의 이름을 딴 웨델해의 남위 74° 15′, 서경 34° 16′까지 내려갔다. 이때에는 날씨가 예외적으로 좋아 얼음의 방해를 받지 않았다. 웨델은 남극점은 육지아닌 대양일 수도 있다고 상상했으며 예외적으로 따뜻해서 바다가 얼지 않았다는 사실을 과신해서 쏟아지는 여름 햇살이 매년 얼음을 녹여서 바다는 항해에 지장이 없다고까지 생각했었다. 웨델은 해표 6마리를 표본으로 채집했으며 1마리는 에딘버러 박물관에 기증했다.

웨델해에서의 남위 74° 15′까지는 84년 후 1912년 독일의 남극 탐험대의 필크너가 다시 도달했다.

### 불란서

불란서 해군장교인 듀몽 뒤르빌(1790~1842)은 1837년 초에 태평양에 흩어져 있는 섬들의 탐험계획을 해군장관에게 제출했다. 1823년에 영국인 웨델이 남위 74° 15′까지 항해했고, 영국과 미국이 남극을 탐험한다는 사실을 알고 있었던 당시의 불란서 왕 루이 필립은 관심을 갖고 그에게 배 2척을 주어 이 계획을 허락했다.

듀몽 뒤르빌은 현재 루부르박물관에 소장되어 있는 미로의 비너스의 아름다움에 탄복해 그리스에서 그것을 사들이는 통찰력을 보이기도 했다. 이미 1822년 8월~1825년 5월, 1826년 4월~1829년 5월에 걸쳐 세계 일주 항해를 두 번씩이나 했고 자연과학과 어학에 큰 관심과 능력을 보인 항해가이다.

47세의 듀몽 뒤르빌은 1837년 9월 2척의 배인 아스트로라브와 젤레를 이끌고 뚤롱을 출항했다. 남미를 거쳐 얼음과 악천후를 뚫고 웨델의 탐험 경로를 따라 남하해서 1월 24일에는 남위 63° 23′에 도달했다. 얼음에 갇히기도 하고, 자신은 질병에 시달리면서 남극반도 북쪽 끝의 여러 섬과 해안을 탐험했다. 그는 "배위에서 얼음을 끌어올리면서 밀어내고, 도끼와 곡괭이 등으로 얼음을 밀어내었다……얼음에 갇힌 배는 물빠진 해안에 남은 큰 가재처럼 보였다"고 적고 있다. 2월 9일에 얼음에서 빠져나와 그리고 며칠 후에는 웨델섬에 올라가 펭귄을 잡아 신선한 육류로 먹기도 했다. 3월 초까지는 그 지역에 머물며 조인빌섬을 발견하고 남극반도 북쪽 끝의 해안과 섬을 해도에 그려 넣었다. 3월 초부터 선원들이 괴혈병에 걸리기 시작하였으며 4월 1일에는 죽는 사람이 나타나기 시작했다.

4월 6일 칠레의 남쪽 항구에 도착했고, 발파라이소에 도착해서는 탐험이 실패라고 생각한 사람들에게 해도, 생물표본, 항해기록 등을 보여주며 그 부당성을 지적했다.

1838년 5월부터 1839년 10월까지 듀몽 뒤르빌은 두 척의 배를 이끌고 태평양의 여러 섬을 탐험하며 태평양을 횡단했으나 이때에는 열병과 이질로 많은 선원들을 잃었다. 또 1840년 1월 2일에는 타스마니아의 호바트를 출발하여 다시 남하했으며 18일에는 남위 64°를 통과했다. 20일에는 남극대륙을 목격했으며, 21일 오후 9시경에는 해안에서 수 백미터 떨어진 바위섬에 상륙하여 불란서 3색기를 날리며 보르도 포도주로 상륙을 자축했다. 이끼 등 식물이나 조개는 발견하지 못했으나, 화강암편 몇 개를 채집했다. 그는 그 육지를 자기 부인 이름을 따 '아델리 육지'라 명명했다. 1월 29일 오후에는 미국인 찰스 윌크스가 이끄는 미국 남극탐험대의 배와 조우했으나 무슨 이유에서인지 일체의 인사나 신호없이 헤어졌다. 듀몽 뒤르빌은 8개월 동안 남태평양을 더 탐험한 뒤 3년 2개월만인 1840년 11월에 귀국했다. 듀몽 뒤르빌 자신은 제독으로 승진하고 지리학회에서 금메달을 받았다. 장교들은 승진했고 살아 돌아온 130명에게는 큰 상금이 내려졌다.

듀몽 뒤르빌은 소장까지 승진했었으나 베르사이유 가까운 곳에서 철도 사고로 부인 및 아들과 함께 목숨을 잃었다.

불란서는 듀몽 뒤르빌의 이러한 노력으로 동경 136°~142°를 불란서 남극 영토로 주장하고 있다.

미국

1838~39년 미 해군장교 찰스 윌크스(1798~1877)는 배 네 척으로 남극반도 끝에서 서해안을 따라 남위 70° 4′까지 조사했으며 1839년 4월에는 배 1척이 남미 칠레 해안에서 폭풍에 실종되었다. 1839년 1월부터는 네 척의 배를 이끌고 동남극 현재는 윌크스랜드로 알려진 지역의 해안을 탐험하였다. 해도가 틀리고 기상이 나빠 배들은 헤어지기도 했으며 1840년 1월 16일에는 분명치 않으나 육지를 발견한 것으로 생각된다. 19일 저녁에는 남위 66° 20′, 동경 150° 30′에서 육지를 발견하고 케이프 허드슨이라는 이름을 지었다. 얼음에 부딪친 배 1척은 다른 배에 통보도 못하고 간신히 2월 시드니로 되돌아 올 수 있었다. 1840년 1월 듀몽 뒤르빌의 배와 조우했음은 이미 이야기한 바 있다.

1840년 2월 12일에는 배에서 32킬로미터 이내에 있는 산봉우리를 발견했으며 21일에는 남위 65°, 동경 96°에서 지금은 섀클튼 빙붕으로 알려진 해안에서 290킬로미터 돌출한 대규모 빙붕을 발견한 후 시드니로 돌아왔다. 돌아온 후, 탐험에 따른 여러 일 때문에 법정에서의 어려움이 있었다. 후일의 조사기록과 비교해 볼 때, 동경 165°~148° 사이는 부정확하나 나머지 1천6백킬로미터는 대단히 정확한 것으로 알려져 있다. 남극본토를 누가 최초로 발견했느냐에 대해서는 이론의 여지가 있으나 그는 육지를 분명히 '남극대륙'이라고 명명했다. 그의 탐험기는 5권으로 정리되어 1845년에 1백부 한정판으로 발행되었다.

## 남극의 발견

누가 남극을 최초로 발견했느냐에 대해서는 아직도 논쟁이 계속되고 있다. 영국은 남 쉐틀란드 군도를 발견한 에드워드 브랜스필드라고 주장하며 미국은 물개잡이 선장 나다니엘 파머라고 주장하고 소련은 벨링스하우젠이 한 번도 아닌 두 번씩이나 남쪽의 땅을 보았다고 주장하고 있다. 그보다 앞서 앞에서 이야기한 대로 화란의 디르크 게리츠 등이 16세기 말~17세기 초에 남극을 발견한 것으로 생각되나 여기에서는 확실한 기록이 있는 사실을 말하려 한다.

1819년 2월 영국 상인 윌리암 스미스는 부에노스 아이레스에서 케이프 혼을 지나 발파라이소로 가다가 강풍에 남서쪽으로 밀려갔다. 2월 19일 눈보라 속에서 육지를 발견하고 돌아와서 이 사실을 신고했으나 아무도 믿지 않았다. 스미스는 다시 6월 15일에 남위 61° 12′까지 왔으나 얼음에 막혀 돌아갔다.

10월 15일 처음에 왔던 지점 남위 62° 40′, 서경 60°에 와서 지금의 남 쉐틀란드 군도의 데설레이션 섬으로 생각되는 땅을 발견하고 다음날에는 그리니치섬, 로버트섬, 넬슨섬, 킹 조지섬 등 남 쉐틀란드 군도의 북안을 따라 항해하여 킹 조지섬 동쪽 끝에 상륙해서 영국기를 꽂았다. 이 사실을 다시 신고해서 스미스는 영국 해군장교 에드워드 브랜스필드 휘하의 파일럿으로 1820년 1월 이 섬에 다시 왔다. 이때는 이 섬들의 남쪽 해안을 따라 해도를 만들었으며 1월 30일 브랜스필드는 남극반도를 발견했다. 남극반도 끝 북안을 따라 북동쪽으로 올라가서 남 쉐틀란드군도 북동쪽 끝 크래른스섬에 2월 4일에 도착했다.

스미스는 자기의 발견공로에 대해 보상을 요청했으나, 대가없이 1840년대 말에 가난하게 죽었다.

## 물개잡이와 고래잡이의 활동

남반구에서의 물개잡이 산업은 17세기부터 정기적으로 출항하여 18세기 후반에는 사업으로 정착되었다. 중국과 유럽에서의 물개모피 수요는 폭발적이어서 1793~1807년 사이에 약 350만장의 물개모피가 남 조지아, 칠레 해안, 케이프 혼 지역 등에서 수입되었다. 물개잡이 사업은 수입이 좋았으나 워낙 앞날을 생각하지 않고 물개들을 마구 도살해서 곧 사양화되었다. 그러나 물개잡이 선장들에 의해 남극의 많은 부분이 발견되었다. 예를 들면, 21세의 젊은 미국 물개잡이선장 나다니엘 파머는 1820년 11월 17일 남극반도 북단의 해안을 발견했다.

1821년 2월 7일에 미국인 존 데이비스는 물개탐색차 남극반도의 서안 당코해안 휴스만에 상륙했다. 이것은 남극반도이기는 하나, 남극본토에 상륙했다는 점에서 불(H. J. Bull)의 1895년 동남극 케이프 아다레 상륙보다 74년이나 앞선다.

19세기 초 미국의 물개잡이와 고래잡이산업은 비교적 발달했다. 1820년대는 물개와 고래가 많이 서식하는 이미 알려진 지역에서는 이들 생물자원이 고갈되어 가고 있어서 새로운 서식지역을 찾아 남빙양에서 활동하기 시작했다.

런던에 근거를 둔 고래와 물개잡이 회사인 '엔더비 형제들'도 남극탐험에 관심을 가졌으며, 그 회사 소속 선장들은 거의 40년간을 남극탐험의 일선에서 활약했다. 예를 들면, 1833년 남위 53° 60′, 동경 73° 30′의 허드 섬을 발견했고 남극권 동경 60° 정도에서 켐프 랜드를 발견했으며 발레니제도도 이들에 의해 발견되었다. 뉴질랜드 남쪽 남극권내는 거대한 육지가 있다는 사실도 엔더비 형제들의 선장들에 의해서 밝혀졌다. 그 중 하나인 영국인 선장 존 비스코(1794~1843)는 1831년 1월~1832년 9월까지 2차에 걸친 항해 끝에 서남극의 아델라이드섬, 앤버스섬 등과 동남극의 엔더비 랜드 등을 발견했으며 남극을 일주항해하여 '남극은 거대한 대륙'이라는 신념을 가졌다.

1871년에는 19세기 전반기에 고갈되었던 물개 자원이 회복되고 모피값이 올라서 남 쉐틀란드군도를 중심으로 물개잡이 산업이 재개되었다.

이후 10여 년간 접근 가능한 모든 섬과 해안의 물개들을 철저히 추적하여 도살되어 남극에서의 물개자원은 다시 한번 고갈되었다.

물개 및 고래잡이들, 특히 물개잡이들은 18세기 말~19세기 초에 크게 활동하면서 남극의 여러 곳을 발견하고 상륙함으로써 많은 업적을 세웠다고 믿어지나, 항해기록을 비밀로 하거나 남겨두지 않아서 후세에 인정받는 것은 얼마 되지 않아 유감이다.

## 남자극(南磁極)을 찾아서

1838년 여름 영국 학술진흥협회는 남자극의 위치를 결정하고 자성현상을 관찰할 목적으로 정부가 남극에 탐험대를 보낼 것을 건의했다.

다음해, 해군장교 제임스 클라크 로스(James Clark Ross 1800~1862)를 대장으로 370톤급 에레부스와 340톤급 테러 두 척의 배로 탐험대를 결성했다. 1839년 10월 영국을 떠나 대서양을 종단하여 남아프리카 케이프 타운을 지나 1840년 8월 15~16일 타스마니아의 호바트에 도착했다. 호바트에서 신문을 통해 불란서의 듀몽 뒤르빌과 미국의 찰스 윌크스가 남자극을 찾아 항해한다는 소식을 알게 되었다. 1840년 11월 12일 호바트를 출발하여 로스해로 항해를 해서 12월 30일에는 벨링스하우젠의 항적을 지났으며 1841년 1월 1일에는 남극권을 남하했다. 1월 11일에는 육지를 발견했으며, 남자극은 약 8백킬로미터 떨어져 있다는 사실을 알게 되었다. 12일에는 포제션섬에 상륙했으며 10일 후에는 1823년의 웨델보다 남쪽으로 항해하게 되었기 때문에 모든 선원들이 럼주로 자축했다.

또 28일에는 로스섬에서 남극 최고의 3,794미터의 활화산을 '에레부스산'으로 그 옆의 사화산은 '테러산' 이라 명명했다. 더 남쪽으로 항해하면서 위가 평탄한 높이 45~60미터의 수직 빙벽을 발견하게 되어 그 빙벽을 '빅토리아 배리어' 라 이름짓고 2월 중순까지 약 320킬로미터를 동쪽으로 항해하며 그 빙벽을 지나갈 수 없다는 것을 알게 되었다. 이 빙벽이 지금의 '로스 빙붕'으로 남극에서 가장 넓은 약 50만 제곱킬로미터의 얼음으로 된 대륙붕이다. 4월 6일에는 호바트로 돌아왔다.

6개월간 선박을 수리하고 다시 준비를 끝내 1841년 11월 23일 두 척의 배로 2차 남극항해에 들어갔다. 12월 17일에는 유빙군으로 들어가 유빙과 안개 속에서 크리스마스를 맞았다. 배들이 얼음에 갇힌 12월 31일은 배 사이의 얼음 위에 댄스 파티장을 만들고 주류와 음료수를 나누어 주며 춤과 음악을 즐겼다. 1842년 1월부터는 날씨가 나빠져 유빙에 배가 손상을 입게 되었다. 2월 말에는 로스빙붕이 다시 시야에 들어왔으며 추위는 대단해서 뱃전에 튄 물고기가 얼어붙을 정도였다. 겨울이 다가오면서 낮이 짧아지고 눈이 날리자 선박들은 북상하기 시작했다. 어두움과 폭풍 속에서 배가 얼음에 부딪치고 배끼리 충돌하면서 천신만고로 어려움을 극복하여 얼음을 빠져나와 항해 불능이 된 에레부스호를 간신히 수리해 포클랜드에 도착했다.

1842년 12월 17일 제3차 남극항해를 시작하여 1843년 3월 5일에는 남극권을 세번째로 남하했으며 남위 71° 30′, 서경 14° 51′에 도착했다. 그러나 더 남하하기에는 시기가 좋지 않고 역부족이라 북상하여 9월 2일에는 영국으로 돌아왔다. 그는 현재의 빅토리아 랜드의 해안선을 발견했으며 그의 이름을 딴 바다, 빙붕, 섬이 있다. 이 빙붕과 섬은 60여 년 후 남극점으로 가는 통로와 기지가 된다.

## 챌린저호의 남빙양탐험

제임스 로스의 남극탐험 이후 30년간 남극의 탐험은 뜸했다. 얼음 뒤에 있는 땅은 경제적 가치가 없었던 것으로 생각되고 물개잡이들은 아남극의 섬에서 남은 물개들을 잡았을 뿐이다.

1872년 12월 21일 영국 선박 H. M. S. 챌린저가 세계일주 해양조사에 나섰다. 이 항해는 15~16세기 세계일주 항해이후 지구를 연구하려는 위대한 전진이었다. 1870년 당시 에딘버러대학교 자연사 교수였던 영국의 최고 과학자인 C. W. 톰슨의 주장에 따라 영국 왕립학회가 바다에 관한 모든 것을 발견하고자 그 항해를 준비하기에 이르렀다. 챌린저호는 1858년에 건조한 돛대가 3개이며 보조엔진과 들어 올릴 수 있는 양날 스크류가 있는 길이 60미터의 2,306톤의 전함이었다. 1876년 5월 4일 귀항할 때까지 68,890 해리를 항해했으며 태평양, 대서양, 인도양, 남빙양을 항해했다. 챌린저호는 1874년 2월 16일 남극권으로 진입함으로써 남극권을 남하한 최초의 증기선이 되었다.

챌린저호의 일주는 1895년 발간된 50권의 방대한 보고서와 함께 현대 해양학의 기초를 쌓았다. 매일 자기변화를 관측하였고 기상과 해류를 관찰했으며 수천 종의 해양생물을 채집하여 기재했다.

## 19세기 후반의 고래잡이와 남극탐험

상업적 고래잡이는 불란서 비스케이만에서 11세기경 시작된 것으로 생각된다. 주로 화란과 영국인으로 구성된 고래잡이들은 16~17세기에는 유럽과 그린랜드해안까지 활동영역을 넓혔다.

19세기에는 미국인이 주로 고래잡이를 주도했으며 대서양, 인도양, 태평양까지 고래잡이 배들은 남하했다. 19세기 중엽에는 베링해와 북극해까지 무대를 넓혔다.

19세기 최초 40년간은 주로 영국인과 미국인으로 된 고래잡이들에 의해 남극해안과 인근 도서들이 탐험되고 해도가 작성되었다.

19세기 중엽부터는 남극해에서의 고래잡이는 사양화되었다. 그러나 1870년경에 고래잡이들이 다시 남극해를 방문하게 되었다.

1873년 11월 독일의 고래잡이배 그린랜드가 고래잡이하러 남극해로 내려왔다. 이 배는 최초의 증기선 고래잡이 배로 남극반도의 서해안을 따라 남위 65°까지 내려왔다. 이것이 최초의 독일 남극탐험이며 이때 선장 에두아르드 달만은 지금 한국 세종기지가 있는 남 쉐틀란드군도에서 가장 큰 킹 조지 섬의 포터반도에 상륙해서 기념동판을 남겼다. 이 기념동판은 킹 조지섬에 최초로 기지를 지은 영국 남극탐험대가 활동한 1947년까지 눈과 바람에 씻긴 채 서 있었다.

그러나 이후 망실되었으며 1987년 독일 남극탐험대가 새로이 건립하였다. 이 기념동판은 남극 역사적 기념물 제36호로 지정되어 보호되고 있으며 남극탐험 역사상 가장 오래된 것이다.

1892년 11월 노르웨이의 고래잡이 선장 칼 안톤 라센(Carl Anton Larsen)은 남극반도 끝 동쪽의 세이무르섬에 상륙하여 규화목 몇 점을 채집했으며 이것이 남극에서 채집된 최초의 화석이다. 이 규화목 화석을 보면 남극이 비록 두꺼운 얼음으로 덮여 있으나 지질시대에는 따뜻한 기후였음을 알 수 있다. 라센은 1893~94년에 다시 남극반도 동쪽해안의 섬과 그의 이름을 딴 빙붕을 따라 남위 68°10′까지 탐험했다.

스코틀랜드에서 온 고래잡이 선박들도 남극반도 끝 부근의 도서들을 탐험했다.

## (2) 인간의 힘으로(1895~1922년)

### 남극대륙 상륙

1895년 1월 24일은 74년 전 존 데이비스가 남극반도에 상륙한 것을 제외하고 남극대륙에 인간이 최초로 상륙했다는 점에서는 특기할 만한 날이다. 호주로 이민 온 노르웨이인 헨릭 요한 불(1844~1930)은 노르웨이 포경업자의 도움으로 226톤짜리 고래잡이배를 안타크틱으로 개칭하고 1894년 9월 26일 멜버른을 출발하여 12월 25일 남극권을 지났다.

1895년 1월 16일에는 남극대륙의 케이프 아다레가 시야에 들어왔으며 18일에는 포제션섬에 상륙하여 이끼를 채집했다. 이때에 채집한 이끼는 남극권내에서 채집된 최초의 이끼류이다. 드디어 24일 대륙에 상륙하게 되었다. 이들은 상자에다 노르웨이기를 그려 나무기둥에 묶어놓고, 이끼, 해초, 해파리, 물개, 펭귄, 암석 등을 표본으로 수집했다.

불은 "남극본토 상륙이 생각하던 것보다는 쉬우며 월동도 충분히 가능하다"고 돌아와서 보고하였다. 이들의 탐험은 남극대륙에 관심이 있는 다른 사람들을 흥분시켰으며 남극대륙에 상륙했다는 점에 의미가 있다. 그러나 대장과 대원이 실제 누가 먼저 남극의 땅에 발을 디뎠는가에 대해서 귀국 후에 서로 다른 이야기가 나와 인간의 내면을 엿볼 수 있게 했다.

## 남극해에서의 최초 월동

벨기에 남극탐험단은 1897년 8월 16일 안트워프를 떠났다. 대장은 29세의 해군장교 아드리엔 빅토르 조셉 드 젤라슈(1866~1934)이며 루마니아인 동물학자, 폴랜드인 지질학자, 벨기에인 해군장교, 후일 남극점에 도달하는 아문젠과 노르웨이인 선원, 러시아인 실험실 조수, 미국인 의사 등 여러 나라 사람으로 구성되어 있었다. 탐험선 벨지카호는 길이 30미터로 250톤에 돛대가 셋인 포경선으로 탐험을 위해 선실과 실험실을 신설했다.

1898년 1월 22일 심한 북동풍 때문에 선원 1명이 익사했으며, 남극반도의 서쪽 여러 섬에 상륙하여 저명한 지형에 이름을 붙였다. 2월 13일에는 남위 65° 10′, 서경 64° 0′에 도착했고, 2월 15일에는 남극권을 돌파했다. 28일에는 남위 70° 20′, 서경 85°에서 유빙 속으로 들어가, 남서쪽으로 조금 더 와서는 얼음에 갇히게 되었다. 갇힌 채 하루에 8~16킬로미터씩 서쪽으로 떠 갔으며, 3월 2일에는 남위 71° 30′, 서경 85° 16′에 이르렀다.

5월 17일에는 태양이 사라졌으며, 6월 들어서는 젊은 사관 하나가 병으로 죽었다. 미국인 의사 프레데릭 쿡이 선원과 과학자들의 사기를 유지했다. 그는 괴혈병을 예방하기 위해 신선한 육류인 펭귄과 물개고기를 먹게 했으며 말이 잘 통하지 않더라도 카드놀이를 열심히 해서 무료함을 잊도록 했다.

물개기름을 태운 열로 눈을 녹여 물을 만들었다.

7월 23일에 드디어 태양이 나타나면서부터 모두 사기가 올라 연구활동이 재개되었다. 해빙의 두께는 2.1미터로 배는 얼음에 갇힌 채 서쪽으로 계속 떠밀려 갔다. 10월 들어 해면 위에 호수가 생기기 시작했으며 11월에는 눈보라가 심했다. 12월 말에는 배에서 수백미터 떨어진 곳에 바다가 녹은 것이 관찰되었다. 톱으로 해빙을 썰어 밀어내고 폭약으로 얼음을 깨면서 배의 탈출로를 마련했다.

1월 말에는 60여 미터의 수로를 만들었으나 풍향이 바뀌면서 수로가 다시 좁아졌다. 식품도 바닥이 드러나고 날씨도 나빠지며 남극의 겨울로 서서히 들어가자 대원들의 사기도 떨어지고 배를 포기하자는 의견이 나오기 시작했다. 2월 15일 새벽 2시 얼음이 움직이면서 배가 파도에 움직이기 시작했다. 1898년 3월 2일 배의 기관이 정지된 이래 다시 기관을 동작하였으며 선원들은 해빙 위에서 로프로 배를 앞으로 끌고 갔으나 해빙가운데 호수와 얼지 않은 바다는 아직도 11킬로미터나 떨어져 있었다. 드디어 한 달 뒤인 3월 14일 정오에 빙해에서 벗어났다.

그때의 위치는 남위 70° 30′, 서경 103°로서 거의 13개월 동안 서쪽으로 17° 이상을 얼음과 함께 이동했다. 살아 돌아온 대원들은 벨기에로 돌아와 그들의 노고에 보답을 받았으며, 모두들 미국인 의사 프레데릭 쿡에게 감사했다.

## 대륙에서의 최초의 월동

1895년 1월 케이프 아다레에 상륙한 사람 가운데 카르스텐 E. 보르취그레빙크(1864~1934)는 호주로 이민온 노르웨이 젊은이였다. 그는 영국 출판업자의 지원을 받아 512톤짜리 배를 구입하여 남십자성호라 명명하고 탐험을 준비했다. 후원자의 주장대로 영국 남극탐험대 1898~1900

이라 명명했으나 영국인은 3명뿐이고 오직 2명의 핀란드인이 개를 맡았으며 나머지는 노르웨이인이었다.

평균 연령은 27세로 키, 몸무게, 가슴둘레, 체력, 폐활량 등을 측정하는 신체검사를 하였다. 영국인은 노르웨이인보다 측정값이 컸으며 핀란드인은 체격은 작았으나 체력은 완강했다.

1898년 8월 23일 타스마니아의 호바트를 출발하여 1899년 1월 23일 남극권에 진입했으며 2월 18일에는 케이프 아다레에 상륙했다. 날씨가 나쁘고 집을 짓기에는 어려움이 많았으나 미리 만들어진 부분을 조립해서 건물 두 채를 지었다. 보르취그레빙크는 이 건물을 그의 어머니 이름을 따 '캠프 리들리'라 명명했으며 월동대원 10명을 선정하고 개 75마리를 함께 상륙시켰다. 의사의 의견을 들어 월동대원 10명은 작은 창문이 있는 한 방에서 생활했다. 건물 두 채를 겨울에는 가운데를 이어 한 채로 만들었다. 2월 하순에 부근 기반암이 노출되는 지역을 조사해 그 곳과 호주의 지층이 상당히 비슷하다는 사실을 알게 되었다. 배는 3월 2일에 떠났으며 5월 15일 태양이 사라질 때까지 개썰매로 주변지역의 생물과 지질을 연구했다. 7월 24일에는 화재를 당하였으나 간신히 피했으며 27일에 태양이 나타났으나 추위는 아주 대단했다. 8월 31일에는 대원 몇 명이 피워 놓은 석탄난로의 일산화탄소에 중독되어 생명을 잃을 뻔한 적이 있으며 10월에는 7월부터 괴혈병 증세를 보이던 동물학자가 원인모를 병으로 죽었다.

1900년 1월 28일 남십자성호가 돌아왔으며, 2월 2일 출발하여 로스해를 조사했다. 로스빙붕 위로 올라가 2월 16일에는 가장 남쪽인 남위 78° 50′에 도달했다. 남자극은 생각했던 것보다 훨씬 북서쪽에 있다는 것을 알았으며, 2월 28일 남극권을 지나 북상했다. 보르취그레빙크의 업적은 대단한 것이었으나 오랜 시일이 지난 뒤에야 인정을 받았다.

## 아문젠의 남극점 도달

아문젠(1872~1928)은 24세가 되던 1896년 7월 벨기에 남극탐험대를 주관한 아드리엔 드 젤라슈에게 무보수로 승선하겠다고 제의해서 남극에 가게 되었다. 그는 벨지카호가 얼음에 갇히어 남극생활에 좋은 경험을 하게 되었다.

아문젠은 프람호를 1909년에 빌렸다. 이 배는 1888년 그린랜드의 빙해를 최초로 횡단하고 1893~1896년에 북극의 빙원을 횡단한 노르웨이 탐험가 난센이 극지방의 빙해에서 잘 견디도록 설계한 배였다. 그는 이 때 북극점을 정복할 의욕을 갖고 있었다. 아문젠의 형 레온 아문젠이 탐험대를 조직하던 중 북극점이 정복되었다는 소식을 들었다. 그래서 남극 탐험을 속으로 결심했으나 그 의도를 겉으로 드러내지는 않았다.

1909년 9월 13일 신문을 통해 영국의 로버트 스코트가 남극탐험에 나선다는 사실을 알고 항해준비를 신속히 몰래 추진했다. 북 그린랜드산 개 97마리를 싣고 예정보다 6개월 늦게 출항했다. 1910년 9월 9일 항해 중 그는 선원들에게 남극행을 선포했으며 1911년 1월 14일 로스빙붕의 고래만에 도착했다. 이곳은 스코트의 전진기지인 로스섬에서보다 남극점까지의 거리가 97킬로미터나 가깝다는 잇점이 있었다. 물자를 하역하고 빙붕위에 프라하임 기지를 지었으며 남위 80°81′과 82°에 물자를 비축했다.

아문젠을 포함하여 9명을 남겨 놓고 프람호는 부에노스 아이레스로 돌아갔다. 1911년 4월 21일 태양은 드디어 지평선 아래로 내려갔으나 극지탐험에 필수적인 1912년 항해용 달력을 갖고 오지 않았다는 것을 알게 되었으며 이는 1911년내에 극점에 도달해야 한다는 것을 뜻하게 되었다. 겨울 동안에는 시간표에 의한 엄격한 일과를 유지했으며, 북구식 사우나도 고안하여 토요일 저녁마다 사우나도 즐겼다. 대원 각자에게 탐험준비를 철저히 시켰으며 괴혈병 예방을 위하여 균형있는 식단을 준비했다.

8월 24일 태양이 다시 나타나자 9월 8일 금요일 드디어 8명이 남극점으로 출발했다. 처음 며칠간은 날씨가 좋았으나 점점 기후가 나빠지고

인류사상 처음으로 남극에 도착한 아문젠(왼쪽)

대원이 동상에 걸리며 개가 얼어 죽어 기지로 돌아올 때 썰매들은 서로 갈라져서 오게 되었다. 다음날 아침 이것이 화근이 되어 아문젠보다 북극 탐험 경험으로 극지 경험이 더 많은 요한센이 아문젠을 심하게 공격했다.

오후에는 아문젠을 포함한 5명과 요한센을 포함한 3명이 두팀으로 나누어 3명은 킹 에드워드 7세 지역을 탐험하기로 결정했다. 이유는 극점 도달이 실패하더라도 킹 에드워드 7세 지역을 최초로 탐험했다는 명예를 얻을 수 있다는 명분이었지만 이 분리 결정은 다분히 감정적이고 보복적인 결정이었다. 이어서 아문젠은 요한센을 무시한 채 모두에게 충성을 다짐받았다. 다시 10월 20일 출발하여 11월 4일에는 남위 82°의 창고에 도착했으며 11일에는 남극횡단산맥이 보이는 곳까지 오게 되었다. 30일분 식품과 필수품을 준비해서 17일부터 오르기 시작하여 21일에는 정상에 도달했다. 정상에서 개 24마리를 죽여가면서 남극폭풍설에 고생하며 빙하를 지났다. 12월 8일에는 섀클튼이 1909년 1월 9일에 기록한 남위 88° 23′을 돌파하여 1911년 12월 14일 금요일 3시경 드디어 남극점에 도달하였다.

그는 깨끗한 글씨로 "……이렇게 해서 우리는 지리적 남극점에 도달하여 우리의 기를 세울 수 있었다. 하느님께 감사드린다"라고 일기장에 썼다. 위치를 정확히 관측하여 극점에 왔다는 것을 확인하고 3명이 서로 다른 방향으로 10킬로미터씩 감으로써 남극점을 둘러쌌다는 것을 확인했다. 텐트를 치고 노르웨이기를 꽂았으며 스코트에게는 메시지를 남기며 노르웨이 하콘 왕에게 가는 편지를 남겨 놓았다. 3일 후 그들은 귀로에 올랐다. 아문젠의 남극점 도달로 인류가 남극을 동경한 지 2,000여 년 만에 드디어 지구의 남극점에 인류가 서게 된 것이다.

## 영광과 비극의 스코트

로버트 폴콘 스코트(1868~1912)는 1868년 영국 데본샤이어에서 출생하여 해군교육을 받고 영국 남극탐험의 대부인 영국 왕립지리학회 회장이던 클레멘츠 마크함 경을 만나 남극탐험에 관심을 갖게 되었다.

길이 52.4미터의 영국 최초 과학조사선인 디스커버리호를 이용한 1901~1904년까지의 탐험에서, 1902년 2월경 남극탐험 사상 최초로 기구를 사용하여 로스빙붕의 고래만에서 지상 244미터까지 상승하여 주변을 관찰했다. 로스섬에서 1902년 겨울을 보내고 11월 2일 아침 10시 스코트, 윌슨, 섀클튼 등 3명은 개썰매로 기지를 출발 12월 30일에는 남위 82° 16′ 33"까지 도달했다. 그러나 개들이 죽고 괴혈병에 시달리면서 무게를 줄이기 위해 개양식을 버리고 개들을 죽여 사람이 썰매를 끌면서

1903년 2월 3일 간신히 돌아올 수 있었다.

1903년 1월 24일에는 구조선박 모닝호가 기지 부근에 도착했으며 건강이 좋지 않은 대원들을 싣고 3월 2일 돌아갔다. 1903년 겨울을 보내고 여름에는 기지 주변 서쪽 약 4백킬로미터까지 내륙을 탐험했다. 이때 이들은 지난 2백만년간 비나 눈이 오지 않은 드라이 밸리(Dry Valleys)를 발견했다.

1904년 1월 5일에는 모닝호와 테라 노바호가 시야에 들어왔으며, 2월 16일에는 디스커버리호를 둘러싼 얼음을 폭발물로 깨고 귀환 항해를 시작하였다.

1904년 귀국 후 대령으로 승진한 스코트는 1909년 다시 남극 탐험대를 조직하기에 이른다. 7백톤급 포경선 테라 노바를 이용하여 1911년 1월 로스섬 케이프 에반스에 상륙하여 1월 17에는 기지건물을 완성했다. 남극점에 이르는 곳곳에 보급창고를 준비하던 스코트는 만주산 말들이 기진맥진해서 예정 지점보다 48킬로미터 북쪽인 남위 79° 28′ 30"에 1톤 창고를 짓고 철수했다. 그러나 이것은 훗날 결정적인 파멸을 일으키게 된다.

로스섬의 동쪽 로스해를 조사한 팀으로부터 아문젠의 프람호가 고래만에 정박해 있다는 소식을 듣고 아문젠의 코스가 극점으로부터 97킬로미터나 더 가깝다는 사실과 많은 개들을 안전히 데려왔다는 점에 상당한 불안을 느꼈다.

1911년 겨울인 6월 하순에는 윌슨, 바워스, 체리 가라르 등이 케이프 에반스에서 동쪽으로 105킬로미터 떨어진 케이프 크로지에까지 가서 황제펭귄 3마리와 알 6개를 채집해서 8월 1일 귀환했다. 이들 3명은 36일간 인간이 견딜 수 있는 가장 가혹한 상황하에서 생존했으며 돌아와서는 몸에 얼어 붙은 옷을 잘라낼 정도였다. 체리 가라르의 침낭은 출발할 때에는 8킬로그램이었던 것이 돌아왔을 때에는 20킬로그램으로 12킬로그램은 입김과 땀 등 인체에서 배출된 수분이 얼어 붙은 것이었다.

스코트는 1911년 10월 24일 남극점을 향해 떠났다. 말, 개, 모터 썰매, 인간 썰매 등을 동원해서 전진했다. 모터가 고장이 나고 날씨가 나빠서 전진은 예상했던 것보다 더뎠다. 나중에는 개들을 돌려 보내고 12

남극점에 도착한 대원들. 중앙에 선 사람이 스코트이고, 사진은 앞줄 왼쪽의 바워스가 셔터의 줄을 당겨 촬영했다.

월 9일 마지막 남은 말 5마리를 사살하고 사람이 썰매를 끌었다. 1912년 1월 4일 남위 87° 34′에서 마지막 지원팀들이 본기지로 귀환할 때 바워스에게 합류할 것을 요청해서 남극점 공격팀은 5명이 되었다. 사람이 끄는 썰매로 섀클튼의 1909년 1월 9일의 기록점을 1월 9일에 지나고 17일에는 드디어 남극점에 도달했다. 그러나 이미 한 달 3일전에 아문젠이 도달했다는 것을 알고 실의에 빠진 채 기지까지 1,280킬로미터의 귀환길에 올랐다. 2월 8~9일에는 지질시료 채집를 하기 위하여 비어드모어빙하에서 귀한 시간을 보내고 돌아오면서 괴혈병, 동상, 영양실조 등으로 2월 4일 크레바스에 떨어진 에반스가 2월 17일 운명하고 동상 때문에 기동이 불편한 오트가 자기의 32회 생일날인 3월 17일 폭풍설 속으로 스스로 행방불명이 된다. 3명은 3월 19일 1톤 창고에서 18킬로미터 떨어진 곳까지 왔으나 남극폭풍설이 워낙 드세어 텐트를 떠나지 못했다.

스코트는 죽기 전 영국 국민에게 메시지를 남겨 탐험경위와 마지막 위치까지의 도착과정을 설명했으며 가족과 친지에게 편지를 남겼다. 3월 29일에 끝난 스코트의 일기는 '20일에는 차 두 컵 끓일 연료와 2일분 식량밖에 없었다.…… 21일부터 계속 폭풍설이 불고 있다. 마지막까지 최선을 다 할 것이나 우리는 점점 쇠약해지며 끝이 멀지 않다. 일기를 더 이상 계속해서 쓸 것 같지는 않다. 하느님 우리를 돌보아 주소서'라고 끝맺었다. 스코트, 바워스, 윌슨 등 3명의 유해는 8개월 후 수색대에 의해 발견되었다. 그들의 유해를 찾은 수색대의 일원인 그랜의 일기를 그대로 옮기면 '1톤 창고에서 불과 18킬로미터 떨어진 곳에서 스코트와 윌슨, 버디가 비참하게 운명했다. 모두가 공포에 질렸다.……나는 내가 살아 있는 동안 그것을 잊어버릴 수가 없다.……문까지 눈이 쌓인 텐트 속에서 우리는 그들 세 명의 시체를 발견했다. 스코트는 침낭에서 상반신을 내어 놓은 채 가운데에 누워 있었고, 버디는 그의 오른쪽, 빌 아저씨는 머리를 문쪽으로 향한 채 그의 왼쪽에 누워있었다. ……바워스와 윌슨은 자고 있는 것처럼 보였다.오트의 침낭도 발견됐으며 그의 침낭은 동상으로 다리를 구부리고 펴는 것이 불편해서 칼로 찢어서 사용했다.' 텐트 속에는 의사이자 자연과학자인 빌 윌슨이 주장해서 비어드모어빙하에서 채집한 16킬로그램짜리 빙퇴석도 있었다. 이들의 유품은 영국 캠브리지대학교 부설 스코트 극지연구소(Scott Polar Research Institute)에 보존되어 이들의 역경을 보여주고 있으며 영국의 남극탐험의 전통과 유산의 증표가 되고 있다. 스코트에게는 당시 2살난 아들이 있었으며 그는 이제 80 고령의 피터 스코트 경으로 남극 환경보호에 앞장서고 있다.

스코트는 아문젠과 달리 개를 쓰지 않았고 예정보다 한 달 늦게 떠나면서 물자, 특히 연료가 적었으며 날씨도 나쁜데다가 경로마저 더 멀었다. 그리고 전진속도가 늦은 남극횡단산맥을 비어드모어빙하를 지나 더 먼 경로로 지났고 귀환하면서 지질시료 채집을 위해 생명같은 2일을 보냈으며 마지막까지 이들 시료 16킬로그램을 운반하면서 비극이 뒤따른 것으로 생각된다.

## 모우슨 경의 단독생존

다글라스 모우슨(1882~1958)경은 영국 요크셔에서 태어나 소년시절 이후에 호주로 이민을 갔다. 1907년 섀클튼의 남극탐험대에 참가하여 1908년 3월 로스섬에 있는 남극최고의 활화산인 3,794미터의 에레부스산을 등반했으며 1909년 1월 16일에는 동료 2명과 함께 남자극점에 도달했다. 이들 이외에는 남자극점에 도달한 사람이 없으며 남자극점은 계속 움직이고 있어서 현재는 불란서 남극기지 듀몽 뒤르빌에서 1백킬로미터 정도 떨어진 바다에 위치하고 있다.

모우슨 경은 스코트의 남극탐험대에 참가할 것을 권유받았으나 거절하고 1911~1914년에 걸친 남극에서 바람이 가장 센 동남극 남위 67°, 동경 143°의 컴먼웰스만 탐험대를 조직하게 된다. 1912년 1월 8일 6백톤급의 오로라호는 컴먼웰스만에 물자를 하역하고 기지에 건물을 완공했다. 이 곳은 남극에서도 가장 바람이 센 곳으로서 3~4월에는 초속 27~36미터의 바람이 며칠간 계속되고, 때로는 초속 44미터 이상으로 불기도 하며 이따금 80미터를 넘는 바람이 불어서 150킬로그램이 넘는 중장비부품이 날려서 40여 미터씩 왔다 갔다 했다. 5월의 평균풍속이 40미터가 넘어 연평균풍속은 초속 22.2미터다. 13.9미터가 넘어도 바람을 안고 걷기가 힘들다는 것을 생각할 때 1년 내내 이 정도의 바람이 분다는 것은 엄청난 일이다. 실제 이들은 물을 만들기 위해 얼음을 모을 때, 서서 다닌 것이 아니고 땅바닥에 엎드려서 기어 다녔으며「폭풍설의 고향 : 바람 위에 엎드려(The Home of the Blizzard : Leaning on the Wind)」는 이때의 생활경험을 적은 것이다.

1912년 겨울을 게임, 음악회, 풍자극, 토론, 개인 장기자랑 등으로 보내고, 여름이 되면서 바람이 약간이라도 덜 심한 날 기지 주변을 탐험했다. 동료인 니니스, 멜츠와 함께 11월 17일 18마리 개가 끄는 3대의 개썰매를 이용해서 컴먼웰스만의 동쪽인 조지 5세 랜드를 탐험하기 시작했다. 일행이 위험한 크레바스가 많은 멜츠빙하를 지나 니니스빙하에 도착한 것은 11월 말경이었다.

이들은 12월 6일부터 시작한 초속 31미터의 폭풍설 때문에 사흘간 붙잡혀 있었다. 식량은 줄어들었고 9일에 가서야 눈 속에 파묻힌 개와 썰매를 꺼내 여행을 계속할 수 있었다. 13일에는 썰매 1대를 버렸고 14일에는 니니스가 크레바스에 빠져 실종되었으며, 모우슨경과 멜츠도 생존을 위해 필사의 노력을 하였다. 왜냐하면 여섯 마리의 개가 끌던 니니스의 썰매에 텐트와 식량과 침낭, 피복 등 대부분의 식품과 장비가 실려 있었기 때문이었다.

남은 썰매에는 두 명이 단지 10일간 견딜 수 있는 식량만이 있었으며 개에게 먹일 것은 전혀 없었다. 베이스 캠프는 506킬로미터나 떨어져 있었고 텐트 커버 1장과 버너 석유만이 있었으며 돌아가는 길에는 비상물품 저장소도 없었다. 한 대 남은 썰매와 중요한 물품만을 갖고 떠났으며 간이텐트를 만들었다. 개들에게는 다 닳아빠진 장갑과 소가죽 줄을 먹였다. 12월 15일에는 가장 허약한 개 한마리를 잡아 사람과 남은 개들이 먹었다. 이러한 처절한 상황은 10여 일간이나 계속되어 마지막 남은 개까지 잡아 먹었다.

크리스마스에는 베이스 캠프로부터 약 257킬로미터 떨어진 곳에 왔으며 12월 30일에는 약 24킬로미터를 전진했는데, 이때 모우슨은 동료인 멜츠가 기력이 없다는 것을 알았다.

1913년 1월 1일 멜츠의 고통은 심해졌고 다음날에는 체력이 거의 쇠진한 상태가 되었다. 5일에는 쉬었으나 늦춘다는 것은 죽음을 의미하는 것이기에 6일에는 다시 여행을 시작하였다. 1월 7일 베이스 캠프를 약 160킬로미터 남겨 놓고 멜츠는 헛소리를 지르기 시작했고 몇 시간 후에는 끝내 목숨을 잃고 말았다.

모우슨 경은 이때를 이렇게 회고했다. "나는 몇 시간을 침낭 속에 누워 있었다. 앞일을 곰곰이 생각했다. 나는 이 넓은 황량한 대륙에 혼자 있다.…… 나의 육신은 거의 탈진되어 있다.…… 발가락은 곪아 검게 변하기 시작했으며, 발톱은 너덜거렸다. 희망은 거의 없다. 계속 잠만 자는 것이 편하고 날씨는 상상할 수 없을 만큼 나쁘다"

그러나 모오슨 경은 초인적인 정신력을 발휘, 아침에는 정신을 가다듬었다. 자신의 침낭에 멜츠를 묻고 썰매 미끄럼 부분으로 엉성한 십자가를 만들어 세우고 무게를 줄이기 위하여 주머니칼로 썰매의 여러 부분을 잘라내어 반으로 만들었다. 11일에는 방한화 창마저 떨어져 나가 두꺼운 가죽으로 발을 감아야만 했다. 이제는 육신의 대부분이 맨살을 드러내게 되었으며, 몸의 여러 부위가 약해졌다. 머리카락이 빠지고 손가락들이 상해갔다. 1월 15일에는 단 1.6킬로미터만 걸을 수 있었다. 1월 17일 거의 정신을 잃은 상태에서 크레바스에 빠져 약 4.3미터 길이의 썰매줄로써 겨우 크레바스에 매달리게 되었다. "기력은 급격히 떨어졌다. 그러나, 기적적으로 겨우 빠져 나올 수 있었다. 그리고는 한 시간 동안이나 몸을 전혀 움직일 수 없었다"고 그는 회고했다.

27일에는 강한 폭풍설 때문에 움직일 수 없었다. 그러나, 29일에는 그를 찾아 나선 구조대가 만들어 놓은 표지를 찾아냈다. 그들은 거기에 식량과 함께 메모를 한 시간 전에 남겨 두었다. 2월 1일 오후 7시에 그는 구조대의 캠프 근처에 도달했으나, 날씨가 나빠 일주일간을 더 헤맨 후 죽은 동료들을 뒤로 하고 모우슨 경은 구조에 나섰던 대원들로부터 따뜻한 환영을 받았다. 배로 가려고 했으나 폭풍설로 인해 그들 일행은 캠프에 갇혀서 그 해 겨울을 보내고 11월말 썰매를 끌고 귀환길에 올라 13개월의 여정을 끝내고 12월 12일 오로라호로 돌아왔다. 세명의 동료 중 한 동료를 잃고 둘이서 생존하다가 그 동료마저 잃은 후의 모우슨 경의 단독생존기록은 남극탐험사에서 유례를 찾아 볼 수 없는 전설적인 것이다.

멜츠의 사인은 후일(1957년) 비타민A 과다로 밝혀졌다. 실제 육식동물의 간을 먹으면 사람의 간에 비타민A가 축적되어 비타민A 과다증에 걸린다. 예를 들면 에스키모들은 백곰을 잡은 경우 백곰의 간을 먹지 않으며 개들에게도 결코 주지 않는다고 한다.

## 섀클튼 경의 집단생존

어네스트 섀클튼(1874~1922)경은 아일랜드에서 태어나 17세부터 선원훈련을 시작했다.

스코트와 함께 1901년~1904년에 걸친 제1차 남극탐험대에 참가했으나 괴혈병에 걸려 일찍 돌아오게 되었다. 1907년에는 스스로 남극탐험대를 조직하기에 이르러, 탐험선 님로드호는 8월 영국을 떠나 1908년 1월 29일 로스섬의 케이프 로이드에 도착했다. 그곳에 아직도 남아 있어서 남극사적지로 보호받는 16평 정도의 기지를 지었다. 1908년 겨울을 보내고 10월 29일 남극점을 향해서 출발했다. 고통, 공포, 질병, 기아에 허덕이면서 1909년 1월 9일에는 당시로서는 가장 남쪽인 남극권에서 180킬로미터 떨어진 남위 88° 23′, 동경 162°까지 도달했다.

남극점이 정복당한 이후 섀클튼 경은 야심적인 최초의 남극 횡단계획을 추진했다. 이들은 대서양쪽의 웨델해에서 남극점에 도달한 후, 로스빙붕 쪽으로 나와 남위 83° 30′, 동경 170° 비어드모어빙하에서 로스해팀과 합류한다는 야심적인 계획이었다. 그는 1차 세계대전의 전운이 짙어져 총동원령이 내려진 1914년 8월 4일 영국 해군장관 윈스턴 처칠 경의 '계속하라'는 격려전문을 받으면서 8월 8일 장도에 올랐다.

남 조지아섬에 도착하여 해류와 해빙에 관한 정보를 얻은 다음 12월 5일 출발해 웨델해로 들어섰다. 웨델해에 들어선 섀클튼 경은 탐험선 엔듀어런스호의 선수를 펄크너빙붕의 동쪽 끝으로 돌렸으나 1915년 1월

침몰하는 섀클튼의 엔듀어런스호

19일 배 주위가 얼기 시작했다. 얼음에 갇힌 채 밀려가면서 몇 주가 지나는 동안 배는 웨델해의 서쪽까지 표류했다. 처음에 배는 크기 54킬로미터 정도의 해빙 내에 갇혀서 안전한 상태였다. 1915년 8월 1일 배가 갇힌 해빙에 금이 가기 시작했고 그 충격은 선체에도 크게 느껴졌다. 8월 17일 해빙이 흔들리면서 배는 22°로 기울어졌고 선체에 압력이 가중되면서 급격히 가라앉기 시작했다. 10월 16일 수형보트와 썰매, 식량 등을 해빙 위로 끌어 내렸으며 배는 11월 21일 침몰되었다. 가장 가까운 식량저장 및 대피소는 탐험대로부터 557킬로미터 떨어진 작은 섬에 있었다. 식량과 야영장비, 소형보트를 끌고 앞을 가로막는 얼음덩어리를 헤치고 나가는 것과 해빙 사이의 갈라진 틈을 뚫고 나가는 것은 거의 불가능한 일이었다. 식량이 떨어져 개를 죽여야 했으며 식량보충을 위해 펭귄이나 물개를 잡았을 때를 제외하고는 몇 주, 몇 달을 엄격한 배급으로 버텼다.

1916년 3월 23일 표류하는 해빙을 가로지르는 6개월간의 사투 끝에 남극반도 끝부근에 있는 섬을 발견할 수 있었다. 사흘 후에 앞을 막았던 빙산들이 흩어져 탐험대원 28명은 3척의 보트로 육지로 향했다. 4월 15일 해빙에 둘러싸인 지 15개월 만에 탐험대는 남극반도 북쪽에 얼음으로 덮인 남 쉐틀란드군도 북동쪽 끝 섬인 엘레펀트섬에 도달할 수 있었다. 해빙의 흐름, 바람, 조류 때문에 그들은 식량이 저장되어 있는 섬으로부터 210킬로미터 떨어진 섬으로 밀려온 것이다.

9일 후 섀클튼 경은 22명의 동료를 남겨둔 채 동료 5명을 이끌고 소형보트 제임스 캐어드로 북동쪽 1천4백킬로미터 떨어진 남 조지아섬의 포경기지까지 항해를 시작했다. 길이가 7미터인 구명정인 캐어드는 돛단배로 세계에서 폭풍이 가장 심한 바다를 횡단해야만 했다. 폭풍과 싸우며 험한 파도를 2주일 간 헤쳐, 남 조지아섬에 5월 9일 상륙했다. 그러나 포경기지는 반대쪽에 있어서 2천미터의 산을 넘고 빙폭을 타고 내려와 32킬로미터 떨어진 포경기지에 2일 후에 도달할 수 있었다. 엘레펀트섬에 머문 본대의 구조는 그리 간단한 문제가 아니어서 네 번째 구조대인 칠레의 증기선 옐초가 그들을 구했으며 섬에 상륙한 지 거의 5개월이 지난 뒤였다.

섀클튼 경이 가혹하고 험악한 자연환경에도 불구하고 단 한 명의 동료도 잃지 않고 만 2년 만에 살아 돌아온 것은 남극대륙을 횡단한 것보다 더 위대한 업적으로 기록될 것이다.

섀클튼 경은 1921년 남극대륙의 대서양쪽 해안을 조사할 목적으로 125톤짜리 목선 퀘스트호로 다시 남극탐험대를 조직했다. 그러나 그는 본격적인 탐험을 준비하면서 의사의 권고를 마다하고 과로해서 48세로 1922년 1월 5일 새벽 남 조지아섬에서 심장마비로 운명했다. 그의 죽음

노후의 섀클튼 경

으로 남극탐험에서 영웅들의 시대(The Age of Heroes)는 막을 내리게 되었다. 부인의 요청에 따라 섀클튼 경은 남 조지아섬에 묻혔다.

섀클튼 경은 스코트, 모우슨 경과 함께 가장 위대한 영국 남극탐험가로 추앙받는다.

## 기타 영웅적 시대의 탐험들

스웨덴의 지질학자 오토 노르덴스쾰드(1869~1928)가 이끄는 스웨덴 남극탐험대는 1902년 1월 물개잡이배 안타크틱호를 탐험선으로 개조해서 남 쉐틀란드군도에 도착했다. 남극반도 서해안을 탐험하면서 오를레앙해협이 젤라슈해협과 연결된다는 사실을 발견했다. 이어서 남극반도 끝의 섬들을 탐험하면서 안타크틱호는 대장과 아르헨틴 해군장교 호세 소브랄 등 월동대 6명을 내려놓고 포클랜드로 돌아갔다. 이들은 스노우 힐섬에 기지를 짓고 겨울을 보낸 뒤 33일 만에 611킬로미터를 달려 남극반도 동해안을 썰매로 조사했다. 남극으로 다시 온 조사선은 1902년 12월 과학자, 해군장교, 선원 등 3명이 남극반도 끝 호우프 베이에 내린 후 월동대 6명을 싣기 위해 가다가 1903년 1월 10일경 얼음에 갇혔다. 이들은 얼음과 함께 표류하다가 2월 12일에 남극반도 끝 폴레섬에서 동쪽으로 40킬로미터 되는 해상에서 침몰하면서 20명의 선원들은 해빙을 이용하여 간신히 2월 28일 폴레섬에 상륙했다.

한편 3명은 돌과 펭귄껍질 등으로 은신처를 지은 후 배가 오기를 기다리며 펭귄 7백마리를 잡아 먹으면서 연명했다. 간간이 물개와 물고기를 잡아 먹는 것이 별미였다. 이들은 배가 침몰된 것을 모른 채 겨울을 보내도 배가 오지 않자 대장의 월동기지가 있는 스노우 힐섬으로 가던 도중 중간에 있는 베가섬에서 대장인 오토와 우연히 만나게 되었다.

한편 폴레섬에 상륙한 선원들은 크기 10×7미터 정도의 집을 돌로 짓고 펭귄 1천1백여 마리를 주식으로 1903년 겨울을 보냈다. 그들은 맛있는 것을 배불리 먹고 구조되는 꿈 속에서 길고 어두운 겨울을 보냈다. 10월 말에 선장 외 5명은 그들이 남극반도 끝 호우프 베이에 내려 놓은 3명의 은신처를 찾아냈으나 그들은 이미 대장이 있는 섬으로 떠난 뒤였다. 내부에 있는 플라스크에 그들 3명의 경로를 스케치해 둔 것을 보고 이들은 그 경로를 따라 스노우 힐섬으로 항해했다.

한편 탐험대의 소식이 없자 스웨덴과 아르헨티나에서는 아르헨틴 해군장교 줄리앙 이리사를 대장으로 구조대를 조직하여 우루과이호로 구조에 나섰다. 이 구조선이 월동대의 일부를 세이무르섬에서 만나고 이어 스노우 힐섬에서 월동팀를 만나 나머지 선원들도 전원 구조되었다.

1903~1905, 1908~1910년에 걸친 불란서 남극탐험은 저명한 신경과 의사의 아들로 태어난 의사인 장 샤르꼬(1867~1936)가 주관했다. 길이 46미터와 무게 245톤의 프랑새호를 탐험선으로 건조해, 애국심과 사명감을 강조한 그는 1904년 2월에 남극반도 서쪽섬에 도착했다. 부스섬에서 1904년 겨울을 보내고 1905년 1월에는 암초를 받아 배에 물이 스며들어 배의 물을 퍼내면서 아르헨티나로 돌아왔다.

그 후 40미터 길이에 8백톤 선박 뿔꽈 빠?(Pourquoi pas? 영어로 Why not?)를 건조해서 1908년 8월 15일 제 2 차 불란서 남극탐험을 시작했다. 1908년 12월 16일 푼타 아레나스를 출발, 남극으로 향해서 1904년 월동했던 곳을 찾아보고 더 남쪽으로 내려가 정박했다. 장 샤르꼬 등 3명은 보트로 해안을 조사하던 중 노를 잃어버리면서 3일을 표류하다가 다행히 배를 만나 구조되었다. 그들은 암초에 부딪혀 배를 수리하면서 남극반도 서해안을 탐험했다.

이들은 피터만섬에 기지를 짓고 지자기, 지진관측장치를 설치했으며 조석과 기상을 관측했다. 무료한 시간을 달래기 위해서 문법, 지리, 영어, 항해, 응급처치 등을 강의했다. 선적한 1천5백권 이상의 책과 지나간 신문을 읽었으며, 글재주 있는 사람은 소설을 써 낭독했으며, 스키, 썰매타기 등의 운동을 즐기고 우승자에게는 깡통으로 만든 메달을 주기도 하였다.

1909년 11월 남 쉐틀란드군도로 북상하다가 1910년 1월 다시 남하해서 남위 70°, 서경 76°에서 육지를 발견했으며 해안을 따라 서경 124°까지 항해했다. 장 샤르꼬는 2천킬로미터의 해안을 조사했으며 해도와 지도를 만들었는데 그것들은 그 이후 수십 년간 사용되었으며 그때의 수집자료는 사진 3천점을 포함 28권의 책으로 인쇄되었다.

대문호 빅톨 위고의 손녀인 첫째 부인으로부터는 1차 남극탐험으로 장기간동안 가족을 유기했다는 이유로 이혼당하고 새 부인과는 탐험을 반대 하지 않는다는 약속을 받고 결혼했다. 장 샤르꼬는 1936년 9월 15일 밤 북극 아이슬란드 근처에서 그의 배와 함께 조난당했다.

독일 지리학자인 에릭 폰 드리갈스키(1865~1949)는 제1차 독일 남극탐험대를 조직하여 가우스호로 1901년 8월 독일 킬을 출발하여 1902년 2월 21일 동경 90° 부근의 남극대륙이 보이는 곳에 도착했다. 3월부터 해빙에 갇혀 있다가 1903년 2월에 빠져 나올 때까지 썰매를 이용하여 대륙의 가우스산을 조사하고 기구를 이용하여 5백미터 상공까지 올라갔었다.

제2차 독일 남극탐험은 빌헬름 필크너(1877~1957)가 조직해서 대서양쪽(웨델해)과 태평양쪽(로스해)의 최남쪽이 남극대륙으로 분리되어 있는지 아니면 수로로 연결되어 있는지를 조사하기 위해 도이칠란드호로 1911년 독일을 출발했다. 1912년 1월 빙산에 둘러 갇혔다가 빠져 나왔으며 2월 하순에는 남위 77° 45′, 서경 34° 34′의 얼음 위에 물건을 하역하고 건물을 지었으나 그 얼음판이 밀물 때 갈라져 떠내려가기 시작해서 이틀 만에 건물을 해체하여 선적했다. 3월 초에는 탐험선이 해빙에 갇혀 카드놀이, 음악, 운동 등으로 겨울을 보냈으며 1823년 발견했다는 육지를 찾아서 해빙위를 1백킬로미터 이상을 썰매로 갔으나 찾지를 못했다. 얼음에 갇힌 배는 위도로 10° 이상을 표류하다가 1912년 12월 남조지아섬으로 돌아왔다.

1902~1904년에 걸쳐 스코틀랜드가 남극탐험대를 조직, 남 오크니군도의 로리섬의 북안에 돌로 기상관측기지를 지어서 오몬드 하우스라 명명했다. 이 오몬드 하우스는 아르헨티나에 이양되어 1904년 2월 22일 아르헨티나의 오르카다스기지로 되어 지금까지 사람이 상주하는 기지로서 섬이기는 하나 남극에 있는 상주기지로는 역사가 가장 길다. 탐험선 스코티아호는 1903년 3월부터 11월까지 섬의 남쪽만에서 해빙에 갇혀 있었다.

1910년 12월 1일 해군장교 노부 시라세(1861~1946)가 이끄는 일본 남극탐험대가 해남환으로 도쿄를 출발하여 남극으로 향했다. 1911년 3월에는 남극대륙해안에 접근했으나 상륙하지 못하고 5월 시드니로 돌아와서 식품 부족으로 걸인에 가까운 생활을 했으며 호주와 뉴질랜드 신문사

숙명적인 탐험을 나서기 직전의 모우슨

들로부터 경멸당했다. 11월 시드니를 출발해서 1912년 1월 16일 로스빙붕에 도달했으며 아문젠의 배 프람호와 극점도달 후 귀환하는 노르웨이 대원들을 만났다. 시라세를 포함한 3명의 돌격대는 1월 28일 남위 80° 5′까지 개썰매로 남하하다가 돌아왔다.

## (3) 과학의 힘으로(1923~1958년)

### 남극비행

거대한 빙원인 남극대륙을 탐험하는 데에 비행기라는 20세기의 장비를 처음으로 동원한 사람은 조지 휴버트 윌킨스(1888~1958)경이다. 1888년 호주 남부에서 농부의 아들로 태어난 윌킨스 경은 발칸전쟁과 북극탐험에서 사진사로 일한 탐험가이다. 그는 록히드 베가 단엽기 2대를 싣고 남 쉐틀란드군도의 디셉션섬에 1928년 11월 6일 도착했다. 11월 16일에는 시험비행하고 12월 20일에는 남위 71° 20′, 서경 64° 15′ 그라햄랜드 상공까지를 11시간에 걸쳐 왕복 2천1백킬로미터를 비행했다. 이때에 그는 많은 사진을 찍었으며 새로운 사실을 많이 관찰했으나 상당부분은 후일 잘못된 것으로 밝혀졌다. 그는 다음해 말 남극에 다시 와서 몇 차례 비행을 더 했다.

남극점까지 최초로 비행한 사람은 미 해군대령 리차드 버드(1888~1957)이다. 그는 해군사관학교 졸업 후 1926년에는 북극점을 비행했으며 대서양을 세번째로 횡단했다. 비행장교인 그는 아문젠의 조언을 받아들여 50명의 사람과 개 95마리 및 극지방 고공비행에 적합한 비행기 3대를 갖고 1928년 12월 25일 로스빙붕에 도착하여 고래만 동쪽에 리틀 아메리카 기지를 지었다. 다음해 초에는 시험비행을 시도했으나 심한 바람 때문에 진전없이 그 해 겨울을 보냈다. 10월에 함께 간 지질학자들은 아문젠이 극점도달 후 돌아오면서 만들어 놓은 돌무덤 속에서 아문젠의 편지를 발견했다.

북극에서의 비행경험이 있는 버드는 남극비행의 어려움을 재빨리 알았다. 비행용 지도도 없었고 결빙은 시야를 방해했고, 따라서 마땅한 착륙 장소도 찾을 수 없었다. 자석 나침반은 믿을 수 없어서 그가 북극지방을 비행할 때 고안한 태양 나침반을 사용했다. 추운 곳에서 비행기 시동을 건다는 것도 큰 어려움이었으며, 불시착할 때 도와 줄 사람이나 시설이 없어 그들 자신이 그들의 생존문제를 해결해야만 했다. 1929년 11월 19일 로스빙붕을 지나 남극횡단산맥 부근에 연료를 저장하고, 돌아올 때에는 연료가 부족해 기지 160킬로미터 되는 지점에 불시착해 3일을 기다린 뒤 다른 비행기가 갖다 준 연료를 받아 돌아왔다. 11월 28일 아침 지질조사팀의 남극고원이 날씨가 좋다는 무전을 받고 오후 3시 29분 버드를 항법사로 하는 비행팀 4명은 엔진이 3개 달린 포드 단엽기로 이륙 극점비행에 나섰다. 그들이 남극횡단산맥을 통과할 때 심한 바람에 비행기가 뜻대로 움직여지지 않아서 식품을 투하해 버려 무게를 줄여서 간신히 산맥을 통과했다. 11월 30일 새벽 1시 14분에 극점에 도달했으며 1시 25분에 이륙 귀환을 시작했다. 가운데 연료비축지점에서 연료를 재공급한 후 오전 10시 10분 기지에 도착했다. 15시간 51분에 걸친 비행에서 그들은 인류 최초로 극점을 하늘에서 보았으며 비행기로 도착한 사람이 되었다.

리차드 버드는 1933~1935년에 걸친 2차 탐험에서 내륙에 있는 간이기지에서 혼자 겨울을 보내다 난로에서 새어 나온 일산화탄소의 중독으로 거의 죽을 뻔한 적이 있었다.

그는 극지탐험에서 수송과 통신에 혁명을 이루었으며 그의 탐험으로 미국이 남극에 적극적인 관심을 갖게 되었다.

## 미해군의 하이점프 작전

1946년 미해군은 전례없는 대규모의 남극탐험을 시도했다. 이때에 선박 13척과 비행기 23대에 인원이 4천7백여 명이 동원되었다. 2차 대전중에 개발된 최신장비와 기술을 사용하고 있었다. 작전의 목적은 해군훈련이었으나 한편으로는 미국도 남극에 관심이 있다는 것을 보여주는 것이었다. 이 작전은 해군소장으로 승진한 리차드 버드가 총지휘를 맡았다. 작전단은 3그룹으로 되어 중부그룹은 쇄빙선 2척, 보급선 2척, 통신선 1척과 잠수함 1척으로 되어 있으며 이들은 로스해 고래만에 기지를 지었다. 이 기지를 근거로 이들은 대륙내부를 조사하기로 되어 있었다. 이들은 고래만에 접근하여 물자를 하역하고 나무로 바닥을 깐 5개의 대형텐트를 짓고 숙소와 회의실, 창고, 식당 등으로 사용했다. 이들은 움직이는 얼음과 함께 수 킬로미터씩 이동한 옛날의 기지들을 돌아봤으며 극점 가까이 비행하기도 했다.

동부그룹과 서부그룹은 각각 서남극과 동남극의 해안선 및 내륙을 항공조사했다. 서부그룹은 260 제곱킬로미터의 얼음이 없는 남극의 오아시스인 벙거 힐을 발견했다.

이 1946~1947년에 걸친 작전에서 쇄빙선과 헬리콥터가 남극에 처음 사용되었으며 남극면적의 1/4 이상인 390만 제곱킬로미터를 육안으로 관찰했으며 남극해안선의 60퍼센트 이상에 걸쳐 7만장의 항공사진을 찍고, 남극해안선의 25퍼센트를 처음으로 목격했다. 이 작전은 현대군사장비를 최대로 동원해서 남극을 과학적으로 조사했다는 데에 의의가 크다.

## 영연방의 남극횡단 탐험

섀클튼 경의 1914~1917년에 걸친 남극횡단계획이 엔듀어런스호의 침몰로 좌절된 이래 영연방은 1955~1958년에 걸친 남극횡단계획을 추진했다. 이 횡단계획은 비비안 훅스(1908~)경이 1949년 12월 서남극 알렉산더섬에서 월동할 때 생각한 것이었다. 웨델해에서 남극점을 지나 로스섬 동쪽 맥머도 사운드까지 가는 3천2백킬로미터의 대장정이었다. 한 팀은 웨델해에서 남극점으로 향하고 다른 한 팀은 횡단팀을 위하여 맥머도 사운드에서 남극고원까지 연료 및 식품창고를 지어 주는 역할을 맡았다.

1955년 초에 엘리자베스 Ⅱ세 영여왕이 탐험후원회장이 되어 10만 파운드를 내고 이어서 뉴질랜드, 남 아프리카, 호주 등의 정부와 개인들이 지원했다. 횡단팀의 대장은 훅스 경이 맡고 다른 한 팀의 대장은 에베레스트산을 1953년 5월 29일 인류 최초로 정복한 뉴질랜드인 에드먼드 힐라리(1919~)경이 맡았다. 횡단팀은 1955년 11월 14일 출항했으며 웨델해에 들어와 필크너빙붕 끝의 해빙 위에 전초기지인 섀클튼을 세우려고 물자를 하역했다. 그러나 1956년 2월 초에 불어닥친 폭풍설로 탐험선을 철수했고, 폭풍설 때문에 해빙이 떠 갔으며, 이때 하역해 놓은 설상차, 석탄, 목재, 기름 등 상당부분을 잃었다.

1957년 1월 13일 훅스 경은 다시 돌아왔으며 육지에 얼음을 1.5미터 파서 기지 사우스 아이스를 설치하고 경비행기로 물자들을 옮겨놓기 시작했다. 2월 하순에는 보급기지가 완성되어 1개월 후에는 월동에 들어갔다. 1957년 겨울을 보내고 10월 초순에 새로운 인원이 도착하여 본격적으로 남극점 출발준비를 시작했다. 드디어 12월 24일 2대의 개썰매를 앞장세워 일단의 설상차가 남극점을 향하여 보급기지를 출발했다. 설면에는 상당한 높이의 파도형 구조가 발달되어 전진속도는 늦고 장비들이 고장나 설상차 3대를 포기해가며 1958년 1월 18일에는 남위 89° 37′에 도착할 수 있었다. 다음날에는 드디어 남극점에 도달했다. 이곳에서 비비안 훅스 경은 중간보급기지를 설치한 후 설상차로 극점에 도달한 에드먼드 힐라리 경과 국제 지구물리관측년도 연구를 수행하기 위하여 남극에 기지를 설치하는 딥프리즈작전의 지휘관 미 해군소장 조지 뒤펙(1903~1977)과 상봉했다. 세 사람 다 국적은 달라도 일생을 오지와 극지의 탐험과 모험 속에서 살아간 사람들이다.

1월 24일 남극점을 출발, 힐라리 경이 로스섬에 설치한 스코트기지로 향했다. 힐라리 경이 설치한 중간보급기지를 지나서 3월 2일 오후 2시 3

분 드디어 스코트기지에 도착했다. 그들은 99일 만에 3,472킬로미터를 달려서 남극사상 유례없는 남극횡단 탐험에 성공했다.

남극에서 두번씩이나 월동한 비비안 훅스 경은 1958년부터 1977년까지 영국 남극조사소 소장을 역임했으며 현재 영국 케임브리지에 살아 있는 영국 남극탐험의 대부이다.

# 3. 남극의 자원

남극이 19세기 초 인간에 의해 발견된 이래, 19세기 말부터 20세기 초에 걸쳐 탐험되고 20세기 후반에는 본격적인 과학연구가 수행되고 있다. 이들 국제적 과학연구 노력은 계속되고 증대하리라 생각된다.

이렇게 세계의 상당수 국가가 남극에 관심을 갖는 것은 미지에의 호기심이라는 인간 속성 외에 남극을 둘러싸는 광대한 남빙양과 남극자체에 엄청난 생물자원과 비생물자원이 있기 때문이다.

## (1) 생물자원

### 남빙양의 해류

남빙양의 해류는 이 지역의 바람과 깊은 관계가 있다. 즉 남극대륙을 둘러싸는 고착빙을 따라서 대략 남위 65° 이남으로는 동쪽에서 서쪽으로, 다시 말해 시계바늘 반대 방향으로 부는 극동풍이 있으며 이 영향으로 같은 방향으로 흐르는 극동풍표류가 있다. 극동풍표류는 웨델해에서 남극반도의 발달 방향을 따라 시계바늘 방향으로 흐르게 된다. 극동풍표류 북쪽으로는 남극수렴선까지 극동풍의 풍향과 반대방향인 시계바늘 방향으로 부는 서풍의 영향으로 서풍표류(또는 남극환 해류라고도 한다)가 같은 방향으로 발달한다.

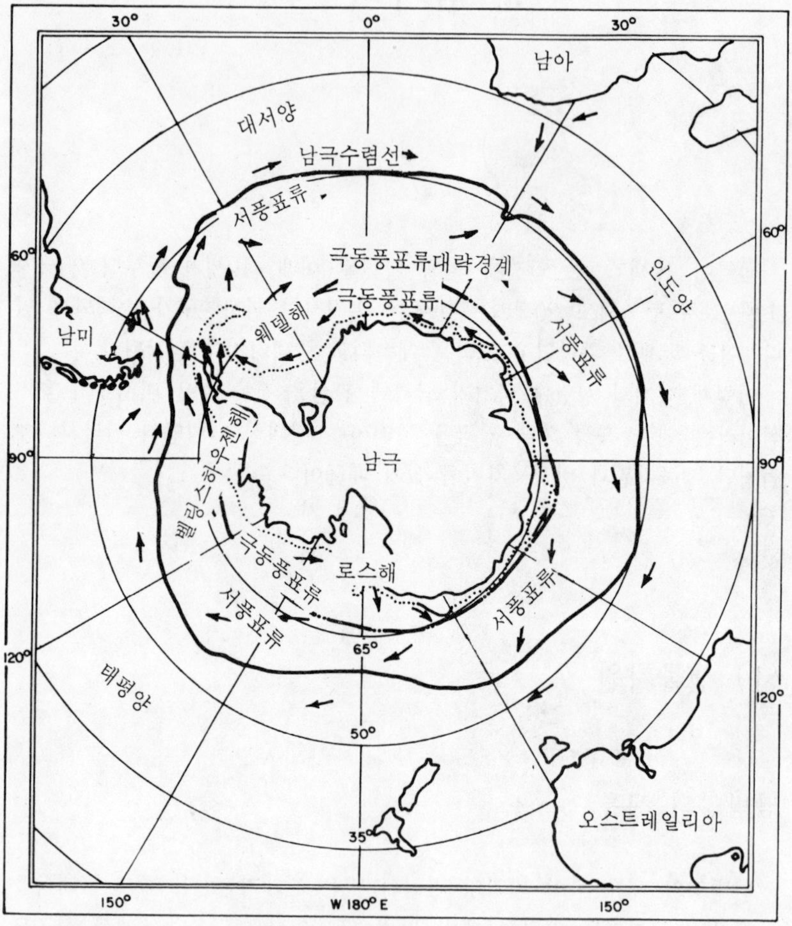

남극해의 해류

남극수렴선은 남쪽의 찬 남극표층류가 그 북쪽의 따뜻한 아남극표층류와 만나는 해역으로 남위 48°~55°에 걸쳐 발달하며 그 폭은 150킬로미터 정도이다. 남극수렴선은 동물성 플랑크톤 분포에 큰 영향을 미치며 언제나 와류와 환상류가 일어나고 있다. 남극수렴선 이남은 남빙양으로 면적은 3천5백만 제곱킬로미터 정도로 세계 전 바다의 약 1/10에 해당된다.

남극대륙을 덮는 빙상은 해안까지 발달되어 2/3에 달하는 해안에는 얼음으로 된 대륙붕인 빙붕이 발달되어 있다. 빙붕의 두께는 2백미터 이상으로, 웨델해 남쪽과 로스해 남쪽에 특히 큰 빙붕이 발달되어 있다. 빙붕의 가장자리에서는 해수의 운동에 의해 빙붕이 갈라져 나가 남극의 특징적인 윗면이 평탄한 탁상형 빙산이 된다.

빙붕 아래의 해수가 결빙하게 되면 염분이 석출하게 되고, 이 고염분의 찬물은 가라앉게 되어 남극저층수가 된다. 남극저층수는 주로 웨델해 서쪽에서 일어나며 북상해서 대서양의 해양환경에 영향을 미치며, 특히 북대서양의 기후에 큰 영향을 미치고 있다.

한겨울 해빙이 발달하는 경우, 극동풍표류 해역 전체와 서풍표류 해역의 상당부분은 두께 1.8미터 정도의 해빙으로 덮여 빙해가 된다. 겨울에는 빙해와 남극대륙을 합해 약 3천4백만제곱킬로미터, 여름에는 1천8백만제곱킬로미터 정도이다. 해빙은 태양빛을 반사해서 기후와 남극 생태계에 영향을 미친다.

## 해양생태계

남빙양의 해양생태계의 제1차 생산자는 용해된 영양염류를 먹고 내리쬐는 태양에너지로 살아가는 박테리아와 식물성 및 미소플랑크톤 등이다. 이들은 크릴, 요각류, 단각류 등 초식성 동물플랑크톤 및 원생동물의 먹이가 된다. 이들은 다시 수염고래류, 오징어, 어류, 황제펭귄 및 임금펭귄을 제외한 펭귄, 알바트로스, 페트렐 등 해조류의 먹이가 된다. 오징어와 어류는 이빨고래류, 대형펭귄, 남극물개, 코끼리해표, 웨델해표, 로스해표의 먹이가 된다. 해표류와 소형펭귄은 표범해표와 킬러고래의 먹이가 된다.

퇴적물에 사는 저서성 박테리아, 저서성 원생동물과 대형 바닷말류는 극피동물, 갑각류, 연체동물의 먹이가 되며, 이들은 바닥에 사는 어류, 문어와 다른 저서동물의 먹이가 된다.

남빙양 생태계에서 기본이 되는 것은 크기가 4~7센티미터의 동물성 플랑크톤인 크릴이다. 크릴은 식물성 플랑크톤, 원생동물 및 그보다 작은 동물성 플랑크톤을 먹고 산다. 크릴은 수염고래류, 오징어, 소형 펭귄, 어류, 해초류, 극피동물 및 바닥 가까이에 사는 어류 등의 먹이가 된다.

남빙양에는 북극해에서보다 척추동물의 종류가 적기는 하나 생물량과 개체의 크기는 더 크다.

## 유용 생물자원

남빙양의 해양생물자원에는 여러 종류가 있으나 사람에 의해 포획되어 이용된 순서대로 기술하고자 한다.

### 해표류

남극에 있는 물개류에는 크게 두 부류가 있다. 한 부류는 귀바퀴가 있으며 허리를 펴서 상체를 장시간 세울 수 있고 앞지느러미가 대단히 크며 뒷지느러미로 걷고 뛰어다닐 수 있는 물개류이다.

다른 한 부류는 귓구멍은 있으나 귓바퀴는 없고 허리를 세울 수 없으며 앞지느러미가 작고 뒷지느러미를 앞으로 돌릴 수 없어서 배를 땅에 댄 채 기어다니는 해표류이다.

해표류는 지상에 여러 종류가 있으나 남극수렴선 이남에는 2종류, 남극권에는 남극물개 한 종류가 있다. 반면, 해표류는 남극에만 코끼리해표, 웨델해표, 로스해표, 표범해표 및 크랩이터해표 등 5종류가 있다.

사람에 의해 포획된 해표류는 남극물개와 코끼리해표이다.

**남극물개** : 남극물개는 수컷이 2미터 정도의 크기에 125~200킬로그램

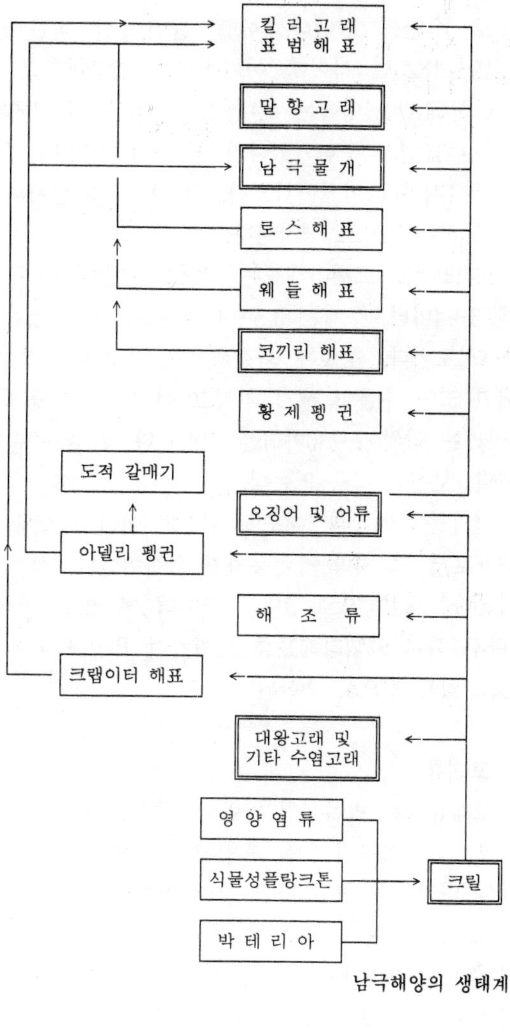


남극해양의 생태계

이며 암컷은 작아서 140센티미터 크기에 50킬로그램 정도이다. 이들은 크릴, 물고기, 펭귄을 먹고 살며, 늦봄부터 이른 여름 사이에 새끼를 낳는다. 털은 두 종류로 되어 윗털은 길고 거치나 아랫털은 부드러운데 사람이 이들을 포획하는 이유는 털 때문이다. 이 모피는 특히 유럽과 중국에서 인기가 높았다. 실제 남극이 사람에 의해 발견된 이래 남극물개는 바로 수난을 당했다. 예를 들면, 남 쉐틀란드군도가 발견된 직후, 1819~1823년 사이에 여기에서만 32만마리의 남극물개가 도살되었다. 따라서 1840년대에는 이미 물개잡이산업은 사양화되었으며, 1847년대에는 한 10년간 부활되었다가 곧 사양화되었다. 20세기 초에는 관찰된 숫자가 1백마리 미만이었으나, 그 후 계속 증가되어 현재는 약 1백만마리에 달하는 것으로 생각된다.

**코끼리해표** : 코끼리해표는 크기가 수컷의 경우 길이 6~7미터, 몸통둘레 3~4미터, 무게는 3.5~4톤 정도이며, 암컷은 길이 3.5미터에 무게 1톤 정도이다. 수컷은 회갈색이고 암컷은 암갈색이며, 수컷은 8~9살이 되면 코에 주름이 생겨 커지고 이 큰 코는 공명상자 역할을 한다. 수컷 1마리는 암컷 2~30마리를 거느린다. 10월 중순에 새끼 1마리를 낳으며 크릴, 오징어 등을 먹는다.

남극물개가 남획 때문에 고갈된 이래 사람에 포획된 해표류는 코끼리해표로서 그 지방을 이용하기 위함이었다. 한 마리에서 유지가 7백리터 나온다. 드럼통으로 3드럼 반이니 꽤 많은 양이다. 남 조지아섬에서는 1964년까지 코끼리해표를 포획하여 유지를 채취했다. 현재 약 60만마리 정도 있는 것으로 추산된다.

### 고래류

고래류에는 먹이섭취 방법에 따라 크게 두 부류가 있다. 한 부류는 먹이가 있는 다량의 물을 흡입하여 고래 윗턱에서 아랫턱 외부에 좁은 판상의 탄력있는 질긴 빗살 같은 먹이 여과장치로 먹이를 걸러서 먹는 수염 고래류이다. 다른 한 부류는 비교적 크기가 작은 이빨을 가진 이빨고래이다. 전세계에는 수염고래 10종, 이빨고래 65종이 서식한다. 우리가 잘 아는 돌고래는 이빨고래에 속한다.

수염고래는 이빨고래보다 비교적 크며 열대나 아열대 해역에서 새끼를 낳고 극지 해역에서 성장한다. 남빙양에는 수염고래가 6종이 있으며 최대 길이 24~30미터에 80~150톤 이상되는 대왕고래(푸른고래)로부터 길이 8미터에 7톤인 밍크고래까지 있다. 수염고래류가 남극수평선 이남에 서식하는 기간은 종에 따라 다르겠으나 약 120일이며, 활동면적은 10~12월에는 1천9백만 제곱킬로미터에서 1~3월에는 1천5백만 제곱킬로미터로 줄어들어 먹이분포지의 변화를 반영하고 있다. 고래종류에서는 큰 고래와 같은 종류의 경우 크고 나이먹은 고래가 보다 고위도까지 이동하는 경향이 있다. 수염고래류에서 가장 큰 대왕고래는 크기가 워낙 커 포획의 제일 표적이 되어왔다. 대왕고래의 먹이는 크릴이나 그와 비슷한 작은 갑각류를 먹는다.

이빨고래류에서 가장 큰 것은 길이 14미터에 무게 30톤 정도의 말향고래이다. 이 고래의 주 먹이는 오징어이며, 소화가 안 된 오징어의 부리가 장내에 모여서 발효된 것이 고가의 말향이다. 이로 인해 포경선의 중요한 포획 표적이 되어 20세기 중엽에는 이미 격감한 것으로 생각된다. 이외에 중요한 이빨고래로는 지능이 뛰어나 수족관에서 사람에게 재롱을 부리는 돌고래와 킬러고래가 있다.

고래는 20세기 초에는 개체수 110만, 무게 4천5백만톤 정도이었으며 매년 크릴 1억 9천만톤, 오징어 1천2백만톤, 어류 5백만톤 정도를 먹는 것으로 생각되었다. 그러나 1973년에는 고래 전체의 숫자가 50만 마리 정도에 무게는 9백만톤 정도로 줄어서, 크릴 4천3백만톤, 오징어 5백만톤, 어류 13만톤 정도를 먹는 것으로 생각된다. 크기가 큰 고래가 특히 많이 줄어들었으며 대왕고래는 최근 1989년도에 453마리가 통계학적으로 추정되어, 당초 추정했던 수의 1/10 미만이 남아 있는 것으로 생각된다. 고래는 1986년 1월부터 포획이 금지되어 서서히 증가하리라 생각된다.

### 크릴

크릴은 흔히 크릴새우 또는 남극새우라 불리우기도 하나 아가미가 밖에서 보이고 일생을 물에 떠서 산다는 점에서 형태나 생태가 새우와는 다른 갑각류이다. 크릴은 지상에서 86종이 알려져 있으며 남빙양에는 11종이 알려져 있다. 남극수렴선 이남에 특히 많으며 해면에서 40~200미터 수심에 많으며 해수 1세제곱미터에 10~16킬로그램 또는 20킬로그램 이상 포함되어 있다. 군집을 이루며 그 크기가 40~60미터에서 최대

남극의 무궁한 크릴

600미터 정도가 관찰된 바 있다. 밀집서식하며 부존량은 시료채집기술과 단속적 분포양상, 계절적 수직이동 등으로 추정방법에 따라 차이가 있으나 6억~7억 5천만톤 정도가 부존하고 있는 것으로 생각된다. 영국의 해양조사선 디스커버리호의 조사결과를 정리하여 보고한 J. W. S. 마르의 발표가 가장 권위있는 것으로, 이 연구에 의하면 분포지역은 웨델해, 스코티아해, 남 오크니군도의 북쪽 해역, 남 쉐틀란드군도, 남 샌드위치군도의 서쪽 해역 즉, 대서양쪽 해역에 특히 많이 분포한다. 크릴은 1967~1968년부터 일본, 소련이 포획하기 시작해서 지금은 일본, 소련, 폴란드, 동독 등 10여 개국이 약 4~50만톤 이상을 포획하는 것으로 알려져 있다. 크릴의 어육은 고단백질로 식품가능성이 높으나 급히 변질되고 어육에 불소가 많아, 특이한 맛과 냄새가 있어서 현재는 대부분이 동물사료와 낚시 미끼로 사용되고 있다. 일본에서는 식용으로 할 정도로 이용기술이 개발되어 있으며 우리나라에서는 간장과 어육 페이스트, 소시지 등 이용기술을 개발하고 있다. 많은 관심을 갖고 연구를 계속한다면 사료 이상의 용도를 개발하리라 믿는다.

우리나라는 1978~1979년 수산청이 당시 남북수산에 보조금을 주어 남극의 엔디비랜드와 윌크스랜드 근해에서 조업을 한 것이 효시로 이때부터 우리나라는 남극에 관심을 갖기 시작했다. 지금은 정부가 보조금 아닌 융자금 형식으로 지원정책을 전환하였으며 1986~1990년에 동방원양개발공사가 9차례 출어를 했으며 앞으로도 계속될 전망이다.

크릴은 현재 인간의 식용보다는 동물의 사료로 많이 쓰이나 미래에는 식량자원으로 크게 각광받으리라 생각된다.

### 어류 및 오징어

남빙양에는 120여 종의 물고기가 있으며, 가장 많은 종은 남빙양 대구계통으로서 연안에 서식하는 어종의 3/4을 차지한다. 종에 따라서 어려서는 저서생물을 먹고 커서는 크릴을 먹기도 하며 계절적으로 이동하기도 한다.

소련이 1970년 케르구엘렌해역에서 어획을 시작했으며 남 조지아섬과 케르구엘렌섬 부근에서는 소련과 폴란드, 동독 등이 1969~1970년에 40여 만톤을 어획했다. 1978년 불란서가 케르구엘렌섬 주변에 2백해리 전관 경제수역을 선포하면서 어획량이 줄고 있다. 이 부근에서의 적정 어획량은 연10만톤 미만으로 추산된다.

남극어류는 번식기에 늦게 도달하고 성장률이 비교적 늦어서 포획에 적정을 기하지 않으면 자원이 고갈될 우려가 있다.

오징어는 남빙양에 20종 이상이 있으며, 큰 것의 경우 대개는 2~4미터에 달한다.

오징어는 포클랜드군도 해역에서 많이 잡히고 있으나 부존량, 수명, 적정 포획량 등에 관해서 연구가 덜 되었으며, 오징어도 어류와 마찬가지로 포획에 적정을 기하지 않으면 고갈될 우려가 있다.

## 남극해양 생물자원의 보호대책

남극의 해양생물은 남극의 환경보호와 함께 그 보호의 중요성이 계속 강조되고 있다. 그 이유는 남극의 해양생물의 생태가 잘 알려져 있지 않고, 따라서 어느 한 종류를 과도하게 포획하면 남빙양의 생태계가 파괴되고 이의 원상회복에는 긴 시간이 걸릴 것이라고 판단되기 때문이다. 실제 남극물개는 1820~1940년 사이에 거의 멸종시켜서 남극물개산업 자체가 도산되었으며, 1870년대 한 10년간 약간 회복되었으나 곧 사양화 되었다. 20세기 초에는 문자그대로 멸종될 뻔 했으나 그 후의 보호정책에 힘입어 현재는 많이 회복된 것으로 생각된다. 따라서 1961년 남극조약이 발효된 이후 남극의 해양생물 자원보호를 위한 여러 가지 사항이 합의되었으며 과학적 조사가 수행되고 있다.

### 남극동식물 보호에 관한 협의대책

이 대책은 1964년 브뤼셀에서 열린 제3차 남극조약 협의당사국회의에서 합의되었다. 빙붕을 포함한 남위 60° 이남의 지역을 대상으로 남극의 동식물과 이들의 환경에의 적응 및 상호관계의 중요성을 인식하고 이들 생물이 멸종 가능성이 높다는 점을 고려해서 이들의 보호가 주 목적이다. 그 대상은 고래를 제외한 포유동물과 새와 식물이다.

그 제6조에서는 로스해표와 남극물개를 특별보호종으로 지정했으며, 제7조에서는 생물보호에 유해한 간섭을 규정해서 이들을 제지시키고 있다. 제8조에서는 남극 포유동물과 새 및 식물의 보호와 드물거나 없어지기 쉬운 종의 서식지를 특별히 보호하려고 특별보호지역의 지정에 관해서 언급했다. 제9조에서는 남극에 없는 이방종과 기생충, 질병의 반입을 금지했으며, 제11조에서는 남극에 항해하는 선원들도 이 협약을 준수할 것을 요구하고 있다.

**남극물개 보호협약**

이 협약은 1972년 2월에 12개국의 남극조약 협의당사국이 서명하여 1978년 3월 11일부터 발효되었으며 영국정부가 본부 역할을 하고 있다.

남위 60° 이남의 해표류를 보호하고 과학적 연구를 함으로써 물개자원의 합리적 이용과 생태계의 균형유지가 주 목적으로 포획을 규정하고 조절하고 있다. 남극에서 활동하는 사람이나 물개의 불가항력적인 식량과 과학연구, 박물관과 교육 및 문화기관의 표본으로는 포획이 가능하다.

이 협약에 따르면, 해표류 6종, 즉 코끼리해표, 표범해표, 웨들해표, 로스해표, 크랩이터해표, 남극물개 등이 보호된다. 로스해표와 남극물개는 포획구역이 지정되며 포획시기는 제한이 있으며 포획시기는 매년 9월 1일부터 다음해 2월 28일까지이다.

노르웨이가 1964년에 861마리의 코끼리해표를, 소련이 1971∼1987년에 약 5천마리를 포획함으로써 단순한 실험연구포획을 넘어서는 인상을 주고 있다.

**남극해양 생물자원 보호협약**

1980년 15개국이 서명하고 1982년 4월 7일에 발효되었으며 이 협약은 남극주변 해양의 환경보호 및 생태계의 보호와 남극해양 생물자원의 합리적 보호, 즉 합리적 사용을 통해서 어류와 연체동물, 갑각류, 대륙붕의 생물과, 새를 포함한 모든 생물종과 환경간의 관계를 조직적으로 연구해서 생태관계를 적절히 유지함이 목적이다.

지역에 따라서 남위 45° 이남 해역까지 포함된다. 해양생물 보호원칙으로 안정된 재생산 수준 이하로는 포획이 금지되며 포획 및 그에 관련되는 생물자원 상호간의 생태학적 관계유지와 해양생태계의 변화예방 또는 최소의 변화를 허용하고 있다.

이 협약에는 운영위원회를 설치하여 운영하고 있으며 기능으로는 남극해양 생물자원의 연구 및 자료취합과 종합적 연구를 수행하고 있다. 포획지역, 포획종류와 양을 결정하며 포획물의 크기와 나이, 성을 결정하고 포획기간과 방법을 정하고 있다. 또한 보호대책을 인쇄하여 배포하고 있다.

이 협약에서는 운영위원회의 자문역할을 하는 과학위원회를 들어 의견을 청취하고 있다. 위원회에서는 보호대책과 관련된 결정사항의 기준과 방법을 설정하여, 생물 개체수의 현황과 추이를 분석하며 생물자원 포획에 따르는 직접적인 영향과 간접 영향을 분석하며 생물자원보호대책과 변경에 따르는 영향을 추적하고 있다.

**남극해양생물상의 생물학적 조사**

이 조사는 남극관계기관과 유엔관계기관이 협력해서 만든 공제공동조사계획이다. 미래 남극해양생물자원의 합리적인 관리를 위한 기초로서 해양생태계 구조와 동태를 보다 깊이 이해하기 위함이 큰 목적이다.

환경과 해초, 저서생물, 크릴, 오징어, 어류, 조류, 해서포유류 등 국가간의 협력 권고사항과 종합적인 연구와 협조업무를 수행하고 있다.

이 연구계획은 10년간 계속될 것이며, 제1차 남극해양생물상의 생물학적 조사 실험이 1980~1981년에 시작하여 10개국이 협력해서 남대서양과 인도양에서 크릴분포를 조사했다. 이에 따르면 남빙양의 크릴 전체의 양은 6억 5천만톤이다. 제2차 남극해양생물상의 생물학적 조사 실험은 1983~1985년에 있었다.

**국제 포경협약**

고래는 남빙양에서 물개산업이 도산된 후 뒤이어서 개발된 남극해양생물자원이다.

20세기초 남 쉐틀란드군도를 중심으로 한 남극포경산업은 해안에 근거를 두고 있었다. 즉 잡은 고래를 해안에 있는 처리공장까지 운반해야만 했으며 이때에는 정부가 고래잡이 선박 및 포획 숫자를 효과적으로 제한하여 고래자원을 보호할 수 있었다. 그러나 1925년 고래를 처리할 수 있는 선박이 개발되면서 정부가 제한하기에 어려워졌다.

이 선박은 잡은 고래를 기중기로 경사진 선미로 끌어올려서 해체하고 끓일 수 있는 일체의 시설을 갖추고 있었다. 이렇게 고래처리 선박이 개발되면서 고래를 많이 잡게 되었다. 예를 들면, 1925~1926년에 9천6백여 톤의 고래기름 생산량이, 1930~1931년에는 58만톤에 달했다. 이때부터 포경회사 스스로가 고래를 보호하자는 의견을 내놓기 시작했다.

실제 1930~1940년 사이에 크기가 큰 대왕고래와 참고래는 격감했다. 1930년대에도 몇 차례 국제적 규제가 있었으며 1944년에는 포획할 수 있는 고래의 단위인 '대왕고래 단위'가 결정되었다.

이 단위는 대왕고래와 다른 고래의 크기를 비교해서 결정한 단위이다. 이 단위에 따르면 1단위는 1마리의 대왕고래, 2마리의 참고래, 2.5마리의 혹등고래, 또는 6마리의 보리고래에 해당된다. 1945~1946년의 연간 포획량은 1만6천 대왕고래 단위였다.

1946년에는 14개국이 참가해서 국제 포경협약이 만들어졌다. 1972년에는 1944년의 대왕고래 단위가 고래의 종류에 따르고 멸종위기를 고려하지 않았다는 점에서 이를 폐기하고, 1975년에는 새로운 제도인 신관리 규정을 도입했다.

이 제도는 고래종류에 따르는 포획한계를 규정해서 숫자가 많은 고래를 포획하고 적은 고래를 보호하기 위한 제도이다. 1984년 남빙양에서 포획 가능한 고래는 1970년대부터 증가하는 밍크고래 4,224마리였다. 소련, 일본의 반대가 있으나, 1986년부터는 고래잡이가 전면 금지되어 고래자원은 완만하게나마 증가하리라 믿는다.

1930년대에 고래가 격감하면서 고래가 먹던 1억 5천만톤 가량의 크릴이 남을 것으로 예상했다. 이 양은 세계의 어획고 7천만톤에 비하면 엄청난 양이었다. 그러나 실제로는 물개류, 특히 남극해표와 해조류 등이 증가하면서 여분의 크릴 1억5천만톤은 다 소비되고 있다. 실제 지난 30여 년 동안에 밍크고래와 크랩이터해표 또 크릴을 먹는 펭귄, 남극물개 등은 현저히 증가했으며 이는 크릴의 증가에 기인하는 것으로 생각된다.

따라서, 과거에는 물개와 고래가 이용되었고 현재는 크릴을 이용하고 있다. 그러나 크릴을 보다 많이 이용하려면 해양생물자원 관리를 건전하게 해야 할 것이며, 생태계가 균형을 취할 수 있도록 크릴의 증가 또는 포획 속도를 맞추어야 할 것이다. 이렇게 하려면, 크릴-어류-조류-물개류-고래류 등 크릴 및 그와 관련되는 생물들의 정상적 및 정량적인 면, 다시 말해 남빙양 해양생태계에 대한 지식이 필요하다.

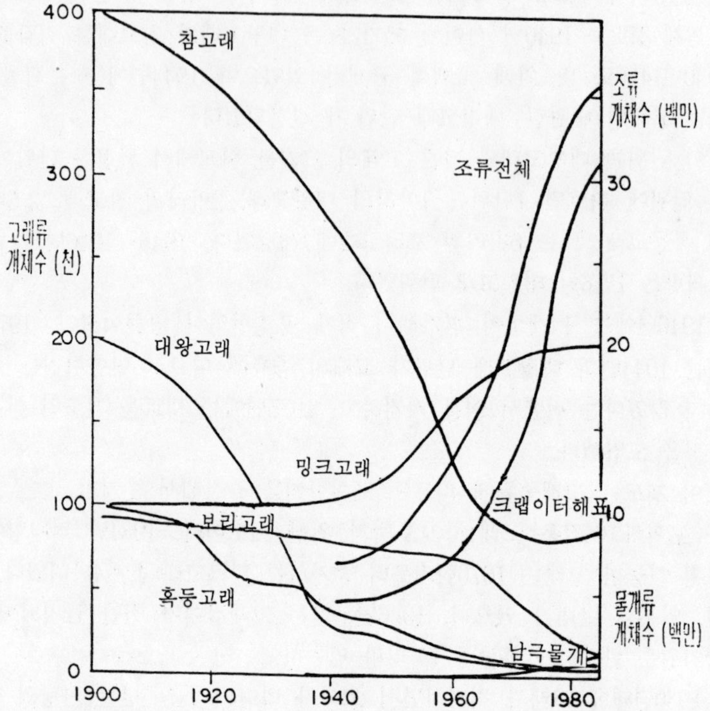


물개류, 조류, 고래류, 개체수의 변화

## (2) 남극의 지하자원

### 남극의 지질

남극을 탐험하는 사람들은 남극의 지질에 깊은 관심을 가졌다. 예를 들면, 1840년 1월 불란서의 듀몽 뒤르빌은 아델리랜드에 상륙하여 화강암편을 채집했다. 또 남극에서 최초로 월동한 보르취그레빙크는 케이프아다레에 상륙했을 때 기반암 조각을 채집함으로써 남극의 지질에 관심을 가졌다.

1912년 1월 남극점을 정복한 영국의 스코트팀이 조난당하는 최후 순간까지 운반한 비어드모어빙하의 빙퇴석에서 채집한 16킬로그램의 지질시료에서 보았듯이 그들도 남극의 지질에 많은 관심을 가졌다. 거의 모든 남극탐험대에는 반드시 지질학자가 참가함으로써 지질의 중요성과 그에 대한 관심을 보여주고 있다.

이러한 여러 사람들의 노력에도 불구하고 남극의 지질은 1925년 이전에는 거의 알려지지 않았다. 그러나 1925~1939년에 걸친 영국이 주관한 대탐험 이래 노르웨이, 영국－호주－뉴질랜드, 영국－미국 등 대규모 국제공동탐험이 계속되어 남극의 지질이 서서히 밝혀지기 시작했다.

2차 세계대전 중과 후에도 남극탐험은 계속되어 지형과 지질, 빙하 등이 밝혀지기 시작했으며 1957년 7월 1일~1958년 12월 31일에 끝낸 국제 지구 물리 관측년도에는 빙하와 지형, 지질, 지자기, 중력, 고층 대기물리 등이 체계적으로 관찰되고 측정되었다. 이때 남극을 최초로 설상차로 횡단하면서 지구 물리학적 자료들을 획득했다. 그 이후 얻어진 지질학적 및 지구물리학적 자료들은 정리되어 축척 1 : 50만 또는 1 : 100만 지질도들이 발행되기 시작하였다.

이들을 종합해 볼 때 남극의 지질은 크게 두 부분, 동남극의 지질과 서남극의 지질로 나눌 수 있다. 동남극은 주로 선캠브리아기 순상지로 되어 있으며 지각도 두꺼워서 40킬로미터 정도이다. 서남극은 주로 중생대－신생대로 되어 있으며 지각은 23~30킬로미터 정도이다. 남극횡단산맥은 중기(?) 원생대~중기 고생대의 약간 변성을 받거나 아니면 중간 정도의 변성을 받은 선상습곡대인 퇴적암과 화성암으로 되어 있다.

동남극 순상지는 심하게 변성된 변성암이 대부분이며 선캠브리아기－고생대의 규질－유색심성암이 부차적이며, 이들의 층에서는 노두가 연속적으로 나타나지 않고, 기준이 되는 층이 없으며 지층의 절대연령의 측정이 어려워 잘 알려져 있지 않다.

남극횡단산맥의 기저는 비컨 슈퍼그룹과 페라르그룹에 의해 부정암으로 덮여있다. 이 지층들은 주로 수평층인 쇄설성 퇴적암이며 지질시대는 고생대의 초기 데본기~중생대의 초기 쥐라기이다. 전자는 주로 화성층이며 간혹 빙퇴석 및 화산암이 협재된다. 후자의 암상은 현무암이며, 전자를 관입한 암맥과 맥암이며 곤드와나 대륙이 분리될 초기에 만들어진 것으로 생각되며, 지질시대는 1억 8천만~1억 6천만년 전인 초~중기 쥐라기로 생각된다.

서남극 대부분의 암상은 곤드와나대륙이 분리된 이후 대양지각이 대륙지각 아래로 들어가면서 만들어진 활동성인 태평양 조산대와 관계있으며 지질시대는 초기 쥐라기-신생대의 제3기로 생각된다. 서남극은 대륙지각에서 분리된 몇 개의 대륙지판으로 되어 있으며, 그 중에서도 큰 4개는 노출되어 있다. 작은 암석권 조각이 스코티아해의 북쪽 및 남쪽에 분포하는 섬 아래에 있으며 변성작용을 심하게 받은 암석들이 남 로스해에서 심해 굴착조사로 알려져 있다. 4개의 지판들은 암상과 구조가 다르며, 현재 동남극의 태평양쪽에 있었던 것으로 생각된다. 대개의 경우 서남극의 암석은 동남극의 암석보다 젊으나, 몇 개 지점에서는 선캠브리아기의 암석이 알려져 있다.

남극대륙은 지금으로부터 약 2억년 전에는 지질학에서 이야기하는 현재의 모든 대륙이 결합되었던 초대륙인 팡게아가 해저확장에 따라 분리를 시작했을 때 남쪽에 만들어진 곤드와나대륙의 일부였다. 당시 남극은 남아메리카와 남아프리카, 인도, 대양주와 결합되어 있었다. 신생대 초인 6천5백만년 전까지도 대양주와 결합되어 있었으나, 약 5천5백만년 전부터 분리를 시작했으며 드레이크해협을 만들면서 남미에서 분리된 것은 후기 올리고세로 생각된다. 이들 대륙이 과거에 결합되어 있었다는 것은 1969년 미국 남극연구단에 의해 남극 횡단산맥에서 발견된 리스트로 사우루스 화석에서도 알 수 있다.

리스트로 사우루스는 약 2억년 전에 지상에 서식했으며 크기가 양만하고 뚱뚱한 체구에 짧은 다리를 가져 대양에서의 수영에는 부적합한 담수산 파충류로서 아프리카와 인도, 중국에서도 발견되었다. 이 사실은 이들 지역이 한 때, 약 2억년 전에는 하나의 대륙으로 결합되어 있었다는 것을 시사한다. 이외 양서류와 담수산 물고기 등의 산출도 같은 현상을 말해 주고 있다.

## 남극의 지하자원

남극에 지하자원이 부존하리라 상상하는 것은 너무나 당연하다. 남극이 최근에 발견되었고 춥고 얼음으로 덮여 있어 인간의 발길이 잦지 않다 뿐이지 그 거대한 대륙에 지하자원이 없을 리 없다. 실제 지질시대에 남극과 결합되었던 남아프리카와 남아메리카 및 대양주 등지에는 금속자원과 탄화수소자원 등 지하자원이 많이 부존하고 있다.

### 석유

남극에서 지구 물리학적 방법을 이용해서 빙상이나 기반암을 조사한 것은 1930~1940년대에 시작되었다. 그러나 지진파의 굴절이나 반사를 이용하거나 중력과 자력을 측정하는 등 개략적이기는 하나 체계적으로 조사를 한 것은 1950년대에 들어와서였다.

1950~1960년대 초에는 지진파의 반사를 이용하여 빙상의 두께를 주로 측정하였으며 빙상 아래의 지각에 대한 연구는 비교적 적었다. 한편, 비행기에서 전파의 반사를 이용해서 빙상 아래 기반암의 지형을 조사했으며 지자기 측정결과를 이용, 빙상 아래의 지질을 해석해서 이미 1960년대 초에는 서남극 엘스워드산맥의 서쪽에는 퇴적암의 두께가 5킬로미터 이상이라는 사실이 밝혀졌다. 로스해의 빙붕 아래에도 퇴적암으로 추정되는 암층이 4~8킬로미터 또는 그 이상이라는 것도 밝혀졌다. 이러한 사실은 미국 해양지질조사선 엘타닌호의 자력측정 및 탄성파의 측정으로도 확인되었다.

소련 지구 물리학자들은 항공자력탐사 결과로 서남극 웨델해 남쪽 필크너빙붕 및 론느빙붕 아래에 퇴적암의 두께가 12~15킬로미터라는 사실을 밝혀냈으며, 영국 남극 조사소도 론느빙붕 아래의 퇴적암 두께가

14~15킬로미터라는 사실을 밝혔다. 이 지역 퇴적암의 지질시대는 중생대 백악기 및 신생대 제3기가 대부분이며, 고생대 및 그 이전의 지층도 어느 정도 있으리라 생각된다. 그러나 대륙이 이동하기 전의 고지리, 주변 대륙, 특히 남미, 호주 등의 유전의 위치, 습곡과 단층의 발달 등을 고려할 때, 석유 부존지층은 비교적 젊은 중생대 백악기~신생대 제3기 지층일 것으로 생각된다.

남극에서의 석유 부존 가능성은 심해 굴착에서 나타나기 시작했다. 1972년 12월~1973년 2월에 걸친 심해 굴착 계획(Deep Sea Drilling Program)의 제28차 연구 항해에서 굴착공 270~273이 로스해에서 굴착되었다. 이때 지역적인 유기물의 고화작용으로 한 메탄가스 및 에탄가스가 심하게 분출되어 굴착이 중지되었다.

서독은 1980년, 로스해를 조사해서 불연속면 2개를 발견, 심해 굴착계획에서 확인한 상부 마이오세-하부 플라이오세, 중부 마이오세-상부 마이오세의 부정합에 대비했으며 지하구조도 해석했다. 즉 남극 횡단산맥에 평행하게 남북 방향으로 발달한 해분이 3개 있음을 밝혔다.

동쪽 해분과 중앙 해분은 주로 빙하운반 퇴적물로 생각되며 두께 4~5킬로미터, 지질시대는 주로 신생대 올리고세 이후로 생각된다. 서쪽 빅토리아해분도 두께는 비슷하나 지질시대는 더 오래된 것으로 생각된다. 메탄가스의 분출은 심해 굴착에서 흔히 있는 일로서, 석유의 믿을 만한 지시자는 아니며 다른 연구 자료와 보다 깊은 연구가 필요하다. 또한 로스해에서 탄화수소가 나온 지층은 신생대 마이오세이며 따라서, 남극이 대양주에서 분리된 훨씬 이후이다. 그러나 천연가스가 많이 분출되고 두께 4~5킬로미터의 퇴적층의 발달은 석유 등 탄화수소 자원 부존에 상당히 유망하다.

1976년 이후 노르웨이, 서독, 소련 등이 웨델해 지역에서 지진파를 이용하여 지하구조를 해석하고 있다. 1976년 노르웨이 남극탐험단은 앞에서 언급한 두꺼운 퇴적암의 존재를 확인했다.

1978년 서독의 지질과학 및 자연자원 연방 연구소는 두께 3~5.2킬로미터의 신생대 또는 후기 백악기로 추정되는 퇴적암층을 확인했으나 그 아래의 암층은 퇴적암이라기보다는 화산암으로 해석했으며, 따라서 석유 부존 가능성은 작은 것으로 해석했다. 1976년, 1978년 조사에서 론느빙붕 북쪽 웨델해는 조사하지 않았으며, 지자기조사로 추정되는 12~15킬로미터 두께의 퇴적암도 조사하지 않았다.

소련은 1980~1982년에 걸쳐 이 지역을 조사했으나 이 조사 결과는 공개되지 않았다. 일본 국영 석유회사는 1981년 벨링스하우젠해에서 3,280킬로미터의 탄성파 조사를 해서 이곳 퇴적암의 두께가 3~3.5킬로미터라는 사실을 밝혔다.

이외에도 불란서 석유연구소는 로스해와 동남극에서, 호주는 동남극 아메리빙붕에서, 일본 국영 석유회사는 로스해에서 탄성파 조사를 했으나 이들의 조사 결과는 발표되지 않았다.

남극해에서의 석유 부존 가능성과 직접 관련이 있는 지구 물리학적 탐사자료는 별로 공개되지 않았으나 지금까지 공개된 자료를 종합해 보면 탄화수소자원은 웨델해-벨링스하우젠해-로스해 등 주로 서남극 해저와 동남극의 아메리빙붕 해저가 유망한 것으로 추정된다.

흔히 남극에 대규모의 석유와 천연가스가 매장되어 있는 것을 나타내려고 구체적인 숫자가 제시되나, 이에는 기대에 찬 과장과 오해가 있는 것으로 생각된다.

조사가 불충분하고 그것마저 잘 공개되지 않아서 믿을 만하게 정량적으로 추정하기는 힘들다. 지금까지의 조사 결과로 구체적인 숫자가 발표된 바는 없었으나 수백억 배럴의 엄청난 탄화수소의 부존이 기대된다고 생각하는 것이 현재로서는 가장 합리적이라고 본다.

### 금속자원

1970년대 후반 및 1980년대 초반에 들어와서 금속 수요가 증가하면서 남극에서의 금속과 비금속 자원에 대한 국제적인 관심은 고조되어 갔다. 그 이유는 지질시대에 남극과 연결되었던 남미와 대양주, 남아프리카, 인도 등지에 지하자원이 많이 부존되어 있기 때문이며, 따라서 남극에서의 지하자원 부존 가능성도 높아졌기 때문이다.

지금까지의 지질 조사와 지구 물리학적 조사를 통하여 밝혀진 바에 의하면 남극에는 크게 3개의 금속 광상구가 있다. 동남극 철금속 광상구와 남극횡단 금속 광상구 그리고 안데스 금속 광상구이다.

동남극 철금속 광상구는 퀸 모드랜드-앤더비랜드-윌크스랜드의 서쪽 등 서남극 일부 해안지대와 동남극해안 상당 부분을 포함하는 넓은 지역이다. 동남극 철금속 광상구는 지질학적으로 가장 오래된 곳이며 2개의 아광상구로 되어 있다. 하나는 엔더비랜드-윌크스랜드에 걸친 지질시대가 시생대-원생대인 층상철광이 많이 부존된 층상철광 아광상구이며 다른 하나는 퀸 모드랜드에 발달하는 지질시대가 시생대~전기 중생대까지인 맥상산화철 아광상구이다. 동남극 철금속 광상구에는 자철석 및 철광상에 수반하는 황화광물이 많이 산출되며, 금, 우라늄, 니켈, 크롬 및 그와 수반하는 금속광물들이 부존하며 다른 철광상의 발견도 기대된다.

남극 횡단산맥을 따라 발달한 남극 횡단 금속 광상구도 2개의 아광상구로 되어 있다. 하나는 남극 횡단산맥의 동남극 부분에 발달한 후기 원생대(?), 초기 고생대 또는 중~후기 고생대의 로스 아광상구이며 주로 구리와 몰리브덴, 아연 및 귀금속이 부존한다. 다른 하나는 남극 횡단산맥의 서남극부분으로 지질시대는 중기 쥐라기인 페라르 아광상구이며 수반되는 광물은 철, 구리, 코발트, 크롬, 니켈, 백금 등이다. 특히 넓은 지역에 걸친 층상반려암인 듀펙관입암체에서는 막대한 양의 희유 금속 자원이 부존되어 있는 것으로 생각된다.

남극반도와 엘스워드랜드-매리버드랜드의 동쪽에 걸친 안데스 금속 광상구도 2부분으로 나눌 수 있다. 하나는 반상구리광체와 열수광맥으로 된 구리 아광상구이며 다른 하나는 정마그마광상기원의 철광체로 된 철 아광상구이다.

철은 남극에서 가장 큰 금속 자원으로 생각된다. 가장 중요한 광체는 호상철광인 재스필라이트광체이다. 남극최대 철광상은 동남극 프린스 찰스 산맥에 발달한다. 광체 두께가 70~400미터인 층상철광과 철함량이 25~46퍼센트인 폭 70~400미터인 층상철광과 철함량이 25~46퍼센트인 폭 5킬로미터 2개의 광맥이 얼음 아래로 각각 120, 180킬로미터 계속되는 것이 지구 물리학적으로 밝혀졌다. 이 외에도 철은 주로 동남극을 중심으로 거의 20곳에서 발견, 보고되었다. 철은 엄청난 양이 있을지라도 현재로서는 경제성이 적으나, 가장 유망한 금속 자원 가운데 하나이다.

구리와 몰리브덴 및 이와 수반하는 금속 광물들은 주로 남극반도에서 알려져 있다. 지질시대에 남극반도와 연결되었던 안데스산맥에서도 구리와 크롬, 몰리브덴 등이 많이 부존하고 있다. 예를 들면, 칠레는 세계 제1의 구리 생산국으로, 추퀴카마타광산은 세계 제1의 구리 노천광산이다. 남극반도에 발달된 구리광체는 대부분이 심하게 침식되었거나 조사가 덜 되어서 현재로는 경제성이 적다.

가장 유망한 구리광체는 남극반도 서쪽의 섬에서 알려져 있으며 주로 남극반도 서쪽의 도서와 남극반도를 중심으로 한 약 40여 개소에서 구리의 산출이 알려져 있다.

남극에서 지질 조사가 더 되면 금속자원의 발견 가능성은 높아진다. 그 때에 발견 가능성이 가장 높은 지역이 남극반도를 주로 한 안데스 금속 광상구이며 광물로는 구리, 크롬, 니켈, 납 등으로 생각된다.

남극 횡단 금속광상구의 페라르 아광상구에 발달된 듀펙관입암체는 염기성 심성암인 반려암의 층상관입체이다. 북 펜사콜라산맥에 발달하며 광화대의 면적은 약 5만 제곱킬로미터로 남한의 반이 넘는다. 광화대의 반 정도는 육상에 발달하며 나머지는 빙붕 아래까지 계속한다. 광화대가 대규모이고 암상, 층서, 수반하는 광물, 지구 화학적 성분, 지질구조와 조구조적 상태 등 전반적인 지질이 세계 유수의 광화대와 유사해서 남극에서 가장 유망한 금속광상이다. 대부분이 얼음으로 덮여있으나 노출된 지역인 약 2천5백 제곱킬로미터의 조사에 의하면 암체의 두께는 7킬로미터 또는 그 이상에 달하며 백금족광물, 코발트, 크롬, 구리, 니켈, 타이타늄, 철 등을 수반한다.

기저가 노출되지 않았고 지금까지의 조사가 개략 조사이나, 듀펙층상 반려암이 세계적인 광산, 예를 들면 남아프리카의 부쉬벨드광산, 캐나다 온타리오주의 사드베리 니켈광산, 기타 북미와 남아프리카의 광체와 같은 층상의 심성암체라는 점을 고려하면 남극에서 가장 큰 광체의 하나가 될 것으로 생각된다.

이외에도 남극에서는 금과 백금 등의 귀금속이 10곳에서 알려졌으며 우라늄, 토륨 등 방사능 광물이 4곳에서 납, 아연, 망간, 주석, 비스머스 등이 9곳에 그리고 몰리브덴이 4곳에서 알려져 있다.

남극의 자연조건이 가혹하고 따라서 지표조사에 국한된 개략조사가 대부분이라 금속자원은 남극 100여 곳에서 산출이 알려져 있다. 나아가서 조사를 체계적으로 계속한다면 새로운 금속산지를 찾을 수 있을 것이다.

### 석탄

섀클튼 경이 1907~1909년에 걸쳐 남극을 탐험할 때 남극 횡단산맥에 발달된 비어드모어빙하 출구 부근에서 석탄을 발견한 것이 남극에서 석탄에 관한 최초의 보고이다. 이후 남극에서는 20여 곳에서 석탄이 발견되어 보고되었다. 대부분 석탄의 지질시대는 고생대 데본기, 또는 그보다 오래된 시대에서부터 중생대 쥐라기의 비해성층이며 수평층인 남극 횡단산맥의 비컨 슈퍼그룹 내에서 산출된다. 대부분이 고생대 페름기 지층에 발달하며 그 상부에 부정합으로 놓이는 트라이아스기에서는 몇 곳에서만 발달한다. 탄층의 두께는 1~6미터이며 탄질은 휘발성분이 중간 정도인 역청탄에서 무연탄급이다. 동남극 프린스 찰스산맥에 발달된 석탄의 질은 휘발성분이 많은 역청탄이다.

석탄은 현재 경제성은 없으나 해안 가까이에 있는 것은 개발 가능성이 있으며, 특히 동남극 프린스 찰스산맥의 석탄은 대규모 철광산 옆에 있고 해안에 가까워 보다 개발 가능성이 있다.

### 기타 비금속자원

금운모와 백운모, 흑연, 인산염, 녹주석 결정, 증발암, 순백의 조립질 대리암 등의 산출이 남극에서 알려져 있다.

## 지하자원개발이 환경에 미치는 영향

현재 남극에서는 시험 개발이라도 개발되는 지하자원은 없다. 그러나 자원에 따라서는 언젠가는 개발될 것이 확실하다고 생각된다. 예를 들면 남극 지하자원의 분포를 종합적으로 연구 정리한 1983년 발행 미국 지질조사소 보고서에 의하면 석유는 10~20년 후에는 개발을 생각할 수 있다고 시사했다.

유가가 뛴다면 그에 따라서 개발비도 증대되겠으나 남극의 석유자원은 현재보다는 경제성이 있으리라 생각된다. 따라서 10, 20이라는 숫자는 20, 30 또는 그 이상이 될 수도 있으나 언젠가는 시험 개발이라도 될 것으로 생각된다.

석유가 개발 가능성이 가장 높은 것으로 생각되고 있으나 듀펙 매시프의 백금계통의 회유원소 금속자원도 개발 가능성을 배제할 수는 없다.

20년 또는 30년 후에라도 지하자원이 개발될 때 야기되는 환경보존문제는 대단히 중요하다고 생각된다.

환경에 영향을 미치는 예상 가능한 현상으로는 석유자원 개발에 따르는 기름의 유출과 확산 또 금속자원 개발에 따르는 분진과 폐수배출이며 자원 개발과 인간생활에 따라 생기는 생활하수 및 쓰레기와 유해공기의 배출 등이다.

이들은 직·간접으로 생태계에 영향을 미칠 것이며, 남극의 물리적이나 화학적 환경을 변화시켜 돌이키지 못할 결과를 초래할 것이다. 물론 이들 유출과 배출이 소량일 때에는 희석이 될 것이나, 극지가 저온이므로 희석의 속도나 원상 회복의 속도는 상당히 느릴 것으로 생각된다.

결론적으로 남극의 지질은 1930년대 이후 50여 년간 급격히 알려지기 시작했다. 그래도 남극의 지질은 단편적이며 불충분하게 조사되었다. 연구가 계속되고 기술과 개념이 변함에 따라 새로운 사실이 계속 밝혀지리라 믿는다.

지금까지 남극에서 부존이 밝혀진 지하자원 가운데서 석유가 가장 유망하며 로스해저와 서남극 웨델해저에 그 부존 가능성이 제일 높다. 듀펙층상 반려암에 수반된 금속광물도 부존 지역이 넓고 백금족광물과 크롬, 니켈, 코발트, 구리 등은 현대산업에 필수적이며 수요가 느는 반면에 산지는 사회 환경이 불안한 몇몇 나라에 국한되어 있고 국제가격이 비싼 금속이라는 점에서 대단히 유망하다.

현재까지는 조사가 단편적이고 가혹한 자연환경 때문에 경제성이 작고 환경보호의 어려움과 남극영토 주장에 따르는 외교적인 문제점도 해결된 상태가 아니다. 그러나 자원조사가 계속되어 새로운 광체가 발견되는 반면 육상자원이 소진되고 환경보호 문제와 외교적인 문제가 해결된다면 남극의 지하자원은 종류에 따라 개발되리라 생각된다.

## 얼음자원

남극에서는 매년 1천~1천2백 세제곱킬로미터의 얼음이 빙산의 형태로 만들어진다. 이는 가로×세로×높이가 각각 10×10×10킬로미터~10×10×12킬로미터의 거대한 양이다. 반면에 남반구와 북반구의 저위도나 적도 지방에는 식수와 농업용수가 없어서 어려움을 겪는다. 따라서 남극에 많은 얼음을 끌어다 저위도의 건조한 지역에 급수하는 방안을 1970년 중반에 사우디아라비아의 지원으로 연구한 적이 있었다.

저위도까지 끌고 오면 90퍼센트는 녹고 10퍼센트만이 담수로 바꿀 수 있다는 연구 결과도 있었다. 그 후 연구는 중단되었으나 연구해 볼 가치는 있다고 생각한다. 가능한 한 많은 양을 경제적으로 운반만 할 수 있다면 이도 남극의 자원을 활용하는 한 방법이다.

물론 이때에도 남극환경보호의 중요성이 경감되는 것은 아니기에 얼음의 운반 및 이용에 따라서 일어날 수 있는 해양생태계 내지는 환경영향 문제도 고려해야 될 것이다. 그러나, 앞날을 생각할 때 얼음의 이용은 남극의 생태계나 환경에 가장 작은 영향을 미칠 것으로 생각된다.

남극의 자원을 결론적으로 요약한다면 과거에는 물개와 고래가, 현재는 크릴과 약간의 어류가 포획되어 이용되는 것을 제외하고는 남극은 거의 인적미답의 상태이며, 환경오염과 인간에 의한 다른 영향도 적은 편이다.

지금까지는 남극의 환경과 자원보호에 관심을 가진 국가와 여러 기관의 노력으로 큰 문제는 없었다. 그러나 미래 언제인가 큰 연구없이 해양자원과 지하자원이 본격적으로 개발되거나 보호 대책이 소홀할 때에는 남극의 환경과 생물자원은 심각한 어려움에 빠지리라 생각된다. 따라서 더 늦기 전에 해양을 포함한 육상 및 호수에서의 생태계와 남극 환경 내에서의 물질의 순환이 파악되어야 한다.

해양생물의 생태와 먹이사슬과 생물상호 증감 관계와 해양 및 육상에서 인간이 일으킬 수 있는 행위에 따르는 영향 평가가 미리 이루어져야 한다. 이러한 주도면밀한 인간의 노력만이 남극의 환경과 자원을 보호하고 나아가서 남극을 모든 인류에게 유익하게 만들 수 있는 유일한 방법이라 생각한다.

# 4. 남극대륙을 둘러싼 열강들의 꿈

남극이 19세기 초 사람에 의해 발견된 이래 남극에 대한 국제적 관심은 점점 높아가고 있다. 19세기 말부터 20세기 초까지에는 영웅적 탐험이 있었고 20세기에 들어와서는 영유권을 주장하기에 이르렀다. 그리고 20세기 중엽에 처음 효과적인 남극 연구가 국제 공동으로 수행되었으며, 드디어 남극조약을 맺기에 이르렀다. 그 이후 남극에 대한 국제적 관심은 높아가고 있다.

## 남극 영유권 주장

### 영국

18세기 후반 제임스 쿡의 남극권 항해 이후 19세기 초에는 남극을 발견하고, 스코트의 남극점 도달과 모우슨 경의 단독생존, 섀클튼 경의 전설적인 집단생존 등 남극탐험에 긴 역사와 전통이 있는 영국은 남극에 대한 영유권을 가장 먼저 거론했다.

1908년 7월 21일자 영주전매특허증에서, 1775년 제임스 쿡의 남극권 항해 이후의 남극 영토권을 당시 포클랜드군도 보호령으로 합병 정리했다. 이때 주장한 지역은 남위 50° 이남으로 남극뿐 아니라 남아메리카 남쪽의 아르헨티나와 칠레의 파타고니아지방도 포함했다. 그러나 1917년 3월 28일 수정하여 남위 59° 이남의 서경 50°~80°지역과 서경 20°~50°에서는 남위 50° 이남 지역인 남 조지아섬일대의 지역을 영국 남극영토로 주장하고 있다. 따라서 남극조약대로 한다면 서경 20°~80° 사이의 남위 60° 이남지역을 주장하는 셈이다.

**뉴질랜드**

뉴질랜드가 남극 영유권을 주장하는 것은 1923년 7월 30일과 영국 추밀원의 자문을 거치기만 하고 의회의 협조없이 시행되는 긴급 칙령에 근거하고 있다.

주장하는 지역은 동경 160°부터 서경 150°로 로스빙붕과 로스해 대부분이다. 뉴질랜드는 1929~1931년에 걸친 영국과 오스트레일리아, 뉴질랜드 합동 남극탐험(BANZARE) 외에는 남극과 큰 연고가 없다. 그러나 뉴질랜드 바로 남쪽에 있는 지역을 다른 나라가 연고권을 주장하는 것은 바람직하지 않다는 정치적 계산으로 영유권을 주장하고 있다.

**불란서**

불란서는 옛날부터 남극에 관심이 있었다. 16세기 항해가 빨뮈에 드 곤느빌이 2년간 알려지지 않은 남쪽 지역을 탐험하면서 남극에 관심을 가졌다. 이후 부베 드 로지에가 1739년 1월 1일 남위 54° 22′, 동경 3° 24 아남극의 황량한 부베섬을 발견하고 1772년에는 케르구엘렌이 케르구엘렌군도를 남인도양에서 발견했다. 드디어 듀몽 뒤르빌이 1840년 1월 21일 동남극에 상륙하여 아델리랜드로 명명했으며 1903~1905년과 1908~1910년에 걸쳐 장 샤르꼬는 남극반도 일대를 탐험하게 되었다.

1911년 영국은 불란서정부에게 남극에서의 불란서 역할을 문의했으며 이에 대해 1912년 4월 불란서는 듀몽 뒤르빌이 1840년 아델리랜드를 공식으로 소유했노라고만 답변했다. 1924년 3월 27일 불란서는 동경 136°~142°를 불란서 남극 영토로 주장했다.

**오스트레일리아**

오스트레일리아는 1872~1876년에 걸친 챌린저호의 세계일주항해 이후부터 남극에 관심을 가졌다. 그후 1911~1913년 다글라스 모우슨 경이 주관한 동남극 컴먼웰스만 탐험시인 1912년 초에 최초의 기지를 세웠다. 이후 1929~1931년에 걸친 영국과 오스트레일리아, 뉴질랜드 합동

남극탐험에 참가했다. 남극대륙에서는 가장 오래된 상주기지인 모우슨기지(남위67° 36′, 동경 62° 52′)를 1954년부터 개소했다.

오스트레일리아는 1933년 2월 영국 긴급 칙령에 의해 동경 45°~136°, 동경 142°~160°를 호주 남극 영토로 인수했다고 주장했다. 면적은 650만 제곱킬로미터로 남극대륙의 40퍼센트가 넘어 가장 넓은 영토를 주장하고 있다.

영국과 호주, 뉴질랜드 합동 남극탐험 당시 모우슨 경은 1930년 1월 14일 탐험선이던 영국 배 디스커버리호에서 노르웨이 남극 탐험대의 선장 리이제 라트센과 회동하여 노르웨이 정부와 타협해 동경 45°의 동쪽을 호주남극영토로 하기로 합의했다.

### 노르웨이

노르웨이는 20세기 초에 남빙양에서 본격적인 고래잡이를 시작으로 남극에 진출했다. 1920~1930년대의 고래잡이의 일환으로 발견하고 탐험한 웨델해-프린스 하랄드해안 등에 관심을 갖기 시작했다.

나찌독일이 남극의 영토 주장에 관심을 갖자 이보다 앞서 발견의 기정사실을 인정받고 고래잡이를 보호하고자 1939년 서경 20°~동경 45° 사이를 노르웨이 남극 영토로 선언하게 되었다. 노르웨이는 다른 나라들과 달리 동쪽과 서쪽 경계만을 규정하고 있으며 남쪽이나 북쪽의 한계 없이 주로 해안지방에만 관심을 나타냈었다.

### 칠레

칠레는 역사적 증거와 지리적 연속성과 지역 행정관계 등으로 영유권을 주장하고 있다. 1539년 스페인의 왕 찰스 5세가 당시의 모험가 페드로스 산체스 데 라 오즈에게 경도 40° 서쪽의 마젤란 해협에서 남극점까지의 지역을 하사했다는 점을 증거로 삼아 이 사실은 칠레에게 승계되었다고 역사적 이유를 제시하고 있다. 1831년 칠레 최초 대통령이던 베르나르오 오히긴스가 영국 정부에 칠레 영토는 최소 남위 65°까지는 확대되어야 한다는 내용의 편지를 보낸 사실을 또 다른 역사적 증거로 제시하고 있다.

칠레는 1820년 남극의 발견을 주장하고 있으며 1906년 디셉션섬에 고래잡이 기지를 건설했다. 1940년 들어서 서경 50°~90°를 칠레 남극 영토로 주장하기에 이르렀다. 이 지역은 기존의 영국 영유권주장 지역과 중복되고 있다.

1947년에 칠레 최초의 남극 기지인 소베라니아가 남 쉐틀란드군도 그리니치섬에 준공되었다. 1948년 1월에는 국가원수로는 최초로 곤잘레스 비델라 칠레 대통령이 소베라니아 기지를 방문했다. 1977년과 1984년에는 피토체트 대통령이 칠레 남극 영토로 주장하는 곳을 방문했다. 1980년에는 남 쉐틀란드군도 킹 조지섬 필데스반도에 비행장을 건설하여 마쉬공군기지로 만들었다.

마쉬기지에는 가족이 기거할 수 있는 시설을 마련해 가족을 거주시키며 은행과 우체국, 국민학교, 병원 및 가게까지 있는 마을인 별들의 마을을 운영하고 있다. 아이들도 칠레기지에서 태어났다. 1987년 4월에는 추기경과 당시의 군사혁명위원회 위원이 방문하면서 칠레의 땅임을 강력히 시사하고 있다. 1982년과 1987년에는 각각 남극정치와 남극지구물리에 관한 국제학술회의가 마쉬기지에서 열리기도 했다. 1990년 9월에는 신임 애윌린 대통령이 마쉬기지를 방문했다.

### 아르헨티나

아르헨티나는 역사적 이유와 발견 및 행정조치 등 크게 3가지 이유로 남극의 영유권을 주장하고 있다. 첫째는 1494년까지 거슬러 올라가는 스페인과 포르투갈의 토르데시아스협정에 의한 스페인의 권리를 승계했다는 주장이다. 둘째로 아르헨티나는 1815년 영국, 제정러시아, 미국보다 적어도 4년이나 앞서 해군제독이던 기에모 브라운이 남위 65°에서 얼음으로 덮인 땅, 즉 남극을 발견했다는 이유와 셋째는 1904년부터 영국으로부터 인수한 남 오크니섬의 오르카다스기지에 상주한다는 이유 등으로 영유권 주장의 근거를 제시하고 있다. 아르헨티나가 공식적으로 서경 25°~74°의 영유권을 주장하는 것은 1946년에 들어서이다.

## 영유권 주장에 얽힌 이야기들

아르헨티나는 1955년 자국민들이 남극에서 결혼을 함으로써 남극에서의 연고를 강화시키고 있다. 1973년 8월에는 정부법령으로 임시정부 소재지로 정해서 각료회의를 마람비오기지에서 개최하기도 했다. 한 걸음 더 나아가서 남극반도 끝 호우프 베이에 있는 에스페란자기지에는 가족 기거시설을 해놓고 1978년 1월 7일 남극에서는 처음으로 아기를 출생시키기도 했다. 그의 이름은 에밀리오 마르코스 팔마이며 남자아이다. 1983년까지 4쌍이 결혼했으며 남자아이 5명과 여자아이 3명이 태어났다.

아르헨티나는 영유권을 가장 늦게 주장했으며 자국영토로 주장하는 지역 내에 다른 나라, 특히 칠레와 영국의 기지가 급격히 증가하여 이에 대한 반작용으로 남극 영유권을 주장하는 것으로 생각된다.

일반적으로 국제법에서 인정하는 방식대로 남극에서 영유권을 주장하려면 북극에서처럼 선형이론과 발견 및 유효한 점령 등이 필요하다. 그러나 남극에서 영유권을 주장하는 이유는 약간 다르다. 발견이나 탐험 등의 업적을 영국과 불란서가 가장 강력히 제시하고 있으며 노르웨이와 칠레, 아르헨티나도 제시하고 있다. 반면 뉴질랜드와 오스트레일리아는 영연방국가로서 영국의 주장을 승계하여 영유권을 주장하고 있다. 칠레와 아르헨티나는 지리적으로 근접하다는 이유도 제시하고 있으나 15, 16세기의 역사적 사실과 불확실하기는 하나 발견 등도 영유권주장 이유가 되고 있다. 특히 아르헨티나는 1904년 이후 국민이 상주하고 있다는 사실을 큰 이유로 들고 있다.

실제 1904년부터 인간이 상주하는 남 오크니군도 라우리섬의 오르카다스기지는 1902~1904년에 걸친 스코틀랜드 국립 남극 탐험대가 지은 기지로 영국에 인계하려고 했으나 거절당하고 아르헨티나에게 양여한 기지이다. 아르헨티나는 1904년 이후 이 기지에 상주하고 있어서 영유권 주장에 큰 명분이 되고 있다.

남극반도 지역은 두 나라 또는 세 나라의 영유권이 중복되는 지역이다. 특히 서경 53°~74°의 남극반도 대부분은 영국과 칠레, 아르헨티나의 영유권 주장이 중복된다. 따라서 국가에 따라 지명이 다르다.

대표적인 지역이 남 쉐틀란드군도의 킹 조지섬이다. 영국은 킹 조지(King George)섬이라 하고, 칠레는 그에 해당하는 스페인어로 이슬라 레이 호르게(Isla Rey Jorge)라 부른다. 그러나 아르헨티나는 스페인정부로부터 독립을 선언한 날인 1810년 5월 25일을 기념하는 5월 25일섬(Isla 25 de Mayo)이라 부른다.

반면 서경 90°~150° 사이의 남극은 나라에 따라서는 이 지역에 대해서도 발견이나 최초 탐험, 지리적 연속성을 주장할 수도 있겠으나 영유권을 주장하는 나라가 없다. 남극에서도 가혹한 자연환경 때문에 접근이 어려우며 국제 지구물리관측년도 동안 미국의 탐사활동이 가장 뚜렷했던 지역이다.

남극영유권을 주장하는 7개국 가운데 중복되는 곳을 주장하는 영국과 칠레, 아르헨티나를 제외하고는 영유권을 주장하는 각 국가들은 다른 나라의 영유권 주장을 대체적으로 인정하고 있다.

반면 미국, 소련, 일본, 독일, 벨기에, 스웨덴 등 위치와 정도의 차이는 있을망정 남극을 발견하거나 탐험했으며 영토를 주장할 충분한 이유가 있는 나라들은 여러 이유로 다른 나라의 영유권을 인정하지도 않고 자국의 영유권을 표하지 않고 있는 실정이다. 한편 페루와 브라질 및 우루과이 등은 남극반도의 여러 지역을 자국 영토로 주장할 나름대로의 충분한 이유가 있으나 영유권을 표현하지 않고 있다.

남극 영유권 주장과 연결해서 특기할 사실은 1910~1912년 동남극 케이프 아다레 앞 로스해와 로스빙붕을 탐험한 일본도 남극 탐험의 긴 역사와 발견의 업적이 있으나 2차세계대전 패전 이후 1951년 9월 8일 체결된 샌프란시스코 평화조약에 근거해서 일본이 이룩한 남극에 관한 일체의 권리와 자격과 이익을 강제로 포기당했다.

1961년에 발효된 남극조약에서는 일체의 남극 영유권을 인정하지도 않고 반대하지도 않으며 제정하지도 않아 영유권을 미결로 남겨 놓았다. 따라서 영유권을 주장하는 나라에서는 우표와 우편일부인, 엽서, 기념품 등에 자국 남극영토라는 용어를 공공연히 사용하여 공식 또는 비공식으로 자국 남극영토를 주장하고 있다.

남극조약이 맺어지기 전에는 영유권을 선언하고 기지를 건설하고 대통령이 방문하고 결혼을 하는 등 자국 영토임을 강력히 시사했다. 남극조약체결 이후에도 결혼을 시키고 출산을 하며 국민을 거주시키고 각료회의를 연다거나 대통령과 추기경 등 고위 인사가 방문해서 자국 영토임을 강력히 시사하고 있다. 이러한 현상은 인접한 칠레와 아르헨티나에서 더욱 뚜렷하다.

## 국제 지구물리관측년도

국제 지구물리관측년(International Geophysical Year)에 대한 시작은 1950년 미국학자 로이드 베르크너 박사의 주장이었다. 그는 1928~1930년 리차드 버드와 함께 남극탐험을 한 학자였다. 그는 1950년 4월 반 알렌대로 유명한 반 알렌의 집에서 1882~1983년, 1932~1933년 등 50년마다 한 번씩 열리는 제3차 국제 극지년도(International Polar Year)를 아직도 30년 이상 기다려야 하고, 고층대기물리와 지구표면 연구기술이 과거 20년 동안 현저히 발전되었다는 점을 강조해서 이 새로운 기술을 가능한 한 빨리 이용하자고 주장했다.

이 주장을 국제 과학연맹 이사회(ICSU)가 받아들여 1957년 7월 1일부터 1958년 12월 31일까지 18개월간을 국제 지구물리관측년도로 하기로 결정했다. 1957~1958년을 태양 흑점의 활동이 최대가 되는 해로 이때의 관측치와 1932~1933년의 관측 자료를 비교하는 것은 흥미로운 일이었다.

드디어 67개국의 과학자가 참여했으며, 12개 국가(아르헨티나, 오스트레일리아, 벨기에, 칠레, 불란서, 일본, 뉴질랜드, 노르웨이, 남아프리카, 영국, 미국, 소련)가 남극대륙과 반도에 40개 이상의 기지와 남극 도서 그리고 아남극 도서에 20개 정도의 기지를 건설하기에 이르렀다.

기존의 남극 영유권 주장 국가들은 자기 영유권 주장 지역 내에, 그렇지 않은 나라들은 영유권에 구애되지 않고 기지를 건설하여 남극에서 영유권 주장과 경쟁적 탐험 등으로 불편하던 국가들이 처음으로 국제 공동연구를 수행했으며 남극 조약의 시발이 되었다.

이때 미국은 남극점에 아문젠-스코트기지를 짓고, 소련은 남극대륙의 해안에서 가장 먼(남위 83° 60′ 동경 54° 58′) 도달불능한 극지에 기지를 지었다. 영국은 뉴질랜드, 오스트레일리아, 남 아프리카 등과 함께 웨델해를 출발하여 남극점을 지나 로스해로 영연방 남극횡단탐험을 했다.

## 남극연구과학위원회

남극과학연구위원회(Scientific Committee on Antarctic Research)는 1957~1958년의 국제 지구물리관측년 이후의 남극에서의 과학연구의 국제적 협력을 주관하기 위하여 국제 과학연맹 이사회(ICSU)를 1959년 2월에 창설했다.

비정부 조직으로 본부는 영국 케임브리지의 스코트 극지 연구소(Scott Polar Research Institute)에 있다. 남극에서의 과학 연구사업의 반의와 추진, 협조의 주 목적을 위하여 상설 워킹그룹이 있으며 또 전문가 그룹이 있다.

남극과학연구위원회는 남극에서의 과학연구와 자연환경 보전 등과 관련된 주요한 관심사를 남극조약 협의 당사국에 제안해서 권고사항이나 협의사항으로 채택하게 하고 있다.

남극에서의 연구활동에 관심을 갖는 다른 국제기구들과는 연락 및 협조를 하고 있다. 또한 위원회 회원국끼리 매년의 남극연구 및 활동상황을 통보하며 자료를 교환, 조정한다.

남극조약에 가입한 국가에서는 국가가 남극과학연구위원회를 운영하고 있어서 자국의 남극연구에 조언하며 남극과학연구위원회의 자국 창구역할을 하고 있다.

## 남극조약과 남극조약 협의 당사국

남극조약은 국제 지구물리관측년 중인 1958년 5월 3일 당시 미국 대통령이던 아이젠하워가 남극의 공동해결 방안을 찾을 목적으로 남극에 관심을 표명하는 미국과 다른 11개 국가를 초청하면서 구체적으로 싹트기 시작했다. 1959년 10~12월에 걸쳐 타결되고 1959년 12월 1일 12나라가 서명했으며 1961년에 발효되었다.

남극조약은 14조로 되어 있으며 남극을 평화적 목적으로만 사용하고 무기실험 등 일체의 군사적 이용을 배제했다. 자유로운 과학적 연구와 협조, 연구 계획, 인원, 자료 교환을 규정했고 남극에 대한 영유권을 미결로 남겨 놓았으며, 단지 조약이 유효한 동안 새로운 영유권 주장을 금했다.

핵실험이나 방사능 물질의 방치를 금하고 기지간 검열과 남극 환경 보호 및 남극관계 회의와 분쟁 해결 등을 규정하고 있다.

남극조약은 남위 60° 이남의 바다와 육지에 적용되며 1991년 6월 이후라야 재심할 수 있다.

우리나라는 1986년 11월 28일 33번째로 북한은 1987년 1월 21일 35번째로 가입하여 현재 39개 나라가 가입해 있다.

남극조약에 가입한 국가 중에서 실질적인 과학연구를 수행하는 국가들은 기존 협의 당사국의 전원일치의 동의를 얻어 남극조약 협의 당사국이 될 수 있다.

현재는 남극조약 최초 서명국 12나라를 포함하여 25나라가 남극조약 협의 당사국이다. 우리나라는 1989년 10월 18일 23번째 협의 당사국의 자격을 획득했다. 남극조약 협의 당사국들은 남극과 관련된 사항을 결정해서 권고 사항이라는 형식으로 인준하여 유효케 하며 현재 170개 가까운 권고사항이 동의되었고 거의 모두가 발효되고 있다.

남극조약 협의 당사국들은 남극의 연구와 환경보호, 생태계 보호, 기상, 원거리 통신, 기지유지 등에 관한 기술적, 행정적 관심을 갖고 있다. 1970~1980년대에는 남극의 자원문제와 관광문제에도 관심을 표명했으며 남극동·식물 보호에 관한 합의 대책(1964년), 남극물개 보호협약

남극의 상징 아델리 펭귄

(1978년 발효), 남극 특별지역의 지정, 남극 해양생물자원 보호협약(1982년 발효) 등을 체결했다. 남극탐험과 관련된 역사적 기념물의 지정 및 보호와 남극자료 교환의 통일된 양식 및 남극기지 운영 방안에 관해서도 권고사항을 제시하고 있다.

## 유엔에서의 남극논의

남극을 유엔 관리 아래 두자는 의견은 2차세계대전 직후인 1947년 평화와 자유를 위하는 국제 여성연맹에서 이미 주장한 바 있다. 이후 1950년대는 인도가 몇 차례 주장하다가 남극조약이 대두되었다.

1970년대 초기 유엔 산하기관들이 유사한 문제를 거론하였으나 남극조약에 가입한 국가들이 이를 저지했다. 1975년 10월 주 유엔 스리랑카 대사이자 국제 해양법회의 의장인 해밀턴 셜리 아메라징게가 유엔총회에서 남극을 소수의 이익이 아닌 공동의 선으로 하자고 제안했다. 말레이시아는 1982년 유엔총회 개막 연설에서 남극을 거론했으며, 1983년에 제38차 총회에 부치자고 제안했다.

당시 남극조약에 가입하지 않은 국가들의 주장은 남극에 관한 결정권자들의 폭을 넓히고 남극의 자원을 인류 공동유산으로 선언하자는 것이었다. 남극에 비판적인 이러한 국제 여론은 1983년 9월 제3세계의 리더격인 인도와 브라질을 남극조약 협의 당사국으로 인정함으로써 무마시켰다.

1985년 말레이시아는, 유엔 사무총장은 남극문제를 계속 연구할 것, 지하자원 개발을 국제적으로 관리할 것, 남 아프리카를 남극조약 협의당사국에서 추방할 것을 주장했으며 이에 대해 남극조약 협의 당사국 및 남극조약 가입국은 기권했다.

1987년 토의에서도 남극조약 협의 당사국과 비동맹국가간은 의견이 상치되었다. 그러나 1980년대에 들어와서 남극조약에 가입하는 국가가 많아지고 인도와 중국 등 제3세계의 리더들이 남극조약에 가입하면서 유엔에서의 남극논의는 약화되리라 생각된다.

## 남극에 관한 최근의 국제적 동향

남극 조약체결 후 남극에 관한 국제적 관심은 시간이 감에 따라 증가하고 있다. 1960년대에는 남극조약 원초 서명국 12개국을 포함하여 16개국이 가입했으며, 1970년대는 5개국이 가입하였고 1980년대에는 18개국이 가입하여 현재 39개국이 가입했다.

남극조약 가입 국가가 늘어나고 남극에서의 실질적인 과학연구를 수행하는 국가가 늘어나서 남극조약 협의 당사국도 늘어나고 있다. 즉 1960년대에는 원초 서명국 12개국만이 협의당사국 자격을 갖고 있었으며 1970년대에는 폴란드만이 협의 당사국 자격을 획득했다. 그러나 1980년대에는 12개국이 협의 당사국 자격을 더 획득했다.

1980년대에 들어서는 기지를 신설 또는 증설하는 추세이다. 서독과 동독, 인도, 우루과이, 브라질, 중국, 이탈리아, 한국, 스페인, 스웨덴, 페루, 에콰도르, 체코슬로바키아 등이 기지를 새로 건설했다.

핀란드, 노르웨이는 1990년대 초에 기지를 건설했으며 네덜란드, 불가리아, 쿠바, 북한 등도 기지 건설을 검토하고 있는 것으로 알려져 있다. 또한 기지를 갖고 있는 나라도 기지를 증설하고 있어서 인도와 중국, 서독, 소련, 일본, 불란서 등이 기지를 증설했거나 기지 증설을 긍정적으로 검토하고 있다. 이 외에 캐나다, 스위스, 파키스탄, 사우디아라비아 등도 남극에 관심을 표명하고 있는 것으로 알려져 있다.

1989년 말 현재로 20여 개 국가에서 월동기지 40여 개와 30여 개의 하계 상주기지 그리고 10여 개의 하계캠프를 운영하고 있다. 남극연구 및 이의 지원에 참여하는 인원도 하계에는 3~4천명이며 동계에는 지원 및 연구인력의 감축으로 하계보다 적은 인원이 활동하고 있다.

남극조약이 발효되면서 조약에 가입한 국가들은 무엇보다도 남극의 환경을 보존하는 데에 큰 관심을 기울이고 있다. 여러 가지 이유가 있겠으나 문명세계에서 환경파괴가 눈에 띄면서 마지막 남은 대륙, 남극을 보호하자는 의식이 크게 작용하고 있기 때문이다.

남극에 대한 이러한 국제적 관심은 계속되어 최근 남극연구의 국제적 연구방향은 남극환경 자체의 연구와 이의 보호에 큰 역점을 두고 있다. 예를 들면 강경한 환경보호 사설단체인 그린피스는 남극 최대 기지인 미국 맥머도기지에서 약 20킬로미터 떨어진 곳에 '세계의 공원 ; 남극(World Park Antarctica)'이라는 전용기지를 1987년에 완성하고 주변기지의 남극환경 보호관계 실태를 감시하고 있다. 꼭 그래서는 아니겠지만 그린피스기지에 인접한 맥머도기지에서는 예산 1천만불을 들여 대대적인 기지주변 환경정화 사업을 벌일 예정이다.

그린피스는 상주기지들이 남극조약 협의 당사국회의에서 권고한 대로 남극의 환경보호에 관심을 갖고 있는지를 자체의 1천5백톤급 선박 그린피스호 또는 곤드와나호로 계속해서 검열과 환경보호의 중요성을 환기시키고 있다. 그린피스는 우리나라의 세종기지와 인근 기지도 1988년 4월과 1989년 10월에 검열한 바 있다.

1989년 1월 말 아르헨티나의 1만4천톤급 남극 보급선 바이하 파라이소호가 미국 파머기지 앞에서 좌초하여 침몰되어 약 6백톤 가량의 기름유출 사고를 낸 이후 남극의 환경보호의 중요성은 더욱 강조되고 있다. 이 일이 있은 직후 유럽의회는 "실력없는 나라는 남극에 들어가지 말라."고 선언하기까지 했다. 나아가서 1988년 6월 웰링턴에서 있었던 남극 지하자원 개발에 따르는 합의도 호주와 뉴질랜드, 불란서, 벨기에, 이탈리아, 인도 등이 극구 반대해서 무산될 전망이다.

그만큼 남극의 오염되지 않은 환경은 중요한 것이며, 따라서 그의 연구가 남극에 진출한 여러 국가들의 최근 연구과제가 되고 있다.

## 남극조약 재심 이후의 향방

남극조약은 1961년 6월 23일 발효되면서 30년 이후에는 언제라도 재심할 수 있게끔 제12조에 규정되어 있다. 따라서 흔히들 30년 후에는 남극조약은 사문화될 것처럼 생각하고 있으나 사실은 그렇지 않다. 실제 남극조약은 조약에 가입한 대부분의 국가가 탈퇴하면 언제라도 사문화될 수 있다.

현 조약에 대한 수정사항의 채택여부는 논의해서 결정할 수 있다. 만약 1989년 6월 이후 조약 재심시 수정을 제의했다가 그 수정이 2년 이내에 받아들여지지 않으면 2년 이내에 탈퇴 의사를 밝힐 수 있다. 어느 가입국이든지 탈퇴의사 통고 이후 2년 뒤에야 공식으로 탈퇴하게 된다. 즉 아무리 빠르더라도 1993년 6월에 탈퇴를 통고해서 1995년 6월 이후에 탈퇴하도록 되어 있다.

그러나 시간이 갈수록 남극에의 관심이 증가하고 있어 남극조약에 가입하는 국가는 있어도 비공식이라도 탈퇴할 의사를 나타낸 국가는 없다.

남극에 대한 과학적이거나 외교적 및 국내적 이유 때문에 남극에의 관심은 계속되고 현조약 해제가 계속되리라는 것이 남극관계 국제법학자들의 공통된 의견이다. 단지 그린피스와 불란서의 꾸스또재단(Cousteau Foundation) 등 강경 환경보호론자들이 남극환경보호 목소리를 높여 그들의 주장대로 남극에서 인간이 최소의 과학적 연구만 하자는 의견이 받아들여지면 남극연구가 위축될 수도 있으나 지금까지의 추세로 보아서는 거의 실현 가능성이 없다.

남극 영유권을 주장하는 나라는 계속 주장하겠지만 영유권을 주장하지 않는 나라가 많아지면 영유권 주장의 목소리도 상대적으로 낮아지리라 생각된다.

## 남극조약 요약

1959년 12월 1일 서명
1961년 6월 23일 발효

제1조 : 남극을 평화적 목적에만 이용, 군사적 이용 배제
제2조 : 자유스러운 과학적 연구와 협조
제3조 : 연구 계획, 인원, 관찰 결과 무료교환
제4조 : 남극 영유권 미결, 차후 영유권 불인정
제5조 : 핵실험 금지 및 방사능물질 방치 금지
제6조 : 남극을 정의(남위 60°이남의 땅과 바다)
제7조 : 남극기지 검열관계
제8조 : 남극에서 활동하는 인원들은 자국의 법을 적용받음.
제9조 : 남극조약 협의 당사국 자격 지정
제10조 : 조약에 위배되는 활동 제한
제11조 : 분쟁해결 ; 국제사법재판소에 의뢰
제12조 : 발효 30년 이후 조약 재심 가능
제13조 : 조약인준 및 남극조약 가입 관계
제14조 : 조약 및 사무실 관계

## 남극조약 가입국가 및 남극조약협의 당사국

(1990년 9월 30일 현재)

▲영국 1960. 5. 31
▲남아프리카 1960. 6. 21
▲벨기에 1960. 7. 26
▲일본 1960. 8. 4
▲미국 1960. 8. 18
▲노르웨이 1960. 8. 24
▲불란서 1960. 9. 16
▲뉴질랜드 1960. 11. 1
▲소련 1960. 11. 2
▲폴란드 1961. 6. 8 (1977. 7. 29)
▲아르헨티나 1961. 6. 23
▲오스트레일리아 1961. 6. 23
▲칠레 1961. 6. 23
체코슬로바키아 1962. 6. 14
덴마크 1965. 5. 20
네덜란드 1967. 3. 30
루마니아 1971. 9. 15
△동독 1974. 11. 19 (1987. 10. 5)
△브라질 1975. 5. 16 (1983. 9. 12)
불가리아 1978. 9. 11
△서독 1979. 2. 5 (1981. 3. 3)
△우루과이 1980. 1. 11(1985. 10. 7)
파푸아 뉴기니아 1981. 3. 16
△이태리 1981. 3. 18(1987. 10. 5)
△페 루 1981. 4. 10(1989. 10. 18)
△스페인 1982. 3. 31(1988. 9. 21)
△중국 1983. 6. 8(1985. 10. 7)

△인도 1983. 8. 19(1983. 9. 12)
헝가리 1984. 1. 27
△스웨덴 1984. 4. 24(1988. 9. 21)
△핀랜드 1984. 5. 15(1989. 10. 18)
쿠바 1984. 8. 16
△대한민국 1986. 11. 28 (1989. 10. 18)
그리스 1987. 1. 8
북한 1987. 1.21
오스트리아 1987. 8. 25
에콰도르 1987. 9. 15
캐나다 1988. 5. 4
콜롬비아 1989. 1. 31

▲ 남극조약 원초 서명국으로서 남극조약 협의 당사국 12개국
△ 남극조약 협의 당사국(괄호 안은 자격 취득 일자) 25개국
남극조약 가입 국가 39개국

# 5. 우리나라와 남극

우리나라는 1989년 10월 18일 불란서 파리에서 열린 제9차 특별남극조약 협의 당사국회의에서 세계에서 23번째로 남극조약 협의 당사국의 자격을 획득했다.

이는 우리나라가 1978～1979년 남빙양 크릴어획 및 해양조사를 시발로 남극에 관심을 보인 이래 1988년 2월 17일 남극 세종기지를 준공하고 이후 수행해 온 우리나라의 남극연구를 실질적인 과학연구로 인정받은 증거이다.

이제 우리나라는 남극과 관련되는 제반 규정이나 조약의 심의와 개폐때에는 기존 협의 당사국과 더불어 결정권을 행사할 수 있게 되었다.

1990년 7월 23일 브라질 상 파울로에서 열린 제21차 남극과학연구위원회(SCAR) 회의에서는 우리나라가 정식 회원으로 가입되어 남극의 과학적 연구를 협의하거나 조정과 협조를 할 수 있게 되었다.

## 우리나라의 남극관계 약사

우리나라가 남극에 관심을 보인 것은 1978～1979년 남빙양의 크릴을 시험 어획하면서부터이다. 이후 1985년에는 한국 남극 관측탐험이 남극의 최고봉을 등정하기에 이르렀다.

1986년에는 남극조약에 가입했고 1987년 1월에는 기지 건설이 결정되어 후보지 답사가 있었으며 10월에는 기지 건설선이 출항했으며 12월 16일에는 현지에서 기지 기공식이 있었다.

1987년 12월~1988년 2월까지는 제1차 대한민국 남극 과학연구의 일환으로 남빙양 크릴조업선에 승선해서 해양조사를 수행하였다. 1988년 2월에는 우리나라 최초의 남극 기지인 세종기지가 건설되었으며 대한민국 남극과학연구는 계속중이다.

## 남빙양 크릴어획

우리나라는 수산청이 주도하여 1978년 12월 7일부터 1979년 3월 7일까지 91일간에 걸쳐 남북수산이 5천5백톤짜리 남북호로 인도양쪽의 윌크스랜드와 엔더비랜드 근해로 크릴 시험조업과 해양조사를 나가면서 남극에 관심을 가졌다.

이 시험조업에서 크릴 511톤을 잡았으며 함께 참가한 수산진흥원의 해양 과학자들은 남빙양의 일반 해양과 어구 및 어법 관계의 실험을 했다. 그후 3차례에 걸쳐 1983~1984년까지 그 부근에서 크릴자원의 시험조사를 계속했으며 일반 해양학적 조사도 수행했다. 1985년 3월에는 남극 해양생물자원 보존협약(CCAMLR)에 가입했다.

1986년 5차 조사부터는 크릴이 보다 많이 분포하는 서남극의 대서양쪽의 스코티아 해역으로 조사지역을 옮겼다. 1989~1990년의 제9차 출어에서는 2척이 출항하여 4,583톤을 어획해서 크릴조업 중 최고의 어획고를 기록했다.

1987~1988년의 제7차 조사까지는 해양과학자가 승선해서 일반 해양조사를 수행했으나 그 이후부터는 크릴만 포획했다. 또, 1987~1988년조사까지는 수산청이 출어경비의 상당부분을 지원하여 부담했으며, 이후에는 상업출어로 전환해서 융자형식으로 지원하고 있다.

현재 크릴어획을 계속하고 있는 동방 원양 개발공사의 관계자에 따르면 크릴 어획은 앞으로도 계속할 것이나, 채산성이 문제이므로 채산성을 높일 크릴 이용 방안 연구가 필요하다는 의견을 피력하고 있다. 실제 크릴의 판매가격이 크릴조업의 경제성과 직결되어 있기 때문이다. 현재는 어획량 대부분을 일본에 수출하고 있으며 국내에서는 소량이 소비되는데 전체적으로는 손해를 보고 있다고 한다.

1980년대 중반까지 부산 수산대학과 수산진흥원, 한국 과학기술연구원 등에서 수행했던 크릴 이용 연구가 재개되어 크릴의 경제성을 높일 방안을 찾는 것이 바람직하다.

## 한국 남극 관측탐험

1985년 11월부터 12월까지는 한국 해양 소년단 연맹과 주식회사 문화방송이 공동으로 한국 남극 관측탐험을 수행했다. 한국 해양 소년단 연맹 총재로 윤석순 전 국회의원이 부임한 이래 한국 해양 소년단 연맹은 청소년들에게 꿈과 용기를 심어줄 사업을 구체적으로 발굴하게 되었다.

여러 사업이 있었으나 그 중에서 남극 관측탐험이 청소년들의 호연지기를 길러줄 수 있는 가장 좋은 사업으로 선정되었다. 우리나라가 남빙양에서 크릴은 몇 년 전부터 포획했으나 남극의 땅에 발을 디딜 사업은 이것이 처음이기 때문이다.

한국 남극 관측탐험대는 두 팀으로 구성되어 있었다. 한 팀은 전문 등산인과 보도진으로 구성되어 남극 최고봉인 높이 5,140미터의 빈슨 매시프의 등정에 나섰다. 이들은 11월 29일 2시 30분 혹한의 영하42℃에서 세계 여섯번째로 빈슨 매시프 정상에 올랐다. 또 한 팀은 과학자와 해양소년단 지도자 그리고 보도진 등으로 되어 있으며 이들은 킹 조지섬 필데스반도 바닷가에 야영을 하면서 주변의 자연환경을 관찰했다.

킹 조지섬은 1819년 영국인 윌리암 스미스에 의해 발견되었으며 남미 끝에서 1천2백킬로미터 떨어져 있다. 킹 조지섬은 남극반도에 평행하게 남극반도에서 1백여 킬로미터 떨어져 북동－남서방향으로 발달된 남 쉐틀란드군도에서 가장 큰 섬으로 폭 30킬로미터, 길이 80킬로미터 정도로 제주도보다 약간 작다. 섬의 95퍼센트는 일년내내 두께 1백미터 정도의 얼음으로 덮여있다.

섬의 기온은 연평균 영하2.5℃이며 관측최저기온이 영하28.5℃이며 연평균풍속이 초속 7.6미터이며 최고 풍속은 초속 52미터가 기록되었으나 최근에는 초속 80미터가 넘는 돌풍이 섬의 중부에서 기록되었다.

이 섬은 발견 이후 물개잡이와 고래잡이의 근거지가 되었으며 소련과 칠레, 아르헨티나, 폴란드, 브라질, 우루과이, 중국, 우리나라 등 8개 나라의 상주기지가 있으며 또 페루의 하계기지와 에콰도르의 비상 피신처가 있다.

섬의 남서쪽 필데스반도에는 칠레와 소련, 우루과이, 중국 등의 기지가 있다. 칠레기지는 공군기지로서 길이 1.3킬로미터의 활주로가 건설되어 공군수송기 또는 보잉 707기의 이륙과 착륙이 가능하다.

당시 한국 해양 소년단 연맹이 남극 관측탐험을 준비하면서 관계부처간의 협의과정에서 외무부 관계자들이 처음 예산문제 때문에 뒤로 돌려졌던 과학자들의 탐험참가를 적극적으로 주장해서 지질학자와 기상학자가 참가하게 되었다. 이러한 주장은 남극연구의 국제적 추세라는 국제적인 시각 없이는 어려운 일이라 생각된다.

과학자들은 전공에 따라 연구자료를 채집하고 주변기지들을 방문하여 기지건설과 시설, 운영관계자료를 수집했으며 장래의 한국 기지후보지를 검토하기도 했다.

## 남극조약 가입

우리나라는 1986년 11월 28일 세계에서 33번째로 남극조약에 가입했다. 원래 남극조약 제13조에 의하면 유엔 가입국가는 원하면 자동으로 남극조약에 가입이 되나, 우리나라는 남극조약 협의 당사국 전원의 동의를 얻어야 했다.

남극조약 협의 당사국이란 1959년 12월 1일에 서명한 원초 서명국 12개국 포함, 남극에서의 실질적인 과학연구를 수행하여 자격을 획득한 나라들만으로 남극에 관한 법률이나 규정을 심의하고 개폐할 수 있는 권리

한국 남극 관측 탐험단

를 행사할 수 있다. 그 때까지는 남극조약 협의 당사국이 18개국이었으며 공산권은 소련과 폴란드와 중국이 있었다.

우리나라가 남극조약 가입 의사를 밝히자 북한도 동시에 가입 의사를 밝혔으나, 우리정부는 1978~79년 크릴포획과 해양조사 활동과 1985년 한국남극 관측탐험 등 남극에의 기존 관심을 내세워 당시까지 외교관계가 없던 공산권의 동의를 얻어 먼저 가입했다. 이는 우리나라 외교관계의 큰 업적이었다. 북한은 1987년 1월 21일 35번째로 가입했다.

## 남극기지 후보지 답사

남극조약 가입 후 1987년 1월 외무부가 신년업무를 보고할 당시 전두환대통령은 가능한 한 빠른 시일 내에 남극기지를 건설할 것을 지시하여 남극기지 건설계획은 박차를 가하기 시작했다. 이 결정에 따라 1987년 4~5월에 남극기지 후보지 답사가 있었다.

후보지는 킹 조지섬이 되었으며 남극의 다른 곳을 고려할 수도 있겠으나 깊이 고려되지 않은 것으로 생각된다. 이유는 여러 가지가 있겠으나 인간의 보편적인 속성이 작용한 것으로 생각된다.

인간은 자기가 눈으로 보고 손으로 만져보며, 발로 밟아 본 곳은 그렇지 않은 곳보다 친근하고 다정하게 느낀다. 또 좋게 느껴지고 마음이 놓이는 것이 인지상정이라 생각된다. 전혀 낯선 곳은 처음부터 다시 시작해야 하고 따라서 고려할 사항과 의문이 많아지고 어려워지며 두려워지는 것이다.

어쨌든 기지건설의 실질적 문제는 외무부에서 과학기술처로 옮겨져 진행되었다. 이에 따라 해양연구소와 현대 엔지니어링 주식회사와 외무부가 협조해서 4월부터 5월까지 킹 조지섬을 중심으로 한 남극기지 후보지 답사가 있었다.

## 한국 남극 세종기지 건설

후보지 답사 결과를 검토하면서 기지의 건설계획이 구체적으로 진행되면서 다른 남극관계 업무도 함께 수행되었다. 1987년 8월에는 남극과학연구위원회(SCAR) 한국 조직인 한국 남극연구회원회(KONCAR)가 창립되었다.

실질 건설계획에 따라 건설장비와 건설자재를 선적한 기지건설선 HHI-1200이 10월 6일에 울산항을 떠나 12월 15일 현지에 도착하여 16일에는 기공식이 있었다. 기지 후보지 답사에 참가한 현대 엔지니어링이 설계하고 현대중공업이 건설인원과 장비 및 자재를 수송하였으며 현대건설이 건설을 맡았다.

기지건설은 남극의 여름을 최대한 이용하여 일사불란하게 수행되었다. 굴토를 하고 서울에서 이미 양생된 콘크리트 기초를 놓고 철골을 조립했으며 천장과 벽체를 조립했다. 수원의 추가확보를 위하여 수백 톤의 물이 저장될 수 있는 곳을 팠으며 해수 담수화 시설을 설치했다. 남극의 환경보호를 위해 소각로와 생물학적, 화학적 하수 처리시설도 갖추었다.

드디어 1988년 2월 17일 세종기지를 준공했다. 세종기지는 킹 조지섬의 남서쪽 바튼반도의 서쪽 끝 남위 62° 13′, 서경 58° 45′에 위치하고 있다. 기지 앞쪽인 북쪽에는 수심 100여 미터의 피요르드인 마리안 코브가 발달하여 있고 서쪽으로는 맥스웰만이 발달되어 있으며 동쪽인 마리안 코브 안쪽에서는 얼음이 무너져 내린다.

세종기지 남쪽 2킬로미터에는 펭귄 2종류 (젠투펭귄 및 친스트랩펭귄)의 군서지가 있으며 남극에서 꽃피는 식물 2종류의 하나인 남극잔디가 자생하고 있다.

남극권보다 북쪽에 위치해서 하루 24시간이 낮이거나 밤인 날은 없고 낮이 가장 길면 20시간 정도되고 밤이 가장 길면 19시간 정도이다.

기지는 거주동과 본관동, 하계연구동, 연구동, 차고, 발전동, 지자기 관측동 및 지진파 관측동, 목조창고, 컨테이너, 저유탱크 및 부두 등으로 되어 있다. 건평은 약 5백평이며 컨테이너를 포함한 숙박가능인원은 50명 정도이다.

거주동에는 2인용 침실이 8개, 체련실, 휴게실이 있으며 하계연구동에는 2인용 침실이 5개, 작은 창고가 있고 본관동에는 의무실과 식당, 자료실, 사무실 등이 있다. 연구동에는 대기과학, 지질과학, 일반해양학, 생물과학 등 4개의 연구실과 암실 및 통신실이 있으며, 통신실에서는 인공위성을 이용하여 서울과 직접 통화할 수 있다.

난방은 열풍순환식 난방이고, 식수는 인공호수와 자연호수를 이용하며, 이들이 결빙되고 고갈되면 해수 담수화시설을 이용, 바닷물을 담수로 바꾸어 급수하게 되어 있다.

113킬로와트짜리 발전기 3대가 교대로 24시간 가동되며 운송장비로는 설상차와 수륙양용차, 고무보트 및 지프가 있으며 다목적 건설 장비와 지게차가 있다.

칠레기지를 통해서 우편물이 오가며 칠레의 국영텔레비전이 시청되고 고층 대기상태에 따라서는 KBS의 단파방송이 수신된다.

| 연 도 | 기간(일) | 참여과학자(명) | 연구지역 |
|---|---|---|---|
| 1978 / 1979 | 91 | 5 | 앤더비 - 윌크스근해 |
| 1981 / 1982 | 102 | 5 | 앤더비 - 윌크스근해 |
| 1982 / 1983 | 123 | 3 | 앤더비 - 윌크스근해 |
| 1983 / 1984 | 119 | 4 | 앤더비 - 윌크스근해 - 퀸모ㄷ |
| 1985 | 22 | 2 | 필데스반도 |
| 1986 | 65 | 3 | 스코티아해역 |
| 1986 / 1987 | 105 | 3 | 스코티아해역 |
| 1987 / 1988 | 77 | 5 | 스코티아해역 |
| | | 29 | 세종기지 주변지역 |
| 1988 / 1989 | 74 | - | 스코티아해역 |
| | | 32 | 세종기지 주변지역 |
| 1989 / 1990 | 115 | - | 수코티아해역 |
| | 34 | 14+ | 브랜스필드해협(하계대) |
| | | 4 | 세종기지주변지역(월동대) |

## 대한민국 남극과학연구

기지건설이 결정되고 과학기술처가 주관이 된 후보지 답사가 있은 후 대한민국 남극과학연구의 일환으로 1987~1988년에 걸친 제7차 남빙양 크릴시험 어획에 해양과학자들이 참가하게 되었다. 이들은 시험 해역의 영양염류의 분포, 수온분포와 클로로필 알파 및 생산성의 공간적 분포 등을 조사했다.

남극연구는 단기종결이 아닌 미래지향적인 종합과학으로서 지상 유일

| 연구내용 | 비 고 |
|---|---|
| 제1차 크릴어획 및 해양조사 | 541톤 어획 |
| 제2차 크릴어획 및 해양조사 | 1,426톤 어획 |
| 제3차 크릴어획 및 해양조사 | 1,959톤 어획 |
| 제4차 크릴어획 및 해양조사 | 2,657톤 어획, 한국남극관측탐험 |
| 지질, 지상 조사 | |
| 제5차 크릴어획 및 해양조사 | |
| 제6차 크릴어획 및 해양조사 | 1,527톤 어획 |
| 제7차 크릴어획 및 해양조사 | 2,022톤 어획 |
| 제1차 대한민국 남극과학 연구:해양학, 생물학, 지질학, 대기과학 | 세종기지준공(1988. 2. 17) 기지주변 환경변화 연구 |
| 제8차 크릴어획 | 2,358톤 어획(2척 출어) |
| 제2차 대한민국 남극과학연구:해양학, 생물학, 지질학, 대기과학, 고층대기물리학 | 간섭계 설치, 고층대기물리 관측 시작 |
| 지구물리학 | 4,583톤 어획(2척 출어) |
| 제9차 크릴어획 | 연구지역 확장, 광도계 설치, 고층대기 관측 계속, 기지유지 인력 10명 |
| 제3차 대한민국 남극과학연구:해양학, 생물학, 지질학, 대기과학 지구물리학, 고층대기물리학 | |

한국의 남극조사 연구활동 (1978－90)

의 미지의 환경 자체를 순수자연과학적인 면과 응용자연과학적인 면에서 연구한다. 따라서 남극에서는 육상 동·식물과 해양생물을 포함한 생명과학과 지질과학 및 빙상하의 지질구조를 연구하는 지질과학, 대기과학, 고층 대기물리학, 빙하학, 천체물리학과 또 인간이 극지에서의 적응과 생활에 따르는 인체생리학, 극지공학 등 여러 분야의 연구가 수행되고 있다.

## 제1차 대한민국 남극과학연구

우리나라의 본격적인 남극과학연구는 세종기지의 건설과 더불어 실질적으로 시작되었다고 해도 과언이 아니다. 세종기지가 건설되고 있을 때 대한민국 남극과학연구계획에 따라 연구단이 기지건설 현장에 도착했다.

대한민국 남극과학연구의 목적은 남극자연환경의 이해 및 보전연구와 남극 부존자원의 조사연구로 압축해서 이야기할 수 있겠다. 이러한 목적을 가진 제1차 대한민국 남극과학연구단은 세종기지 주변의 자연환경을 관찰하고 조사하여 연구함으로써 기지주변을 이해하자는 것이 주 연구내용이다. 연구 항목은 일반해양과학과 육상지질학, 육상식물학, 대기과학 등으로 해양연구소와 서울대학교 그리고 한국 동력자원 연구소가 참여하였다.

이들은 칠레의 푼타 아레나스 선박회사에서 임차한 선박 크루즈 데 프로워드호로 기지 앞바다인 마리안 코브와 브란스필드해협으로 열려 있는 맥스웰만의 일반해양조사를 수행했다. 조사결과는 흥미로운 것이 많이 있었다.

맥스웰만 해저의 저탁류현상이 뚜렷이 나타났으며 남극해저에 흔한 유빙(流氷) 운반퇴적물이 인지되었다. 현장조사자료는 서울의 연구실에서 분석되어 연구보고서로 1988년 6월 발간되었다.

1988년 11월 초에는 제1차 국제 남극학술회의가 서울에서 개최가 되어 9개국에서 10여 명의 과학자와 수십 명의 국내 학자가 참가하여 그동안 수행된 남극연구의 발표가 있었으며 외국 학자들과의 남극에 관한 학문적 교류가 있었다.

제1차 월동대는 1988년 2월부터 1989년 2월까지 기지주변의 연간 환경변화를 관찰하고 기재했다. 이들은 기지 남쪽에서 꽃피는 식물 두 종류의 하나인 남극잔디의 자생지를 발견했으며 기지남쪽 해안에서는 펭귄 두 종류를 포함해서 남극조류들의 부화지가 과학적으로 흥미있으며, 이 지역들을 보호할 가치가 있다는 사실을 알아냈다.

폭풍에 깨어져 나갈 때까지 기지 앞바다가 얼었을 7월 초부터 9월 하순에는 얼음에 구멍을 뚫고 해저퇴적물을 채집했고 4시간 간격으로 24시간 연속적인 해수의 수온과 염분을 측정했으며 해빙 아래를 잠수하여 연구재료를 채집했다.

3월 하순부터는 기온이 영하로 떨어져 지면이 결빙되기 시작했다.

1988년 4월 8일에는 민간 환경보호단체인 그린피스가 기지를 검열했다. 말이나 글로만 환경보호를 주장하는 것이 아니라 행동으로 주장하는 것이다. 질문하고 시설을 확인하고 새로운 조치를 제안하고 자기네들의 활동 의도를 설명했다. 유류 관리상태와 그 영향을 조사하려는 목적으로 유류 야적지 부근에서 흙과 모래를 채집하는 모습은 인상적이었다.

6월 들어서는 낮시간이 5시간 반~5시간 정도가 되어 아침과 저녁 식사는 밤에 하게 되었다. 그뿐 아니라 남극의 본격적인 겨울이 되면서 폭풍설의 횟수가 많아졌으며 계속 시간도 길어졌다. 월동기간 중 가장 많은 때는 월 5회도 있었으며 2~3일 계속되었다.

폭풍설이 심한 경우에는 밖에 나가는 것조차 두려웠다. 아무리 방한복을 잘 여며도 눈은 몸으로 파고들어왔으며 피부에 닿아 녹아서 찬 게 아니고 입자가 되어 피부를 아프게 쑤셨다.

인공으로 만든 현대소는 고갈되어 세종호의 얼음을 깨고 취수했다. 급수 사정이 나빠지면서 목욕과 세탁은 주 1회로 제한했으며 실내생활이 많아졌다. 기지에 준비된 오락이나 여가선용시설은 대원들이 많이 이용했으나 어느 것 하나라도 오래 지속되지 못했다. 이런 점에서 기지의 취미생활과 오락을 위한 시설을 다양하게 준비해야겠다.

1988년 7월 4일 얼기 시작하는 해빙 위를 1천마리에 가까운 펭귄들이 일렬종대로 행진하는 것은 남극의 대장관이었다. 어는 바다를 피해서 얼지 않는 곳으로 이동하는 생물의 본능적인 행동이었다. 뒤에 남은 수십마리의 펭귄을 둘러싸고 펭귄과 물개를 잡아먹는 킬러고래 10여 마리가 빙빙도는 것은 먹고 먹히는 남극 해양생태계의 한 단면을 보여주는 잊지 못할 장면이었다.

9월 하순부터는 기온이 간혹 영상으로 올라가기 시작했으며 10월 초부터는 눈과 얼음이 녹기 시작했다. 남극의 봄이 시작되면서 이동했던 조류들도 돌아오기 시작했으며 날씨가 좋은 때에는 이웃기지를 방문하거나 그들이 우리를 방문해 피부색과 언어, 종교, 이념과 상관없이 친하게 되었다.

11월에는 소련인 10명으로 구성된 남극기지 검열단이 기지를 검열했었다.

1989년 1월 30일에는 기지에서 남서쪽으로 4백킬로미터 떨어진 앤버스섬 소재 미국 파머기지 앞에서 좌초하여 침몰하는 아르헨티나 남극보급선 바이하 파라이소호의 구조에 나서 승객들을 안전하게 아르헨티나 기지에 수송했다.

## 제2차 대한민국 남극과학연구

제2차 대한민국 남극과학연구 계획은 기지주변의 제1차년도 연구 분야에 고층대기연구, 빙하연구와 육상포유류 생리조사를 추가해서 제2차 연구를 수행했다. 참가 기관은 서울대학교와 순천향대학교, 건국대학교, 한국 동력자원 연구소 그리고 해양 연구소 등이었다.

육상연구로는 기지가 위치한 바튼반도와 북쪽의 위버반도 일대의 일반 지질학적 연구와 지구화학적 연구와 필데스빙원에서의 음이온 분포와 물개의 번식 생리 등이 연구되었다.

물개의 번식 생리 연구에서는 기형 정자가 23.9퍼센트나 되며 기형의 종류에도 2중 두부, 미소 두부, 미완성 정자, 미숙 정자, 미부 기형 등이 관찰되었다.

해양 환경분야에서는 맥스웰만의 수온과 염분 등 일반 해양과학적 특성과 영양염류, 식물색소량, 일차생산력을 측정했다. 식물성 플랑크톤과 동물성 플랑크톤과 저서생물, 해산식물의 분포와 현존량을 파악하고 기재했다. 해저지형과 퇴적상, 퇴적물 내에 포함된 규조류를 조사했다. 또 얼음시추심에서는 음이온을 분석하여 빙하의 성분 변화를 연구했으며 해저시추심 내의 공극수의 영양분포를 측정했다.

2차 월동대는 1989년 1월 19일 기지에 도착하여 1990년 1월 17일에 기지를 떠날 때까지 패브리-페로 간섭계, 중력계, 자력계, 지진계 등을 설치하고 자료를 수집했다. 중력측정을 통해 중력이상 값이 기지주변 기반암의 밀도 차이에 따르는 현상이거나 단층의 존재로 추정하였다. 물론 월동기간 중의 기상을 관측하고 자료를 분석했으며 기지주변의 생물 특히 저서생물을 관찰하고 분석했다.

특히 1989년 2월 페루가 하계기지인 제마추 픽추를 준공한 후 기지에 도착하여 기지 앞바다에서 좌초한 선박 훔 볼트호의 승객과 승무원들을 세종기지에 응급 대피시켰으며 은신처를 제공했다. 남극에서는 자연환경이 가혹하고 알려지지 않은 부분이 많아 언제라도 사고가 일어날 수 있으며 누구라도 도와주어야 한다.

제2차 남극연구에서 특기할 사항은 미국 뉴욕주 알바니에 소재하는 뉴욕주립대학교 고층대기물리학 연구팀과 공동으로 고층대기물리를 연구한 것이다. 세종기지는 지리적으로는 남위 62° 13′, 서경 58° 45′에 위치하나, 지자기적 위치는 남위55° 48′, 동경 19° 12′으로써 지자기 변화 현상과 관련된 고층대기물리 현상의 관측에 적합한 장소이다. 이 연구를 위하여 세종기지에서는 첨단장비인 패브리－페로 간섭계를 설치했으며, 관측자료를 컴퓨터로 처리했다.

1989년 2～3월 태양과 지자기 활동이 심한 기간 동안 남극지상 220～250킬로미터의 열권의 평균온도는 절대온도 1,390～1,493도 사이였다. 이 값은 1978～1982년 사이에 북반구 중위도 뉴욕주 알바니에서 실험적으로 측정한 값보다 114～266도 정도 항상 높은 값이다. 준경험적 모델인 MSIS－83과 MSIS－86에 의한 계산은 실제 열권온도를 정량적으로 280～465도 정도 낮게 추정할 뿐 아니라 태양과 지자기 상태의 변화에 의한 열권의 온도변화를 추정하는 데에 부적합하다는 새로운 사실이 이 연구를 통해 밝혀졌다.

## 제3차 대한민국 남극과학연구

제3차 대한민국 남극과학연구단 하계연구대는 해양조사지역을 확대해서 브랜스필드해협의 일반해양학적 조사와 해양생태계연구, 해양퇴적현상 등의 규명연구에 초점을 두었다. 참가기관은 국립부산수산대학교, 경희대학교, 한국 과학기술연구원 부설 유전공학센터와 해양연구소 등이었다. 육상지질조사는 바튼반도와 필데스반도의 유용광물과 화산암석학적 조사에 중점을 두어 연구재료를 수집하여 분석 중에 있다.

육상생물로는 조류의 관찰과 생태를 기록했으며 얼음연구도 계속해서 아르헨티나의 쥬바니기지 뒤 능선에서 연구재료를 채집했다. 이외에 다중태양광도계를 새로이 설치하여 패브리－페로 간섭계와 함께 실질적인 고층대기물리현상을 관측하여 연구 중에 있다.

특히 제3차 남극과학연구단은 바튼반도에서 보존이 잘된 규화목 산출지를 발견해 바튼반도의 고환경과 지사(地史)를 새로이 해석할 전기를 마련했다. 지금까지 규화목은 킹 조지섬의 여러 곳에서는 보고되었으나, 바튼반도에서는 보고된 적이 없고 보존이 불량한 식물화석만 보고되었기 때문이다.

제3차 남극연구단 하계연구시에는 남극반도의 서해안을 항해하면서 주변의 해안을 관찰하고 외국의 기지들을 방문할 기회가 있었다.

남극반도는 남극으로서는 가장 최근에 다른 대륙인 남미와 분리된 곳으로 안데스산맥에 눈과 얼음이 덮여 있다고 생각하면 된다. 즉 지형은 높고 험하며 기복이 심하다.

해안은 대부분 빙벽이거나 절벽이며 약간의 기반암이 노출되고 인간이 접근 가능한 몇 곳에는 칠레와 아르헨티나의 대피소나 등대 등 항로표지가 설치되어 있었다. 그러나 항로표지의 상당수는 파괴되었으며, 상륙했던 기지, 즉 아르헨티나의 프리마베라, 알미란테 브라운과 칠레의 곤잘레스 비델라 기지는 수 년째 방치되어 있었다.

특히 아르헨티나의 알미란테 브라운 기지는 1984년 4월 대장인 의사가 정신착란으로 방화해서 중요하고 큰 건물들은 소실되고 콘크리트기둥과 작은 건물만이 남아 있어 남극에서의 생활과 연구의 어려움을 단적으로 보여주고 있었다.

앤버스섬 남서쪽의 미국기지인 파머기지는 미국기지답게 휴게실과 연구시설이 잘 되어 있었으며 1964년에 지은 시설들을 보수하는 중이었다.

1989년 1월 29일 좌초 31일만에 침몰한 아르헨티나의 남극보급선인 바이하 파라이소는 거의 물에 잠긴 채 선복만이 멀리 보였다.

현재 세종기지에는 제3차 월동대 14명이 기지주변의 대기과학과 고층대기물리학, 일반해양학, 생물학 분야에서 연구를 수행하고 있다. 제1차 월동대에는 국방부에서 군의관이 파견되었으며 제2차, 제3차 월동대에는 기상연구소 소속 기상학자가 참여하고 있으며 보사부에서 의사를 파견하고 있다.

현장에서 채집된 연구재료를 국내의 각 대학교와 연구소의 관심있는 연구원들과 공동연구를 하거나 필요로 하는 연구원들에게 재료를 할애하며 연구하고 있다.

1990년 9월에는 제2차 국제 남극과학 학술회의가 열렸으며 10월부터는 제4차 대한민국 남극과학연구단을 조직하여 연구에 들어갔다.

## 우리나라의 남극연구 방향

1970년대 말 남극에 관심을 갖기 시작하여 이제 체계적이며 본격적인 과학연구에 돌입한 우리나라의 남극과학연구는 몇 가지 점에 깊은 관심을 두어야 한다고 생각한다.

첫째는 남극연구의 큰 목적의 하나로 남극 환경보호에 중점을 두어야 하겠다. 남극이 인류의 마지막 남은 미개발지로 무한한 잠재력을 갖고 있으나 저온과 건조한 기후로 물질의 순환속도가 대단히 늦다. 따라서 자연환경이 한 번 손상되면 원상으로 돌아오는 데에 긴 시간이 요구될 것이다.

포유류 전문가에 의하면 남획된 고래자원이 회복하는 데에 2백년이 걸리며 육상 식물학자들의 주장에 의하면 사람의 발에 밟힌 이끼가 원상으로 회복하는 데에 10년이 걸린다고 하는데 그의 정확여부는 차치하고라도 다른 지역에서보다 긴 시간이 필요함은 사실이다. 따라서 남극에 대한 현재의 국제적인 인식과 연구의 추세를 고려해서 아직은 사람의 손길이 많이 닿지 않는 남극의 천연의 환경을 보호하는 데에 우리나라 남극 연구의 초점을 맞춰야겠다.

육상생태계, 호수생태계, 태양생태계, 육지-수계간의 물질과 에너지의 순환과 변환, 부유생물, 유영생물, 저서생물의 상호관계 및 크릴을 중심으로 한 어류와 조류, 포유류간의 상관관계 등은 남극의 좋은 연구 과제들이다.

둘째는 과거 지질시대의 고(古)환경을 밝히는 연구도 중요하리라 생각된다. 남극대륙의 형성과 이동, 남극빙상의 형성과 운동, 빙상 아래의 남극 기반암의 지질, 남극해 해저의 퇴적현상 등 남극의 형성과 변화과정, 고기후, 고해양 등의 연구과제들은 남극뿐만 아니라, 지구 전체의 지사와 고환경의 변화와 관계가 있으므로 이 과제들도 좋은 연구분야가 되리라 생각된다.

첫째와 둘째 연구 분야가 남극 자체의 신비에 도전하는 연구인 반면, 셋째 연구 분야는 남극이라는 특유한 자연환경을 최대한 이용한 연구 분야들이다. 예를 들면, 남극이 문명세계에서 멀리 떨어져 있고 깨끗해서 문명세계에서의 변화를 감지할 수 있는 좋은 장소가 되고 있다는 점을 이용해서 지구환경의 변화에 따르는 제 현상을 연구해야 한다.

즉 오존층의 변화와 지구기후의 변화, 남극 빙상의 변화와 해빙, 해수면의 변동과 이에 따르는 남극 해양생태계의 변화 등은 대단히 좋은 자료이다. 지리적인 잇점을 최대로 이용하여 태양과 지구 자장간의 상호연관관계 및 이와 연관된 분야, 즉 남극에서만 관찰, 실험 가능한 고층대기물리와 통신과 천체물리학 등 극지방 특유의 자연 현상을 십분 이용하는 연구를 수행해야겠다.

또한 극한지방에서의 인체 생리 등 극지의학 또 극지방이라는 격리된 지역에서의 인간의 심리 상태와 빙상의 공학적 제 특성, 문명세계에서 재현하기 힘든 상태에서의 생명과학과 극지 재료공학 내지는 극지 건축공학도 중요한 연구분야가 되리라 생각된다.

## 대한민국 남극 진출 약사(略史)

| | |
|---|---|
| 1978~1979 | 남빙양 크릴조사 시작 · 엔더비－윌스크랜드 근해 |
| 1989~1990 | 9차 남빙양 크릴조사 · 스코티아 해역 |
| 1985. 3. 29. | 남극 해양생물자원 보존협약(CCAMLR) 가입 |
| 1985. 11~12 | 한국 남극관측탐험 · 빈슨 매시프봉(5,140미터) 등정 |
| 1986. 11. 28. | 남극조약 가입 · 세계 제33번째 |
| 1987. 1. | 남극기지 건설 결정 |
| 1987. 4~5. | 남극기지 후보지 답사 |
| 1987. 8. 28. | 한국 남극연구위원회(KONCAR) 창립 |
| 1987. 12. 16. | 남극기지 기공식 |
| 1987. 12. 17. | 남극과학연구위원회(SCAR) 준회원 가입 |
| 1988. 1. | 제1차 대한민국 남극과학연구단(KARP) 발단 |
| 1988. 2. 17. | 세종기지 준공 · 62° 13′S, 58° 45′W |
| 1988. 11. | 제1차 국제 남극 학술회의 · 서울 |
| 1989. 1. | 제2차 대한민국 남극과학연구단 발단 |
| 1989. 10. 18. | 남극조약 협의 당사국(ATCP) 지위 획득 · 세계 제23번째 |
| 1989. 12. | 제3차 대한민국 남극과학연구단 발단 |
| 1990. 7. 23. | 남극과학연구위원회(SCAR) 정회원 가입 |
| 1990. 9. | 제2차 국제 남극학술회의 · 서울 |
| 1990. 10. | 제4차 대한민국 남극과학연구단 조직 |

# 제2장
# 나의 남극일기

# 1. 한국 남극 관측 탐험기

## (1) 남미의 끝 푼타 아레나스로

1985년 11월 6일 수요일 저녁 5시를 조금 지나 남극관측탐험단 17명을 태운 대한항공의 012편기는 김포공항을 이륙했다.

이륙 전 공항에서의 북적거리고 들뜬 분위기와는 달리 기내에서는 아무도 말이 없다. 남극하면 아문젠의 남극점 도달과 그 경쟁에서 진 스코트 일행의 비극적인 죽음이 생각나고 혹독한 추위와 얼음이 생각난다. 아무리 우리가 가는 곳이 남극반도 끝의 작은 섬이고 남극연구 기지가 있다고 해도 남극은 역시 남극인 것이다. 스코트가 능력이 없어 조난당한 것은 아닐 것이고, 그만큼 남극의 자연환경은 가혹할 것이다.

그래도 한편 마음이 놓이는 점도 있다. 비행기가 다니고 칠레기지가 있다니까 그들이 사는데 우리가 못 살 리가 없는 것이다.

남극관측탐험단 단원들은 미국 로스 엔젤레스에서 필요한 장비를 구입하고 준비한 뒤 마이애미에 기착했다.

11일 오전에는 마이애미공항을 이륙하여 칠레의 산티아고로 향하였다. 산티아고까지는 3천8백마일에 7,036킬로미터의 긴 여정이다. 쿠바와 자메이카, 카리브해를 지나 북반구에서 남반구로 내려가는 긴 여행인 것이다. 이륙 2시간만인 12시 반경 남아메리카대륙이 시야에 들어왔다.

해발 2천5백미터의 콜롬비아의 수도 보고타에 기착했을 때에는 영어권이 아닌 스페인어권의 나라임을 알 수 있었다. 적도를 통과, 남위 2°에 위치한 적도(Equator)를 뜻하는 에콰도르(Ecuador)의 제2의 도시 과야킬에 기착했을 때에는 더운 날씨임을 알 수 있었다. 국제공항치고는 시설이 너무나 불량해 미국과 아주 대조적이었다.

남미해안을 따라 비행해서 드디어 저녁 9시 45분 칠레의 수도 산티아고에 도착해 까레라호텔에서 피곤한 몸을 풀었다. 까레라호텔은 중앙 홀의 벽을 배를 타고 온 서구인과 남미 원주민이 조우하는 벽화로 장식한 세계 100대 호텔의 하나로 등록된 고풍스러운 호텔이다.

칠레는 인구 1천2백만의 고추모양의 긴 나라이다. 안데스산맥의 남쪽과 서쪽을 차지하는 칠레는 세계에서 유수한 지하자원 생산국이다. 칠레는 세계 제1의 구리 생산국이요 수출국이다. 전 수출액의 40퍼센트가 구리이기에 구리의 국제가격이 이 나라의 국가 경제를 좌우하므로 매일 뉴스시간에 구리값이 나올 정도로 국제 구리값에 민감한 나라다. 흔히들 칠레를 군사독재국가라고는 하나 그런 것을 별로 느끼지 못하였고 단지 대통령궁을 무장 경비한다는 것이 이상하게 보였다.

국민들은 전반적으로 가난하며 빈부의 차이가 크다고 생각되었다. 그러나 국민의 의식 수준은 상당히 높다고 생각되며 국민들은 큰 불만없이 행복하게 살아가는 것으로 생각된다.

12일 오전 산티아고를 출발해 해안선을 따라 비행기는 남하했다. 동쪽의 안데스 산맥에서는 간혹 활화산들이 연기를 뿜고 있었고 사화산들이 눈에 많이 띄었다.

마젤란해협에 위치한 남미의 최남단 도시 푼타 아레나스에 도착한 것은 오후 3시 반으로 10℃의 기온에 바닷가 도시답게 바람이 세차다.

마젤란해협은 1519~1522년에 걸쳐 세계를 일주한 마젤란이 발견한 해협으로 남미 본토와 그 남쪽 불의 땅(Tierra del Fuego)이라는 의미의 섬 사이에 있으며 폭은 1~40킬로미터이다.

푼타 아레나스는 대서양과 태평양의 길목으로 번영을 누렸으나 1914년 파나마운하가 개통되면서 영광이 사라진 도시이다. 1842년 칠레인이 불란서인보다 2시간 먼저 도착하여 칠레의 국토로 선언한 땅이다. 1849년부터 인간이 본격적으로 거주하기 시작했으며 칠레, 유고슬라비아, 독일, 스위스 계 사람들이 모여서 살고 있다. 산티아고와 달리 통행금지도 없고 무장강도도 없는 인구 8만의 조용하고 깨끗한 도시이다.

푼타 아레나스는 남미에서 가장 아름다운 공동묘지가 있는 곳으로 유명하다. 대리석으로 된 무덤에서부터 아파트식으로 된 무덤과 지하 납골

당이 있다. 재력에 따라 무덤이나 십자가의 재질이 달라서 빈부의 차이를 느낄 수 있었으나 부유하다고 해서 무덤이 눈에 띄게 크거나 호화롭지 않아서 저항감을 일으키지 않았고 이 나라 국민들의 의식 수준을 알만 했다. 어린아이 무덤은 생전에 갖고 놀던 장난감과 사진, 성모 마리아 석고상과 조화로 장식한 것이 인상적이었다.

묘지 내의 조경에 정성을 기울여 나무들을 잘 가꾸어 모양을 갖추어 놓아 무덤이라기보다는 공원이었다. 그 공동묘지에는 칠레의 뱃사람들이 안전항해를 빈다는 남미 인디언동상이 있었는데 우리도 꽃을 놓고 남극탐험의 안전을 빌었다.

## (2) 킹 조지섬 탐사

11월 16일 토요일 오전, 사람이 날릴 정도로 심한 바람이 부는 푼타아레나스공항에서 남극관측탐험대원들은 다시 한번 성공과 안전을 다짐했다. 태극기, 해양소년단기, 문화방송기와 후원사기 등을 흔들고 기세를 올렸으나 자칫 잘못하면 지금 얼굴을 보는 것이 마지막이 될지도 모른다는 생각이 들었다.

아침 11시 35분 윤석순 단장과 홍석하 씨가 대장인 킹 조지섬 조사팀을 태운 칠레 공군의 C-130 수송기가 이륙했다. 1950년대부터 생산하기 시작해서 지금까지 생산한다는 성능이 가장 우수하다는 공군기이다. 생전 처음 앉아보는 그물의자와 수송기 내부 시설과 비행음 모두가 낯선 것이었다. 모두가 말이 없다.

아무리 킹 조지섬이 남극으로서는 자연환경이 덜 가혹하다고는 하나 그래도 남극은 남극이기 때문이다. 남극까지 가고 거기에서 생활하고 돌아오는데 예상 못 하던 어떤 일이 일어날지 아무도 모른다.

우리가 잘 아는 영국의 스코트는 극점에 도달 후 돌아오다가 5명 전원이 조난당했다. 우리는 그렇게 가혹한 남극점으로 가는 것은 아니다. 7개 기지에 일년 내내 사람이 살고 있는 곳으로 가는 것이다. 그래도 마음 한 곳의 불안감은 씻을 수 없었다. 비행소음도 있었지만 그보다는 모두가 착잡한 상념 때문인지 아무도 입을 열지 않았다. 불안과 긴장을 침묵으로 숨기려는 것인가?

킹 조지섬은 남 쉐틀란드군도에서 가장 큰 섬이다. 남 쉐틀란드군도는 남극반도에서 1백여 킬로미터 떨어져 있으며 남극반도에 평행하게 북동에서 남서방향으로 발달된 20여 개의 섬으로 된 군도이며 길이는 550킬로미터 정도이다.

킹 조지섬은 남위 61° 50′~62° 15′, 서경 57° 30′~59° 00′사이에 북동에서 남서방향으로 발달했으며 남쪽에는 맥스웰만, 포터만, 애드미럴티만과 해빈 등이 발달되어 선박의 정박이나 접안이 용이하나 북쪽 해안은 무수한 암초와 높이 수십 미터의 빙벽이나 절벽이 사람의 접근을 불가능하게 하고 있다.

킹 조지섬은 1819년 10월 영국인 윌리암 스미스가 발견해 섬의 북동쪽 해안에 상륙했다. 당시 영국은 조지 3세가 재위하고 있었으므로 킹 조지섬이라 명명했다.

킹 조지섬은 비록 섬이기는 하나 남극으로서는 다른 대륙에 제일 가까워서 푼타 아레나스에서 660해리, 1,233킬로미터가 된다. 남미대륙과는 세계에서 가장 험한 바다의 하나인 드레이크해협이 가로놓여 있으며, 남극반도와는 브랜스필드해협이 가로놓여 있다.

킹 조지섬의 남쪽 해안에는 좋은 피신처들이 있고 남극반도에서보다 얼음의 장애가 적고 남미 대륙과 남극반도의 중간에 위치하여 섬이 발견된 이래 물개와 고래잡이의 근거지가 되어 왔다.

1819년 섬이 발견된 이래 1823년까지 킹 조지섬을 비롯해서 남 쉐틀란드군도에서는 남극 물개가죽 32만장과 코끼리해표기름 960톤을 수확해서 이 부근의 물개는 실질적으로 전멸되었다고 해도 과언이 아니다.

1904년에는 킹 조지섬에서 남서쪽으로 120킬로미터 정도 떨어진 디셉션섬에 고래잡이 기지가 건설되면서 이 부근의 고래들은 수난을 당했다. 킹 조지섬도 고래잡이 근거지가 되어 지금도 해안에는 고래뼈들이 흩어져 있다.

현재는 남극조약에 의거하여 영유권이 동결된 상태이나 킹 조지섬은 영국과 칠레, 아르헨티나 등 세 나라의 영유권이 중복되어 나라에 따라 부르는 이름이 다름은 잘 알려져 있다. 1819~1821년에 걸친 제정러시아 남극탐험대는 워털루섬(Waterloo Island)이라 불렀으나 소련 외에는 거의 쓰지 않는다.

킹 조지섬은 1947~1948년에 영국사람들이 처음으로 지형을 조사해서 개략적인 지도가 만들어졌다. 1957~1958년 국제 지구물리관측년도에 영국인들은 기지를 짓고 과학적 연구를 수행했다. 아르헨티나는 1950년대에 포터반도에 은신처를 지었으며, 1968년에 소련이 벨링스하우젠기지를 지었으며, 1969년에는 칠레가 기상관측기지인 프레이기지를 준공했다. 이어서 폴란드, 브라질, 우루과이, 중국 등이 기지를 건설, 한국 남극관측탐험대가 킹 조지섬을 조사할 때에는 7개국의 상주기지가 있었다.

물론 지금은 우리나라의 세종기지가 준공되어 상주기지 8개와 페루의 하계기지 마추 픽추가 있다.

드디어 C-130기는 2시 반에 마쉬공군기지에 착륙했다.

11월의 남극은 늦은 봄에서 이른 여름으로 접어든 때이며 주변의 눈과 얼음은 녹기 시작했으나 그래도 많이 남아있다. 나무와 풀이 전혀 안 보이고 회색에서 연두색의 이끼만이 보이는 것이 문명세계의 산야와 뚜렷하게 다르다.

공기가 무척 깨끗하다는 것을 느낄 수 있었다. 신선하고 차면서도 습기가 있으며 맑은 공기이다.

칠레는 기상센터인 프레이기지를 1980년에 대폭 확장하여 마쉬공군기지로 만들었다. 다져진 흙으로 길이 1.3킬로미터 정도의 활주로를 건설해서 C-130이나 보잉 707의 이륙과 착륙이 가능하다. 칠레기지에는 공군장교 가족과 국민학교 교사, 기상대 요원, 행원 가족 등이 단독주택 10여 채에서 생활하고 있다.

국민학교, 우체국, 은행, 매점, 병원 등이 있으며, 공항에는 관광객을 위한 호텔도 있다. 아버지가 의사인 1살, 5살, 7살짜리 사내아이들도 있고 10살, 7살짜리 오누이도 있다. 이들은 비행기 오는 날이 잔칫날이다. 낯선 이국인들을 조금도 꺼리지 않는다. 칠레기지에는 여름에는 1백여 명의 주민이 있지만 겨울에는 70여 명으로 줄어든다.

칠레기지 대장은 키가 크고 안경을 쓴 곤잘레스 중령으로 남극에서는 기상이 중요하므로 '언제 간다, 언제 온다'라는 말은 하지 말란다. 그는 우리 킹 조지탐사팀이 야영을 한다는 것이 염려스러운지 바닷가에서 고생하지 말고 공군기지의 건물을 이용하기를 권했다. 그러나 우리 킹 조지탐사팀은 방에 2~4명이 묵는 호텔에서 3박한 뒤 야영을 시작했다.

야영위치는 칠레기지와 중국의 장성기지 사이의 해안으로 아들리섬이 건너다 보이는 곳이었다. 텐트를 몇 개 쳐서 가장 큰 텐트를 식당으로, 다음으로 큰 텐트를 창고로 사용했으며 2인용 텐트는 숙소이다. 야영을 할 때만 해도 눈이 안 녹아 눈 위에 텐트를 쳤으나 단열 매트리스와 극한지용 슬리핑백 덕분에 추운 줄 몰랐다.

식생활은 일체가 건조식품이거나 깡통제품이었다. 주식은 쌀을 쪄서 건조시킨 알파미라는 비상용 쌀이었으며 따뜻한 물을 부으면 부드럽고 구수해졌다. 부식은 건조야채와 건조두부 등으로 된 국이었다. 대원 가운데에는 식생활이 구미에 맞지 않아서 시간이 감에 따라 식욕을 잃는 대원이 생겼다. 그러나 전원이 건강할 수 있었던 것은 주어진 임무에 대한 충실한 사명감과 극지라는 긴장 때문인 것으로 생각된다.

킹 조지섬에는 3종류의 펭귄이 서식하는데 부리가 주황색이고 눈 위에 흰 삼각형이 특징적인 젠투펭귄(일명 파푸아펭귄)과 온몸이 흑백색뿐이며 눈이 하얀 단추 같은 아델리펭귄 그리고 목에 검은 테가 특징적인 췬스트랩펭귄이다. 펭귄도 새이기에 종류가 다른 펭귄끼리는 서로 섞이지 않는다.

우리가 펭귄군서지를 방문했을 때에 마침 알을 품고 있었다. 펭귄은 암수를 구별할 수 없는 새이다. 그래서 그런지 암수가 서로 잘 협력해서 집도 짓고 알도 품어 새끼를 부화해서 잘 기른다. 실제 동물학자들의 관찰에 의하면 암수를 구별할 수 없는 새들이 부부 사이에 협조를 잘 한단다. 반면, 암수의 외형이 뚜렷이 다른 새, 예를 들면 닭이나 꿩은 어느 한쪽만이 혼자서 둥우리를 짓고 알을 품어 새끼를 키운다.

동물세계의 이러한 자연현상은 인간에게 시사하는 바가 크다고 생각된다. 이런 점에서 펭귄은 암수간의 애정이나 협조하는 생활이 대단히 모범적이다.

펭귄의 군서지에는 펭귄의 알이나 새끼 또는 병약하거나 방황하는 펭귄을 먹고 사는 남극의 매인 도적갈매기 스쿠아가 호시탐탐 펭귄무리들을 감시하고 있다.

킹 조지섬에 분포하는 해표류 가운데에서 웨들해표와 코끼리해표를 만났다. 웨들해표는 옆으로 굴러서 인간의 접근을 피하는 것이 특징이며, 천진한 모습이었다. 반면 코끼리해표는 누런 색깔이거나 회색이었는데 무게가 2~3톤은 되는 것 같았다. 코끼리해표는 4살때부터 코에 주름이 만들어져 공명상자 역할을 한다. 코끼리해표 사이에서는 목소리가 커야 하는가? 남극물개는 지금이 킹 조지섬에 나타나는 철이 아니라서 만나지 못함이 유감이었다.

29일 칠레의 경비행기 트윈 오터기를 타고 남극반도에 있는 칠레의 육군 남극 오히긴스기지에 갔다가 돌아 온 MBC의 김재철 기자의 표정이 창백하고 얼이 빠진 듯 심상치 않다. 그가 나중에 하는 이야기를 들어보니 구사일생으로 살아 돌아왔다고 한다.

MBC팀 2명은 비행기에서 내려 비행장 옆 빙원 위에서 녹화를 했다. 그때 뒷언덕인 빙원이 멋이 있어서 김기자가 그 빙원을 배경으로 녹화하려고 언덕쪽으로 가까이 갔더니 아주 가까이 보이던 빙원이 보기보다는 훨씬 멀어서 계속 언덕쪽으로 가다가 그만 눈에 살짝 덮인 히든 크레바스 (hidden crevasse)에 빠진 것이다. 다행히 빠지면서 본능적으로 뻗은 두 팔이 양쪽에 걸려서 간신히 살아나온 것이다. 카메라 기자인 김동완 기자는 멋있는 그림을 잡으려고 카메라를 들여다보며 조정하는 순간 김기자가 갑자기 시야에서 사라져 웬일인가 하면서 가까이 왔을 때에는 이미 김재철 기자는 혼자서 빠져 나왔지만 자기정신이 아니었다. 창백해지고 진땀을 흘리며 공포로 인한 쇼크 직전까지 갔으리라. 크레바스에 빠지는 그 순간의 죽음에 대한 공포는 안 당해 본 사람은 모른다. 그 지역은 크레바스지역으로 칠레 공군들은 아예 접근을 안하는 지역인데 멋모르고 갔던 것이다.

크레바스에 빠질 때의 충격은 몇 시간 후에도 남아 있어 창백하게 사색이 된 채 텐트로 돌아온 것이다. 특별히 위로해 줄 말이 생각 안나서 "천만다행이었다. 하느님이 살려주셨다."는 말만을 몇 번 반복했다.

빙원에서 가장 무서운 것의 하나가 크레바스이다. 크레바스는 흘러내리는 얼음이 지형이나 장력과 중력에 의해 얼음이 뒤틀리거나 늘어나거나 변형되면서 깨어져 갈라진 틈으로 폭이 좁으면 몇 십센티미터부터 넓으면 수십 미터에, 깊이는 수십 미터 또는 그 이상도 된다.

크레바스 양쪽 벽 위에 눈이 쌓이게 되면 틈이 보이지 않고 이는 남극탐험에서 가장 무서운 존재의 하나인 히든 크레바스가 되는 것이다. 가까이 보이던 빙원이 보기보다 멀었다는 사실은 남극의 얼음 위에서 흔히 경험하는 백시현상으로 생각된다.

김재철 기자가 무사히 돌아와서 우리 킹 조지팀은 액땜을 했다고 믿고 있다. 그런 일이야 없어야겠지만 혹시나 안전사고라도 일어나면 모든 것이 허사인 것이다. 그래서 당시 남극탐험 출발인사를 하러 간 윤석순 총재에게 전두환 대통령이 "산에 못 올라가도 좋으니 모두들 무사히 돌아오라."고 당부했단다. 이 말을 들었을 때 사진을 통해서 볼 땐 단호하고 강철같은 의지의 소유자이고 냉정하고 단단해 보이는 전두환 씨의 사진에 나타나지 않는 한 인간적 면모를 엿보는 기분이 들었다.

필자는 전공이 지질학인지라 한국 남극관측탐험대가 야영한 필데스반도의 지질과 지형을 조사하고 화석을 채집했으며 해변의 모래와 지표의 현상을 관찰했다. 흔히 관찰되는 구조토는 다각형이나 장소에 따라서는 입자가 큰 것과 아주 작은 것이 교대로 평행하게 반복되는 평행한 구조토로 관찰되었다. 폭도 수 센티미터에서 수 미터에 이르기도 했다.

펭귄이 죽은 뒤에 부패되어 뼈만 남는 과정도 흥미로웠다. 두 날개에 해당하는 부분은 부패에 대단히 강해서 다른 부분은 하얗게 뼈만 남아도 그 부분은 골격이 잘 드러나지 않는 특징이 있었다. 뼈와 근육 및 껍질이 잘 결합되어 껍질이 잘 안 벗겨지는가?

펭귄종류에 따르는 골격의 차이는 부리의 색깔 외에는 큰 차이가 없어 보이는데 미세한 차이라도 밝혀내면 골격으로도 종류를 알 수 있어서 큰 가치가 있다고 생각된다.

날씨가 좋은 날은 외국기지를 방문한다거나 생물이나 지형을 관찰하고 기록했다. 그러나 바람이 불고 눈이 날리는 날은 텐트 속에 갇혀서 아무것도 못한다. 이때에는 어김없이 식당용 텐트에서 서울이야기로 꽃을 피운다.

주제는 당연히 세상 살아가는 이야기인데 MBC기자들이 역시 다채로운 화제를 제공했으며 좌중을 압도했다. 경찰서 보호실의 새벽풍경, 여의도아파트 일조권 시비 문제, 해외취재시의 일화들, 광주사태, 직장 내의 분위기, 군대시절 이야기, 국회출입시 이야기 등 끝이 없다. 듣고만 있어도 재미가 있다. 이때 언론인들의 본봉은 면세이고 상여금에 대해서만 과세한다는 제5공화국에서 만들어진 소위 언론인 처우개선 제도에 관해서 듣게 되었다. 언론인들에게 특혜를 줌으로써 입을 막아 보려는 의도같은데 얼마나 성공했는지 궁금하다. 자칭 언론고시 합격한 사람들이 여기에 넘어갔을까?

윤석순 단장과 며칠간 야영하는 동안 한국 남극관측탐험이 실현되기까지의 일화를 들을 기회가 있었다. 한국 해양소년단 연맹은 주식회사 문화방송과 공동으로 한국 남극관측탐험을 추진키로 한 뒤 윤석순 총재는 국영기업체나 사기업체의 후원을 얻으려 동분서주했다. 이 결과 포항제철 주식회사와 한일합섬 계열의 프로스펙스의 후원을 얻기에 이르렀다.

이때 나이많은 경영인들에게 남극탐험 계획을 설명하고 후원을 요청할 경우에는 이해를 못 했으나 젊은 경영인은 적극적으로 도와주어서 큰 힘을 얻었다고 술회했다. 이런 점에서 젊은 사람들이 시대의 흐름을 정확하게 빨리 파악하고 대비할 줄 안다며 후원인들에게 감사했다. 윤석순씨의 추진력과 설득력에 설복되었으리라. 공항에서는 불안해 하는 가족들에게 "여러분! 염려하지 마십시오. 저도 남극에 갑니다." 하면서 즉석연설로 가족들을 안심시켰다는 것도 알았다. 필요한 일이다. 우리야 어려움이 없다고 하지만 무사히 돌아갈 때까지 서울에 남은 가족들은 불안할 것이다.

날씨가 좋은 날을 이용하여 야영장 뒷편 암반에 '조용한 아침의 나라 대한의 남아들이 인류공영과 세계평화를 위하여 여기 남극에 첫발을 디디다.'라고 한글과 영어로 양각한 동판을 박아놓았다. 우리나라 사람이 왔다 갔다는 물적 증거인 것이다. 훗날 누가 보더라도 한국인의 것이다. 40이 훨씬 넘은 나이에 동판을 암반에 부착시키려고 열심히 망치질을 하는 윤석순 총재의 뒷모습에서 유능한 리더의 어려움을 느낄 수 있었다.

소련은 남극에 상주기지 7개소와 하계기지 7개소가 있으며 쇄빙선과 내빙선으로 된 남극선단이 물자를 운반하고 있다. 미국이 1965년 킹 조지섬에서 남서쪽으로 4백킬로미터 떨어진 앤버스섬에 파머기지를 짓자 소련은 1968년 킹 조지섬에 현재의 기지를 지었다.

고층대기물리학자인 40대 후반의 아나톨리 알렉산드로프가 대장이며 50대 후반에서 60대 초반인 미하일 키젤레프가 부대장이었다. 이들은 스페인과 페루가 남극기지를 짓는다는 풍문이 있다며 우리가 기지 건설을 꺼내지도 않았는데, 킹 조지섬에는 평지도 없고 좋은 급수원도 없다며 기지 건설을 강력히 반대했다.

소련이 남극에 많은 기지를 갖고 있는 이유는 남극의 기후가 세계의 기후와 농업과 어업에 막대한 영향을 미치기에 이를 연구해서 인류 발전에 기여하기 위함이라는 지극히 교과서적인 대답을 했다. 누구한테서 나온 이야기인지는 불분명하나 소련기지의 부대장은 소련 비밀정보기관 KGB출신이라는 이야기가 있었으며, 실제로도 노련한 정보통이라는 생각이 들었다.

MBC리포터가 소련 대장과 인터뷰할 때에도 이들은 반드시 소련말로 의논한 다음 대장이 영어로 대답하는 형식을 취했다. 소련 말을 못 알아듣는 것이 백 번 후회스러웠다.

소련기지에는 담배와 성냥, 과자 등 소비재는 초라했으나 식생활은 풍족하게 보였다. 소련기지에는 사우나가 있어서 매주 토요일에 이용하는데 그들의 호의로 우리 한국사람들도 이용할 기회가 있었다. 불에 달군 돌로써 실내온도를 높이는 방식을 썼으며 자작나무로 몸을 두드려 혈액순환을 촉진시키는 북구식 사우나이다. 사우나가 끝난 뒤 마실 것으로 내어놓은 중앙아시아 키르키츠산 과일음료수는 우리나라의 수정과와 비슷해서 오렌지쥬스보다 훨씬 나았다.

소련기지에는 기상학자와 생물학자인 동독 과학자 2명이 상주하고 있었다. 생물학자는 50대 중노인으로 다이버이자 저서생물 전문가인 마르틴 라우셔르트 박사였다. 그의 호의로 필데스반도의 상세한 지형도를 구할 수 있었으며 화석 산출 지역도 돌아볼 수 있었다. 생물학자라 화석을 몰라서 그가 채집한 화석은 규화목이라고 가르쳐 주었다. 겉으로 보기에

남극땅에 동판을 박고있는 윤석순 총재

이상해서 가져오기는 했는데 무엇인지 몰랐던 것이다. 그와 함께 규화목 산지를 찾아갔으나 눈에 덮여 채집을 못했음이 유감이다.

소련기지에서는 한 달에 한 번 본국의 가족과 통화를 할 수 있다는데, 동베를린에 살고 있는 그의 가족과의 통화에서 이사갔다는 사실을 알았는데 전화의 음감이 나빠서 다른 사실은 모르겠다고 다음달 통화시기를 기다린다는 이야기도 들려주었다. 부인, 딸, 손녀 등 3대에 걸친 여자사진만 3장을 연구실 벽에 걸어놓은 것이 기억난다.

자신의 다이빙사진을 보여주면서 소련기지 앞바다인 맥스웰만 물 속에서도 새끼해표나 펭귄을 먹고 사는 표범해표를 만난 적이 있다며 무서운 표정을 지어 보였다.

중국기지 장성은 6백명이 2달 만에 완성했으며 1985년 2월 20일에 개소되었다. 이름에 걸맞게 만리장성의 대형자수와 중국의 실력가 등소평의 '인류의 평화를 위하여 남극에 진출한 것을 기념한다.'는 의미가 담긴 아주 잘 쓴 붓글씨를 음각한 동판이 벽에 걸려 있다.

8명의 제1차 월동대가 1985년의 겨울을 보내고 우리가 방문한 다음날 교대팀을 포함 30명이 오게 되어 있어서 대원들의 사기는 대단히 높았다. 청도맥주, 고량주, 양주, 녹차, 커피, 중공산 과자와 초콜릿 등과 돼지고기, 닭고기 요리 등 푸짐하게 차려서 내놓았다. 기지 시설이나 대원들의 피복은 몰라도 먹는 것 하나만은 잘 먹는다는 생각이 들었다.

대장인 안기덕은 기온이 영하 15℃ 이하로 내려가면 우리의 텐트가 추울 터이니 자기네 기지로 대피하라는 친절을 베풀었다. 비록 언어는 양 국어 아닌 제3국어로 의사를 소통했으나 같은 동양인중에서 더욱 가까운 동양인으로 환대를 받았다.

제2차 월동대는 의사와 조리사가 포함되어 10명으로 늘었으며 대장은 50대 후반의 통신관리인 이진배 씨였다. 하계대원 가운데 지질학자인 류소한 박사가 있어서 킹 조지섬의 지질에 관한 중요한 연구자료를 얻을 수 있음이 필자 개인으로 큰 도움이 되었다.

킹 조지팀이 한 3주일 생활하면서 조사한 바로는 우리나라가 킹 조지섬에 기지를 세운다면 현재 킹 조지팀이 야영한 곳이 상당히 좋다는 생각이 들었다. 수원도 있고 교통도 좋고 무엇보다도 네 나라의 기지가 이웃해 있어서 겨울에 인간적 교류도 가능하기 때문이다. 급한 환자가 생겨도 칠레와 소련기지에는 의사와 의료 시설이 있어 큰 어려움이 없을 것 같았다. 그러나 현재 네 나라도 많은데 또 다른 나라가 기지를 세우는 것을 어떻게 생각할지가 문제이다. 남극이 남극조약에 의해 누구의 땅도 아니기에 허락을 받을 필요는 없으나 다른 나라 기지에 방해가 되어서는 안 될 것이다. 그런 점에서 야영지는 좋지 않다는 생각이 든다. 야영지에서 2~3백미터 떨어진 곳에 관측시설로 보이는 안테나가 서 있기 때문이다.

## (3) 남극 최고봉에 오르다

빈슨 매시프 등정팀은 전문등산인 5명과 MBC보도진 등 7명으로 되어 있었다. 이들은 캐나다 조종사가 조종하는 경비행기로 11월 16일 푼타 아레나스를 이륙하였다. 마쉬기지에서 급유하고 나서 8백킬로미터 정도 남서쪽으로 비행하여 영국의 로데라기지에 기착하여 급유했다. 여기를 이륙해서 1천3백킬로미터 정도를 비행해서 남위 78.6°, 서경 84.4° 부근의 엘스워스산맥 센티넬연봉의 빈슨 매시프 부근에 발달한 높이 2천7백미터 빙원에 착륙했다. 이후 이들 빈슨 매시프 등정팀들의 고생과 노력은 오직 그들만이 알 뿐이며 대한민국 등산사상 최초로 남극의 최고봉에 도전한다는 사명감과 피나는 노력이 전부였다.

태양은 지지 않고 항상 머리 위에 있어서 시간관념이 없어졌다. 잠을 거의 자지 못했고 식사시간이 불규칙했다. 밖의 기온은 영하40℃ 정도에 텐트 속은 영하15℃에서 영하20℃였으나 노출된 피부는 검게 타거나 화상을 입었으며 설맹 때문에 고생을 해야했다.

턱에 8밀리미터 정도의 얼어붙은 얼음을 떼어내면 수염까지 빠지기도 했다. 스키로 썰매를 만들어 짐을 운반하거나 이도 여의치 않는 지역에서는 강인한 체력으로 버텼다. 드디어 4천미터 가까이에 제3캠프를 치고 정상공격 준비를 시작하였다. 눈벽돌로 이글루를 짓고 정상공격을 위한 최종 준비에 들어간 것은 25일이었다.

최종 정상공격팀인 허욱, 허정식, 이찬영 등 3명은 며칠 분의 식량을 휴대하고 날씨가 좋기만을 기다렸다. 드디어 11월 28일 오후 날씨가 좋아졌다. 3명은 이 때를 놓치지 않고 정상공격에 나서 정상에 거의 다 갔을 때 날씨가 나빠지기 시작하였다. 남극의 폭풍설인 블리자드가 불어와서 수 미터의 전진도 어려웠다. 그 때 그들은 "우리가 이 기회를 놓치면 우리 생애에 다시는 여기에 못 온다."고 이를 악물고 로프로 3명의 몸을 연결해서 정상을 공격했다. 거의 탈진한 상태에서 한참 올라가다 보니까 정상이고 아래는 깎아지른 절벽이었다. 드디어, 정상 공격 8시간 만에 5,140미터에 이른 것이었다.

이렇게 해서 우리나라는 남극의 최고봉을 세계에서 여섯번째로 정복하

남극 최고봉 빈슨 매시프를 오르다.

게 되었다. 1985년 11월 29일 0시 30분이었다. 실로 가슴 뿌듯하고 등산인으로서 보람있는 순간이었으리라. 가져간 작은 자동사진기의 배터리가 얼어서 품속에 넣어 녹인 다음 사진을 찍었다. 며칠 전에 먼저 올라온 캐나다 등산인들이 묻어놓고 간 유엔기를 기념으로 간직하고, 태극기와 남극관측탐험대기와 올림픽 기념물 들을 묻고 하산을 서둘렀다.

남극이 처음이었고 책에서 읽던 남극은 가혹하기 짝이 없어서 경우에 따라서는 생명도 잃을 수 있는 곳이라 준비도 대단했다. 가족들에게 유언아닌 유언을 남긴 사람도 있고 부적을 휴대하고 온 사람도 있었다.

## (4) 귀환

12월 7일 토요일 드디어 킹 조지섬을 떠났다. 전날 저녁은 짐을 꾸리고 늦게까지 잠을 못이루었으나 긴장탓인지 새벽에 눈이 떠졌다.

킹 조지섬이 영하 40~50℃ 혹한의 남극은 아니더라도 문명세계와는 다른 남극인 것이다. 대부분의 사람들은 지금까지 그림이나 사진과 텔레비전을 통해서 보던 것과 일생을 통해서 볼 수 없는 것들을 직접 보았고, 2, 3일이 아닌 3주 이상이나 생활을 했다. 야영생활도 처음 해봤다. 좋은 경험이고 추억이다.

무엇보다도 신선한 공기가 좋았고 풍경은 단조롭게 보였으나 변화가 있고 생명력이 있는 곳이다. 뿐만 아니라 남극은 신기하며 호기심이 생기고 매력이 있는 곳이다. 칠레대장 곤잘레스 공군중령이 재미있는 말을 했다. 자기가 남극기지에 근무하면서 남극을 단기간 방문하는 사람들을 많이 보아 왔는데 대부분이 남극의 단조로운 풍경과 무료한 생활 때문에 “다시는 남극에 안 오겠다.” 말하면서 떠났지만 그 사람들이 대부분 다시 온단다. 그만큼 남극은 매력이 있는 곳이라는 뜻일 게다.

12시 15분 맑은 날씨에 우리를 실은 세스나기는 마쉬기지를 이륙했다. 뒷좌석을 뜯어내고 연료탱크를 부착한 비행기이다. 비행소음이 그대로 전달되고 고도를 상승할 때 귀가 유난히 막힌다. 필데스반도가 검게 보이더니 곧 드레이크해협의 상공이다. 검푸른 바다에 어쩌다 푸른 빛이 감도는 남극의 전형적인 탁상형 빙산이 보인다. 여기에서 떨어지면 끝이다. 생존과 비상연락, 구조활동이 모두가 허사가 된다.

드디어 4시 45분 푼타 아레나스에 도착했다. 우리는 손바닥이 깨어져라 박수를 쳤고 승무원인 조종사와 부조종사는 손으로 V자 신호로 기뻠을 같이 나눈다.

먼저 도착한 빈슨 매시프 등정팀들의 검게 탄 얼굴들이 우리들과는 달리 보였다.

뒤에 남았던 대원들은 9일 푼타 아레나스에 도착하여 전단원이 문명세계로 무사히 귀환했다.

서울대학교 사범대학 부속여중 교사이던 오기세 대원은 현직이 교사라 학생들을 위하여 펭귄과 해표골격 표본을 수집했으나 환경보호와 운반문제로 못 가져오게 된 것이 같은 계통에 관심을 가졌다는 점에서 대단히 섭섭했다. 대원들은 많이 보아서 평범할 것이나 학생들은 골격이나마 호기심을 가지고 볼 것이고 신기하게 생각하며 의문을 가질 좋은 교육용 자료이었을텐데, 아쉬운 마음 금할 길이 없다.

한국 남극관측탐험대가 12월 16일 귀국한 직후 19일 또는 20일로 기억이 되는데 당시 전두환 대통령이 청와대에서 대원들에게 점심을 내며 고생을 위로한 일이 있었다. 당시 전대통령은 무엇보다도 대원들의 안전에 큰 관심을 가져서 전원이 무사히 돌아와 주었다는 사실에 안도감을 표시했다.

1985년 12월 30일 8명의 승객을 싣고 킹 조지섬으로 들어가던 세스나기가 안개 속에서 킹 조지섬 남서쪽의 넬슨섬에 불시착해 승무원과 승객 10명 전원이 사망한 기사를 보고 우리 남극관측탐험대는 하느님의 도움으로 무사했다는 생각이 들었다. 우리를 옮겨 준 그 비행기의 승무원들이 조난을 당했는지는 모르나 남극은 아직도 가혹하다고 믿어진다. 큰 비행기는 안개가 끼면 돌아갈 수도 있으나 경비행기는 연료가 부족해 돌아갈 수 조차 없다.

# 2. 남극기지 후보지를 찾아서

한국 과학기술원 부설 해양연구소 제1 연구부장 송원오 박사를 단장으로 한 한국 남극기지 후보지 답사단을 태운 대한항공 026편인 보잉 747은 1987년 4월 3일 10시 15분 굉음을 남기며 김포 국제공항을 이륙했다. 우리 일행은 우리나라의 인류 발전에의 의지가 담긴 한국 남극기지가 들어설 곳을 찾아서 남극까지의 긴 여행을 시작한 것이다. 비행기는 알래스카의 앵커리지에 잠시 기착했다. 10여 년 전인 1976년 필자가 프랑스로 갈 때에는 앵커리지공항 면세점 직원이 대부분 백인이었으며 일본인으로 보이는 동양인이 약간 있었으나 지금은 우리 교포도 상당수 눈에 띄었다.

## 예측하기 어려운 기상

뉴욕을 떠나 칠레의 수도 산티아고에 접근할 때에는 서양과 남반구에서 제일높은 7,021미터의 아콩카구아산이 모습을 드러냈다. 드디어 4월 5일 일요일 오전에 산티아고 국제공항에 도착하여 주칠레 한국대사관 직원의 따뜻한 환영을 받았다. 섭씨 11도의 맑은 날씨에 멀리 안데스산맥의 위용이 보이는 비교적 작은 국제공항이다.

칠레는 16세기 스페인의 피사로가 잉카제국을 멸망시킨 이후 스페인 식민지로 있다가 19세기 초 나폴레옹의 득세로 스페인의 세력이 약화되자 독립한 인구 1천2백만명의 나라이다. 동쪽에는 안데스산맥이 천연의 장벽을 이루며 사막에서 극지방까지 다양한 풍물을 보이는 세계 제1의 구리 생산국이다.

산티아고는 인구 4백만명에 역사가 4백년이 넘는 고도로 오래 된 석조건물들과 동상, 많은 공원들이 잘 어우러져 있다. 가로는 비교적 잘 정비되어 있으나, 석조건물들이 때묻은 채 그대로 있으며 새 차로 바꾸지 못해 매연이 심한 중형, 대형 시내버스들이 멋대로 달리고 있는 것이 인상적이었다.

칠레는 군사정권이라고는 하나 사람들은 착하고 여유가 있으며 부패하지 않았다. 아마도 이는 긴 역사와 전통이 있는 스페인의 후예이기 때문인 것으로 생각된다.

주칠레 한국대사관의 주진엽 참사관이 조사단에 합류해 8명이 된 우리 일행은 칠레 공군 남극 기획작전과 칠레 남극연구소, 공군 기상대, 공군 항공사진 제작국, 해군 수로연구소, 육군 지리연구소, 산티아고대학, 칠레 지질광물 연구소 등에서 킹 조지섬에 들어갈 일정을 협의하는 한편 기지건설에 필요한 자료들을 수집했다. 남극의 환경보존을 강조하던 칠레 남극연구소의 다니엘 토레스 박사의 강의가 특히 인상적이었다.

우리는 부활절 휴가 이전에 남극에 들어가고 싶었지만 칠레 공군의 비행 스케줄이 부활절 휴가 이후로 예정되어 있으므로 당초 예정보다 10여일 늦게 민항기가 아닌 칠레 공군소속 보잉 707로 남미대륙의 최남단 푼타 아레나스에 도착한 것은 4월 22일이었다. 마젤란의 동상이 인상적인 이 도시는 남위 52°에 위치해 저녁에는 쌀쌀하고 가랑비가 내렸다.

1985년 11~12월의 킹 조지섬 탐사때 만났었으며, 남극에서 2년여를 생활하고 퇴역한 칠레 공군 곤잘레스 중령의 남극을 오가는 것은 기상조건에 좌우되기 때문에 '언제 간다', '언제 나온다.' 는 확실한 이야기를 할 수 없다는 이야기는 두번째 듣지만 의미심장하게 들렸다. 그러나 우리는 다행히 예정대로 다음 날 아침 10시 36분 푼타 아레나스를 이륙할 수 있었다. 교통수단 중에도 가장 안전하다는 비행기로 그것도 민항기나 경비행기가 아닌 칠레 공군의 C-130 허큘리스 수송기가 우리를 태우고 남극으로 날았다.

비행기에는 우리 일행말고도 칠레 군인, 민간인들이 동승했다. 모두가

송원오 기지 건설단장(왼쪽)과 함께

긴장된 얼굴이다. "너무 긴장하지 말라, 대단치 않으니까" 하면서 처음으로 남극으로 가는 답사반원들의 긴장을 풀어주려 했으나 필자 역시 긴장감을 느끼게 되는 것은 왜일까.

## 외국기지들의 표정

우리를 실은 C-130은 드레이크해협을 지나 드디어 이륙 2시간 17분 만인 12시 54분(한국시간 4월 24일 1시 54분) 남극 킹 조지섬에 있는 칠레 공군의 로돌푸 마쉬기지에 도착했다. 기온은 영하8℃의 남극답지 않게 바람이 잔잔했지만 활주로는 얼어 있었으며 바다에는 얼음덩어리가 떠 있었다.

우리 일행은 칠레 마을 민가에 숙소를 정하고 식사는 군인식당을 이용했다. 일행 모두가 식성이 좋아 왕성한 식욕을 과시했는데 이는 이후 조사활동시에 큰 힘이 되었다. 주 참사관이 갖고 온 고추장과 김치가 더욱 입맛을 돋구었다. 깍두기를 먹어 보고는 매워서 어쩔 줄 모르는 칠레 군인들의 표정이 재미있었다.

4월 25일에는 칠레의 세 추기경 중의 한 분인 프레스노 추기경이 방문해 필자는 악수하고 같이 사진을 찍는 영광을 가졌고 미사에 참석하는 모습이 칠레 텔레비전의 뉴스시간에 보도되기도 했다. 추기경과 동행한 60세가 넘어 보이는 칠레 군사혁명위원회 위원인 공군참모총장과 장군들의 절도있는 동작은 칠레가 군사독재니 무엇이니 해도 칠레의 장교들은 신사요 귀족이요 양반이라는 생각이 든다. 군수장교 캄포스 부부는 세계 최초로 남극해에서 윈드 서핑을 해서 보는 사람을 놀라게 했다.

칠레기지에서는 인공위성 중계로 칠레의 국영 텔레비전을 시청할 수 있었다. 한 직장에 근무하는 상사와 부하 무용수들과의 삼각관계를 그린 〈내 이름은 라라(Mi Nombre es Lara)〉라는 연속극은 우리나라의 애정극과 일맥 상통했으며 그런 점에서 사람의 감정은 동서양을 떠나 비슷하다는 생각이 들었다.

소련은 킹 조지섬에 1968년 2월 벨링스하우젠 연구기지를 건설했다. 그들의 호의로 쇠고기와 닭고기, 쌀, 돼지고기, 빵, 청어, 고등어, 요구르트 및 중앙아시아 키르키츠산 사과쥬스 등으로 된 소련식 점심도 먹고 설상차를 타고 후보지를 답사하기도 했으며 우루과이기지를 방문하기도 했다.

소련기지에서 인상적이었던 것은 수술실과 치과실이 완비된 독립된 병원동과 수 백 개의 필름을 갖춘 휴게실이었다. 극지에서의 생활이 고통스러운 것이기에 대원들의 고통을 덜어주려고 노력하는 것이다. 4월 29일에는 소련의 남극수송선 미하일 소모프호(7,714톤)가 들어왔는데 해안에서 약 3킬로미터 근해에 정박한 이 배는 남극의 바람에 불려 계속 빙빙 돌던 것으로 보아 자연의 위력을 알 만했다.

중국은 1985년 2월 20일 장성기지를 개소했고 작년 여름에는 1만 5천톤급 남극 연구 보급선 극지호가 와서 대규모 증축공사를 했으나 내부는 아직 미완성 상태였다. 통신시설은 일본제품이나 지구물리학 계통의 관측, 기록장비는 대부분 중국제품이어서 중국의 저력을 엿보게 했다.

아르헨티나와 우루과이기지는 규모가 크지 않고 정상적인 관측만 수행하는 것으로 보였다. 우루과이기지에 태극기를 기증했으니 그 기지에는 영원히 우리나라 기가 보관되리라 믿는다. 우루과이기지는 근무자 전원이 군인이며 칠레기지는 공군과 민간인이 섞여 있고 기타 기지의 근무자는 민간인이었다.

칠레는 군인의 경우라 다를 수도 있으나 그 외에 중국과 폴란드와 소련 등 필자가 식사를 했던 기지의 식당은 최상급이었다. 이는 남극같은 가혹한 환경하에서는 에너지손실이 크므로 영양공급을 잘 해야 하고 '잘 먹는다'는 것 자체가 큰 즐거움이 될 수 있음을 단적으로 보여주는 것이라 생각된다.

## 온실까지 만든 폴란드기지

4월 30일 해가 반짝할 때 약 30킬로미터 떨어진 폴란드기지를 방문했다. 폴란드는 1977년 2월 기지를 건설하고 생물학(식물학, 동물학), 생태학, 지질학, 지구물리학, 기상학, 해양화학 등의 분야에서 수준높은 연구를 하고 있었다. 인상적인 것은 남극해란 가혹한 해양조건에서도 해저 시추심을 얻어서 연구하는 것이었으며 수심별로 퇴적물과 생물을 채집해서 이들의 관계를 관찰하는 것이었다.

폴란드기지의 또 다른 특징은 여류과학자가 있다는 점이었다. 남편이 미국에서 생물학을 전공하는 크라코브시 소재 자겔로니안대학교 식물연구소 소속의 이끼전공인 마리아 올렉 박사와 부부 생물학자도 있었다.

개인적으로 반가웠던 것은 필자와 같은 계통의 고생물인 개형류(介形類)를 연구하는 바르샤바시의 자클라드 고생물연구소 소속 자누스즈 블라스지크 박사를 만난 일이었다. 같은 미 고생물학자를 만났다고 20년

연하인 필자의 손을 잡아 끌며 자기 방과 연구시료를 보여줬다. 필자의 작은 논문을 반가워하며 자기의 연구 결과가 인쇄되면 보내주겠다고 약속했다.

폴란드기지의 본관은 연구원들의 심리와 정서를 감안, 화재위험을 무릅쓰고 목재로 장식되어 있어 아늑한 분위기를 자아냈다.

또 하나 기억에 남는 것은 쇠고기와 돼지고기, 감자, 쑥(?), 수프, 과일, 음료수, 커피 등으로 된 폴란드식 점심을 대접받을 때 식사당번을 맡은 50대 중후반의 전기기술자가 깨끗한 와이셔츠에 넥타이를 단정히 매고 음식을 날라주던 모습이다. 목재로 장식된 식당 내부와 같은 재질의 식탁, 의자가 한데 어우러져 고급 호텔 식당에 온 기분이었으나, 무거운 방한복 차림인 우리 일행의 모습이 너무나 어울리지 않았다.

폴란드기지 식당의 식탁 위에는 남극에서 발견된 2종의 고등식물의 하나인 남극잔디가 작은 주발에 담겨 자라고 있었다. 기지 앞 국기게양대 밑에는 한 변의 길이가 5, 6센티미터 정도되는 속 빈 사각기둥 작살이 박힌 고래뼈가 놓여 있어 고래의 무참한 최후를 상상케 했다.

폴란드기지에는 온실이 있어서 토마토와 딸기, 고추, 실파, 상추, 오이, 당근 등이 시험 재배되고 있으며 베고니아 등 3종의 꽃도 재배되고 있었다. 아무리 온실 속이라지만 남극에서 이런 식물이 자라고 꽃이 핀다는 게 신기하기만 했다.

칠레 헬리콥터 조종사가 넘겨준 우편행낭을 받자 외국 방문객이 있다는 사실도 잊고 편지를 나누며 반가워하는 모습에 멀지않아 우리도 저렇게 되려니 생각하니 남의 일 같지 않았다. 2시간 조금 지나서 폴란드 기지를 이륙할 때 모두가 나와서 손을 흔들며 잘가고 또 오라는 손짓을 하는 모습은 사람이 그립기 때문일 거라고 생각하니 가슴이 뭉클했다.

## 현지답사로 가능지역 선정

후보지에 대한 조사는 지도상에서 가능한 지역을 선정하고 그 섬의 상태를 잘 아는 여러 사람의 조언을 받아서 현지 답사와 항공관찰을 병행했다. 추천받은 곳에 결정적인 하자가 있는 경우도 있었다. 조사시 유의한 점은 평탄한 대지의 크기, 양호한 급수원이 있는지, 해안이 자갈 또는 암초로 되어 있는지, 해중에 암초는 없는지, 육상수송로 건설에 어려움은 없는지 등에 초점을 맞추었다.

이렇게 해서 선정된 곳 중의 하나가 바튼반도의 서쪽 끝 해안이다. 이 지역은 킹 조지섬 내에서 칠레 등 네 나라의 기지가 위치한 필데스 반도 다음으로 기반암이 넓게 노출된다. 이 지역은 칠레기지의 해안에서 동남동으로 10킬로미터 떨어져 있으며 이 지역의 동동남쪽으로 직선거리 6킬로미터에는 아르헨티나의 쥬바니기지가 있다.

이 지역은 해안단구로 비교적 평탄하며 80×40미터 정도의 자연호수가 발달해 있다. 평지의 규모는 대략 200×300미터 정도이며 비교적 평탄하나 동쪽으로 가면서는 지형이 높아진다. 해변은 굵은 자갈로 되었으며, 칠레 해군의 해도에 의하면 이 지역의 끝에서 북북서로 800미터 해저에 암초가 있다.

이 지역은 비교적 높은 곳에 큰 호수가 없다는 점에서 물의 문제가 있으리라 예상된다. 낮은 해안단구에 발달한 늪은 기수로 생각되며, 높은 곳의 호수는 담수로 생각되나 수량이 많지 않으며 수질도 조사할 필요가 있다고 생각된다.

지역이 전체적으로 낮고 평탄한 삼각형이며 바다에 면하여 있으며 동쪽이 비교적 높은 관계로 바람막이가 없어서 바람은 강할 것으로 예상된다.

이 지역에는 높이 2.5미터 정도의 아르헨티나 국기가 그려진 방위표지가 설치되어 있어서 선점의 의미가 있을 수도 있으나 이 표지는 항해용일 수도 있다는 점에서 큰 문제가 되지 않을 수도 있다고 생각된다. 칠레 헬리콥터 조종사에 의하면 이 지역에는 여름에 크기 1~2밀리미터 정도의 곤충이 번성하므로, 이의 연구와 대책도 생각할 필요가 있다. 이 지역은 선편이나 칠레의 헬리콥터로 접근이 가능하다.

사람을 사회적 동물이라 일컬을 만큼 사람이 생활하는 데 타인과의 교류는 필요하다. 특히 남극이라는 가혹한 환경 속에서 이러한 교류는 그들이 비록 피부색, 언어, 문화, 이념이 다른 외국인이라 하더라도 한국 남극기지에 근무하는 사람, 특히 겨울을 보내는 사람들에게는 절대 필요하다고 본다. 이외에 물자의 운반과 응급사태의 해결 등을 생각할 때 킹조지섬에서는 필데스반도를 떠나서 기지를 짓는다면 근무는 힘들어지고 기지유지 경비가 더 많이 들 것이다. 이런 점에서는 바튼반도의 후보지가 불리하다. 그러나 비교적 새로운 지역이고 예상되는 어려움들은 극복될 수 있다는 점에서 바람직했다.

4월 23일에는 오전 7시 29분에 해가 떠서 오후 4시 26분에 졌으며 낮시간은 점점 짧아져 5월 7일에는 7시간 35분이 됐다. 15일 있는 동안 태양은 2~3시간 정도 볼 수 있었다. 여름이 끝나고 겨울로 들어가는 지금 기온은 영하10℃ 이하로 떨어져 대단한 추위는 아니었으나 바람이 심해 체감온도는 매우 떨어졌다. 추위도 문제지만 바람이 심한 경우에는 바람을 안고 걷기가 힘들며 더 심해지면 호흡이 곤란해져 돌아서서 걷기도 했다.

남극 외의 지역에서는 국가간 이념과 사상, 체제, 이해 관계에 따라 각 국민 간에 벽이 생길 수도 있다. 그러나 남극에서는 이런 벽을 거의 느낄 수 없었다. 모두가 평화의 땅이며 바람이 심한 백색대륙에서 같이 일하고 살아가는 문자 그대로 '우리는 친구이고 형제 (We are the world, we are the children)'인 것이다.

5월 7일 우리 일행을 태운 C-130 칠레 공군 수송기가 이륙할 때 잘가라고 손을 흔드는 칠레 공군과 민간인들의 표정이 국적과 문화, 언어, 피부색깔에 구애없이 우리는 친구이고 형제라는 것을 보여주고 있었다.

모두들 서울에서 올림픽이 열린다는 것을 잘 알고 있었는데 갖고 간 올림픽 배지가 모자라 모두에게 나눠주지 못한 게 못내 아쉽다.

# 3. 제1차 월동생활

## 푼타 아레나스 출항

**2월 6일**(토)

저녁 9시 45분 해양연구소 박병권 박사를 단장으로 한 제1차 대한민국 남극과학 연구단을 태운 칠레선박 크루즈 데 프로워드호는 푼타 아레나스를 떠났다. 남극으로 간다고 생각하니 약간 섬짓해진다. 이 항해가 세 번째 남극행이기는 하나 배로는 처음이다. 푼타 아레나스에서 킹 조지섬까지의 직선거리는 약 660해리이다. 시속 10노트로 가면 70시간 이상이 소요되나 계획대로 가기는 어려울 것이고 분명히 하루 이틀이 더 걸릴 것이다. 드레이크해협은 세계에서 가장 험한 바다의 하나라는 이야기가 생각난다.

배를 처음으로 타는 사람들의 표정이 굳어 있고 말이 없다. 배가 떠났으니 정말 남극으로 간다는 긴장감과 두려움 때문이리라. 바람도 없는데다가 육지 사이의 마젤란해협을 항해하기에 배는 크게 흔들리지 않는다. 단조로운 기관의 소음이 계속된다.

**2월 7일**(일)

6시 반에 깼다. 흐린 날씨에 배는 아직도 마젤란해협에 있는지 흔들리지 않는다. 그러나, 7시 반경부터 배가 서서히 흔들리기 시작하니 아마도 태평양 쪽으로 나왔나보다. 7시 45분경 조리사가 칠레사람이라 밥을 지을 줄 몰라 제대로 익지 않은 선 밥에 수프로 아침을 먹었다. 얼마 안 있어 배는 다시 흔들리지 않으니 섬 사이의 수로로 들어왔나보다. 흐린 날씨에 비가 오고 다시 흐리고, 간간이 해가 보이고 다시 비가 온다. 바다의 영향을 받으니 날씨가 급변한다. 배는 섬 사이를 계속 조용히 항해한다. 선장에게 물어보니 비글(Beagle)해협을 지나가고 있단다. 150여 년 전 진화론으로 유명한 영국 생물학자 찰스 다윈(1809~1882)이 탔던 배가 비글호이고 거기에서 이름을 딴 해협이다. 주변의 지형은 얼음에 깎인 빙식지형이며 먼 산에는 흰 눈이 남아있다. 바다에는 얼음덩어리가 떠 있는 것을 보니 어디엔가 빙하가 발달되어 있나보다.

선복에 H-41이라고 쓴 붉은 선박을 조우했다. 푼타 아레나스에서 합류한다는 브라질 배인가? 미국 남극연구단이 사용하는 폴라 듀크호가 15해리 뒤에서 따라온단다. 남반구의 여름 동안에 각국은 다투어 남극 연구를 한다. 얼음이 녹아 생물의 활동이 왕성하고 바다에 얼음이 적어 항해하기 쉬운 때를 최대로 이용하는 것이다.

비글해협에 들어서면서는 지질과 암상이 바뀌며 따라서 지형이 바뀐다. 크레바스가 발달한 빙하말단에는 빙퇴석이 발달되어 있다. 간간이 무인등대나 항해표지가 세워져 있다. 주위의 지형에는 높이 3백미터 정도의 수목생장 한계선이 뚜렷하다. 이곳의 빙식지형이나 수목생장 한계선 등의 자연경관은 우리나라에서는 볼 수 없는 경관이다.

**2월 8일**(월)

3시 30분 무슨 꿈인지 기억할 수 없는 꿈에서 깨니 배는 상당히 흔들리고 있다. 억지로 잠을 청했으나 배가 흔들리고 잠자리가 바뀌어서인지 제대로 잘 수 없다.

6시, 아직도 옆으로는 섬이 보이나 파도는 뒷갑판을 덮치고 간혹 컨테이너로 만들어 놓은 선실 창문까지 들이친다. 상당한 파도이다. 무엇인가 꼭 잡고 있어야 한다. 배가 기울어지면 창문 훨씬 위까지 바다가 넘실거린다. 심한 파도에 아침음식이 제대로 준비가 안되어서 소시지 두 개와 오렌지주스로 때웠다.

9시 15분 조사선은 남미의 끝 케이프 혼에 있는 섬 옆에서 피항하고 있다. 여기만 벗어나면 드디어 드레이크해협이다. 그러니 밤사이에 비글해협을 빠져나와 드레이크해협 일보 앞에서 기다리는 셈이다. 칠레 해군대령 출신인 베르너 선장이야기로는 푼타 아레나스에서 12시에 발신되는 일기예보를 수신한 뒤에 항해여부를 결정하겠단다. 파고 4~5미터의 스웰(큰 파도)이 계속된다.

양고기랑 감자와 빵으로 점심을 먹었다. 아침을 제대로 못 먹었다가 더운 점심을 먹으니 많이 먹힌다. 바람은 계속 불고 스웰은 상당히 높다. 날씨가 좋아지는지 저녁 7시에 출항하겠단다. 드디어 7시 17분 닻을 인양하고 25분에 출항해서 드레이크해협에 들어섰다. 파고 3~4미터의 스웰 때문에 배는 간간이 흔들리고 간혹 상갑판에서 물이 폭포처럼 쏟아진다. 오전보다는 덜 흔들려 다행이다.

**2월 9일**(화)

흔들리는 배안에서 새벽 3시에 깨었다가 억지로 잠을 청했다.

시간당 11노트로 가면 내일 오후 1시경에 킹 조지섬에 도착될 예정이다. 물론 섬에 접근하면서는 얼음의 방해가 있을 것이기에 시간은 단순히 함교에서 계산한 것보다 더 걸리리라. 오전이 끝나면서 파도는 점점 커진다. 오후 4시 30분 남위 59° 10.05′, 서경 63° 2.15′ 을 지났으며 저녁 8시경에는 남위 60°를 지날 예정이다.

함교에 올라가 푼타 아레나스를 떠나서 피항할 때까지의 경로를 기록했다. 마젤란해협을 남진해서 마그달레나해협, 콕번해협을 지나 태평양에 나섰을 때 배가 흔들린 것이다. 비글해협의 연장인 북서수로를 지나 칠레와 아르헨티나의 국경을 따라 비글해협을 지나 케이프 혼 근처에서 어제 저녁까지 피항을 한 것이다.

배를 처음 타보는 대원들은 상당히 고생을 한다. 음식도 안 맞고, 잠자리도 불편하고 배까지 흔들리는 것이다.

드디어 밤 11시에는 남위 60°를 지난 60° 2.4′, 서경 62° 15.5′ 지점을 지나갔다. 드디어 남극에 들어온 것이다. 비행기로 갈 때에는 이륙후 2시간 20분 정도이면 곧장 마쉬기지이다. 언제 남위 60°를 지나는지 모른 채 비행기 엔진의 굉음 속에서 남극에 들어온다. 그러나 배는 다르다. 빨리 가봐야 시속 20킬로미터정도이니 남극에 들어가는 것을 지켜볼 수 있는 것이다.

현재는 남극이 탐험의 시대를 지나 연구의 시대에 들어왔다지만 인간의 남극에의 접근은 쉽지가 않다.

배는 계속 흔들린다. 배가 기울어지는 정도는 대개 10°내외이나 심하면 17°까지 기운다.

별이 총총하며 반달이 동쪽하늘에 떠 있다.

## 건설중인 세종기지에 도착

**2월 10일**(수)

새벽 6시에 눈을 떴다. 눈뜨는 시간이 점점 늦어진다. 이제는 컨테이너 침실에 익숙해서인가? 아니면 몸이 피곤해서인가?

해상은 어제와 비슷하며 배는 여전히 스웰을 따라 크게 흔들린다. 아침 8시에 남위 61° 41.2′, 서경 60° 52.7′을 지났다. 9시경에는 킹 조지섬이 보일 것이란다. 자리에서 일어난 대원들이 밖으로 나와 남극바다를 구경하고 있다.

11시 25분에는 남위 62°를 지났으며 드디어 빙산 10여 개가 눈에 들어오기 시작한다. 멀리에서 보면 은백색이나 가까이에서 보면 푸른색을 띤다. 큰 것은 높이 30~40미터에 폭은 1킬로미터정도이다. 1/8정도가 물 밖에 나온다니 상당히 큰 것이다. 형태도 여러 가지이다. 남극 특유의 탁상형 빙산에, 산 같은 모양에 배 모양도 있다.

남극은 북극과 달라서 대륙이다. 내리는 눈은 얼고 다져져서 흘러내린다. 두께 200미터 이상의 얼음으로 일년내내 덮인 얕은 바다를 얼음으로 된 대륙붕이라는 뜻으로 빙붕이라 부른다. 빙붕의 밑단에서는 빙붕이 깨어져 빙산으로 흘러가는데 위가 평탄해서 남극 특유의 탁상형 빙산이 되는 것이다. 이 외에도 계곡의 빙하가 바다로 흘러들어오며 깨어지고 뒤집어지면서 여러 가지 형태로 만들어진다.

배는 빙산을 피해서 킹 조지섬 남서쪽의 넬슨섬과 그 남서쪽의 로버트섬 사이의 넬슨해협으로 들어와 킹 조지섬으로 항진한다. 이제는 드레이크해협이 아닌 브랜스필드해협을 항해하는 것이다. 드디어 넬슨섬과 킹 조지섬의 남서쪽 끝인 필데스반도와 그 동쪽의 육지 사이에 발달한 맥스웰만으로 접어들면서 오후 4시 20분에는 기지건설단과 통화가 되었다. 세종기지가 건설되는 바튼반도의 남동쪽 포터반도의 아르헨티나 쥬바니 기지 뒷편 삼형제봉이 뚜렷이 보이기 시작한다.

푼타 아레나스를 우리보다 한 시간 이상 늦게 떠난 폴라 듀크호가 맥스웰만을 빠져 나간다. 언제 도착했는지 몰라도 속력이 우리보다 훨씬 빠르다는 생각이 든다. 폴라 듀크호는 남극해에서 얼음을 깨고 항해할 수 있는 쇄빙선이다. 우리도 언제인가는 저런 배를 써야 할 것이다.

맥스웰만 안쪽으로 들어오며 주황색 기지건물과 중장비가 보이고 건설단원 숙소인 베이지색 컨테이너가 보인다. 기지 앞바다인 마리안 코브 안쪽에는 푸른 빙벽이 유난히 아름답다. 지금이 남극의 한여름이기에 지의류들이 발달해서 기지 뒷편은 연두색으로 기지건물과 잔설이 남아있는 주변의 지표와 어우러져 한 폭의 그림을 보고 있는 착각이 들었다.

기지건설선인 현대중공업의 HHI-1200이 가져온 2척 중 하나인 선화호로 옮겨타고 드디어 5시 35분 한국기지에 상륙했다. 기지건설에 고생이 많은 반가운 얼굴들과 몰라도 알게 되고 친해질 얼굴들을 만났다. 건설단원들은 고생이 많다. HHI-1200은 작년 10월 6일 울산을 떠나서 12월초에 칠레 발파라이소에 도착하여 건설단원을 승선시킨 후 12월 15일 킹 조지섬에 도착했다.

16일에는 기공식이 있었다. 남극의 여름이라 춥지는 않았을 것이나 낯선 환경에서 일한다는 게 쉽지 않았을 것이다. 고생이 많더라도 그들에게는 기억할 만한 일이리라. 남극에 가기도 쉽지 않고 더구나 기지건설은 어쩌면 다시는 없을지도 모른다. 현실적 관점에서 볼 때, 북반구 겨울에는 건설업이 없어 쉴 때인데 이곳에 와서 일한다고 이야기할 수도 있을 것이나 어쨌든 그들이 짓는 기지에서 일년을 생활할 우리에게는 고마울 따름이다. 철근, 하역, 목수, 중장비, 발전, 전기, 기계, 토목, 건축, 설비, 배관 등 여러 분야의 기능공과 기술직, 관리직 등 2백여 명이 거의 두 달째 고생하고 있다. 그들의 노력으로 남극에 연구기지를 세운다고 생각할 때 우리나라 사람은 역시 강한 면이 있다고 생각된다.

2월말에는 건설이 끝나고 건설 인력이 철수하게 되어 있다. 외부는 다 되었지만 그렇게 빨리 될 수 있는가?

멀미에 고생하던 대원들도 다 살아났다. 드레이크해협을 건너 오느라 고생이 많았다. 다시는 배를 안 타려고 할 것이다.

건설현장 식당에서 생선과 김치, 쇠고기국 등으로 저녁을 푸짐하게 먹었다. 오랜만에 먹는 한식이다. 밥을 많이 해서인지 밥맛이 대단히 좋다.

**2월 11일**(목)

식품컨테이너를 해체해서 식품을 정리했다. 양파나 사과, 바나나, 감자의 보관상태는 대단히 좋고 멜론, 자몽, 양배추도 좋다. 토마토는 낱개로 포장해서인지 좀 낫다. 반면 복숭아, 고추, 호박, 오이는 벌써 상당부분이 상해가고 있다. 배추와 양상추, 포도도 상태가 좋지 않다.

야채와 과일을 운반과 보관할 때 고려할 사항이 생각난다. 물품을 너무 밀집하게 포장해서도 안 되겠다. 적정한 온도도 유지해야겠고 덜 익은 것을 구매해서 운반하면서 익히는 것이 맛은 좀 떨어져도 버리는 것보다는 낫다고 생각이 된다.

가구 컨테이너를 해체했다. 책상과 작은 책상, 실험대 의자, 사무실용 의자, 침대, 매트리스, 옷장, 휴게실용 소파, 응접실용 탁자, 회의용 탁자 등등 종류도 많고 갯수도 많다.

건설단에서는 16일 또는 17일로 기지 현판식 준비를 하고 있다. 현판식에 참여하는 국내인사들은 칠레 C-130을 전세해서 들어올 예정이다. 마쉬기지에서는 건설용 소형선박으로 모셔다가 오후에 현판식을 하고 식에 참석한 외국기지 손님들과 저녁을 먹고 하루 자고 다음 날 타국기지를 방문하고 철수하는 것으로 계획을 짠다.

오늘은 흐림과 비가 반복하는 날씨였으며 순간 최고풍속은 28미터이다. 2월은 1월에 비해서 기상이 비교적 나쁘단다. 그래도 올 여름은 날씨가 특히 좋다는 것이 칠레기지 대장의 이야기다.

숙소 정리가 안 되어 체련실에서 침낭을 이용해서 잤다.

**2월 12일**(금)

고주파통신장비는 오늘 설치 완료 예정이고 인공위성경유 통신장비도 거의 완료되어 간다.

오후 2시 반, 앞으로 24시간 동안 기상이 나쁠 것이라는 예보가 나왔다. 그래서인지 바람이 불고 가랑비가 내린다. 해황도 나빠서 흰 파도가 계속 보인다. 육지로 둘러싸인 작은 바다가 흰 파도를 보일 정도이니 바깥은 대단할 것이다. 그렇더라도 컨테이너 해체작업은 계속했다. 잠수장비와 동물성 플랑크톤 채집용 그물 자동조임 장치, 저울, 실험용 기구, 기상관측탑을 운반하고 빈 나무상자들은 운반하기 좋은 자리에 갖다 놓았다.

HHI-1200에 올라갔다. 조현구 선장은 처음이지만 오랜 동안 만난 사람과 같은 기분이 들었다. 이렇게 큰 배는 처음이다. 내부가 상당히 잘 정돈되어 있고 선장실은 넓고 으리으리하다.

실험과 연구기기를 연구동에 갖다 놓고 정리하자는 의견이 있었으나 준공식이 발등의 불이라 그 일부터 먼저 하기로 했다. 준공식 참여 인원은 서울에서 오고 있는 중이다.

현장에서는 세 끼니 외에 오후 3시경 참이라고 국수나 삶은 달걀을 공급했다. 서울에서는 건설현장을 볼 기회가 없었고 따라서, 참이라는 것을 몰랐다. 그러나 여기에는 참이라는 것이 있다. 그만큼 여기의 일이 힘들고 일을 할 수 있게끔 영양을 보충해야 하리라. 먹는 시간은 쉬는 시간이며 즐거운 시간이 되기에 다음 일을 위해서 꼭 필요한 것이다.

지게차는 다목적에 쓸 수 있다는 것을 알았다. 수평으로 안아 올리고 그대로 옆으로 옮기고 무거운 것을 끌 수도 있다. 운전수와 땅에서 도와주는 사람 등 2명 1개조로 일을 하는데 어려운 일을 많이 한다. 사실 컨테이너 속에서 200~400킬로그램으로 포장된 것을 일일이 인력으로 못 꺼낸다. 단지 뒤쪽이 무거워 한 번 빠지면 자기 힘으로 못 나오는 것이 문제일 뿐이다.

이제 건설이 거의 끝나가니 건설단원들은 떠날 준비를 한다. 통신관계 영국인들은 늦어도 23일 조사선편으로 나갈 것이고 그 이후 현대건설의 인원과 현대 엔지니어링의 설계 및 감리팀과 연구소 인원이 떠날 예정이다.

밤이 되면서 기상과 해황은 점점 나빠진다.

오늘은 영국의 찰스 다윈과 미국의 에이브러험 링컨 대통령이 태어난 날로 기억된다.

**2월 13일**(토)

심한 바람소리에 깼다.

아침 7시 HHI-1200의 관측에 의하면 기온 4℃에 풍속은 초속 22미터에서 28미터이며, 풍향은 북서-북풍이다. 어제 저녁보다는 기온은 올라갔으나 바람은 더욱 세어지고 있다. 7시 30분에 기압은 992밀리바가 9시에 990밀리바가 되었으며 풍속은 초속 200미터이다.

서울소식 듣다. 이현재 총리에 홍종철 비서실장 두 사람 다 낯선 인물이다.

오후에 바튼반도 남안을 따라 3킬로미터 정도 걸었다. 해표류의 유골과 펭귄, 도적갈매기와 눈위에 발달한 붉은 색의 이끼류하며 초록색의 선태류, 해조류 등이 눈에 띈다. 어제 심한 파도에 다시마 계통과 강태류 계통으로 보이는 바닷말 등이 해안에 밀려와 있다.

바닷가에 흩어져 있는 고래뼈가 유독 눈길을 끈다. 척추 1개가 크면 1미터가 넘고 척추신경통로도 직경 10~15센티미터 정도가 되며 갈비뼈는 4~5미터씩 된다. 킹 조지섬을 포함한 남 쉐틀란드군도는 20세기초에는 고래잡이의 근거지였다. 그 당시에 잡은 고래뼈들로 생각이 된다. 뼈는 풍화되면서 부서지고 썩는 것도 있으나 상태가 상당히 양호한 것도 있다. 상태가 양호한 것은 비교적 최근, 그러니까 고래잡이가 사양길로 들어선 1930년대의 유골일까?

현재의 고래 숫자가 고래가 포획되기 이전인 19세기말의 숫자로 돌아가는 데에 2백년이 걸린다는데….

칠레 대장이야기는 세종기지의 준공식에 참석할 예정이나 남극에서는 모든 게 다 그렇듯이 날씨에 좌우된다며 신중한 반응을 보인다.

오후에 비는 멎었으나 바람은 변함없고 파도는 여전히 심하다.

**2월 14일**(일)

바람은 어제와 비슷하고 비가 온다.

방위와 거리표 제작 관계를 논의했다.

세종기지의 기상관측탑

해저퇴적물 채집장치, 시료병, 플랑크톤 채집장치 등을 해체하였다. 침전퇴적물 집적장치와 조석계에서 결함이 발견되었다.

컨테이너 속에서 여러가지 물건이 쏟아진다. 전기, 기계, 운반장비, 사진기재, 필름, 현상장비, 텔레비전, 음향시설 등 휴게실 비품, 행정사무비품, 도서류, 주방기기, 식품, 담배, 술 등 기호품 계통, 약품과 의료장비, 잠수장비와 수중비디오 사진기, 고무보트, 일반해양학과 생물계통의 연구 장비와 시약류, 침구와 피복, 신발류, 지구 과학계통 연구장비, 전자 및 통신계통 등 연구와 기지 유지와 생활에 드는 물자들이 엄청나게 많다.

컨테이너 속에서 나오고 눈에 띄는 대로 체계없이 적어도 이 정도니 체계있게 정리하면 수십 페이지가 될 것이다. 하긴 숫자는 13명이라도 독립적으로 생활하고 연구하려면 모두가 필요한 것이다.

저녁때에는 날씨도 개였고 바람도 약해진다.

폴란드기지에는 요즈음 70여 명 정도가 있다고 누군가가 이야기한다. 폴란드만해도 동구권에 있어서 우리가 잘 몰라서 그렇지, 과학수준은 상당히 높을 것으로 생각된다. 폴란드의 1만톤급 해양 조사선은 거의 매년 남빙양으로 연구항해를 하는 것으로 알려져 있다. 남극의 여름을 최대로 이용하려고 많은 연구원들이 일시에 몰려오리라.

**2월 15일**(월)

비는 안 오나 하늘은 흐리고 바람은 여전히 세다.

HHI-1200에서 준공식용으로 담배 태양 30갑을 빌려왔다. 크리넥스와 수건은 거기에도 여분이 없다고 한다. 수중 비디오 카메라와 비디오 테이프와 포도주도 운반했다.

그런 일이 없어야겠지만, 만약의 사태에 대비한 거주동의 비상탈출장치가 필요하다는 생각이 든다. 창문은 너무 작아서 안 되고 체련실에 문 하나가 있다. 외국기지나 선박의 경우 문 옆에 붉게 페인트칠한 도끼는 출입문 파괴용 도끼인 것이다. 왜 갑자기 이런 생각이 날까?

주방기구를 해체하고 가구를 확인하고 배치했으며 기상탑을 설치하고 잠수장비를 정리하고 쌀과 침구류와 담배 등을 하역했다.

오후에는 날씨가 개어서 오랜만에 푸른 하늘을 보았다.

저녁때 곧 떠날 3명의 MBC직원을 환송하고 제1차 대한민국 남극 과학 연구단을 환영하는 소주파티가 간단하게 있었다.

밤 1시경 밖으로 나왔을 때 이름모를 석공을 만났다. 그 석공은 가랑비 속에서 그 때까지 암석을 깎아서 청동으로 된 기지간판을 달고 있다. 그 석공은 작게는 개인생활을 위해서 하나 크게는 대한민국 남극기지를 위해서 일한다. 이는 남극기지가 많은 사람들의 노력으로 이루어지고 있다는 단적인 예이다. 언제인가 저렇게 열심히 일하는 사람들이 신문에 나고 인정을 받아야 한다는 생각이 든다.

자연석에 붙인
기지간판

**2월 16일**(화)

기압은 986밀리바이나 오랜만에 쾌청한 날이다. 남극의 하늘은 공기가 깨끗하고 먼지와 연기가 없어서인지 서울 하늘보다 더욱 파랗게 생각되었다.

이렇게 날씨가 좋으니 오늘 도착 예정인 준공식 참가인의 도착에는 큰 문제가 없으리라. 비행기는 착륙때가 이륙때보다 더 위험하다지만 이렇게 날씨가 좋으니 푼타 아레나스에서 이륙만 하면 된다.

준공식 참석인 환영을 위하여 공항으로 가던 중 소련의 벨링스하우젠 기지를 방문했다. 여기에서 모스크바까지는 1만5천2백킬로미터, 레닌그라드까지는 1만5천9백킬로미터, 영하89.5℃를 기록하여 세계에서 제일 추운 동남극의 보스토크기지까지는 4,375킬로미터이며 몬테비데오까지의 3,180킬로미터보다 멀다.

작년 4월에 방문했을 때의 대장이던 마르티아노프 박사가 맞아준다. 3월 11~12일에는 33차 소비에트 남극 탐험단이 소련 최신 남극쇄빙선

2만톤급의 아카데믹 페도로프호가 온단다. 그 편에 임무교대를 한다며 아직도 한 달 가까이 남았는데도 들떠 있다.

소련만해도 1820년경 러시아 남극탐험대가 남극을 발견할 정도로 남극탐험과 발견에 긴 역사를 가진 나라이다. 그러한 나라답게 레닌그라드에는 남·북극연구소가 있으며 월동기지가 7개나 있으며 내빙선과 쇄빙선 등 7~8척으로 된 남극연구와 보급을 위한 선단이 있다. 그들 선단의 안전항해를 위해 5일마다 해빙상태를 팩시밀리를 통해 일기예보 받듯이 받는다. 그 뿐 아니라 미국 국립해양대기국과 협조해서 인공위성을 통하여 구름사진을 매일 받고 있다. 소련은 동남극 아메리빙붕 남쪽에 8번째 상주기지를 건설 중에 있다고 한다.

칠레기지의 이정표에 의하면 모스크바까지는 13,509킬로미터이며 레닌그라드까지는 13,649킬로미터에 몬테비데오까지 3,047킬로미터이다. 또 부에노스 아이레스까지는 3,065킬로미터이며, 뉴욕까지는 11,050킬로미터이다.

칠레기지와 소련기지는 약 2킬로미터 정도 떨어져 있는데 모스크바와 레닌그라드 그리고 몬테비데오까지의 거리는 차이가 너무 크다는 생각이 든다. 두 나라가 서로 다른 지도와 좌표와 거리계산 방법을 쓴다고 하더라도 차이가 너무 크다.

드디어 오후 5시 20분, 칠레공군의 C-130이 활주로에 도착했다. 박긍식 과학기술처장관을 비롯하여 주 칠레한국대사관, 과학기술회, 해양연구소, 한국동력자원연구소, 보도진 등 20명이 넘는 사람들이 온 것이다. 주 칠레한국대사관의 주진엽 참사관을 제외하고는 모두들 남극 땅을 처음 밟아보는 사람들이라서 상기되고 흥분된 표정이다.

지금까지 말로만 듣던 남극을 직접 밟아보는 것이다. 남의 이야기로 듣고 생각하던 남극을 밟아 보는 감회가 과연 어떨까? 남극의 깨끗한 공기가 느껴질까? 아니면 예상보다 따뜻해 실망할까? 필데스 반도나 흙과 바위가 노출되었지, 그 외의 지역은 얼음으로 하얗게 덮여있다. 바다에도 얼음덩어리가 떠있다.

## 세종기지를 준공하다

**2월 17일**(수)

새벽 4시에 깨어 부두에 나가니 폭 1백미터 정도로 얼음이 하얗게 해안을 덮고 있다. 오늘 여기에서 40킬로미터 정도 떨어진 그리니치섬의 칠레해군 아르투로 프라트기지준공 기념식에 송원오 건설단장이 초청받았으나 준공식 관계로 대리참석을 부탁받은 날이다.

월동대장은 기지 준공식장에 있으면 좋겠으나 누구 다른 사람 보내기도 그렇고 참석 안 하기도 그런 것이다. 그러나 해황이 이러하니 어쩔 수 없다. 칠레 해군선박을 불러서 해빙 때문에 못 간다고 불참 통고를 하니 5시경 칠레해군선박은 그냥 나간다.

다행히 7시경이 되자 풍향이 바뀌면서 얼음조각은 맥스웰만으로 다 흩어졌다.

필데스반도로 건너가서 칠레기지대장, 소련기지대장과 통신사, 중국학자 2명, 스페인 남극연구단장 등을 모시고 왔다. 우루과이 기지대장은 무슨 이유에서인지 불참하고 스페인 남극연구단장은 칠레기지 방문 중 칠레기지대장의 권유로 참석하게 된 것이다. 거절할 이유가 없다.

드디어 10시 준공식이 거행되었다.

국민의례, 건설단장의 기지건설 경과보고, 해양연구소장의 식사, 장관의 치사, 주 칠레한국대사의 축사에 이어 기지건설 유공자 표창과 기지현판의 제막식이 있었다. 며칠 전 그 석공이 밤늦게까지 부착한 동판이다. 드디어 우리나라가 남극에 기지를 갖게 된 것이다. 생각하면 세종기지 건설에 우여곡절이 많았고 시간도 많이 흘렀다.

1985년 11~12월에 걸친 한국 남극관측탐험 이후 1986년초에 남극기지건설이 한두 번 거론되다가 흐지부지되었다. 1986년 하순 남극조약에 가입하게 되었으며 이것을 계기로 기지건설은 결정적 전기를 맞아 1987년초 외무부의 연두업무보고에서 당시 전두환 대통령의 결단으로 기지건설이 결정되었다.

그해 4 5월에 있었던 기지 후보지 답사에서 왜 킹 조지섬을 후보지로 선택했느냐에 관한 문제는 인간의 속성으로 대답할 수 있으리라. “기지를 빠른 시간내에 지으라"는 지시를 받았는데, 남극이 아무리 넓어도 우리나라 사람이 가 본 남극, 발을 대어본 남극은 킹 조지섬뿐이다. 사람은 자기 눈으로 본 곳, 발로 밟아 본 곳에 대해서는 막연하게나마 알고 있고 자신감과 안도감이 생기는 법이다. 그래 기지 후보지는 자연스럽게 다른 곳이 아닌 킹 조지섬으로 된 것이다.

세종기지는 킹 조지섬에 위치하나 다른 기지와는 빙하로 단절되어서 준공식에 참석했던 소련 기지대장은 세종기지는 섬에 있는 섬이라고 표현했다. 실제 중국과 칠레, 소련, 우루과이 기지와는 직선거리 10킬로미터 이내에 들어오고 빤히 건너다 보이지만 배를 타고 가거나 헬리콥터로 가는 것이 정상이다. 급한 경우에는 얼음 위로 갈 수도 있겠으나 이는 생명을 거는 모험이다.

소련사람은 기지개소에 킹 조지섬에 기지들을 표시한 목각을 선물로 가져왔다. 두꺼운 나무를 잘라서 밑판을 삼고 섬을 오려서 붙이고 깎고, 나무를 태워서 글씨를 쓰고 별을 오려서 붙이고, 기지들을 태워서 표시하고 니스를 칠해서 솜씨있게 만들었다. 8개국의 기지가 있다고 8곳을 표시하고 1988년 2월 17일 남한의 남극기지준공을 기념한다고 소련말로 썼다. 32차 소련 남극탐험대의 머릿글자를 쓰고 벨링스하우젠기지 표시도 했다. 정성과 솜씨가 대단하다.

준공식에 참석했던 인사들을 전송하러 칠레기지로 가다가 작년 후보지 답사 때 만났던 중국 제3차 월동대장이던 전숭림(錢嵩林)을 만났다. 남극의 강한 자외선에 얼굴이 새까맣게 탔다. 오늘 비행기로 귀국한다고 좋아한다. 작년에 이것 저것 보여주고 기지를 안내해 준 것이 벌써 열달 정도가 되었다.

**2월 18일**(목)

민속의 날이라 떡국을 먹고 하루 쉬었다.

**2월 19일**(금)

신임 과학기술처장관에 울산대 총장이 임명되었단다. 정부가 바뀌니 장관이 바뀌는 것이다. 학자가 관리가 된다는데 적성에 맞을까?

컨테이너를 해체해서 식기와 체력단련기를 정리했다. 준공식 준비에 빌렸던 담배 30갑을 돌려주고 포도주와 양고기를 옮겨놓았다.

2월 26일, 3월 10일, 19일, 29일 칠레의 C-130이 온다고 한다. 3월 29일편은 관광객 전용이라 어렵겠지만 나머지편으로 기지건설 기술자들의 철수가 가능하리라 생각된다.

오전에 대단히 좋던 날씨가 흐려지더니 오후 3시경부터는 비가 온다. 저녁때 비가 그치면서 기온이 떨어지고 바람이 초속 11미터로 강해졌다.

**2월 20일**(토)

심한 바람에 호흡이 곤란하다. 풍속이 초속 20미터는 넘는 것으로 생각된다. HHI-1200에서는 아침 8시에는 초속 30미터이고, 12시에는 최고 45미터가 기록되었단다. 이곳은 배의 풍속감지기가 있는 곳보다는 약하겠으나 세찬 바람이다.

오전부터 오후 2시까지는 비에 젖어가면서 전 대원이 식품을 옮기는 일을 했다. 손에 익지 않고 힘들었어도 우리 일이라 즐거이 했으나 과로로 치료받는 대원이 생겼다. 저녁먹고 간단한 모임을 갖고 생활환경이 안정된 것도 아니고 현재의 생활이 이곳에 적응된 것도 아니기에 빨리 자고 빨리 깰 것을 당부했다. 내일은 건설공 5명을 지원받아서 컨테이너 해체를 계속할 것을 알렸다.

오늘 날씨를 보면 준공식 참가인사들은 대단히 다행이다. 그들은 예정대로 왔다가 갔으니 남극이 언제나 준공식 때처럼 좋은 날씨로 알 것이다. 킹 조지섬의 기상은 겨울은 추우나 안정되어서 견디기 좋은 반면 여름은 안 추우나 기상이 급변해서 견디기 어렵다는 말을 들은 적이 있다. 겨울은 안 겪어서 모르겠으나 여름은 사실이라 느껴진다.

이렇게 급변하는 날씨를 보아야 남극의 어려움을 이해할 터인데…. 그런 점에서 지난 17일 날씨가 좋았다는 것이 그들이 남극을 충분히 이해하는 데에 부족하다고 생각된다. 어려움을 알아야 어려움을 이해할 터인데, 너무 좋을 때 왔다가 너무 좋을 때 갔다.

**2월 21일**(일)

심한 바람에 비가 온다.

건설공 5명의 지원을 받아서 나무상자를 운반하고 해체를 강행했다. 현미경, 책상, 실험대, 기기대, 복사기 등을 사용할 장소로 운반하고 정리했다. 점심먹고 비바람이 더욱 세어져 야외작업을 중단했으나 새참을 먹은 이후 날씨가 좋아져 작업을 계속했다.

내일은 목수 4명의 지원을 받아 상온 식품고와 냉장고에 들어갈 선반을 제작해야 하고 실험대 보수에도 목수의 기술이 필요하다. 서울에서 보낸 실험대가 몇 달간 컨테이너 속에 있었고 뜨거운 적도를 지나서인지 서랍이 말을 안 듣는다. 금고도 사용할 곳에 갖다 놓고 인큐베이터, 식품 등도 정리해야겠다. 책상은 구입했는데 책꽂이를 구입하지 못해서 목수들이 있을 때 남아 있는 목재를 이용하여 책장을 만들어야겠다는 생각이 들었다.

대원 모두가 고생이다. 모두가 이런 노동은 손에 익지 않았고 무리한 일일 것이다. 따라서 긴장되어 있다. 무슨 이유에서 남극으로 왔든 이런 고생을 할 것이라고는 예상 못 했을 것이다. 그런 점에서 남극에 대한 환상에서 깨어나야 한다는 것을 저녁 회의 시간에 강조했다. 1차 월동대의 고통과 영광이 있을 것이며 지금 단계는 고통의 단계에 해당될 것이다. 고통의 단계가 훨씬 많을 것으로 생각된다.

오늘은 저기압이 통과 중이라 날씨가 나쁘다니 곧 좋아질 수도 있을 것 같다.

**2월 22일**(월)

푸른 하늘이 보이나 바람은 여전히 세차다.

세종기지에서 일년을 살아 가는 데에 여러 문제가 있을 것이나 신선한 야채와 과일의 공급이 제일 큰 문제가 되리라 생각된다. 이 문제는 1985년 한국남극관측탐험 이후 작년 기지 후보지 답사 때에도 거론된 적이 있는 문제였다. 야채와 과일의 운반을 위해서는 이들을 구매해서 적재해야 될 것이고, 비행기가 운반해 줄 여유가 있어야 된다.

전자는 연구소와 칠레교민이 협조하여 해결할 수 있겠으나, 후자는 주

칠레 한국대사관과 칠레 공군의 협조가 절대 필요하다. 그러나 보다 근본적인 문제는 칠레 공군기에 실을 만한 자리가 있어야 하는 것이다. 하여간 이 문제는 두고두고 풀어야 할 문제라고 생각된다.

영국인 체류문제를 논의했다. 이 발상은 여러 가지 정황으로 미루어 보아 영국이 남극 탐험에 긴 역사와 경험이 있는 나라여서, 월동대원들에게 그들의 경험과 도움이 필요할 것이라는 데에서 나온 것 같다. 게다가 우리나라 관계자들도 상당히 긍정적으로 고려할 것을 약속한 것 같다. 그러나 우리의 의견은 달랐다.

우리 월동대 13명은 남극에서 겨울을 보내고 일년을 산 적은 없다. 그러나 우리가 노력하고 협조만 한다면 큰 문제가 없을 것 같다는 것이 공통된 의견이다. 위험한 일은 조심스레 해보고, 크게 위험할 때에는 안 하면 된다.

실제 대한민국 남극기지 1차 월동시에 한국인 아닌 외국인이 연구 목적이면 괜찮아도 기지의 안전이나 생활에 참여한다면 이는 분명한 불명예이다. 물론 연구소 또는 그 상부 기관의 지시를 타당한 이유 없이 거부할 수 없지만 타당한 이유가 있다고 생각된다. 따라서 우리의 명백한 의사를 표명하기로 합의했다.

해양조사에 나갔던 월동대원 2명이 돌아오고 하계조사대가 철수했다.

노 대통령 취임기념으로 정치범 1천2백여 명을 포함 7천여 명이 석방된다는 소식이 있다. 좋은 일이다.

**2월 24일**(수)

서울에서 온 연구소소속 기계설비 기술자 1명으로는 기지유지에 어려움이 많아 한 사람을 더 채용할 것을 검토했다. 기사가 담당해야 할 시설들이 많다. 예를 들면 보일러, 난방장치, 수백 미터 아니 수 킬로미터 이상의 각종 배관, 하수처리시설, 상수도시설, 소각로, 담수화장비, 주방시설, 냉장고 등이다.

장비들의 제어장치와 설비의 자세한 부분까지 잘 아는 사람이 있어야 하고 시설 담당은 야외작업이 많을 터인데 혼자서 하기에는 벅차다는 것이 여러 사람들의 의견이다. 나아가서, 시설물의 시공을 처음부터 관여

해서 기계, 설비의 문제점과 응급처리 방안을 잘 아는 사람이 필요하다는 의견이 지배적이다.

서울에서 새로운 사람을 뽑아서 보낸다는 것은 대단히 어려워 현지건설 기술자 가운데에 지원자가 있다면 그를 채용할 수 있으리라. 건강이 중요하겠지만 그것은 의사가 신체검사를 해서 어느 정도는 파악할 수 있으리라.

현대건설이 기지건설을 위하여 갖고 왔던 양도할 수 있는 것의 구매에 관해 이야기를 했다. 이양 가능한 장비로는 컨테이너와 폰툰, 굴삭기, 트럭, 목제침대, 정수기, 벽시계, 보온물통 등 여러 가지이다.

굴삭기는 신품가격이 7,750만원인데 감가상각을 제하고 7천4백만원은 받아야 한다는 주장이고, 트럭도 신품가격의 80퍼센트 이하로는 곤란하다는 이야기이다. 컨테이너는 비상 숙소와 창고로 몇 개 구입할 필요가 있다고 생각된다.

**2월 25일**(목)

흐리고 눈이 오다가 눈은 그쳤으나 바람이 일고 있다.

지진파 관측동의 원리를 설명하고 저유량을 확인했으며 암호자재를 인수했다. 정확한 유량 측정에는 문제가 있다는 생각이 든다.

중국기지를 방문하고 칠레기지에서 UHF 안테나를 인수하고 돌아오다가 맥스웰만에 정박한 관광선 월드 디스커버리호에 승선하여 구경했다. 한 마디로 잘 되어 있다. 휴게실과 병실, 서점, 식당, 세탁실, 미용실, 수영장….

서점에는 남극관광을 단순히 보는 관광으로 끝내지 말라고, 남극환경과 생태계에 관한 서적을 판매하고 있다.

75개 선실이 있고 150명까지 수용할 수 있으며 남미와 남극, 대서양, 남태평양을 순회하는 호화 여객선이다. 오후에는 관광선의 승객 90여 명이 기지에 상륙하여 호기심어린 눈으로 기지를 살펴보는 것이 하나라도 더 보고 돌아가려는 어린이들 같다.

건설관계자들과의 회의 결과 대략의 일정이 밝혀졌다. 26일 예비 준공을 하고 28일에는 기지를 가동한다. 3월 4일까지 미비한 곳을 보완하고

5일에 철수하는 것으로 예정하고 있다.

실제 지금까지 우리 기지에서 밥을 못 지어먹고 화장실도 못 쓰고 있다. 기지의 외관은 완성이 되었는데 내부 마무리가 안 되었기 때문이다. 따라서 식사도 수백미터 떨어진 현대근로자들의 식당까지 가야 하고 물과 화장실 사용도 마찬가지이다.

표범해표에게 물렸다가 구사일생으로 살아났는지 날개에 피를 흘리는 친스트랩 펭귄 1마리를 만났다. 남극생태계의 한 단면인가?

**2월 26일**(금)

하루종일 비교적 좋은 날씨이다. 기지 앞바다 마리안 코브의 안쪽, 즉 동쪽의 얼음능선에 크레바스가 많이 생겼다.

갑자기 녹아서 빨리 흘러가기 때문인가? 높이 10~30미터의 빙벽도 계속 깨어져 내리고 푸른색은 빙벽의 신비함과 아름다움을 더한다.

기계설비공과 면담했다. 차분한 성격에 기계시설 여러 분야에 두루 아는 것 같다. 중동에서 몇 년간 일한 경험이 있다고 한다.

최근 들어서 사소하나마 몸에 변화가 생기는 것 같다. 예를 들면 손톱과 손가락이 접히는 양끝 부분이 갈라지고 아프다. 영양 불균형의 증거인가? 머리카락과 수염도 더디게 자라는 것으로 생각된다. 여자가 없는 곳에서 생활해서인가?

문명세계를 떠난 지 한 달밖에 안 되는데…. 언제인가 무인도에서 생활하면 머리카락과 수염이 덜 자란다는 인류학자의 연구 결과를 읽은 기억이 있다.

머리에서는 기름기가 현저히 덜 나오고 때도 덜 끼며 며칠간 감지 않아도 머릿속이 괜찮다. 공기가 깨끗하고 먼지가 적기 때문인 것으로 생각된다.

구름 모양이 수시로 변하지만 황혼의 색깔도 적색, 진한 분홍색, 연한 분홍색, 연갈색 등 시시각각으로 변한다.

**2월 27일**(토)

맥스웰만 입구에 높이 40~50미터의 탁상형 빙산이 떠 있다. 서남극

어느 빙붕에서 깨어져 브랜스필드 해협을 거쳐 여기까지 왔는가?

세종기지 남동쪽으로 직선거리 6킬로미터 정도에 있는 아르헨티나의 쥬바니기지를 방문했다.

대장인 도밍고 레데스마 씨는 지금까지 남극에서 8회 월동한 53세의 기계공 출신이다. 딸 둘이 있으며 월동을 많이 했어도 가정에 아무런 문제가 없단다.

기지에는 모두 13명이 있는데 연령 범위는 27~58세이며 50대가 5명이다. 공군하사관 2명이 기상을 담당하며, 생물학자, 기계공, 영선공, 발전공, 통신사 등이 있다. 매월 1회씩 남극 반도 끝 동쪽에 있는 남극기지인 마람비오에서 트윈 오터가 우편물과 보급품을 가져온단다.

이 기지는 1956년 하계기지로 건설했다가 1982년에 증축하여 지금은 상주기지이다. 출입문마다 안전용 도끼가 비치되어 있으며 태양에너지의 이용 가능성을 연구할 목적으로 태양에너지를 측정하고 있다.

남극에서 꽃피는 식물 2종류 모두가 기지 주변에서 식생하고 있으며 기지 주변에는 담수호가 몇 개 있는데, 큰 담수호 하나는 단세포식물인 조류의 발달로 호수물이 분홍색으로 되어 있다.

기지 가까이에 있는 남극물개 몇 마리가 아르헨티나기지 대원들과는 아는 얼굴이라 괜찮으나 우리는 낯이 설다고 짖는다. 귓바퀴가 있고 앞지느러미가 특히 크고 허리를 펴고 네 지느러미로 서서 불편하나마 걸으며 동작이 비교적 민첩하게 보인다. 방심하면 공격당할 것 같다.

오늘은 1965년 아르헨티나가 아르헨티나 남극영토만을 지나서 남극점에 도달할 당시 참가했던 대원 알프레도의 54회 생일이었다. 특별히 차린 것은 없지만 그래도 정성스레 준비한 외국음식이라 맛이 있었다.

아르헨티나 대원들의 급여는 본국의 6배이며 월동대의 경우에는 3개월분이 추가 지급되며 귀국 후 45일간의 유급 휴식이 주어진다. 1960년대 인가 대원 한 명이 급성맹장염으로 죽은 이후, 모든 월동대원은 맹장을 제거해야 하며, 신체 및 심리검사가 철저하다. 대우가 좋더라도 지원자는 적은 실정이란다. 28세의 젊은 생물학자는 어려서부터 18세까지 불어를 배웠다는데 영어와 불어, 이태리어, 포르투갈어 등에 능통하며 캐나다 퀘벡대학교로 진학할 예정이란다.

세종기지 준공 기념패와 해양연구소 소보, 남극관계 책자와 올림픽 포스터 등을 선물로 주고 자그마한 아르헨티나 남극 연구소패를 받아왔다.

**2월 28일**(일)

비교적 센 바람에 물결이 높이 일고 있다. 하루하루 기온이 떨어진다.

**2월 29일**(월)

남극에 온 이후 처음으로 물이 얼었다. 식당으로 가는 길에 있는 작은 개울이 투명하고 맑은 얼음으로 얼어 붙었다. 영하2℃에, 바람도 비교적 세나 바다의 파도는 어제보다 낮다.

현대건설의 상태가 좋은 컨테이너 4개를 골라 2개는 숙소용 목제침대를 채워 비상 숙소로 쓰고 2개는 온실용으로 하기로 했다. 온실은 전기와 물을 공급하고 난방을 하면 가동할 것 같은데 밝기가 3천럭스 이상 되어야 야채 재배가 가능하다는데 3천럭스가 어느 정도의 밝기인지 감이 안 잡힌다.

작년 4~5월 후보지 답사 당시 서있던 아르헨티나 국기가 그려진 목제말뚝이 없어지면서 가로등용 철제기둥에다가 태극기와 아르헨티나기를 그려서 세웠다. 태극기만 그리면 선점의 아르헨티나를 무시하는 것이고, 그렇다고 태극기를 안 그리는 것은 더욱 곤란하다. 그래도 대한민국의 기지인데.

쌀과 육류, 냉동어류, 건조식품, 장류, 물 등 건설단에서 양도 가능한 식품을 운반해 보관할 방안을 논의했다.

새벽에는 얼음이 얼었으나 낮에는 0.2℃까지 올라갔으며 저녁에는 노을이 진다.

**3월 1일**(화)

새벽에 비가 오나 기지 뒷산에는 밤에 내린 진눈깨비가 허옇게 덮여있다. 거주동의 전실천장과 하계동 109호실 창문에서는 비가 샌다. 조립식 건물이라 조그마한 틈이 생길 수 있는 것이리라.

현대측 의사는 1차 출발이라서 건설인력을 월동대 의사가 진료하고 남아 있는 약품과 의료 장비를 인수하기로 합의했다.

이 달 11일과 19일, 21일과 24일 그리고 29일에 C-130을 운행한다며 12~14일까지는 건설인력 철수에 사용할 수 있다는 칠레측의 연락을 받았다. 21일과 24일과 29일편은 관광 전용 비행기 같다. 이제 건설단이 떠날 날짜가 눈 앞에 다가오고 있다.

저녁 때에는 안개가 심하게 끼었다.

**3월 2일**(수)

안개가 끼고 약한 바람이 부는 아침이다.

칠레기지 앞에 정박한 카리비안 인트레피드호에 배터리 충전기를 찾으러 갔다. 카리비안 인트레피드호는 파나마선적의 2천톤 정도의 화물선이다. 1988~1989년 여름에도 남극을 4 ~5회 운항할 계획이다. 부에노스 아이레스-푼타 아레나스-남극을 왕복한다니 우리 물자수송에 도움이 되리라.

선장 이름과 회사 주소, 전화번호, 텔렉스 번호 등을 받아놓았다. 배 앞쪽이 위로 들리고 옆으로 벌어져 쉽사리 선적과 하역을 할 수 있는 배이다.

이어 칠레기지에 상륙해서 대장을 만났다. 작년 4~5월 기지 후보지 답사 때에 만났던 건장한 후안 바스티아스 칠레공군중령이다. 지금까지 14개월을 마쉬기지 대장으로 있다. 점심시간을 무려 30분이상이나 할애하면서 그의 좋은 경험을 이야기해 주었다.

남극에서는 무엇보다도 식품 공급이 가장 큰 문제이다. 칠레 마쉬기지의 경우 현재까지 예정된 식품의 60퍼센트만 공급했으며, 연평균 공급률은 35퍼센트 정도로 가장 큰 문제이다. 작년에는 2개월간이나 치즈없이 산 적이 있단다. 푼타 아레나스에서 적재를 기다리다가 적재 우선 순위에 밀려 수송이 안 된 것이다.

치즈란 우리나라의 고추장이나 된장에 비유될 정도로 없어서는 안 될 식품인 것이다. 칠레기지에는 작으나마 슈퍼마켓이 있으며 식품의 경우에는 가족에게만 판매하므로 대장인 자신도 식품을 살 수 없단다. 작년의 경우 5년 동안 야채와 과일이 없었다.

세종기지 준공식

자기가 아는 한 킹 조지섬 내 7개의 월동기지는 겨울에는 신선한 야채없이 생활하고 있단다. 작년의 경우, 8월과 9월의 2개월은 비행기 운행이 전혀 없었다. 푼타 아레나스 발 마쉬기지 행 비행기는 언제나 꽉 찬다. 여름에만 정기 항공기 운송이 가능하다.

마쉬기지의 인원은 가족까지 합해서 170명으로 겨울에는 130명 수준으로 줄어든다. 그러나, 수송편이 적은 겨울수송에서도 정기운행편으로 우편물만은 운송한다. 그만큼 남극에서의 생활에서 가족 내지는 친지와의 마음을 주고받는 것은 중요하다는 이야기리라.

칠레공군이 C-130수송기를 2대 보유하고 있는데 남극 우선 순위는 5~6위이다. 그만큼 C-130은 할 일이 많고 바쁜 것이다. 그러기에 식품도 제대로 운반 못하고 있다. 그렇더라도 물품의 적재가 정확하게 1백퍼센트가 되는 것이 아니기에 작은 상자, 예를 들면 크기가 50×70×100 센티미터 되는 것 1~2개는 언제나 탑재 가능할 정도로 여유는 있다고 덧붙인다.

3월 4일에는 우루과이 비행기가 들어오고 11일의 칠레 C-130은 이미 칠레와 중국, 스페인 남극관계 인원과 짐으로 더 자리가 없단다. 3월 12~13일은 전세비행기 운행이 가능한데 오늘 또는 내일 중으로 예약을 해야만 된다고 한다. 3월 16일부터 칠레의 수도 산티아고에서 국제항공쇼를 하는데 그것이 끝나면 비행이 가능할 것이라는 개인의 의견도 피력한다.

칠레기지에서 방송하는 FM주파수는 94.5메가사이클이며 매일 아침 11시 30분부터 밤 12시까지 칠레국영 텔레비전을 중계한다.

식품과 음료 등을 균등하게 나누어서 사용하되 한두 가지만 먹으면 안 된다. 식품은 조심해서 소비해야 하는 것이, 자칫 잘못하면 부족분만 찾는 심리적 문제를 유발시킬 수 있다고 생각지 못했던 이야기를 한다.

세종기지는 눈보다 바람이 문제일 것이라 염려한다. 킹 조지섬은 여름에는 낙원이나 겨울에는 많은 문제가 발생할 수 있으며, 여름에는 겨울의 고통을 모를 수 있다. 여름에는 춥지 않으나 기상이 급변한다. 반면, 겨울에는 기온은 낮으나 기상이 2~3일씩 안정되는 경향이 있어서 지내기는 더 나으며, 이번 여름이 20년 내 가장 좋은 여름이라 한다.

칠레기지와 언제나 통신을 유지하도록 하고 문제가 있으면 언제라도 연락하고, 연락받으면 항상 도와주겠다는 이야기도 빼놓지 않는다. 모든 것이 기상에 의존하나 최선을 다해서 도와주겠단다.

언제나 긍정적 사고방식을 유지하는 것이 대단히 중요하다며 남극에서 처음으로 월동하는 한국 사람들이 염려스러운지 안심시키려고 애쓴다. 작년에도 그랬지만 적극적인 태도와 자신감을 보여주는 장교이다.

기지로 돌아오는 길에 맥스웰만에 정박 중인 영국 남극조사선 브랜스필드호를 방문해서 내부를 둘러보았다. 이 선박은 1820년 1월 남극반도를 발견한 영국 해군장교 에드워드 브랜스필드를 기념한다.

1970년에 건조한 선박으로 영국 해군이 운영하고 있다. 선원 37명에 탐험대원 56명을 태울 수 있는 시설이 되어 있으며 내과와 외과의사가 각각 1명씩 승선하고 있다. 우리들의 갑작스런 방문 때문에 기분이 상했는지 모르나, 해군장교인 키가 작은 선장의 오만한 태도에 나도 기분이 상했다. 그러나 뜻밖에도 작년 10월 영국 남극조사소-스코트 극지 연구소 등, 영국 남극연구기관 방문시에 만난 할아버지 조지 해트스레이 스미스 박사를 만나서 풀어졌다.

이 할아버지는 1948~1949년에 킹 조지섬 '베이스 지'에서 월동하면서 킹 조지섬을 처음으로 체계적으로 조사한 사람으로 지금은 남극지명명명위원회에서 일하고 있다.

킹 조지섬 남서쪽의 큰 만을 칠레해도에 표기된 대로 필데스만으로 표기 않고 맥스웰만으로 표기했다고 고맙다는 편지를 한 할아버지이다. 자신이 40여 년 전 킹 조지섬을 방문했을 때에는 인적이라고는 물개와 고래 잡이의 흔적뿐이었는데 지금은 완전히 도시로 변했단다.

당시 그가 발견한 1874년 독일 남극탐험대 에두아르드 달만이 세운 금속판이 부착된 기둥이 중요한 인적이었는데, 지금은 8개 국가가 상주기지를 갖고 있으니, 대도시로 변했다는 말도 과언은 아니고 그 동안의 시간의 흐름을 느낄 수 있었다.

**3월 3일**(목)

아침에는 바람이 거의 없고 바다는 잔잔하나 흐린 날씨이다. 어제가 음력 대보름이라서 간만의 차가 크고 많은 얼음조각이 기지 앞바다에 떠돈다.

칠레기지로 시멘트를 갖다주는 선박에 편승하여 칠레기지에 도착하여 우루과이기지 설상차편으로 우루과이의 아르티가스기지를 방문했다.

아르티가스기지는 필데스 반도에서 가장 동쪽, 그러니까 빙원 바로 옆에 위치하는 작은 기지이다. 대장인 육군 소령와 부대장인 육군 대위와 그리고 우루과이 남극 연구위원회 위원 등 3명을 만나서 기념패를 증정하고 남극 기지와 관련된 여러 이야기를 나누었다. 우루과이기지는 민간인과 군인의 합동 기지이다.

육군은 기지를 관리하고 해군은 운송을 담당하며 공군은 기상관측과 통신을 책임지며 민간인은 기상 이외의 관측과 연구를 수행하고 있다.

현재 푼타 아레나스에서 과학자 2명이 내일 들어올 우루과이 비행기 F-27을 기다리고 있다. 여름이 시작되면서 5월까지는 매월 한 번의 비행이 있으며 4월에는 두 번의 운항이 있을 예정이다. 간혹 영국과 칠레 또는 소련선박을 이용해서 물자를 보급하고 있다.

남미의 대서양쪽에서는 몬테비데오가 큰 항구이다. 그래서 영국, 브라질, 소련, 독일, 폴란드의 남극행 선박이 기항한다. 킹 조지섬까지 직행하는 경우 일주일 정도가 걸린다. 국가 외교정책이 비교적 중립적이라 공산권 국가의 선박도 기항한다.

소련선박은 기지에 필요한 물자를 날라주고, 우루과이측은 야채와 과일을 선박에 실어 준다고 한다. 서로 이용 가능한 시설이나 예산으로 서로 도와주는 것은 좋은 일이다. 우루과이기지도 대원들에게 신선한 야채와 과일을 공급하려고 최대의 노력을 기울인다고 설명한다.

비행기가 오더라도 야채와 과일은 본국에서 구매하지 않고 가까운 푼타 아레나스에서 구입한다. 며칠 전에 온 카리비안 인트레피드호 편으로 신선한 야채와 과일을 공급받았다. 좀 전에 우리를 태워다 준 운전수는 당근, 양파, 양배추, 수박 등을 운반하느라 기분이 좋았나보다. 의사는 안 통했으나 계속 기분이 좋았던 것을 기억할 수 있다.

겨울에는 12명이 월동하고 여름에는 40여 명이 된다고 한다. 1년 근무후 40일간의 유급휴가가 있으며 여자 연구원의 남극연구 참가에 반대는 안 하나 여자를 수용할 시설이 되어 있지 않아서 여자 연구원은 없다. 우루과이는 남극과학연구위원회(SCAR)회의에 참석할 수 있으나 투표권은 없으며 남극 해양생물자원 보존협약에 가입하고 있다.

우리나라는 훌륭한 기지를 지어서 남극연구를 수행하고 있으니 남극조약 협의 당사국(ATCP)자격을 얻을 수 있으리라 생각한단다.

아르티가스기지대장 알바레즈 소령은 이번 근무가 세 번째 남극근무로 이미 1984~1985년 여름과 1985~1986년 여름을 이 기지에서 근무했으며 올해 겨울도 보낼 예정으로 작년 말에 도착한 키가 작고 단단하게 생긴 장교이다.

남극생활이 문명세계에서의 생활과 달라서 대원은 대장 개인이 믿을만한 인물을 직접 선발하며 나이 분포는 21세부터 61세까지로 폭이 대단히 넓다. 아르헨티나기지와는 달리 월동대원들의 맹장제거는 의무조항이 아니다. 의료시설이 잘 되어 있는 칠레와 소련기지 가까이 위치해서 마음을 놓는 것인지?

여름철 연구 계획에는 심리학자가 참석해서 대원들의 정신과 육체적 변화 상태를 과학적으로 조사하고 있다.

4월에 본국으로 돌아간다는 불란서 보르도 대학교의 아뀌땐분지 지질 연구소에서 공부한 연구원 2명을 만나 잊어버렸던 불어 몇 마디를 써 보았다.

유빙이 많이 모인 칠레기지 앞바다를 현대측의 소형 작업선으로 재주 좋게 빠져나와 기지로 되돌아왔다.

건설선의 한 선원이 산책하러 상륙했다가 급경사 언덕에서 굴러 떨어져 내일 아침 소련기지의 병원으로 갈 예정이라는 연락을 늦게 받았다. 어떤 경위로 사고가 났는지는 몰라도 조심해야 한다. 선원의 경우는 특히 할 일이 없고 돌아갈 때가 다 되어 긴장이 풀릴 수도 있다.

오후부터 진눈깨비가 계속 내린다. 아직은 기온이 빙점부근이라는 증거이다.

**3월 4일**(금)

아주 좋은 날씨로 어제 저녁에 온 눈은 녹고 있으며 바다는 잔잔하다.

오늘 낮부터 기지에 물이 공급되고 저녁부터는 기지 주방을 가동해도 큰 문제가 없으면 내일 아침부터는 기지 식당이 가동될 예정이다. 드디어 이제 우리 기지에서 먹고 씻을 수 있게 된 것이다.

현대건설 근로자들은 7~9일 사이에 두 번의 전세 C-130편으로 대부분이 철수할 예정이며 3진은 12~14일경 건설선으로 떠날 예정이다. 따라서 3월 12일까지는 출항을 완료해야 하기 때문에 바삐 움직이고 있다. 굴삭기와 폰툰을 7일 또는 8일에 선적할 예정이다. 이제는 무엇보다도 철수가 당면문제이다.

먹고 마시고 살아가는 데에서 개인적 특징이라고 이야기할 수 있는 성격이 나타나기 시작한다.

**3월 5일**(토)

간밤에 온 눈이 하얗게 쌓여 있나.

기지세면장은 아직도 사용할 수 없기 때문에 현대 숙소 세면장까지 갔다. 호흡하는 것이 곤란할 정도의 바람이니 풍속은 적어도 초속 20미터는 되는 것 같다.

라면과 준공식 때 담아 온 김치와 과일칵테일로 기지에서 처음으로 아침밥을 먹었다.

기지의 주방이 가동하기는 하나 아직은 기지건설근로자들이 기지 내부 시설을 마무리하므로 그들과 식사시간을 맞추기로 했다.

기관이 다르고 하는 일이 다르다고 건물을 지어주는 사람들과 생활, 특히 먹는 생활이 다르다는 것은 그들에게 위화감을 줄 수 있다. 단순한 위화감을 넘어서 그들의 작업 열의에 나쁜 영향을 미칠 수 있으며 이는 우리의 직접적인 손해인 것이다.

손에 안 익은 주방기기의 고장과 주방에서의 위험을 고려하여 주방 출입을 삼가하도록 대원들에게 당부했다.

**3월 6일**(일)

아침에는 바람 한 점 없었으나 점심 때부터는 눈이 날리기 시작한다.

현대건설단이 급수원으로 파 놓은 현대소의 수면에 살얼음이 얼었다.

저녁때 기지건설 관계자들과 회식 예정이었으나 저기압이 다가온다는 기상예보에 따라 취소했다.

**3월 7일**(월)

바람은 강하고 가랑비가 내린다.

어제 저녁에 남은 갈비미역국으로 아침을 먹었다.

화물트럭의 인수는 취소하고 굴삭기 인수도 어렵다는 생각이 든다. 유류, 창고, 가스, 식품을 정리하고 저유량을 확인했다.

칠레 C-130은 8~10일 사이의 전세는 힘들고 11~13일에는 가능하다는 칠레 공군측 이야기가 있다.

**3월 8일**(화)

바람이 심하고 비가 뿌린다.

각 건물마다 문제점을 발견해서 정리하여 제출토록 했다. 건설단이 떠나기 전에 문제점을 발견해 제출토록 해야 한다.

남극의 얼음을 채취해서 한국으로 가져오라는 지시가 왔다. 채취는 어렵지 않으나 보관과 수송이 문제이다. 건설선의 냉동고는 프레온가스가 부족하다 하여 부족분을 공급키로 하고 얼음의 수송에 합의했다. 한국에서는 남극의 얼음을 구할 길이 없으리라. 준공식에 참여했던 사람들이 한국에 없는 남극 얼음의 아름다움과 신비함을 잊을 길 없어 연락했으리라. 주변사람들에게도 좋은 선물이 되리라.

오후 3시 40분 기지에는 초속 18.8미터의 바람이 불고 건설선에서는 초속 25미터의 바람이 분다. 심한 바람 때문에 건설단원들은 평소보다 일찍 5시에 떠나 건설선으로 돌아갔다. 저녁 6시에는 기지에도 초속 23.3미터이니 선박에서는 30미터가 넘으리라. 그래서인지 건설선은 바람에 맥스웰만 입구 쪽으로 수백미터를 밀려간다. 2만4천5백톤의 거함도 자연의 위력 앞에는 별 것이 아니라는 생각이 든다.

## 제 33 차 소련 남극 탐험단의 방문

**3월 9일**(수)

제 33 차 소련 남극탐험단 단원 15명이 헬리콥터로 기지를 방문해왔다. 타고 온 헬리콥터는 소련국영 항공사 소속으로 20명이 탑승 가능하며 5톤의 화물을 운반할 수 있는 황갈색의 대형 헬리콥터이다.

단장은 적기훈장을 패용한 50대 중~후반의 체격이 크고 혈색이 좋은 사람이다. 킹 조지섬의 소련기지 벨링스하우젠의 신임대장인 루릭 갈킨 박사가 동행했다. 그는 6년 전에 제 27 차 소련 남극탐험단의 일원으로 소련 최대의 남극기지인 몰로데즈나야의 월동대장을 지낸 경험이 있는 50대 후반 내지 60대 초반의 할아버지다.

소련과학자, 식물연구소의 연구원, 타스통신기자 등이 함께 와서 우리나라의 남극 진출과정과 기지 건설과정, 연구분야 등에 관해서 묻고 사진을 찍는다. 호기심내지는 정보획득이 되겠지만 숨길 것이 하나도 없다는 생각이 든다.

오후에는 이들이 헬리콥터를 보내 자기들이 타고 온 배로 초청했다. 그들이 타고 온 선박은 1987년 9월에 건조한 최신예 원자력 쇄빙선 아카데믹 페도로프호로 레닌그라드를 출발하여 대서양을 종단해서 부에노스 아이레스를 경유해서 이곳까지 온 것이다. 이번 남극 방문이 이 배로서는 남극의 처녀항해인 셈이다. 이 배는 1910년에 출생해서 1981년에 죽은 소련 학술원회원이자 남극 지구 물리학자인 페도로프 박사를 기념하여 그의 이름을 땄으며, 핀란드의 라우마 레폴라가 건조했다.

길이 141.2미터에 폭 23.5미터 흘수선 8.5미터에 1만3천톤이며 시속 16.5노트로 항해할 수 있다. 두께 1미터의 얼음을 깨고 시속 2노트로 항해할 수 있는 능력도 있다. 선원은 90명 정도로 70여 명이 기관 계통에서 일하며 기관 계통의 상당수는 여자로 구성되어 있다. 그 외에도 젊은 여자와 중년여인들이 컴퓨터 앞에서 일하고 있다. 엄청난 컴퓨터시설과 제어장치가 되어 있으며 기관실에는 모니터링 스크린이 20여 개가 있어서 배의 부분부분을 한눈에 볼 수 있게끔 시설되어 있다.

엘리베이터가 7층까지 있으며 함교는 유선형이나 계단형이 아니고, 소위 상자형 함교인 상부선체는 백색이고 선복은 붉은색의 선박이다. 배는 건조할 당시 원자로를 시설하는데 상식이며 크기가 작은 원자로를 옮겨서 선체에 시설해야 했다. 그러나 소련이 원자로에 관한 비밀을 유출시키지 않으려고 선체를 옮겨서 원자로를 싣고 다시 조선소로 옮겨와서 완성한 배라는 일화를 서울에서 읽은 적이 있다.

**3월 10일**(목)

흐리고 바람이 약간 부는 아침이다.

하계조사대로 왔다가 남은 두 사람이 새벽에 떠났다. 새벽 1시, 아침 7시 반에 C-130이 이륙한다고 건설선으로 연락이 온 것을 늦게 전해주어 허겁지겁 떠난 것이다. 한 사람, 한 사람 떠나 간다.

건설근로자 대부분이 이미 건설선으로 철수했고 연구소 건설 관계자와 현대 엔지니어링 건설 감리 관계자 그리고 시설 관계 기술자 몇 명만이 남아서 마무리작업을 하는 중이다. 이 마무리가 끝나면 우리 월동대원 13

명만이 남게 될 것이다.

드디어 아침 10시 20분경 칠레 C-130이 마쉬기지를 이륙했다.

**3월 11일**(금)

심한 바람에 진눈깨비가 날린다. 바다가 거칠어서 작은 배는 기지로 못 올 것 같고 칠레공군기 비행도 어려울 것으로 생각이 든다.

기지의 숙소가 2인용 방이므로 현재 한 방에 2명씩 사용하고 있으나 하계연구동은 이름이 연구동이지 실제는 숙소 5개이다. 따라서 가능하면 독방을 쓰는 것을 고려해야겠다.

사람이란 공동생활을 할 때에는 해도, 가능하면 혼자 있는 사생활이 보호되어야 한다. 킹 조지섬에서 시설이 잘 되어 있다는 폴란드의 아르토우스키 기지는 방은 좁지만 혼자 쓰고 있다. 사무실이나 작업장에서 함께 일하는 것은 괜찮으나 침실을 공동으로 쓴다는 것은 이점보다는 불편한 점이 많은 것이 확실하다. 아무리 이해하고 협조하고 참는다 해도 한계가 있는 법이다.

대원 개인의 사생활 보호와 연료비가 국가예산이라는 차원을 비교할 때 관점에 따라 다를 수도 있겠으나 전자가 보다 중요하다는 것은 두 말할 필요가 없다. 물론 연료는 국민세금이고 국가예산이기에 한 푼이라도 낭비해서는 안 될 것이다.

어제 비행기로 나간 현대근로자 1진 63명은 오늘 아침 산티아고를 향해서 푼타 아레나스를 떠났다고 한다. 2진은 내일 아침 8시 반 칠레공군기 편으로 마쉬공군기지를 출발할 예정이다.

어제 떠난 사람들은 만 3개월 만에 문명세계로 돌아간 것이다. 흔히 하는 말로 '신났겠다'. 피부도 다르고 언어는 안 통하나 숫자가 절대적으로 많아서 우쭐거리는 심리가 발동했으리라.

점심이 끝나고는 북서서풍이 풍속은 초속 21.9미터가 되고 바다에는 하얀 파도가 넘친다. 이곳에 도착한 후 가장 센 파도로 생각되며 파도는 1미터 이상으로 생각된다.

굴삭기가 작은 바지에 실려 마지막으로 철수하는데 심한 바람으로 건설선까지 가지 못하고 건너편 해안에서 대기중이다. 이제 육상에는 건설 관계 장비는 하나도 없다. 우리가 구입한 40피트짜리 컨테이너 7개가 자리를 잡았고 폰툰만이 해안에 얹혀 있다.

**3월 12일**(토)

바람이 비교적 심하고 눈이 하얗게 쌓였다. 그러나 오전 중에 눈도 멎고 바람도 약해졌다.

오전에는 현대근로자 제2진이 칠레 공군기로 마쉬기지를 이륙했다. 3진은 15일 출발이 취소되고 19일 정기편에 편승하거나 아니면 그 이후 정기편에 편승해야 된다는 이야기가 있으나 그것도 되어보아야 아는 것이다. 그저께와 오늘 나간 사람들은 다행이다.

세계에서 가장 험한 바다라는 드레이크해협을 2시간 반 만에 간단히 건넌다는 것이 큰 행운일 수 있다. 여기에 올 때 발파라이소에서 10여 일을 흔들리고 고생한 것에 비하면 너무 쉽게 끝나는 것 같다. 그리고 한 30여 시간 비행기를 타면 서울에 도착하고 가족을 만난다. 고생 뒤에 기쁨이 온다는 대표적 예라는 생각이 든다.

잠이 안 온다고 술을 마시고 잠을 청하는 대원이 있다. 술마시고 취해서 잔다? 글쎄 하루 이틀은 되겠지만…….

## 물개를 잡다

**3월 13일**(일)

오전에 바람은 비교적 약하나 가랑비가 계속 내린다. 오후는 안개가 심했으며 바람은 계속되었다.

기지 준공검사를 했다. 세면대와 변기, 창문의 손잡이, 출입문의 손잡이, 벽지 등 사소한 것이 마음에 안 든다. 건설 관계자들이 하나하나 빠짐없이 기록한다.

오후에는 남극물개 한 마리를 잡았다. 사실 물개를 잡아야 되겠다는 생각은 오래 전부터 하고 있었다. 우리야 매일 남극물개를 보지만 한국

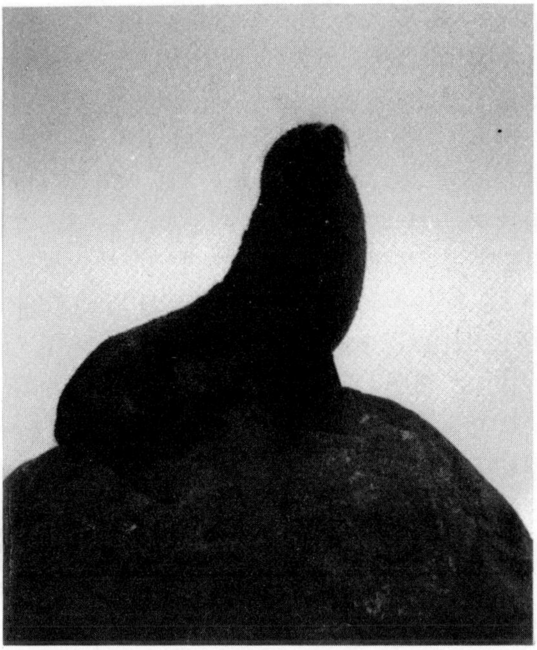

남극 털가죽물개

에 있는 학생들은 사진이나 텔레비전을 통해서만 남극의 물개를 볼 뿐이고 동물원의 물개는 남극물개와 종류가 다르다.

잡을 만한 마땅한 방법이 없었고 펄펄 살아있는 생물을 죽인다는 측은함 때문에 지금까지 망설여왔다. 그런데 오후에 상당히 큰 물개 한 마리가 기지의 서쪽 자갈밭에 올라온 것이다. 전시용 물개 한 마리를 포획하자는 말을 하니 대원들이 7~8명 모여들었다. 호기심과 협력이 필요한 일이기에 관심을 가진 것이다.

사람이 모이자 물개가 사람을 경계하는 눈빛이 뚜렷해졌다. 우선 할 일이 물개를 산쪽으로 모는 것이다. 물가 가까이에서는 놓치기 십상이다. 물개는 해표와 달라서 행동이 상당히 민첩하다. 더군다나 공격을 받는다고 생각하고 본능적으로 움직이니 굉장히 빨랐다. 조심해야겠다. 어느 정도 산쪽으로 몰려가다가 사람의 의도를 알아차렸는지 갑자기 바다쪽으로 방향을 돌린다. 소리소리 지르고 해서 못 내려오게 막았다.

다음으로 할 일이 물개의 생명을 끊는 일이다. 영국 스코트 극지연구소에서 발행했다는 물개핸드북을 못 보았으나 포유류 전문가들의 문헌을 통해서 보건데 물개를 단시간에 고통없이 죽여야 한다는 생각이 들었다. 그러나 기지에 총은 없고 고통없이 피를 안 흘리는 방법으로 택한 것이 클로로포름으로 마취한 뒤 목을 죄는 것이었다. 3미터 정도 막대기 끝에 솜뭉치를 주먹만하게 뭉쳐서 마취제 클로로포름을 듬뿍 묻힌 뒤 물개가 물도록 유인했다. 처음에는 물개가 그것이 무엇인지 몰라서 물어 당겼는데 그 힘이 생각했던 것보다 엄청나게 세었다. 막대기를 물고 흔드는 힘이 방심하거나 막대기를 놓지 않으면 끌려갈 정도였다.

물개도 생물이기에 약을 묻힌 이 솜뭉치를 먹어서는 안 된다는 것을 즉각 알아차려서 뱉아버렸다. 처음에는 클로로포름의 냄새만 맡아도 마취되어서 쓰러질 줄 알았는데 천만의 말씀이다. 입으로 힘있게 당겨서 뜯어버리고 으르렁거린다. 마취가 안 되니 끈을 목에 걸어 조인다는 것은 더 어려운 일이다.

몸도 유선형으로 생겼고 본능적으로 피하고 끈을 걸 줄도 모르고 또 힘이 대단히 세어서 잘못했다간 끌려가고 넘어지고 다칠 판이다. 불운해서 물리기라도 하면 살덩어리가 뚝뚝 떨어져 나가리라. 인간적인 방법은 글렀고 야만적인 방법을 택하기로 했다.

길이 2.5미터 정도의 금속파이프를 몇 개 준비했다. 19세기 초에 남극물개 잡듯이 때려서 잡는 것이다. 두꺼운 지방 때문에 동체에서는 파이프가 핑핑 튕겨날 뿐 타격의 효과가 없다. 가장 치명적인 곳이 두개골인 것이다. 드디어 머리통을 제대로 쳐서 기력을 떨어뜨렸다. 그 이후 클로로포름을 묻힌 솜뭉치를 억지로 밀어 넣어서 숨을 끊었다. 그러나 이 물개는 죽어서도 좋은 일을 하는 것이다.

이 남극물개는 박제가 되어 남극물개를 못 본 수만 명 앞에서 남극물개 생전의 모습을 보여주게 된 것이다. 색깔은 흑회색의 쥐색이며 길이는 1미터50센티미터 정도이며 몸무게는 70~80킬로그램 이상 1백킬로그램 정도로 보인다. 앞지느러미가 50센티미터 정도이며 뒷지느러미는 40센티미터에 뒷지느러미에만 길이 1~3.5센티미터의 발톱이 5개 있다.

머리길이는 30센티미터에 폭은 20센티미터이며 수염길이는 35센티미터에 7센티미터의 꼬리가 있다. 지방두께는 3.5~4센티미터로 베이지색이며 살은 검붉은 색깔이다.

내장을 꺼내자 피냄새를 맡고 모여 든 스쿠아에게 던져주었다. 오늘은 킹 조지섬에 사는 스쿠아들의 잔칫날이 되었다.

건설선이 가져온 작은 선박 2척 중 큰 배인 선화호가 선적되었다.

**3월 14일**(월)

흐린 날씨에 심한 북풍이 불고 있다.

건설선이 가져온 작은 선박 약진호는 어디로 갔는지 행방이 묘연하다.

기지유지와 관련된 여러 생각이 떠오른다. 대원선발은 가능하면 충분한 시간을 갖고 공채해야 될 것이다. 대장이 인선에 큰 재량권을 행사해야 하며 예산이 허락된다면 얼마 동안이라도 같이 살아볼 수 있는 시간을 만들면 큰 도움이 되리라 생각된다.

대장은 소장의 인사 명령을 받았으나 그외의 직책을 발령받은 사람은 없다. 가능하면 부대장과 총무 정도는 소장의 인사명령이 필요하다는 생각이 든다. 본인도 책임감, 소속감이 생기고 업무에 대한 능동적 자세를 가지리라 생각된다.

대원들의 요구사항은 무리한 경우가 아니면 수용하도록 노력해야겠다. 이는 사기 유지에 필요할 것이다. 만약 수용하지 못 할 경우가 생긴다면 가능한 한 설명해서 이를 납득시키도록 해야겠다.

발전기의 교체 운전시 전력의 공급이 중단될 때에는 전산기에 나쁜 영향을 줄 것이므로 일정한 시간을 정해야겠다. 예고하는 것도 필요하지만 교체시간을 일정하게 하는 것도 큰 도움이 될 것이다.

앵글과 합판으로 관을 만들어 어제 잡은 남극물개를 넣었다. 한국에 가서 많은 어린이들에게 남극의 자연과 생물에 대한 호기심을 만족시켜 주기를 기대한다.

물개고기맛을 보겠다고 가져간 사람에게 고기맛을 물었더니, 쇠고기를 절여서 빡빡하게 말린 것 같은 느낌을 주었으며, 특별한 맛은 없다고 한다. 뜨거울 때는 먹을 만하나 식으니 먹기 힘들다는 말을 들으니 맛이 그렇게 좋은 것 같지는 않다.

1972년 체결된 남극물개 보호협약에서 사람과 개의 생존을 위해서는 물개류를 먹을 수 있게 되어 있다. 과거 남극탐험에서도 생존의 극한상황에 처한 많은 사람들이 펭귄과 물개로 연명했다. 못 먹을 특별한 이유가 없으리라.

저녁때 송원오 건설단장이 주재한 남극사업 추진 과정 및 생활 소감 청취를 위한 모임이 있었다. 남극사업은 가장 걷잡을 수 없이 흘러간 작업이었다고 한다.

1985년 11~12월 한국 남극관측탐험 이후, 1986년 11월 29일에는 남극조약에 가입했고 1987년 1월에는 기지 건설이 결정되었다. 3월 16일에는 한국 과학기술 연구원 부설 해양연구소에 극지연구실이 설치되었으며 4~5월에는 후보지 답사가 있었으며, 6월 29일에는 기지 건설을 승락하는 당시 전두환 대통령의 재가가 있었다.

9월 30일에는 현대건설측과 공사계약을 체결했으며 10월 6일에는 기지건설선 2만4천5백톤의 HHI-1200이 건설자재와 장비를 싣고 울산항을 출항했다. 미국 로스앤젤레스에 기항해 과학장비를 선적하고 칠레 발파라이소에 기항하여 근로자를 승선시켰다.

이후 칠레연안을 따라 남하해 드레이크해협을 지나 12월 15일 낮 12시경 킹 조지섬 맥스웰만에 정박하여, 마리안 코브 안쪽에 상륙했다. 12월 16일에 기공식을 갖게 된 것이고 준공식을 하게 된 것이다.

표토에서 60센티미터 아래에 발달한 영구 동토를 굴착했으며 낮은 곳은 자갈과 흙으로 채워서 기초를 성토하기도 했다. 건물은 철제구조물이기에 유연성이 있을 것이고 송유관과 상수 및 하수관 등의 파이프는 동결에 대비하여 보온처리했다.

임무가 서로 달라서 상대방을 잘 이해 못 할 수도 있을 것이나 이해토록 노력해야 할 것이고 좋은 결과를 맺도록 관심을 갖고 운영을 잘 해야한다는 평범하면서도 옳은 이야기가 있었다.

싼 게 비지떡이므로 기지 운영에 따르는 구입물품의 질과 양을 따져 좋은 물건을 적정량 구매해서 가장 경제적으로 운용해야할 필요가 절실하다는 이야기와 시설물 배치도가 없어서 어려움이 있으며, 부족물품과 필요한 운영 및 연구기기에 대한 의견과 새로운 장비의 효과적인 운영을 위한 시운전의 필요 등 좋은 의견들을 내놓았다.

모두가 월동생활을 잘 해야 되겠다는 의욕과 의무감으로 가득 차 있는 것이 비록 월동경험은 없더라도 잘 되리라는 막연한 기대가 생긴다.

**3월 15일**(화)

건설단측의 양여식품인 육류 쇠고기, 닭고기, 돼지고기, 어류, 건미역, 건파래, 건야채와 과일통조림류, 장류, 국수, 조미료 등을 운반했다. 싣고 가도 되겠지만 주고가는 것이 고맙다.

생물반출서류에 물개 한 마리를 추가해서 다시 작성했다.

오전에는 날씨가 대단히 좋았으나 12시경부터는 가랑비가 내리기 시작했으며 바람과 비가 심해져 현대측 인원 21명의 발이 묶였다.

**3월 16일**(수)

오늘은 세종기지에서 30킬로미터 이상 떨어진 애드미럴티만에 위치한 폴란드인가 브라질기지에 초대된 날이다.

새벽에 초속 11~12미터의 바람이 7시경에는 13~17미터 정도로 세어졌다.

다행히 아침 8시 50분경 칠레의 헬리콥터가 날아와서 우루과이와 중국, 소련 및 칠레기지의 대장과 함께 아르헨틴기지에 기착하여 아르헨틴기지 대장을 태우고 높이 솟아 눈이 안 덮인 누나타크와 푸른 크레바스가 발달한 흰 빙원과 얼음이 떠있는 바다 위를 날아서 9시 10분경 애드미럴티만 상공에 왔다.

바람이 워낙 세어서 착륙하지 못하고 몇 차례 돌았으며 심하게 흔들리거나 한두 차례 뚝뚝 떨어지기도 해서 불안한 마음 금할 수 없었다. 얼음이 떠 있는 저 검푸른 바다에 떨어지면 끝이다. 생존이고 비상이고 끝장나는 것이다. 수온 1℃ 정도의 바다에서 얼마 동안이나 생존할 것인가? 수십 분에서 몇 시간 미만일 것이다.

다른 사람들도 그렇게 생각하는지 헬리콥터가 심하게 흔들리거나 떨어질 때에는 아무도 말이 없다. 결국 착륙하지 못하고 9시 반경 기지로 돌아왔다. 칠레 헬리콥터 UH-1H는 풍속 50노트, 그러니까 초속 25미터 정도이면 착륙이 불가능하다.

남극은 이런 곳이다. 1985년 11월 처음 킹 조지섬에 왔을 당시 칠레 기지 대장이던 곤잘레스 공군중령의 "남극은 '언제 갔다 언제 온다' 라고 이야기하지 말라" 던 말이 기억난다. 문명세계에서는 계획대로 할 수 있으나 남극에서의 활동은 워낙 기상에 좌우되므로 계획이 어렵다는 이야기다. 오늘 오전의 일도 그와 같은 범주에 들어가는 일의 하나이다.

**3월 17일**(목)

해수 담수화장비가 15초에 1.5리터를 생산해낸다. 시간당 360리터이고 하루 10시간 가동할 경우 3.6톤을 생산하는 셈이 된다. 우리 13명이 문명세계 기준으로 일인당 250리터를 쓴다면 적당한 양이라 생각된다.

새벽에 심하던 바람이 11시경에는 약해지고 기압도 상승해서 건설선에서 라면과 육절기, 골절기 등의 기기를 인수했다.

어제까지 기지에 숙박했던 건설관계자 가운데에서 단장을 포함 대부분 HHI-1200으로 철수하고 현대엔지니어링의 건설감리책임자인 김동욱 부장과 연구소 건설관계자 등 7명만이 기지에 남았다.

발전기 인수서에 서명하고 준공 재검사 결과를 통보했다.

지난 밤에 약진호는 선원이 잠든 사이에 정박 로프가 끊어져 상당거리를 표류했다. 표류하는 동안 상당히 무서웠으리라.

**3월 18일**(금)

날씨는 흐리지만 바람은 잤다.

김동엽 박사와 해안을 따라 육지가 노출된 끝까지 갔다 왔다. 가다가 하마터면 남극물개에게 공격당할 뻔했다. 무심히 가는데 3~4미터 앞에서 으르렁거렸다.

바위인 줄 알았는데 잠자고 있는 물개, 그것도 성질이 사나운 수컷이었다. 으르렁대는 모습이 "왜 잘 자는데 깨우느냐?"고 신경질내는 사람과 흡사하다. 다행히 지질망치를 들고 있었고 우리는 두 명이기에 물개가 물러섰다. 모르고 더 가까이 접근했었더라면 큰일날 뻔했다.

'남극잔디'로 이름붙인 남극의 식물

지난번 물개잡을 때에도 느낀 것이지만 물개의 동작이 상당히 민첩하다. 사람이 방심하면 충분히 공격당할 수 있다. 공격당하게 되면 치명적일 것이다. 방한복이 두껍고 방한화가 튼튼해도 물개 이빨과 강력한 턱에 비하면 별 것이 아니다.

해안따라 육지가 노출된 끝에 호수가 있으며 부근에는 남극에서 꽃피는 식물 2종류 가운데 하나인 화본과의 남극잔디가 자생하는 것이 발견되었다.

잠수를 할 줄 아는 정호성 대원과 이동화 대원이 저서생물과 해저 퇴적물을 채집하기 위해 기지의 부두 부근을 잠수했다. 깊은 곳이 아니어서인지 퇴적물은 비교적 조립질이며 어제의 파도로 시계는 대단히 나빴다고 한다.

남아있는 건설 관계자들을 위하여 간단하게 송별연을 열었다.

**3월 19일**(토)

영하의 기온이며 비교적 심한 동풍에 눈이 날린다.

건설 관계자들과 담수화장비를 논의했다. 현재 생산량은 시간당 최고 360리터로 정상 생산량의 60퍼센트 정도인데 대개는 이보다 못하여 기계가 성능을 제대로 발휘한다고 볼 수 없다. 아직 살아보지는 않았으나 5월 또는 6월까지는 인공호수인 현대소나 자연호수물을 이용하면 될 것 같다. 그러나 10월부터 기온이 며칠은 영상이 된다는 가정하에 7~9월 3개월 정도가 담수화장비를 가동해야 되리라 생각된다. 정상 생산이 안 되는 이유로 운반 도중 충격 등에 의해서 기계가 손상되었는지는 알 길이 없다.

해수를 덥혀서 찬물이 아닌 기계 매뉴얼대로 공급해서 시험해보는 방법이 있고, 4월까지 해보아서 안 되면 겨울이 오기 전에 핀란드 기술자를 오게하는 방법도 생각할 수 있다는 건설단측 설명이다.

아침부터 날리기 시작한 눈은 오후에 초속 27.9~28.5미터의 동남동풍에 힘입어 갈수록 심해져서 시계가 15미터 정도이다. 소위 남극에서의 생존과 탐험을 어렵게 만드는 폭풍설인 블리자드가 불어온다.

심한 경우 시계가 1미터가 안 된다는데 오늘의 폭풍설은 그렇게 심한 것은 아니나 그래도 폭풍설은 폭풍설이다. 기온은 영하4.1℃까지 떨어졌다. 눈은 운동장에는 30~40센티미터 정도이나 연구동의 서쪽인 오른쪽에는 1.5미터 정도의 산을 만들었다.

**3월 21일**(월)

오늘은 북반구에서는 춘분이나 남반구에서는 추분이다. 남극의 가을로 접어드는 날이다.

기온 영하4.1℃에 바람은 초속 11.3~13.3미터의 동풍에 눈이 날리고 있다. 어제부터 목조창고 앞과 연구동 옆 또 컨테이너 앞에는 눈이 1.5~2미터 정도 쌓였으며 본관 앞 운동장에도 60~70센티미터 쌓였다.

현대측이 양여한 떡국으로 아침을 먹었다.

드디어 오후 4시 기지건설선 HHI-1200은 킹 조지섬을 떠나 귀국길에 올랐다. 기지에 남아 있는 건설 관계자들과 아무 협의없이 어제부터 천천히 움직이더니 그들을 남겨두고 떠난 것이다. 날씨는 계속 나빠지고 앞으로 어떻게 될지 불안하므로 하루라도 빨리 돌아가고 싶은 것인가?

이제부터는 남아 있는 7명의 귀국편을 찾아야겠다. 결국 칠레공군과 협조하여 C-130으로 푼타 아레나스까지 나가는 것이 정석이다.

물자관리와 발전기 교체, 절전관계, 비상구 개방 여부, 숙소배정, 난방기 사용, 실내온도와 습도조절문제, 기호품 지급 등을 논의했다.

**3월 22일**(화)

영하4.5℃의 기온에 비교적 약한 동풍이 불며 바다는 잔잔하다.

맥스웰만에는 길이 7~8백미터, 수면 위 높이 50~60미터 정도의 탁상형 빙산이 북동 방향으로 들어오고 있다. 저 탁상형 빙산은 서 남극 어디에서 흘러오는 걸까?

**3월 23일**(수)

달력으로는 21일이 남반구의 추분이나 밤낮의 길이는 오늘이 같다. 즉, 태양은 오늘 아침 6시 2분에 떠서 저녁 6시 1분에 지니 낮 시간이 11시간 59분이다.

건설 관계자 7명의 교통편에 관해서 주 칠레 한국대사관의 주진엽 참사관과 협의했다. 모레 25일에 있는 정기편에 탑승하기로 칠레공군과 협조되어 모레 아침에 칠레 헬리콥터가 데리러 온다는 이야기다. 다행이다. 일인당 비행기 운임이 미화 250불이고 헬리콥터 사용료가 시간당 1천5백불이니 싼 값은 아니나 이보다 나은 방법은 없다.

오후 5시경 우루과이인 4명이 부두에 접안했다. 한 사람의 전공은 수의학이며 3월초~4월초 사이에만 우루과이 남극기지에서 맥스웰만의 수질조사를 한단다. 올해는 연구항목에 동물군 연구를 포함해서 연구재료를 채집차 우리 기지까지 오게된 것이다.

4월 6~10일 사이에 우루과이 비행기가 있을 것이라는 이야기를 한다. 우루과이는 인구가 3백만 명 정도로 적으나 남극 기지에 가까이 있어서 비행기를 운항하고 있다. 괜찮다는 생각이 든다.

**3월 24일**(목)

약한 북북서풍에 얼음조각이 마리안 코브를 채웠다.

10시반경 중국 장성기지 남극 탐험대원 16명이 고무보트 2척에 분승하여 기지를 방문했다. 기지 시설을 설명해 주고 닭도리탕으로 점심대접을 했다. 식품이 충분치 않기에 식사가 만족한 편은 아니나 할 수 없다. 대장은 진대하 교수로 중국 서부지방 난주 빙하연구소 연구원이다. 오후 2시 반경 돌아갈 때 소주 한 상자를 선물로 보냈다.

이어서 아르헨티나 기지대원 4명이 기지를 방문했다. 지난번에 만난 영어와 불어를 잘 하는 젊은 생물학자와 아르헨티나 남극영웅인 기계공 알프레도와 마람비오기지에서 온 2명 등이다. 이들도 돌아갈 때 소주 1 상자를 실어 보냈다. 소주는 2홉들이 120상자, 즉 2천4백병이 있으니 소주만은 충분하다는 생각이 든다.

칠레기지에서 내일 아침 7시 반에 건설 관계로 남아있는 사람들을 데리러 올 터이니 대기하라는 연락이 왔다. 드디어 떠나게 된다.

건설선이 한마디 협의없이 떠난 것에 화가 나서, 못 마시는 술을 폭음하고 속이 아파서 라면으로 끼니를 때우는 것을 보았는데 이제는 배로 떠난 사람들보다 더 편하고 빠르며 간단하게 비행기로 가게 되었다.

**3월 25일**(금)

새벽에는 흐린 날씨에 가는 눈발이 날린다. 아침에 동풍이 초속 17~20미터로 심하게 분다. 이런 날씨에 과연 헬리콥터가 날 수 있을까? 남은 7명이 예정대로 오늘 출발할 수 있을까? 두려움이 앞선다. 그러나 염려와는 달리 아침 7시 50분 폭풍 속에 칠레 헬리콥터가 왔고 7명은 출발했다. 이 바람 속에서 약속대로 와 준 것이 고맙다. 우편물은 없다.

7명이 떠나면서 드디어 우리 13명만 남게 되었다. 하계연구동을 사용키로 결정했으며 김동엽 박사가 동장을 맡기로 했다.

이제 남극의 겨울 문턱에 온 것 같은 기분이 든다. 낮시간도 밤시간보다 짧아진다. 대원들의 건강, 특히 안정된 정신적인 자세가 중요하다. 그를 위해서는 한가한 것보다는 스스로 무엇인가 찾아서 하는 것이 필요하리라. 누가 시켜서 하는 것보다는 스스로가 할 일을 찾는 긍정적 자세가 중요하다고 생각되기에 이를 설명하고 협조를 구했다.

영국인 근무 문제는 아직도 해결이 안 되었다. 한국기지 최초의 월동대는 한국인만으로 구성되어야지 여기에 외국인이 연구목적 아닌 다른 목적을 위해서 있다면 곤란하다. 대원들의 사기와 명예심에 도움이 안 되며 기지 위신으로도 곤란하다는 것은 명백하다. 우리의 강력한 반대입장을 연구소측에 표시하기로 했다.

아침에 칠레 헬리콥터가 올 때 외국인 한 사람이 내렸다. 헬리콥터를 보낸 뒤 이야기를 들으니 이 사람은 불란서 남극협회(Latitude Sud)에 소속된 사진사이다. 지리학과 컴퓨터를 전공하다가 사진으로 돌아선 30세의 미혼인 사람으로 방문 목적은 세종기지의 촬영이다.

1985년 1월 중국 장성기지 건설 당시 방문한 최초의 외국인이었으며 남극에 벌써 여덟번째 온다고 자신을 소개한다. 남극에 자주 오는 사람답게 텐트, 침낭, 매트리스 등 숙박 준비가 완벽하며 지고 온 큼직한 배낭에는 분명히 비상식량, 장갑, 양말, 라이터, 기름 등의 준비물이 들어 있으리라.

경비는 협회가 지불하며 올 11~12월에도 다시 킹 조지섬에 올 예정이란다. 올해가 불란서 남극탐험가 듀몽 뒤르빌(Dumont d'urville)의 남극탐험 150주년 되는 해라고 설명한다. 현재 8명이 10미터짜리 요트인 펠라직호로 마쉬기지에 와 있단다. 그중 이탈리아인 2명과 스위스계 이탈리아인 1명, 불란서인 1명은 요트를 타고 세번씩이나 남극에 온 경험이 있다. 그외에 미국, 영국, 뉴질랜드, 벨기에인 1명씩이며 이들은 등산, 탐험, 빙하조사에 경험이 있는 사람들이다.

모두가 남자이며 요트로 드레이크해협을 건너서 여기까지 온 것이다. 그들이 그 요트로 아르헨티나의 우슈아이아, 남 조지아섬, 남 아프리카를 거쳐서 유럽으로 귀국 예정이란다. 1985년에도 불란서요트가 킹 조지섬에 온 적이 있다고 한다.

모두가 대단한 사람들이다. 등산과 탐험과 모험을 좋아해서 요트하나로 먹을 것 적당히 싣고 남극까지 오고, 대양 수천 킬로미터를 항해하는 것이나.

서양에는 이런 사람들이 꽤 있는 것 같다. 얼마 전 마쉬기지에 갔을 때도 시 토마토라는 붉은 색 요트가 해안에 정박한 것을 본 적이 있다. 이 요트도 드레이크해협을 건너왔으리라. 그의 요청대로 여권에 한국기지를 방문한 최초의 불란서 사람임을 확인해 주었다. 기념으로 써 받고 싶어하는 것이다. 기사가 나오면 한 부 보내주기로 약속하고 주소를 받아두었다.

오후 3시부터는 전번보다 더 심한 폭풍설이 분다.

건설선 HHI-1200은 3월 30~31일경 칠레 발파라이소보다 약간 남쪽의 산 안토니오항에 입항할 예정이라는 연락이 왔다.

칠레 공군기는 폭풍설 때문에 이륙이 어려워 건설단원 7명은 칠레호텔에 투숙 중이라는 무전이 왔다.

저녁 때에는 기온이 더 떨어져 영하5.7℃가 되고 바람은 더욱 세어져 초속 28~31.1미터다.

**3월 26일**(토)

폭풍설은 지나가 바람은 어제에 비해 훨씬 약해졌으며 아침에 영하였던 기온이 오후에는 영상으로 올라갔다.

1번 저유탱크의 뒤쪽 왼쪽의 알루미늄으로 된 보온커버가 뜯겨있다. 4번과 6번 탱크의 리베트도 빠져서 펄렁거린다. 겉으로 봐서는 틈이 없어 보이는 지진파 관측동 내부에도 눈이 수북이 쌓여있다. 자연의 힘은 상당하다.

9시 반경 이륙한 칠레 공군기는 12시 20분경 푼타 아레나스에 도착 예정이라는 연락이 왔다. 드디어 건설관계자 7명은 문명세계에 발을 들여놓는 것이다.

칠레에서 담가 온 김치는 시었으며 조개젓과 명란젓, 오징어젓 등 젓갈류도 맛이 갔다. 칠레에서 1월 하순경 담았으니 2개월 정도가 되었다. 담는 경험 부족인가? 아니면 재료 부족인가? 아니면 젓갈류는 오래 못 가는가?

요트 펠라지카가 와서 불란서인을 데리고 갔다.

저녁때 며칠 전 가지고 온 아르헨티나의 맥주와 중국산 포도주를 마셨다. 아르헨티나 맥주는 우리나라 OB맥주보다 못하며 중국산 포도주도달기만 하고 맛이 좋지 않다.

**3월 27일**(일)

하루 종일 바람이 비교적 적은 영상의 날씨이다.

건설단이 저유탱크 1,2,3호기와 4,5,6호기 사이에 파놓은 현대소는 호심은 얇아 보이나 호안은 이미 15~20센티미터 정도로 결빙되었다. 호면은 유출구보다 40~50센티미터 정도 낮으며 경사져 있다. 기온이 영하로 떨어지면서 지면이 결빙되어 유입되는 물은 없으나 생활용수는 계속 유출되니 호면이 낮아질 만도 하다.

기지 남서쪽 자연호인 세종호도 호안은 두께 20센티미터 정도로 결빙되었으며 호심을 제외하고는 전 호수가 결빙되었다. 기지 서쪽 낮은 해변에 있는 기수호는 눈으로 하얗게 덮였다.

절기상으로는 추분이 지난 지 며칠 안 되어 가을에 들어선 것이나, 이미 겨울로 접어드는 것으로 생각된다.

오늘 5명이 하계연구동으로 이사했다. 독방을 쓰게되므로 사생활은 침해를 받지 않게 되었다. 두 명이 한 방을 씀으로 생기는 이점도 있을 것이다. 그러나 개인에게는 개인만의 생활이 있고 그 자리에 다른 사람이 있다는 것은 바람직하지 않을 때도 있을 것이다.

그런 점에서 세종기지는 방이 13개라서 13명대원에게는 안성맞춤이다. 하계동에 거주함으로써 난방과 조명이 필요할 것이고 물을 공급하게 되면 그에 따르는 유류사용이 늘어날 것이나 그보다는 사생활을 보장함으로써 얻어지는 심리적 안정 내지는 생활의 독자성이 보호되므로 보다 큰 것을 얻을 수 있다고 확신한다.

**3월 28일**(월)

새벽에는 영하의 기온이었으나 점심 전에 영상으로 상승하고 하루 종일 바람없는 따뜻한 날씨다. 해면도 잔잔하다.

기지건설단은 남위 45° 42′을 항해하고 있다는 연락을 받았다. 많이 올라갔다.

**3월 29일**(화)

영하의 날씨지만 바람이 비교적 없고 맑은 하늘이 보이는 날이다.

기지남쪽 21킬로미터지점 식물화석이 산출된다는 곳에서 화석을 찾았다. 퇴적암의 증거는 있으나 상태가 좋은 뚜렷한 화석은 없다.

**3월 30일**(수)

연 나흘째 비교적 좋은 날씨이다.

한국에서 동계등반을 좋아했다는 의사인 이장성 대원이 새벽에 기지에서 동쪽으로 보이는 봉우리를 혼자서 등반하겠단다. 위험하게 생각되었으나 본인의 능력을 믿고 등반을 허락했다. 사고란 자신있어 할 때 일어난다는 이야기가 생각났다. 혹시나 해서 쌍안경으로 등반과정을 관찰했다. 등반 50분 만에 정상에 도달한 뒤 사진찍고 좀 쉬다가 귀환을 시작했다. 이후 산에 가려 모습을 놓쳤으나 기지출발 거의 3시간 만에 돌아왔다.

조리사가 급여에 이의를 제기했다. 연구소의 경우 중식 한 끼니를 짓고 아침과 저녁은 주방 보조원들에게 지시나 하고 확인하는 정도이지만 여기는 인원은 적으나 하루 세 끼니를 지어야 한다는 점에서 업무량이 많으며, 이곳에서 채용한 기술직들과 비교해서 경력에 비추어 상대적으로 급여가 낮다는 것을 이유로 들었다.

조리사가 발전, 기계설비직 등 고수준의 기술직은 아니라 할지라도 같은 환경에서 살아가는 사람끼리 경력이 뚜렷하지 않은 사람보다 급여가 낮다면 신이 날 리가 없다고 생각된다. 서울에서 계약할 때에는 현지사정을 몰랐을 것이고 계약된 급여가 큰 것이라고 생각했으나 현지에 와보니 직종이 다르고 급히 채용한 이유로 젊은 사람보다 급여가 낮으니 이의를 제기할 만도 하다고 생각된다.

**3월 31일**(목)

바람없고 춥지 않은 날씨이다.

저녁때 찾아온 아르헨티나기지 대원들은 발전시설과 담수화시설, 하수처리시설 등 기계장비에 큰 관심을 보인다. 차량부속품을 하나 찾았는데 같은 것이 없어서 못 주어 미안하다.

최근 들어서 눈에 띄는 사실 하나는 대원에 따라서 생활리듬이 깨어지고 있다는 사실이다. 즉 아침을 굶고, 아침을 굶으니 허기져서 점심에는 포식을 하게 되고,포식하니 식곤증 때문에 낮잠을 자게 된다. 낮잠을 자니 저녁에도 입맛이 없고 늦게 자게 된다.

잠들겠다고 술마시고, 다음날은 머리가 아프고 아침을 굶는 나쁜 습성을 반복하고 있다. 우리의 조상들이 일찍 자고 일찍 일어나기를 권유하는 것에는 그만큼 좋은 이유가 있다고 새삼 느껴진다.

이런 점에서 다음 월동대원 선발에는 가능하면 일찍 자고 일찍 깨는 규칙적인 생활습관이 몸에 익은 사람을 선발할 필요가 있다. 아니면 군대식으로라도 강제적으로 규칙적인 생활을 해야 하는데 이는 우리의 일반인 생활관습에 젖은 사람한테는 피곤하리라 생각된다. 우선 관찰을 계속해보고 본인 스스로가 자각하면 다행이고 안 되면 설득하면 될 것이라고 생각한다.

## 콩나물의 지혜

**4월 2일**(토)

영상 기온에 북풍이 불어오며 잔뜩 흐린 날씨이다. 간밤에 온 눈이 녹아서 창문에 맺혀 있다.

대원들의 건강이 전반적으로 약화된 것으로 생각된다. 눈에 띄는 현상의 하나가 술에 빨리 취한다는 점이다. 서울에서는 보통 소주 2홉짜리 2병을 마신다면 여기에서는 1병도 못 마셔서 몇 병 마신 상태에 도달된다고 술마시는 대원들은 입을 모아 이야기한다. 이에 대해 여러가지 이유가 생각난다.

우선 이곳의 자연환경이 우리가 30~35년 살아온 환경과는 다르다는 것이다. 이 환경이 가혹해서가 아니고 낯이 설어서 우리의 몸이 육체적으로나 정신적으로 긴장이 되는 것으로 생각된다. 기압도 990밀리바 정

기지에서 신선한 야채라곤 콩나물뿐이다.

도로 낮고, 낮이 길어서 자고 깨는 것도 영향을 받을 것이며, 미지의 세계에 대한 호기심과 두려움이 심리적 압박이 되리라 생각된다. 또 한 가지 생각나는 게 식단 문제이다.

사실 지금까지 수육이든 어육이든 육류는 비교적 많이 자주 먹는다. 그러나 신선한 야채와 과일이 부족해서 식단이 균형을 잃는다고 생각된다. 결국 육류편중의 균형이 잡히지 않은 식생활을 하게 되며 이는 결과적으로 건강을 약화시키고 체중 등 신체적 변화도 일으키고 음주량도 줄게 된다고 생각된다. 이 문제에 대한 해결책은 어떻게 해서든지 신선한 야채와 과일을 공급하는 것이다. 그런 점에서 얼마 전에 키워서 먹은 콩나물이 대단히 좋은 식품이다.

원래 칠레에는 콩나물콩이 없다는데 작년 칠레교민이 브라질에서 80킬로그램을 수입한 것을 몽땅 사 온 것이다. 생물학자의 도움으로 이렇게 콩나물을 수확하게 된 것이다. 그러고보니 콩나물이 기지의 유일한 신선한 야채인 셈이다. 콩을 싹틔워 키워 먹는 지혜를 개발한 우리 조상님들에게 감사할 따름이다.

요사이 군대에서는 어떤지 몰라도 옛날 군대에서는 자기가 먹은 콩나물을 연결하면 압록강까지 간다고 할 정도로 군인들에게 콩나물이 많이 급식되었다. 이만큼 콩나물은 우리 주위에서 쉽게 구할 수 있으며 비타민 등 결핍되기 쉬운 영양소를 갖추고 있다는 이야기가 될 것이다.

물론 이보다 효과적인 것은 칠레 공군기로 야채와 과일을 많이 공급받는 것이기는 하나 그것은 우리의 노력만으로 되는 것은 아니다. 쉽게 키울 수 있는 콩나물로 신선한 야채를 대체할 수 있다는 사실은 "진리가 먼 데 있는 것이 아니다."라는 말을 실감시켜 준다.

오늘 처음으로 기호품을 지급했다. 얼마전부터 정호성 대원이 수량을 파악했고 지급 계획을 세워서 오늘 일주일분을 나눠 준 것이다. 2백CC짜리 칠레산 파인애플 주스 3팩과 오렌지주스 2팩, 칠레과자 3봉지와 맥주 1깡통과 꿀 1킬로그램짜리 1봉지이다.

주스류는 겉에 표기된 유효 기일이 6~7월이기에 서둘러 지급하는 것이다. 맥주는 우리 OB맥주보다 못하고 깡통도 녹이 슬어가고 있다. 과자는 맛도 포장도 우리나라 것보다 못하나 꿀은 칠레가 기후가 좋고 꽃이 많아서인지 질이 좋아 보인다.

칠레에서 눈에 띄는 것 중의 하나가 꿀이 싸다는 것이다. 꿀의 종류에 따라 다르기는 하나 1킬로그램짜리가 우리돈으로 2~3천원 정도인 것으로 기억된다. 오늘 나누어 준 꿀은 종이봉지에 들었으니 더 쌀 것이라고 생각된다.

평소 군것질을 안하는 성격이나 비타민 C를 공급한다는 점에서 오렌지주스는 의무적으로 마시기로 결심했다.

오전에는 바람이 없어서 마리안 코브해면이 호수 같았다. 이렇게 고요한 수면이 다시 있을까 싶을 정도의 거울이다. 모두들 고요한 해면이 하도 신기해 나와서 사진을 찍는다. 남극은 보통 바람이 세다 하나 오늘 오전 잠깐은 예외이다.

저녁에도 바람이 없어서 바다는 비교적 잔잔하다. 폭풍전야의 정적 같아서 뭔가 불안해진다.

**4월 3일**(일)

풍속은 초속 13~17미터의 북서풍이 불고 파도는 거의 1미터 정도이다. 어제 오전 거울 같던 해면의 모습과는 아주 대조적이다. 조차(潮差)도 상당히 커서 폰툰은 파도 때문에 해안쪽으로 밀렸다. 맥스웰만에 들어왔던 탁상형 빙산도 몇 조각으로 나뉘어졌으며 한 조각은 기지 앞까지 밀려왔다.

대원을 선발하는데 서울에서 다면성 인성검사를 했다. 이는 중요한 검사의 하나라 생각된다. 어떤 방법으로든 개인의 생활리듬이나 식생활습관과 음주습관을 객관적, 과학적으로 조사할 방법이 있으면 좋겠다는 생각이 든다. 공동생활을 하면서 전문가가 본인 모르게 관찰하고 조사하는 방법이 있는지 몰라도 있다면 상당히 효과적이라는 생각이 된다.

개인의 생활리듬, 음주버릇, 대인관계, 위생 및 청결에 관한 개인적 습관과 행동차이, 식성, 업무 수행자세, 고립생활에 따르는 반응 등을 전문적, 객관적으로 조사할 방법이 있으면 큰 도움이 되리라 생각된다.

여기에서 관찰한 식성만 해도 여러가지다. "먹을 만큼 갖다 먹고 또 갖다 먹으라"는 이야기에도 불구하고 많이 가져가서 먹는 것보다 더 많이 버리는 사람이 있다. 입맛이 없어서인지 젓가락으로 하나하나 세어서 먹고, 물에 말아서 먹는 반면 잘 먹는 사람도 있다. 그래서 그런 것은 아니겠으나 남극에 온 이래 8킬로그램이 준 사람이 있는가 하면 2킬로그램이 는 사람이 있다. 술을 알맞게 마시는 사람, 지나치게 마시는 사람, 전혀 안 마시는 사람이 있다.

현대소 수면은 3월 26일보다 50센티미터가 낮아져서 출구보다 약 1미터 가량 낮아졌다. 물 소비량은 하루 2.8~4톤 정도인데 이렇게 호면이 낮아졌다는 것은 물을 사용해서 낮아졌다기보다는 물이 새는 것으로 생각된다.

**4월 4일**(월)

새벽에는 바람이 비교적 심했고 가랑비가 내렸다. 기압은 계속 낮아지고 가랑비에 심한 바람이 계속되어 밤에는 가는 눈발로 바뀌었다.

밥, 달걀을 푼 라면국과 김치로 아침을 먹었다. 정식 메뉴에 없는 달걀을 밥에다 간장을 섞어 비벼서 먹는 대원을 보고 다음에 식당에 들어와서 옆에 앉은 대원이 관심을 표한다. 여럿이 같이 사는 데에는 다른 사람과 같게 살아가야 한다는 간단한 예인 것 같다. 못나서가 아니라 오히려 잘나서 같게 살아가는 것이다.

저녁 먹고 자료실에서 스페인어를 배웠다. 강사는 칠레에 이민와서 생활하는 통역담당 하준걸 대원이다. A, B, C부터 배웠다. 글자는 영어와 같아도 발음이 다르다. 스페인어는 유럽지역에서는 스페인에서만 쓰나 아메리카대륙에 오면 멕시코에서부터 브라질을 제외한 중남미가 스페인어를 국어로 쓴다. 그런 점에서는 사용 인구가 상당히 많다.

요사이 며칠간 영상이기는 하나 현대소의 수면은 계속 하강하고 있다. 물은 빠져나가나 유입이 안 되기 때문인 것으로 생각된다.

건설선이 칠레의 산 안토니오항구를 출항하여 귀국길에 오른다는 연락이 왔다.

**4월 5일**(화)

오전에는 남서풍이 비교적 세게 불었으나 저녁에는 동풍으로 바뀌고 눈이 날린다.

총무와 통역담당 두 대원의 생일잔칫날이다. 총무인 박건태 대원은 오늘이 33회째 생일이며, 통역담당 하준걸 대원은 20일이 26회째 생일이다. 식품도 충분치 않고 준비하는 사람도 생각하여 몰아서 생일잔치를 벌렸다.

뷔페로 모든 대원들이 맛있게 먹었다. 총무에게 서울에서 가족이 보낸 선물을 주었다. 이 선물은 대원 몰래 가족이 준비한 것을 모아서 가져온 것이다. 이런 수법은 대원을 깜짝 놀라게 함으로써 짧은 시간이나마 즐거운 시간을 갖자는 발상에서 시작된 것이다.

여러 사람에게 유쾌한 저녁이었다.

## 그린피스의 검열

**4월 6일**(수)

서풍에 얼음이 밀려와 해안선에 폭 20~50미터로 얼음띠를 이루었다.

그린피스가 토요일 오전에 기지 방문을 요구하는 전문을 보내왔다. 그린피스에 관해서 잘은 모르고 그저 좌익 성격이 있는 강력한 환경보호단체라는 사실만을 들어서 알고 있다. 언제인가 불란서의 핵실험과 관련해서 불란서 해군과 마찰을 일으켰다는 보도를 신문에서 본 적이 있다.

왜 그린피스가 남극에 왔는지 궁금하다. 첫 느낌은 남극 환경보호와 관련된 것이라는 생각이 든다. 무엇을 할지 두렵고 궁금하다. 거절할 방법이 없을 것 같고 와서 보게 되면 우리나라의 세종기지 광고도 되기에 방문을 허락했다.

건설선은 5월 20일경 울산도착 예정이라는 전문이 왔다.

**4월 8일**(금)

비교적 센 바람이 불며, 땅바닥은 얼어붙었다.

어제의 통보대로 그린피스는 10시 반경 기지에 상륙했다. 총 책임자는 30대 여자로 한 쪽 다리를 약간 전다. 벨기에 태생으로 북부캐나다의 눈토끼를 연구한 동물학자인 마이 데 푸터(Mai de Poorter) 박사이다.

그린피스에 관계하는 남, 여, 미국 시사주간지 뉴스위크, 화보잡지사인 라이프, 통신사인 로이터, NRC라는 화란의 신문사, 롤링 스톤이라는 미국의 연예잡지기자 등과 미국 매릴랜드 주 공용 텔레비전 관계자 등 모두 14명이 기지에 올라왔다.

이들은 한국이 남극에 진출한 이유와 기지의 확장 또는 제2기지 건설 여부, 킹 조지섬에 기지를 건설한 이유, 남극에서의 경험, 기지 건설 과정과 비용, 기지 유지의 어려움, 구성 인원 등 기지 건설과 유지에 따르는 제반 사항을 문의했다.

이어서 남빙양어업의 계속 또는 확대여부과 유독물질, 방사능물질, 폭발물, 총포유무, 군인유무, 남극조약 준수 등 한국 남극기지에 관한 전반적인 질문이 있었다.

환경보호와 관련된 시설을 둘러보았고 소각물질과 비소각물질의 처리, 소각시 연기의 성분 검사와 사용한 바테리 처리 방법, 화학폐수 특히 사진 현상액의 처리 등에 관한 문의와 실물 확인이 있었다. 기지주변 동·식물 발달 지역과 과학적 특별 관심구역 등 남극 환경보호 지역에 관한 의견을 제시했다.

떠날 때에는 그린피스의 포스터, 뱃지, 엽서, 소개 책자와 그린피스의 활동을 찍은 비데오 필름을 주고 갔다. 그린피스가 떠날 때인 1시경에는 심한 동풍의 눈이 약 30분간 날리다가 씻은 듯이 개어서 무사히 떠날 수 있었다.

오후 8시 반경에는 초속 6~7미터의 바람이 갑자기 남동풍에 초속 24~25미터로 급변하며 눈이 날리기 시작해서 군데군데 눈이 쌓이기 시작했다. 우리 기지로 부는 남동풍은 남극반도의 빙원에서 건너오는 바람이므로 기온이 낮을 것이고 어김없이 눈을 동반한다.

우리가 남극에 진출한 역사가 짧고 남극의 자연환경에 덜 익숙하더라도 남극의 환경보호에 관한 여러 규정을 최대한 준수해야 한다. 남극연구에 긴 역사를 갖고 많은 경험을 한 나라들은 이미 남극 환경보호의 중요성을 알고 이의 보호에 관해서 여러가지 규정을 권고사항의 형식으로 남극조약에 가입한 나라들과 남극에 관심을 가진 국가와 단체, 개인에까지 이의 준수를 요구하고 있는 것이다.

우리도 남극환경의 보호를 위해서 여러 규정을 지켜야 한다는 것은 분명한 사실이다.

**4월 9일**(토)

지난 밤 최저기온은 영하7.1℃로 올해들어 가장 낮은 온도로 생각된다. 눈은 생각보다는 많이 쌓이지 않았다. 새벽 6시경 최저기온이 영하 6.9℃이고 최고풍속은 초속 17.2미터이다. 그러나 기압은 꾸준히 상승하고 있고 바람은 점점 약해지고 있어서 어제 저녁에 시작한 남극 폭풍설은 짧게 끝날 것으로 생각된다.

11시경 소련선박으로 보이는 선복이 붉은 선박 한 척이 아들리만으로 들어온다.

오후 4시경 주(週)회의를 했다. 전기와 관련된 안전문제가 비교적 상세히 설명되어 회의의 첫머리를 장식했다. 이어서 물품사용 계획, 급수관계, 기기관리, 생활시간 관계 등이 논의되었다. 물자의 규모있는 사용과 절약, 사용기록이 물품사용 계획의 핵심부분이며 급수는 목욕을 주 1회로 제한하자는 실무자의 의견이 나왔다. 기기관리와 관련해서는 시설과 전기담당 양자간의 담당업무 조정이 있었다.

환경보호와 관련해서 가연성 및 비가연성 물질의 선별, 소각이 논의되었다. 어학과 생존, 자기 담당분야 자유토론을 이용한 저녁시간의 선용과 기상, 식사, 근무, 퇴근, 취침 등과 관련된 개인 생활리듬의 유지 등이 집중적으로 논의되었다.

남극에 와서 기지에서 나방이와 그리마를 보았다는 이야기가 있다. 이들은 남극이 고유생물이 아니고 문명세계에서 유입된 것이라 어떻게 해서든지 채집해야 한다.

**4월 10일**(일)

생물학자인 정호성 대원과 함께 여자 그린피스 단원의 안내로 고무보트를 타고 그린피스호에 도착하니 50대 후반의 짐 코티에 선장이 갑판에 나와서 반긴다. 중국기지 대장과 소련기지 대장 그리고 소련기지에 체류하는 동독 생물학자 등이 이미 도착해 있었다. 기지를 방문한 사람말고도 다른 사람들이 배에 있었다. 그들과의 이야기를 통하여 그린피스에 관하여 여러 가지를 알아보았다.

그린피스는 영국에 본부를 두고 있으며 25개 나라에 2백여 만 명의 회원이 있다. 약간명의 우리나라 사람도 회원인 것으로 알려져 있다. 회비, 물품판매대금, 기부금 등으로 유지하고 있다. 그린피스호는 흑색인 선복에 흰 글씨로 Greenpeace라고 썼으며, 무지개무늬를 선명하고 크게 그림으로써 한눈에 '좋은 환경' 즉, '환경을 보호하자'는 의미를 나타내고 있다.

그린피스호는 총톤수 1천5백톤 정도이며 시속 10노트로 1985년부터 사용하기 시작했다. 이 배는 1959년에 건조되었으며 원래는 예인선이었다. 미국 매릴랜드 주 파이로트협회에서 기증한 선박이다. 환경보호를

공해방지의 기수 그린피스

부르짖는 단체의 선박답게 미국 표준규격에 따라 하수를 생물학적으로 처리하며 쓰레기는 포장해서 문명대륙으로 가져간다.

과거에는 전원이 자원봉사이어서 급여를 지불하지 않았으나 최근에는 약간의 급여를 지불하고 있으며 4명이 활동하고 있는 그린피스의 남극기지와 이 선박유지에 1년에 약 100만불, 우리돈으로 약 7억원 정도가 소요된단다.

선원 17명은 대부분이 그린피스 회원이며 대장인 마이 데 푸터 박사를 포함, 4명의 그린피스 행동대원과 12명의 기자가 현재 승선하고 있다. 대장은 1984년에 박사학위를 획득한 이후 계속 그린피스에서 활동하고 있다.

그린피스호는 지난 1월에 뉴질랜드를 떠나 남극 최대기지인 미국 맥머도 기지를 검열했으며 다시 뉴질랜드로 돌아갔다가 남 아프리카를 경유하여 남아메리카에 도착했다. 지난 3월 29일 비글해협에 위치한 우슈아이아를 출발하여 남극반도 쪽으로 항해했다.

온천이 있는 디셉션섬을 방문했으며 킹 조지섬 이후에는 4백킬로미터 정도 남서쪽으로 떨어진 미국 파머기지까지 갈 예정이며 리빙스톤 섬에 있는 스페인 하계기지도 방문할 것이라 한다. 이후 남미를 거쳐 뉴질랜드로 귀환할 예정이다.

신선한 야채와 과일을 우슈아이아에서 구입하여 선적했다고 한다.

쇠고기와 당근, 파 데친 것, 쌀로 된 주식과 멜론, 귤, 커피 등이 후식으로 제공된 점심을 먹었다.

그린피스 남극활동에서 중요한 역할을 하는 것으로 보이는 한 남자가 그린피스의 남극에 대한 입장 설명이 있었다.

이후 승선한 기자들과 남극에 관한 여러가지 이야기를 했다. 일본사람들이 고래고기를 먹는다는 사실에 큰 혐오와 반발을 보인다.

푸딩과 쇠고기와 당근 삶은 것, 데친 파와 두부로 된 저녁을 먹었다. 동양사람들이 탔다고 상당히 신경을 쓴다. 식사는 철저한 셀프 서비스에 식기도 자기가 씻으며 휴게실에 비치된 냉장고에 있는 맥주를 포함한 음료수는 자유로이 마실 수 있게 되어 있다.

빈 깡통은 지렛대원리를 이용해서 압착, 부피를 줄인다. 우리 기지에도 필요한 것이기에 간단하게 스케치했다.

**4월 11일**(월)

새벽 3시에 추워서 깼다가 5시 반에 일어났다. 담요 1장으로는 덮어도 춥다. 남극에서는 기지를 떠날 때에는 숙식, 그것이 안 되면 적어도 숙박 준비는 해야하는데 침낭을 안 가져 온 것이 큰 실수였다.

선박의 벽이나 문에 부착되어 있는 생존 방법을 촬영하고 기록했다. 극지에 나오는 배이기에 저체온증치료 방법, 냉수에서의 생존, 육상에서의 생존, 물속에서의 생존, 화상, 약물중독 등에 관한 원리와 응급 대책이 그림과 글로 설명되어 있다.

그린피스의 고무보트로 아침에 기지로 귀환했다.

10시경 헬리콥터로 날아온 칠레기지대장은 어제 들어온 우루과이 비행기가 운반한 우편물을 넘겨 준다. 그는 "그린피스는 좌익이기 때문에 안 만났다"며, 내일 일본 텔레비전 관계인 8명이 기지 취재차 올 것이라 알려준다.

어제의 그린피스측의 이야기로 칠레대장은 산티아고에서 참석을 금지시켰고, 우루과이 기지대장은 자국의 비행기가 와서 바빠서 참석치 못했으며, 아르헨티나 기지대장은 9일 입항한 소련선박 미하일 소모프호에서의 물품하역 때문에 못 온다는 것이다. 물론 여러 이유가 있겠으나 그린피스가 강경 환경보호단체이기에 거부반응을 일으키는 것 같다. 그린피스를 특히 환영할 이유도 없겠으나, 특히 배척하고 거부할 이유도 없다고 생각된다.

**4월 12일**(화)

기온 영하1.8℃에 바람은 거의 없어서 바다는 잔잔하다. 어제 저녁에도 서쪽하늘에 황혼이 깃들었으며 오늘 아침에도 서쪽하늘이 분홍색으로 물들었다.

어제 이야기 들은 대로 아침 9시 반경 칠레 헬리콥터편으로 일본 후지텔레비전관계자 7명과 산티아고 거주 57세의 일인이 통역으로 기지에 도착했다. 책임자는 30대 중반인 미야자와씨였으며 사꼬라는 아가씨를 동행했다.

그린피스가 방문했을 때에도 여자들이 기지에 왔으나 그 때에는 대원들이 상당히 긴장된 것으로 생각된다. 그러나 오늘은 상황이 다르다. 일본아가씨 한 사람이 왔는데도 기지 모두가 기쁘고 유쾌한 것 같다. 두꺼운 방한복 위로나마 어깨에 손을 얹고 말을 걸고 같이 있고 싶어 한다.

그들은 2시간이상 통신실, 연구실, 발전동, 거주동, 냉동고 등을 취재했으며 촬영했다. 특히 식당에서는 김치에 대해 관심이 컸다. 그 만큼 김치가 일본사회에서도 알려져서인가?

사실 일본아가씨가 식사를 앞에 놓고 식사칭찬, 조리사칭찬, 김치칭찬을 했지만, 사실 김치는 시어지고 군내가 나고 영점이다. 내가 봐도 창피한 김치인데도 내색 하나 하지 않고 김치칭찬하는 게 외국인 앞이라 체면을 차리는 것인가? 남극연구단 뺏지와 올림픽 포스터 등을 선물로 주었으며, 그들은 회사 스티커와 양주를 선물로 주고 갔다.

손님이 오고 더구나 예쁜 외국아가씨도 한 사람 있어서 오늘은 기지가 즐거운 기분이 든다. 남극에서는 부담없는 사람을 만나는 것이 기쁜 일이다.

그들은 3월 29일 킹 조지섬에 도착했으며 4월 15일 이곳을 떠나 23일 일본 도착 예정이다. 화요일 저녁프로에 방영될 예정이라는데 어떻게 나올지 궁금하다.

오후 3~4시경에는 기온은 영상이나 상당히 센 바람의 풍향이 자주 바뀌어 국기가 게양대에 휘감긴다.

오늘은 어머님이 돌아가신 지 30년 되는 날이다. 중학교 1학년 입학해서 한 달만에 돌아가셨다. 이후 한 세대가 흘렀다. 나는 어머님의 자식으로 할 바를 얼마나 하는가?

30년 지나서 그 아들에게는 두 아이가 있으며 대한민국 남극기지에서 월동생활을 하고 있는 것으로 자식으로서의 할 바를 하고 있다고 억지로 자부하자.

**4월 13일**(수)

새벽에는 바람 비교적 없고 춥지 않은 날씨였으나 풍향이 동풍으로 바뀌면서 기온과 습도가 눈에 띄게 내려간다. 차고 건조한 공기가 몰려오는 증거이다.

텔레비전 안테나를 자료실 벽에 설치해서 처음으로 칠레 국영텔레비전을 보았다. 언어는 몰라도 화면을 보면서 간혹 한두 마디 아는 단어로 전체를 상상하면 된다.

칠레뉴스는 경찰간부집에 든 살인강도에 의한 장례식을 중계했으며 50만페소 강탈 사건을 보도했다.

흔히 군사독재국으로 알려진 칠레에서 경찰이 간간이 살해된다. 그런 일은 있을 것 같지 않은데…….

**4월 14일**(목)

영하의 날씨에 오후에는 북서풍에 간혹 눈이 날리는 음산한 하루다.

연구소에서 4월 12일자 서울신문의 해외화제로 게재한 그린피스와 관련한 AP통신사의 기사를 팩시밀리로 보내왔다. 내용은 "그린피스만이

기지를 취재하는 일본 후지TV팀

환경에 관심을 갖고 정치인들은 다른 생각을 하고 있다."라고 말한 것으로 되어 있다. 이는 무엇인가 완전히 잘못된 것이다.

그린피스가 환경보호에 강력한 관심을 표명하는 것은 사실이나 내가 이렇게 말했을 리는 절대 없다. "정치인…"도 내가 발언한 내용이 아니다. 또한 "…남극의 세계공원화 및 남극에서의 모든 상업 행위 금지를 선언했다."라는 내용도 전혀 근거없는 것이다.

아마도 기자들 중 하나가 적당히 자기네에게 좋을 대로 상상으로 쓴 것으로 생각된다. 사실 기자들은 자기입으로 기자라고해서 나는 그들이 기자라고 생각했다. 그러나 그들의 언행이나 취재 태도는 훈련받은 그린피스 행동대원이라고도 이야기할 정도로 친(親)그린피스 냄새를 풍기고 있었다.

**4월 15일**(금)

새벽에는 북서풍에 싸라기눈이 날렸으나 오후에는 기온이 영상이 되면서 비를 뿌린다. 기압은 1002밀리바에서 995밀리바까지 떨어진다.

처음으로 숙주나물을 수확했다. 콩나물과 더불어 신선한 야채의 한 종류이다.

**4월 16일**(토)

기온이 영상이기는 하나 비를 뿌리고 기압이 계속 떨어지는 것이 날씨가 안 좋을 것 같다. 자연과 호면이 녹아서 현대소는 물이 유입되어 호면이 약간 상승했다.

최근 들어 불면으로 고생하는 대원이 몇 명 있다. 특히 지난 3월 하순 건설 인력이 모두 떠난 이후 특히 심해진 것 같다. 잠을 제대로 못 자니 늦잠을 자게 되고 아침을 굶게 된다. 잠을 자려고 노력하나 잘 안 되고 있다.

남극생활이 우리가 지금까지 30년이상 살아온 생활과 맞지 않더라도 가능하면 지금까지의 생활리듬을 지켜서 일어나고 먹고 일하고 자도록 당부했다. 심하면 의사가 개입할 수도 있으나 아직은 그럴 단계가 아닌 것으로 생각된다. 우리의 생활이 눈에 보이는 이유, 안 보이는 이유로 힘들더라도 긍정적 자세와 감정의 평온을 유지하도록 당부했다.

사물과 사태를 부정이 아닌 긍정의 마음으로 받아들이고 해결책을 찾는 노력이 필요함은 두말할 필요가 없다. 해결책이 거의 없거나 대단히 어려운 상태에서의 불만은 자신은 물론 소속 단체에까지 나쁜 영향을 미칠 것이다. 우리의 생활이 공동생활이기 때문에 타인을 의식하자는 이야기를 했다.

실제 우리생활이 단조로워서 권태롭고 짜증이 나더라도 제한된 공동생활이기에 타인을 이해해야 할 것이다. 문명세계라면 작은 불만이나 자극이 주변의 복잡한 상황 때문에 용해되어서 망각할 수도 있으나 여기는 그렇지 못한 것이다.

그린피스가 가져온 비데오필름을 봤다. 그린피스가 강경 환경보호단체라고 들어왔지만 그들의 행동, 특히 고래보호를 위해서 포경선의 작살포 앞에 버티고 서서 고래를 못잡게 하는 것은 그린피스의 강경한 한 단면을 보여주는 것이다.

고래를 잡든가 아니면 사람을 죽이든가 마음대로 하라는 뜻일 게다. 그래서 그 소련 포경선은 결국 고래잡이를 포기했고 나아가서 1986년 1월부터는 제한된 숫자를 제외하고는 고래잡이가 금지되기에 이른 것이다. 그 뿐 아니다. 그들은 방사능 폐기물질을 버리는 현장에 접근, 폐기물 드럼통이 떨어지는 아래까지 접근해서 폐기물을 막는 행위는 보통사람으로는 생각지 못 할 일이다.

건설선 HHI-1200에서 오는 수신 상태가 많이 약해졌다.

**4월 17일**(일)

새벽의 영상기온에 기압이 올라가면서 무풍의 시간도 있었다. 그러나 점심시간이 지나면서 바람이 불고 비가 오기 시작해서 밤에는 초속 20미터 이상에 비가 계속 되었다. 아침의 무풍의 시간은 태풍의 눈에 해당하는 부분으로 저기압 중심이 통과할 때였나보다.

고우영의 만화삼국지 5권을 다 끝냈다. 옛날이나 지금이나 사람이 살아가는 근본 방법은 큰 변화가 없다는 생각이 든다. 권력을 잡기 위해 대의명분을 세워 만나고 흩어지고, 그러면서도 꿋꿋하게 지조를 지키는 사람도 있는 게 인간사를 그대로 반영하고 있다. 삼국지에 등장하는 인물들도 다양하고 내용도 방대하나 만화 그리는 사람의 기지와 해학이 군데군데 번뜩여 더욱 재미가 있다. 간간이 작가 자신의 이름도 쳐들면서 재미있게 써서 한 번 들면 놓지 못하게 하고 있다. 대단한 능력이다.

드디어 기지 건설선과 교신이 안 된다. 여러 이유가 있겠으나 거리가 멀어서 기기의 능력과 관계있으리라 생각된다.

**4월 18일**(월)

비바람이 세며 파도도 상당히 일고 있다. 지난밤 최고 풍속은 초속 27.6미터이고 평균 풍속은 21.4미터이다. 북북동풍이 불어서 기지쪽 해안은 얼음덩어리가 하얗게 몰려와 있다.

지난 16일부터 영상의 날씨가 계속되어 현대소의 수면도 높아졌으며 흘러내리는 물에 저유탱크 1, 2, 3으로 가는 길이 상당히 패였다. 이렇게 패이면 이번 여름에 다리를 놓아야 할 것 같다.

우리가 남극에 와 있고 이제 겨울로 들어서면서, 왕래가 어려울 것이나 한국에 갈 필요가 있을 것이라는 생각이 든다. 그러한 경우에 경사보다는 조사, 특히 부모사망시에는 한국을 방문하도록 조치를 취하는 것이 바람직하다는 이야기를 누군가가 하는 것을 들었다. 경사는 좋은 일이니까 없어도 덜하나 슬픈 일의 경우에는 다르다고 생각된다.

텔레비전 뉴스에 미군이 페르시아만에서 이란유조선을 공격한 내용을 보여주고 있다.

내달 초에 칠레공군기가 섬에 들어올 예정이 있는가? 그런 내용의 교신이 무전기에서 들린다.

**4월 19일**(화)

바람이 거의 없어서 마리안 코브 안쪽 빙벽에서 떨어진 얼음덩어리가 만을 거의 채우고 있다. 마리안 코브는 폭 1.5킬로미터에 길이 4킬로미터 정도로 대략 북동~남서 방향으로 발달되었으며 동쪽은 높이 10~30미터 정도의 빙벽으로 되어 있다.

동풍이 부는 경우에 빙벽에서 떨어져나온 얼음은 만 밖으로 흘러나간다. 그러나 북풍이 부는 경우에는 기지 앞 해안에는 얼음이 모여 띠를 이룬다. 이 띠가 좁으면 10~20미터 정도이나 넓으면 2~3백여 미터가 되며 고무보우트나 일반 선박의 출입이 어려워진다.

아침 7시 45분경에는 하늘은 흐렸을지라도 바다는 문자그대로 호수이다. 마리안 코브의 북쪽 위버반도가 거울에 비춘 것처럼 대칭으로 마리안 코브수면에 비추어져 있다. 남극 자연환경 특징의 하나가 바람이 세다는 것인데 이렇게 잔잔할 때도 있다. 물론 이러한 호수 상태는 불과 10~20분은 못넘겼다. 그렇더라도 바다가 호수처럼 잔잔하다는 게 신기할 따름이다.

오전에 까치가 우편물을 갖고 날아왔다. 언제부터인가 대원들은 칠레 헬리콥터를 까치라 부르기 시작했다. 색깔은 비록 까치와 다른 주황색이기는 하나 까치소리에 해당하는 프로펠러소리를 내고 헬리콥터의 주요임무의 하나가 우편물 배달과 수거이기에 헬리콥터가 오면 고국의 소식을 받을 수 있기에 까치라 불렀으리라.

5학년짜리는 아빠가 남극에 있다는 데 대해서 상당히 자부심을 갖는 것 같다. 모두들 건강하고 학교에 잘 다니고 있어 기쁘다.

다음 비행기는 내달 15일에 있다고 한다.

**4월 20일**(수)

가는 눈이 날리며 바다는 잔잔하다.

오전 일과 시작 전 미국과 시카고에서 전화가 왔다. 고등학교 동기생으로 15년 아니 거의 20년 만이 되는 것 같다. 그 친구를 마지막으로 본 것이 군복을 벗고 대학원다닐 때이니 15~16년은 된다. 의과대학 졸업 뒤 독자이어서인지 이유는 분명치 않으나 군복무도 안 하고 곧장 미국으로 간 친구이다. 그 친구 전화를 받고 보니 그에게 미안했던 일이 생각난다.

그 친구 결혼식날 접수를 보기로 했었는데 다른 친구의 선동에 휩싸여 식장에 안 갔던 생각이 떠오른다. 오랜 시일이 지난 지금 우선 그 일부터 거론했다. 그 친구는 기억을 잘 못하는 것 같으나, 내가 기억하고 있다는 것은 내 잘못임을 시사한다.

미국으로 이민간 지 10년이 지났고 아이도 셋이나 있으며, 의사로서 미국에서 만족한 생활을 하고 있음을 음성과 어조로 알 수 있다.

미국에 배달되는 한국신문에서 남극기지 이야기를 읽었고 그 기지대장이 아는 이름이기에 백방으로 찾았단다. 미국 교환도 몰라 결국 서울연구소로 전화해서 번호를 알아서 출근하면서 자동차 안에서 전화한다는데 음성이 아주 똑똑하다. 출근하는 차속에서 수 만리 떨어진 곳에 전화를 걸고 미국은 좋은 나라라는 생각이 든다. 서울의 차속에서도 걸면 어떨까? 귀국할 때 들르라며 전화번호를 가르쳐 준다.

작년 남극조약 협의 당사국에서 제정된 과학적 특별관심구역을 한글로 정리하기 시작했다.

저녁 때에는 간간이 날리는 눈으로 땅이 덮인다.

**4월 21일**(목)

영하의 음산한 날씨이다. 눈이라도 펑펑 올 것 같다.

발전담당인 김용탁 대원이 깡통압착기를 완성했다. 지난번 그린피스호 방문시 그렸던 것을 보여주고 원리를 설명했는데, 그에 근거해서 자신이 압착기를 설계하여 제작한 것이다. 파이프를 자르고 용접해서 훌륭한 압착기를 만들었다.

압착기가 없는 지금까지는 시설 담당자들이 일일이 깡통을 밟아서 찌그러뜨렸다. 깡통 1~2개는 놀면서 할 수 있으나 수십 개 나오면 밟아서 압착할 수 없다. 밟아서는 잘 찌그러지지도 않거니와 혹시 그 속에 내용물이라도 있으면 사방으로 튀고 발을 다칠 수도 있었다.

**4월 22일**(금)

칠레 국영텔레비전에서 금요일저녁마다 과학교양프로인 생명의 신비에 관한 내용을 방영하고 있다. 이번 주는 포유류의 발전에 관한 것이다. 칠레에서 제작한 것은 아니고 제작은 데이비드 아텐보러 등 세계적인 권위가 제작한 것이다. 국영텔레비전이 중요한 황금시간대에 이러한 교양과학 프로를 방영한다는 것이 칠레라는 나라를 이해하는 한 단면이 될 수 있다고 생각된다.

아침부터 남동풍에 날려서 쌓이기 시작한 눈은 저녁 때에는 상당히 쌓였다.

**4월 23일**(토)

새벽 6시의 최저온도가 영하7.4℃로서 기온은 낮으나 바람이 세지 않아서 그렇게 춥게 느껴지지는 않는다.

주회의시간에 기지근무의 어려움을 '24시간이 직장도 아니고 24시간이 가정도 아니다'라고 표현했다. 처음 들은 이야기이기는 하나 수긍이 간다. 일과시간 8시간만이 근무는 아닌 것이다. 기지 내에 있으니 무슨 일이 있으면 일과시간과 관계없이 나와야 한다. 서울의 경우 퇴근하면 직장을 잊어버릴 수도 있으나 여기는 다른 것이다.

서울에서처럼 8시간 근무하는 생각은 아예 없는 것이다. 물론 사무실을 벗어난 16시간은 일과외라고 간단히 생각할 수 있으나, 조금만 깊게 생각하면 결코 일과외가 아닌 것이다. 가능하면 일과시간 외에는 담당자를 찾지 않을 것이나 담당자가 아니면 해결 못하는 급한 경우에는 일과

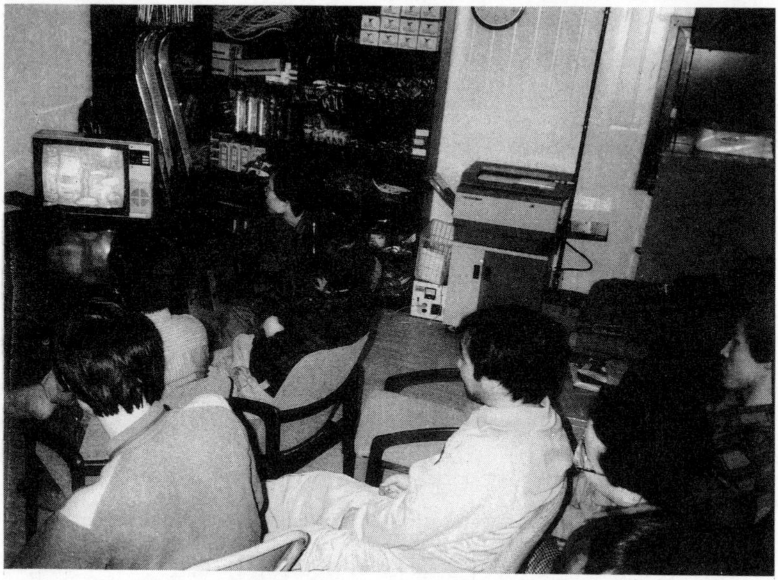

철레방송이긴 하지만 TV시청은 빼놓을 수 없는 즐거움이다

시간 여부에 관계없이 담당자가 나서야 한다. 이런 점에서 기지에서는 누구나 24시간 근무라고 생각해도 지나치지는 않으리라.

'그러나 24시간이 직장생활로 생각된다'는 끝맺음은 역시 직무에 충실한 간단한 증거라 생각된다. 이런 것이 서울에서는 생각할 수 없는 남극생활의 어려움의 하나라 생각한다.

**4월 24일**(일)

새벽에 일어나 샤워를 하고 세탁을 했다.

주 한 차례, 매 일요일 새벽마다 샤워하고 세탁하는 것은 거의 의무적이다. 주 일회 목욕과 세탁하기로 결정했기에 오늘을 놓치면 일주일을 기다려야 한다. 남극의 공기가 깨끗하고 먼지가 없어서 한 주일에 한 번씩의 목욕은 괜찮으나 두 주일 한 번의 목욕은 곤란할 것이다.

떡을 약간 넣은 라면에 밥을 말고 깍두기와 감자볶음이 아침이고, 점심은 무김치를 빨아서 신 맛을 없앤 단무지의 냉면이 식단이다. 칠레에서 담가온 김치는 시어졌기에 신 맛을 씻어내고 먹는다.

개인적으로 식성이 좋아서 먹는 것으로 큰 불만은 없다. 불만을 호소한다고 해서 해결책이 거의 없음을 잘 알고 있는 터이다. 1차 월동대로서 여러 어려움이 있으며 식품부족은 한 부분일 따름이다.

연구소로 전화해서 현지채용인의 급여는 이미 지불했으며 급여명세서는 5월에 보낼 짐속에 넣겠단다. 짐은 5월 첫째주나 둘째주 항공으로 보낼 계획을 세우고 있다는 내용이다. 예정대로 되었으면 좋겠다. 칠레공군기가 언제 있는지 몰라도 늦어도 내달 하순 아니면 6월 초순까지는 받아 볼 수 있으리라.

**4월 25일**(월)

영하의 날씨에 간밤에 내린 눈이 2~3미터 정도로 쌓였다.

현대소는 유출구보다 수면은 약 1미터 낮아졌다. 일주일전에 만수위였는데 벌써 1미터나 낮아졌다는 것은 비정상적이다. 이는 고무판을 접착시킨 곳이 터졌거나 아니면 두께 20~30센티미터로 얼어붙은 호면이 깨어져 내리면서 아래의 고무판을 찢어서 누수된 것으로 생각된다.

**4월 26일**(화)

바람이 세어서 춥게 느껴지며 쇠계단이 얼어서 미끈거린다.

얼마전까지만 해도 쌀이 하루에 8킬로그램 정도 소모되었으나 요사이는 7킬로그램 정도 소모된다. 이는 식욕이 저하되었다고 볼 수도 있으나 최근 들어서 육체노동이 적어지면서 서울에서의 생활로 돌아온 결과로 생각된다.

오랜만에 면도했다. 사실 어제 받은 사진에서 본 수염이 이질적으로 느껴졌다. 고우영이 쓴 삼국지의 관우마냥 인생 풍상을 다 겪은 수염은 보기가 좋아도 장비모양의 수염은 역시 한국사람에게는 저항감을 불러일으킨다. 게으른 간단한 증거일 수 있다.

감자와 닭고기볶음, 취나물무침, 콩나물국과 부추김치 등으로 저녁을 먹었다.

**4월 27일**(수)

김박사 솜씨로 만든 순두부찌개로 아침을 들었다.

심하지는 않으나 눈이 시리고 눈물이 나는 대원과 머리 양쪽이 아픈 대원이 있다. 전자는 설맹증세인 것 같다. 의사가 잘 치료하리라 믿는다.

저녁식탁에서 음식이 화제가 되었다. 뱀장어가 먹고 싶다는 이야기, 돗나물, 비름나물, 냉이, 달래, 두릅 등 산나물이 입맛을 돋군다고, 여기에서는 도저히 실현 불가능한 이야기가 나온다. 먹는다는 것이 생활에서 큰 즐거움이기에 이룰 수 없더라도 이야기라도 해서 욕구불만을 해소시키는 것이다.

오전에는 바람이 없었으나 점심이 끝나고부터는 서서히 바람이 인다. 낮시간도 많이 짧아져 오후 5시경만 되어도 어두워진다.

**4월 28일**(목)

어젯밤의 바람은 북풍이어서인지 풍속은 초속 20미터가 넘었으나 기온은 그렇게 내려가지 않았다.

현대소는 수면이 20센티미터 정도 올라간 것 같으나 자연호인 세종호는 오히려 수면이 내려간 것으로 생각된다. 기온이 영하로 내려가면서 지면이 얼고 지표수의 유입은 없어지는 반면에 얼지않는 지하수는 계속 유출된 것으로 생각된다.

어제 저녁부터 배가 아파서 오전까지 누워있던 기상학자인 이방용 대원이 오후에는 주사맞고 힘을 회복해 저녁을 먹는 것을 보니 마음이 놓인다.

**4월 29일**(금)

새벽 7시 북북서풍이 최대풍속 14.2미터로 불고 있다. 지난 밤부터 바람은 세어지고 기압은 계속 떨어지고 있다. 파도는 거칠어져 드디어 마리안 코브에 흰 파도가 보이기 시작하고 파고 1미터 정도의 심한 파도가 몰아친다. 시멘트 콘크리트부두가 당분간은 잘 견디리라 자신은 하나 이런 파도가 계속되면 오래 견딜 것 같지 않다.

**4월 30일**(토)

오전 10시경 서울에서 통신문이 왔다. 해독하니 의료담당 이장성 대원의 모친이 별세했다는 내용이었다.

10시 반경 본인에게 통보하고 10시 40분경 나머지 대원들을 소집하여 의견을 물었다. 기지에서는 처음있는 일이기에 건설적 의견들이 많이 나왔다. 분향소를 설치하고 제사상을 마련하고 리본을 달고 조위금을 각출하고 서울집에 조문의 전화를 하기로 의견을 모았다.

연구소에서 이런 일을 예상 못했기에 준비한 것은 없었으나 현대에서 인수한 물품에서 초와 흰 천을 준비해서 경험 있는 대원들이 분향소를 차렸다. 향은 없어서 향나무연필을 깎아서 대체했다. 검은 천으로 리본도 만들었고 조리사의 수고로 제사상도 준비했으며 약간의 조위금도 마련하였다.

이런 일이 처음이라 어떤 지침은 없었으나 모친의 상이기에 대원자신이 귀국하여 돌아가신 부모님께 조의를 표하는 것이 필요하다는 생각이 든다. 이것이 전례와 관행이 될 수도 있기에 현명하게 판단해야 한다.

의사의 부재에 따르는 남은 대원들의 위험과 귀국에 따르는 비용 등이 현실적으로 나타나는 문제들이다. 그렇더라도 직계존속의 상이므로 귀국시켜야 한다는 결정을 내렸다.

문제가 교통편인데 알아보니 칠레 C-130은 5월 10일경 들어오고 내일 우루과이비행기가 들어오나 이 비행기는 우루과이로 직행한다고 답변했다. 그래서, 일단 10일 비행기에 자리 하나를 예약했다. 대원 모친의 상이고, 남의 일 같지 않았기 때문에 대부분의 대원이 밤을 새우며 빈소를 지켰다.

밤에는 바람 거의 없고 기압이 올라가는 것을 보니 내일 날씨가 좋아지리라 생각된다.

**5월 1일**(일)

아침 8시 반경 마쉬기지 비행장 관제탑이 점등되는 것을 보니 우루과이 비행기가 예정대로 들어오는 것으로 생각된다.

9시 칠레기지에서 무전이 왔다. 10시반~11시 사이에 이선생을 데리러

갈 터이니 준비하고 기다리라는 예상 밖의 내용이다. 즉시, 이 사실을 통고하고 준비시켰다. 드디어 11시 칠레의 헬리콥터가 왔으며 이선생은 기지를 떠나 귀국길에 올랐다. 모두가 나와서 한편은 슬프게 한편은 부럽게 배웅했다.

우루과이비행기는 오후 1시 18분에 마쉬기지를 이륙했으며 푼타 아레나스에 4시 반에 도착 예정이다. 비행기가 C-130보다 작아서 1시간 정도 더 비행해야 한다.

칠레기지대장과 우루과이 기지대장에게 감사의 무전을 보냈다. 한국기지의 상황이 급박하다고 판단해서 비행 예정을 바꾸면서까지 도와주는 것이기 때문이다.

비행기가 잘 연결되면 5월 4~5일에는 서울에 닿으리라. 장례식은 끝났을지라도 그래도 자식으로서 성의를 다 한 셈이 된다.

연구소에 이대원의 귀국을 통보하고 경비 협조를 요청했으며 주 칠레 한국대사관의 주진엽참사관께도 전화해서 귀국에 따르는 협조를 부탁하고 약속을 받았다.

**5월 2일**(월)

심한 북풍에 눈이 날리고 있다. 지난 밤부터 풍속과 기온은 증가하고, 기압은 계속 떨어지고 있다.

4월 달력을 찢었다. 달력을 찢을 때마다 한 달이 지나간다. 여기에 와서 벌써 두 달째 달력을 찢는다.

몇몇 대원이 5일 아침부터 담배를 끊는다는데 두고 보자. 아무 때나 끊기 시작하면 될 터인데 꼭 무슨 날을 찾는다. 월초, 주초, 아니면 무슨 날을 기해서 금연을 시작한다. 이는 어떤 심리에서 연유하는 것일까? 옛날 무슨 큰 일이 있을 때 좋은 날짜를 택하는 습관의 계속이리라 생각된다. 그렇더라도 담배 정도라면 생각날 때 끊기 시작해도 될 것 같다. 그럼에도 불구하고 무슨 날을 찾아서 끊기 시작한다는 것은 담배가 그만큼 생활의 중요한 부분을 차지하기 때문인가? 아니면 금연이 섭섭해서인가? 아니면 하기싫은 일을 억지로 하기 때문인가?

## 서울에서 온 편지

**5월 3일**(화)

오전에 까치가 우편물을 갖고 왔다.

1985년 11~12월 한국 남극관측 탐험대원으로 킹 조지섬에서 같이 생활했던 서울 개포고등학교 오기세 선생의 편지가 있다. 그 편지는 당시 남극 최고봉인 해발 5,140미터의 빈슨 매시프를 등정한 세 명 가운데 한 사람인 이찬영 씨의 죽음을 알려왔다. 사인에 대해서는 언급이 없으나 허망하기 그지없다. 나이가 이제 30대 중반이리라.

그는 빈슨 매시프 등정 후 돌아오는 길에 마쉬기지에 기착했을 때 일부러 킹 조지섬 조사팀 텐트까지 찾아왔었다. 얼굴이 하도 검게 타서 못 알아 보았고 목소리로 그임을 알아 보았다. "빈슨 매시프 등반팀 가운데에서 펭귄을 본 사람은 나밖에 없다."던 목소리가 아직도 귀에 쟁쟁하다. 필자가 지질학자라고 빈슨 매시프 등반 중 모은 암석 조각을 주던 기억이 있다.

항상 명랑했으며 무엇인가 필요할 때 언제나 작은 소리로 알려 주던 현대전자의 과장을 하던 악의없는 친구이다. 1985년 등반대원 중에서 유일하게 담배를 안 피우던 것으로 기억된다. 그의 뜻밖의 죽음으로 대한민국 남극 진출 역사에서 큰 일을 했던 한 사람을 잃어버림이 큰 유감이다. 이 지면을 빌어 고인의 명복을 빈다.

1985년 남극에 같이 갔던 현장 조사 준비를 담당하는 이동화 대원에게 오선생의 편지를 보여주었다. 표정이 굳어지며 노엘 힐을 거쳐 바닷가를 지나 오후 4시경까지 귀환하겠다며 무전기를 갖고 혼자 나간다. 슬픈 마음을 달래기 위함인가?

저녁 생존시간에 크레바스와 매듭을 공부했다. 매듭이라면 한복이나 벽걸이 정도만 생각했으나 등산에서의 매듭은 신기하다. 풀기 어려운 것, 한번 당겨서 쉽게 풀어지는 것, 끈을 잇는 매듭 등 변화가 많다.

오늘이 음력 보름인가? 달이 밝아서인지 남십자성을 찾을 수 없다.

**5월 4일**(수)

기온이 영상으로 올라가면서 본관과 연구동 창문에 물이 샌다. 이 건물은 다 좋은데 창문이 문제라던 건설관계자 이야기가 생각난다. 패어그라스를 사용해 이중으로 한 것은 좋으나 손잡이가 약하고 창문틈으로 누수된다.

물이란 작은 틈만 있어도 비집고 들어가 대개의 물질을 녹이는 흔하면서도 신기한 물질이라는 옛날 강의가 생각난다. 인간이 대단한 노력을 기울이지 않으면 가장 흔한 물의 공격을 막기 어려운 것이다.

국내소식이 궁금하다는 이야기가 나왔다. 단파방송으로 소식을 간혹 듣기는 하나 고층 대기상태에 따라 수신상태가 다르기 때문에 궁금증만 더 해 줄 따름이다. 월간지이든 주간지이든 읽을 시사물이 필요하다. 시사물은 무협소설이나 애정소설과는 다른 것이다.

과거 킹 조지섬에서의 기상 기록을 살펴보면 5월부터 9월까지는 바람이 특히 세다. 따라서, 건강에 유의할 것과 자신에 덜 민감할 것을 당부했다. 동일한 생활의 단조로운 반복이기에 자기 자신의 신체적 조건이나 반응에 민감할 수도 있는 터인데 그것이 반드시 좋다고는 생각할 수 없다. 잊어버리고 무시한다는 것이 필요할 때가 있으리라.

서울로 전화해서 꼬마들이 잘 있다는 것을 확인하고 가까운 여러 사람의 안부를 물었다.

**5월 5일**(목)

가랑비가 흩날려 어제 저녁 미끈거리던 계단이 다 녹았다.

누군가가 "고기는 신물이 난다""새파란 야채가 먹고 싶다"는 이야기를 한다. 맞는 말이다. 고기도 한두 번이고, 고기와 야채를 균형있게 먹을 때 고기도 맛이 나는 법이다. 신선한 야채 없이 고기만 먹는다는 것은 고기를 주식으로 하는 서양인에게도 고역이리라.

기지에서 먹는 신선한 야채라고는 콩나물이 고작이니, 상추, 쑥갓, 배추 등 푸른 잎 야채를 먹고 싶다는 것은 너무나 당연한 욕망이다. 콩나물은 콩나물대로 맛이 있으나, 여러가지 야채를 먹어야 하는 것이다. 냉동 시금치와 냉동 브록콜리, 통조림 푸른 콩이 야채역할을 하기는 하나 역시 푸른 잎 야채와는 비교할 것이 못 된다.

대원들의 어린이는 서울에 있으나 아버지들은 남극에서 어린이날을 보냈다.

## 이방생물종

**5월 6일**(금)

어제부터 담배를 끊겠다던 몇몇 대원들이 드디어 담배를 안 피운다. 담배피우는 누군가가 "우리만 담배 피우네"하는 소리는 몇 대원의 금연 시도를 보여주는 증거였다. 담배를 안 피우는 나로서는 담배를 피우는 기쁨이나 필요성을 모르고, 담배를 끊을 때의 노력이나 괴로움을 모른다. 그러나 많은 사람들이 담배를 피우고 못 끊는 것을 보면 끊기가 상당히 어려워 보인다. 담배를 끊으려고 시도하는 대원들이 부디 성공하기를 빈다.

지금까지 목격한 것으로만 끝난 이방생물종인 나방이 한 마리를 드디어 하계연구동 침실에서 잡았다. 병에 집어넣고 포획일자와 시간을 써 붙이고 렌즈건조기 속에다 말렸다.

곤충학자에게는 좋은 연구자료가 될 수 있을 것이고 우리에게는 보고자료가 될 것이다. 이들은 목재 틈에 알이나 유충상태로 들어와 외부조건이 맞아서 성숙될 수도 있으리라. 아니면 상상을 넘어서는 경로로 들어올 수도 있는 것이다. 아무튼 자연서식지 아닌 곳에 출현한 것이다. 앞으로도 이방종은 계속 출현하리라 믿어진다.

**5월 7일**(토)

호흡이 곤란할 정도의 바람이 불기는 하나 기온은 영상이다. 그러나 점심때부터는 기온이 영하로 떨어지기 시작하여 밤에는 영하5.4℃까지 떨어졌다.

점심때 마지막으로 남은 귤이 나왔다. 그간 간간이 하나씩 급식이 되었는데 이제는 끝이다. 귤은 보관 기간이 비교적 짧은 과일로 생각된다.

저녁때에는 전기담당인 권명호 대원이 솜씨를 보인 양파볶음이 인기가

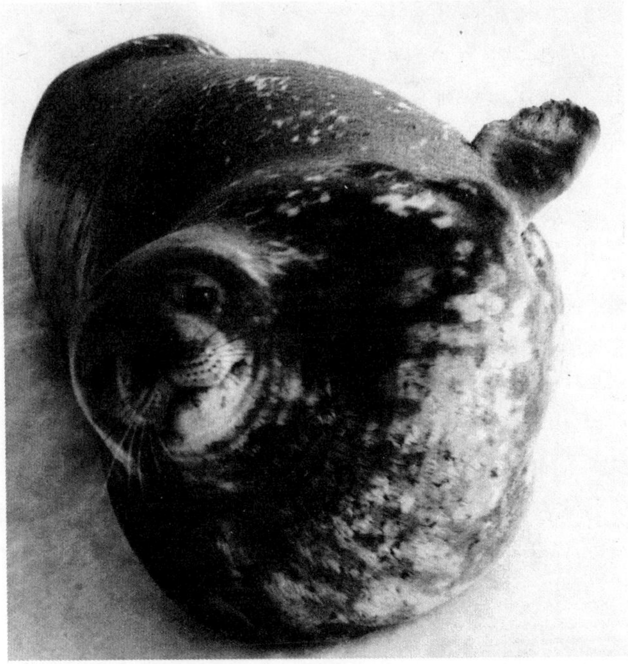

햇볕을 즐기고 있는 해표

있다. 전문가라도 한 사람의 솜씨보다는 아마추어라도 흔하지 않은 것이 별미가 있어 인기가 있는 것이다.

권명호 대원의 아이디어로 장비동의 설상차 차고에 농구골대를 설치하기로 했다.

**5월 8일**(일)

지난 밤 최저 영하7.4℃까지 떨어진 덕분에 땅바닥은 유리알같이 얼어붙었다. 최저기압은 982밀리바까지 떨어지고 초속 17.8미터까지 불던 바람은 약간 약해지는 것 같다.

어버이날이다. 서울이라면 나이많은 부모님에게 꽃을 달아드리며 노고에 감사를 드리고 꼬마들이 우리에게 꽃을 달아줄 수도 있으나 여기는 그런 것은 어렵고, 춥고 바람이 세기는 하나, 일요일이라 하루를 쉴 수 있다.

기상학자인 이방용 대원과 통역담당인 하준걸 대원이 솜씨를 발휘한 쇠고기전으로 저녁을 맛있게 먹었다. 다음 일요일에는 김박사가 두부와 숙주나물을 준비해서 만두를 만들 계획이라는데 기다려보자.

**5월 9일**(월)

새벽 3시경 바람이 남남서풍에서 동풍으로 바뀌면서 기온이 떨어져 6시반에는 영하8.4℃까지 떨어져 금년 최저의 기온이 되었다. 이때 최고풍속이 초속 14.6미터니까 체감온도는 영하30℃ 정도이다. 오후에는 기온은 낮으나 바람도 약해지고 구름이 걷히면서 햇볕이 난다.

저녁 6시경에는 칠레 비행장 관제탑에 불이 반짝인다. 10일에 들어온다던 비행기가 오늘 저녁에 들어오나?

오늘은 본관 사무실에서 갈색나방을 2마리 잡았다. 지금까지 모두 5마리의 나방이를 잡았다. 이번 토요일에 칠레산 과일통조림으로 포상하기로 했다.

**5월 11일**(수)

어제에 이어 오늘도 새벽에 초속 20.8미터의 바람이 분다. 풍향이 서남서풍이기에 기온은 영상이다. 시간이 가면서 풍속은 약해지고 기온은 올라간다.

며칠 전 물컵에 담아놓은 양파의 싹이 3센티미터는 돋아났다.

사람이 단조롭고 외로운 생활을 할 때에는 생명을 키우는 것이 도움이 된다는 이야기가 기억난다. 지난 3월 중순 건설단이 떠날 때 놓고 간 이끼는 방이 건조하고 습도가 낮아서인지, 아니면 정성이 부족해서인지 오래가지 못했다.

**5월 12일**(목)

새벽에 깨어 보니 양파가 어제보다 5밀리미터는 큰 것 같다. 왕성한 생명력을 보이고 있다.

실제 작년 후보지 답사때 소련기지에서 벽과 벽 사이에 양파 수십 포기를 키우는 것을 보았다. 결코 관상용으로는 생각되지 않았다. 양파가 잘 크니까 푸른 잎을 먹기 위해서 충분히 생각할 수 있는 것이다.

저녁때 연구소로 전화해서 대원들에게 무상지급이 곤란한 물품의 품목과 가격, 요리사 급여, 남극조약 관계 서적, 통신장비, 사진기 등에 대해서 문의했다. 담배와 술은 무상지급이 아니고 판매해야 한다는데 가격이 얼마인지 궁금하다. 요리사는 그의 급여에 대한 재고 요청 이후 답신이 없어 기다리고 있는 실정이다. 사진기도 어딘가 석연치 않다. 하여간 조금만 더 기다려 보자. 모두 다 답변은 없어도 몇 개는 답변이 오리라.

**5월 13일**(금)

기압은 안정되어 바람은 거의 없으나 기온은 내려간다.

빨간 사과가 점심때 급식되었다. 푸른 사과보다 과육이 단단하고 맛이 훨씬 낫다. 양이 많지 않아 겨우 한 상자이다. 나머지 십여 상자는 전부 푸른 사과이다. 칠레에서 식품을 준비하는 과정에서 많은 양을 준비하느라 값이 싸고 따라서 맛이 없는 푸른 사과를 구입했는데 빨간 사과 1상자가 섞인 것 같다.

서울의 현대건설에서 기지 건설선과 통화하려고 건 전화가 기지로 왔다. 얼결에 기지전화번호를 대었나보다. 전화를 그냥 끊기는 무엇해서 날씨 등 일반적인 이야기를 몇 마디 나누었다.

**5월 14일**(토)

콩나물밥과 냉동시금치 된장국과 신 김치로 점심을 먹었다. 칠레에서 구매한 식품, 특히 야채 가운데 냉동시금치와 냉동브록콜리는 질이 괜찮다. 시금치된장국은 구수한 된장의 맛을 내면서 먹을 만하다.

**5월 15일**(일)

기온은 영하3~4℃이나 바람은 거의 없으며 요근래 보기 드물게 해가 난 좋은 날씨이다.

누군가가 더러운 면장갑을 모아서 세탁해 놓았다. 대단한 성의다. 기지에서 가장 흔한 것 가운데 하나가 면장갑일 수 있다. 단 한번을 써 더러워진 것을 버리기 아까워 세탁한 것이다. 한 번 쓴 것은 기름이나 녹이 묻었으나 빨기만 하면 새 것인데 흔히들 버려 왔다. 실제 버려진 면장갑은 새 것이 의외로 많다. 누구인지 몰라도 고마울 따름이다.

날씨가 하도 좋아서 시설을 담당하는 윤민섭, 이영재 대원과 함께 바튼반도에서 제일 높은 노엘봉을 올라갔다. 노엘봉에 올라가니 바튼반도와 아르헨티나의 쥬바니기지, 맥스웰만, 필데스반도와 넬슨섬이 한눈에 들어온다. 멀리 주황색 세종기지와 푸른 마리안 코브의 해면과 주변의 청백색의 빙벽이 그림같이 펼쳐져 있다. 마리안 코브 안쪽 빙벽에서 떨어져나온 얼음조각들이 조류를 따라 띠를 이루고 있다.

철제앵글을 잘라서 스케이트를 만들어 세종호 위에서 타고 있다. 철물을 다루는 솜씨가 있는 대원이 머리를 짜낸 것이다.

지난 일요일 약속한 대로 김박사와 정호성, 이방용 대원이 만든 만두국으로 저녁을 먹었다. 입에 익은 함경도식 만두는 아니나 그래도 만두이다. 재료가 없고 부족해도 훌륭한 작품이다. 생물학자 두 사람은 전공이 생물학이어서인지 식품다루는 솜씨도 보통사람보다 뛰어나다.

**5월 16일**(월)

연구소가 대원 1인당 무료전화는 월 1회 3분으로 제한한다. 우리 입장은 많이 걸면 걸수록 좋을 것이나 우리가 하고싶은 대로 하는 것은 아니다. 전화는 인공위성을 경유해야 하고 그 경비는 1분당 대략 우리돈 만원꼴이다. 대원 모두가 월 3분씩을 더 건다면 연구소에서는 1년에 5백만원 정도의 부담이 더 생긴다. 적은 비용은 아니다.

요리사 급여는 서울에서 계약한 대로 지불한다는 내용을 알려왔다. 서류상, 행정상으로는 그 방법이 타당할 수도 있다. 문제는 해당 본인의 근무 의욕이 문제인 것이다.

요리사의 근무 의욕이 떨어지면 전 대원의 식생활 및 기지 생활에 악영향을 미칠 수 있음은 거의 명약관화하다. 사람이라는 게 약속대로만 살아가는 게 아니다. 약속할 때와 그 이후 심리상태는 얼마든지 바뀔 수 있다.

**5월 18일**(수)

연 3일째 영상의 날씨에 녹아내린 눈 때문에 대장 사무실 입구에서 첫째 창문 아래 두 곳의 카펫이 젖었다. 한 곳은 창문 안쪽 틀에서 타고 내려와 젖은 것이다. 다른 한 곳은 벽을 이은 부분으로 벽에서는 젖은 곳이 없으나 바닥이 젖은 점으로 보아 이음새에서 젖는 것 같다. 조립식 건물이다 보니 바람에 흔들리면서 틈이 생긴 것이다.

오후 체육의 날 시간에 대원들이 설상차 차고에 농구대를 만들었다. 비록 골은 한 개이나 농구공을 쓰고 손만으로 공을 다루어 골에 넣는다는 점에서는 농구이다.

닭튀김, 다시마무침, 취나물무침, 냉동시금치 된장국으로 저녁을 먹고, 후식으로 빨간 사과를 먹었다.

**5월 19일**(목)

연 3일의 영상의 날씨가 영하로 돌아서면서 아침먹고 나니 동남동풍에 눈이 날린다.

점심먹고 시설담당 이영재 대원한테 이발을 했다. 사우디에서 기술자 생활을 오래 하고, 등산에도 일가견이 있고 손재주가 좋은 대원이다. 해외에 근무할 때 태어난 꼬마가 귀국했을 때 낯설어하던 것이 몇 년 지난 지금까지도 서먹서먹해 한다며, 이제는 다시 해외생활을 안 하겠다고 다짐했단다.

이발을 끝낸 나를 보고 누군가가 모택동의 젊은 시절의 모습에 비유했다. 비슷한 이야기이다. 성씨도 흔한 인동 장(張)씨가 아니라 중국의 장개석 장(蔣介石 蔣)씨이다. 머리를 잘라서 모택동… 하나 키운다면 베토벤을 닮을까?

오후 텔레비전 뉴스 시간에 서울 미대사관 앞의 시위현장과 미국 성조기 소각 장면이 나왔다. 서울에서 시위가 일어났는가? 큰일 없으리라 막연히 기대해 본다.

**5월 20일**(금)

어제 저녁 10시가 지나서 보통대로 잠을 이루었는데도 불구하고 새벽

4시에 깼다. 잠을 청해 6시반에 다시 일어났다.

지난 밤 바람에 6번 저유탱크 뒷부분 리벳이 빠져 덜렁거린다. 현대소도 꽁꽁 얼어붙고 세종호의 호면은 깨어지면서 30센티미터 정도 내려간 것 같다.

비상숙소점령 훈련을 했다. 그런 일이 생기지 말아야 하겠으나, 혹시 어떤 사고로 정상적인 주거생활을 못 할 경우에 대비한 비상 생존시설을 사용하는 훈련이다. 5번 컨테이너침대에 명찰이 붙어 있고, 침낭이 준비되어 있으며 비상물품이 비치되어 있다. 컨테이너 사이의 공터에서 야외불고기파티로 점심을 대신했다.

오후 2시 뉴스에 서울의 학생 시위현장이 방영된다. 어제, 오늘 연 2일을 방영하는 것을 보니 상황이 격렬한 것 같다.

저녁먹은 뒤 컨테이너 안에서 이런저런 이야기로 꽃을 피우다가 새벽에 잠들었다. 남극생활이 단조롭고 무료해도 이렇게 비록 컨테이너 안이기는 하나, 이야기꽃을 피울 수 있는 즐거움이 있는 곳이다.

**5월 21일**(토)

아침으로 먹은 우유와 소시지를 너무 급하게 먹어서인지 속이 좋지 않아서 점심을 굶고 1시반까지 숙소에 누워있다가 일어났다.

아침에 숙소에서 거미 한 마리를 생포했다. 몸이 작고 다리가 가늘고 길기는 하나 다리가 8개에 거미임이 분명하다. 이 거미가 기지에서 잡은 여덟번째 이방생물인데 대부분이 갈색의 나방이었으며 거미는 처음이다. 이 거미는 어떠한 경로로 여기에 오게 된 것일까?

자기 전에 플레이보이 1권을 내어놓았다. 뉴욕 존 F 케네디 공항에서 시간이 남아 기웃거릴 때 산 몇 권의 성인용 잡지 중 1권이다. 젊은 남자들이 부인과 떨어져 1년을 산다는 것은 힘들다고 생각되기에, 인형은 못 사도 남성용 책을 샀던 것이다.

눈으로라도 보면 약간 나아지리라는 막연한 기대에서이다. 일주일간 알아서 보고 다음 대원에게 넘기면 된다. 6권을 샀으니 매주 토요일마다 내어 놓으면 1달 반은 갈 것이다.

너무 적게 산 기분이다. 그 때 그 책방에서 다른 종류와 같은 종류에서 발행시기가 다른 것을 다 샀어도 6권밖에 안 되었다. 너무 적다고 같은 것을 몇 권 사기는 그렇고.

## 5월의 생일잔치

**5월 22일**(일)

지난 일요일 올라갔던 노엘 힐 부근의 평지를 따라 포터 코브 북안의 호수까지 가려고 9시경 몇 명의 대원과 함께 기지를 떠났다. 남극 특히 바닷가의 기상은 예측을 못한다. 10시경 노엘 힐 서쪽 평지에 도착했을 때에 갑자기 일어난 짙은 안개로 불과 1~2미터 앞이 안 보여 다른 대원들의 위치를 목소리로 알 정도였다. 날씨가 좋을 때 많이 와 봐서 길과 지형을 잘 알고 기억력이 좋다 해도 1~2미터 앞이 안 보일 때에는 한 발자국 옮기기가 겁이 난다.

남극에서 폭풍설로 시야가 나빠지면 있는 자리에 정지해서 은신처를 준비하라는 생존교범의 문구가 기억난다. 현재상황은 폭풍설은 아니나 앞이 안 보인다는 점에서는 같은 경우이다. 기지를 떠날 때의 계획을 강행한다는 것은 무리라는 판단이 들었다. 갈 때의 발자국을 따라 돌아오다가 지형이 식별되는 곳에서 방향을 마리안 코브 동쪽 해안으로 잡아 바닷가를 걸어서 돌아왔다.

조난이 별 것이 아니고 생존상황의 발생이 어렵지 않다는 생각이 든다. 사람이 몇 명 있었고 기지가 가까워서 다행이었다. 그러나 1~2명이 기지에서 수십킬로미터 또는 백킬로미터 떨어져서 비슷한 경우에 봉착하면, 경험이 있고 노련하면 다르겠으나 그렇지 않은 때, 공포에 질리는 경우, 공포와 추위에 능력도 제대로 발휘하지 못하고 쓰러질 것 같다.

기지에서 불과 2~3킬로미터이고 눈에 익은 지역이나 1미터 앞이 안 보이는 안개 속에서는 그 모두가 쓸 데가 없다. 그런 점에서 볼 때 기지로 귀환한 것은 잘 한 일이다.

오늘이 김동엽 박사의 생일이기에 이 달에 태어난 윤민섭, 이방용 대원과 함께 5월 출생자 생일잔치를 벌렸다.

쇠족편육, 돼지족편육, 콩나물, 감자전, 냉동브록콜리나물, 냉동시금치나물, 쇠고기편육, 닭다리튀김 등의 뷔페를 준비했다. 후식으로는 통조림과일칵테일이다. 문명세계에서도 그렇지만 여기처럼 무료한 생활이 반복되는 극지생활에서는 잘 먹는다는 것이 큰 기쁨인 것이다.

매일 잘 먹으면 그것이 그것이니만큼 느낌이 없을 것이고, 어떤 특별한 일이 있을 때 잘 차려서 먹는 것이다. 오늘은 대원 13명 중 3명의 생일이니만큼 푸짐하게 차린 것이다. 저녁을 먹은 다음 얼마나 마셨는지 모르나 취해서 업혀왔다. 깨어보니 숙소이다.

**5월 23일**(월)

영하의 날씨에 바람은 거의 없다.

대북에서 열리는 미스 유니버스 선발과정이 칠레 텔레비전에 방영되고 있다. 작년의 미스 유니버스로 미스 칠레이던 세실리아 볼로코양이 당선되면서 칠레는 미스 유니버스대회에 기대가 큰 것이다. 그래서 칠레텔레비전은 며칠 전에는 올해 출전한 미스 칠레를 한참이나 비추었던 게 기억이 난다.

점심먹고부터 오늘 저녁 미스 유니버스 선발대회 방영 사실을 기지 내에 몇 차례 방송해서 대원들을 불러모았다. 동양, 서양, 북구, 한대, 온대, 열대, 남반구, 북반구, 백인, 황인, 흑인, 금발, 흑발미인 등 각 나라에서 내노라는 미인이 모인지라 모두들 예뻤다.

백인은 백인대로, 흑인은 흑인대로 예뻤다. 여러 관문을 지나서 드디어 미스 코리아인 장윤정양을 포함, 도합 3명이 남게 되었다. 사회자가 마지막으로 미스 유니버스를 호명하기 직전 모두가 숨을 죽이고 기다리고 있는데 누군가가 사회자의 호명에 맞춰 "미스 코리아"하고 소리질러서 깜짝 놀랐다. 미스 타이도 이쁘기는 하나 우리 모두의 눈은 미스 코리아를 더 예쁘게 평가했다.

올해는 우리나라사상 처음으로 준 미스 유니버스가 탄생된 경사스러운 해이다. 지금까지 미스 유니버스경연에 많이 나가기는 했으나 이렇게 상위에 입상하기는 처음이다. 장윤정양은 지금 여고생이라는데 세계적인

생일잔치—극지방에서 잘 먹는다는 것은 큰 기쁨이다.

미인이 되었으니 유혹의 손길이 많이 따르리라 염려된다. 아직은 공부를 하고 개성이 확립되면서 인생관을 형성할 때이다. 갑자기 미인으로 세인의 주목을 받는 것은 개인한테는 불행할 수도 있다고 생각된다.

**5월 24일**(화)

오후 칠레 비행장에 불이 반짝이더니 C-130아닌 다른 형의 비행기가 왔다. 우편물이 들어온 것인가? 어제 까치편으로 보낸 37통의 우편물이 저 비행기편으로 나갈까? 확실치 않다. 저 비행기는 칠레의 우편물과는 관계없는 비행기일 수도 있다.

**5월 25일**(수)

오늘은 아르헨티나의 독립기념일이다. 아침 10시 40분 아르헨티나의 쥬바니기지를 무전기로 불렀으나 안 나와서 우루과이의 아르티가스기지를 불러 '독립 178주년 축하'메시지를 전해 주기를 부탁했다.

칠레기지대장 이야기가 일주일 정도 있으면 칠레공군기가 들어온단다. 그 비행기는 우편물을 갖고 오리라. 가족의 편지는 가장 기다려지는 것의 하나이다.

얼굴을 보고 손을 잡아볼 수는 없는 것이나 편지를 통해서 머리속으로 얼굴을 그리고 손을 잡을 수 있는 기회이다.

**5월 26일**(목)

새벽 4시반에 깨었다가 다시 잠들었다.

6시 10분경 일어나, 언제나 하듯이 대기과학 연구실에 들러 날씨를 훑어보았다. 기온은 올라가고 있으며 습도가 50퍼센트도 안 되어 건조하다. 본관동과 장비동, 발전동, 부두, 저유탱크, 지자기관측동, 지진파관측동 일대를 훑어보았다. 현대소면은 1미터 정도 내려갔다.

별이 총총하게 반짝여 남십자성을 찾아보려고 하늘을 둘러보았다. 남동쪽 하늘에서 상당히 밝은 별 하나가 서쪽에서 동쪽으로 밝기가 2~3초간격으로 변하면서 상당히 빨리 이동하다가 사라졌다. 고도는 40~45°로 생각되며 처음에는 별이 2개로 생각했으나 1개였다. 출현시각은 7시 10분경이었으며, 1~2분 정도로 생각되는데 혹시 인공위성인가? 착각은 아니다.

남십자성과 비슷한 별 4개를 찾았지만 생존교범에 있는 그림과는 약간 다르다. 계절에 따라서 별의 모습이 다를 수 있으리라.

오랜만에 쾌청해서인지 칠레기지의 경비행기인 붉은 색의 트윈 오터기가 비행한다. 좋은 날씨에 좋은 장비로 남극의 아름다움을 감상하려는 것인가?

오후 3시경 칠레비행장에 불이 반짝인다. 어제 칠레기지 대장이야기에 의하면 C-130이 들어올 때가 아니다. 푼타 아레나스에서 경비행기가 들어 오는가? 아니면 며칠 후에 있을 비행기로 나갈 사람을 태우고 오히긴스기지에서 날아오는 것인가?

냉동생태찌개, 다시마무침, 미역무침과 새우젓으로 저녁을 먹었다.

저녁 텔레비전에 삼성전자의 비디오테이프 레코더 등 전자제품 광고가 나온다. 영어식으로 "삼성"으로 발음하는 것이 아니고 스페인어식으로 "삼숭"으로 발음하나, 낯 익은 별 3개가 반갑다.

**5월 27일**(금)

기온은 낮지 않으나 하루 종일 흐린 날이다.

저녁먹고 서울 연구소에 전화했다. 물자보급 문제는 C-130의 정기운항이 없어서 전세임차를 고려하는데 일정은 아직 알 수 없단다. 보낼 물품을 구매, 운송준비 중이며 급여명세서 등 서류는 우편으로 보낼 예정이란다. 아직까지 운송일정이 안 잡혔으면 언제 올 것인가? 이제 5월이 다 갔는데 지금 서둘러도 6월 하순경에나 받을 것 같은데…….

서울에서 담배, 술의 판매 가격이 통보되었다. 가격이 서울 시중 구입 가격과 같다. 해외에 나가는 근로자들과 선원들에게는 면세로 싸게 공급된다는데 우리에게는 싸게 공급할 방법은 없는가?

휴게실에서 새벽까지 마셨다.

**5월 28일**(토)

어제 늦게 자서 늦게 일어나 라면으로 아침을 때웠다.

김박사가 고국이 그리워서 양 소매를 적시고 임금께 잘 있다는 소식을 전해 달라는 한시를 쓰고 해설했다. 예나 지금이나 그리움은 사랑이고 희망인 것이다. 사랑하기에 그리워하고, 그리워하기에 만나기를 고대하는 것이다. 또 이 만나고 싶다는 간절한 희망이 이루어질 때에는 기쁨으로 통하리라.

회의때 세탁실과 샤워실의 청결문제가 거론되었다. 세탁실의 너저분하게 널려 있는 가루비누와 정전기 방지제의 빈통들, 샤워실의 비누, 샴푸, 비, 대야, 비눗갑 등은 늘어놓은 사람은 모르겠지만 치우는 사람은 귀찮을 것이다. 각자가 조금만 관심을 가지면 될 것을 그것이 잘 안 된다. '사소하니까 안 된다'가 아니라 '사소하니까 한다'가 중요하다.

하준걸 대원은 어제 저녁 너무 많이 마셨는지 아침, 점심을 안 먹고, 저녁만 먹었다. 식성도 비교적 까다로운데 이렇게 식사를 거르는 것은 안 좋다. 지금도 몸은 파리하다.

지난 토요일에 이어 오늘 저녁에도 펜트하우스 1권을 내어놓았다. 눈요기가 될까?

**5월 29일**(일)

아침을 빵, 우유, 커피로 먹고 기지뒷쪽 평지-노엘 봉-기지 남쪽으로 돌아왔다. 평탄한 지역은 눈으로 상당히 덮여서 얼어붙었다.

척 노리스 주연의 월남전후의 미군포로를 구출하는 '대탈주'라는 비디오 테이프를 보았다. 사실은 아니겠으나 최첨단무기가 동원된 미국식 활극 영화이다.

자신은 못하지만 영화에서나마 남이 하는 것을 보면서 기뻐하고 박수칠 수 있는 영화인 것이다. 사실 여부나 가능성 여부는 중요한 것이 아니다. 우리편이 이기면 된다.

**5월 30일**(월)

월력이야 어떻든 이제는 본격적인 겨울로 들어선다. 해안가의 얕은 해저, 특히 기지 서쪽 맥스웰만 쪽의 해저는 군데군데 백색~청색으로 얼기 시작한 것이 뚜렷이 눈에 띈다.

해안가의 해저가 어는 것은 지난 3월 하순부터 눈에 띄기 시작한 것으로 기억된다. 그 이후 녹았을 때도 있겠으나 이제부터는 현저히 얼기 시작하는 것이다. 썰물때 노출되어 얼었던 지역이 밀물이 되어도 녹지 않는 것이다. 시간이 갈수록 기온은 더 내려갈 것이고 어는 지역은 확장되리라.

요사이 낮길이가 상당히 짧아져서 오후 3시반만 되어도 컴컴하다.

**5월 31일**(화)

고무장화 바닥이 건물 쇠난간에 붙는다. 간밤 최저 기온이 영하6.5℃, 바람은 없으나 비교적 추운 날씨이다. 마리안 코브 남안에도 유빙이 많이 밀려와 있다.

한두 명이 꼭꼭 빠지던 아침을 오늘은 전원이 먹었다.

현대자동차 근로자들이 임금인상 요구와 파업하는 장면이 칠레 텔레비전에 나온다. 여기 텔레비전에 나올 정도이면 상당하다고 생각된다. 근로자는 더 받을 타당한 이유가 있을 것이고, 경영자는 더 주기에 어려움이 있을 것이다. 잘 해결되어서 이제는 이곳 텔레비전에 안 나왔으면 좋겠다.

**6월 1일**(수)

요사이 들어서 계속 영하의 날씨를 보이면서 며칠 사이에 해안가가 많이 얼었다. 해안가의 얕은 해저는 상당히 오래 전에 얼었으나 어제 기지쪽 해안으로 밀려온 얼음덩어리마저 해안에 얹힌 채 완전히 얼어붙었다. 그 결과 부두에서 30미터 정도 앞에서 거의 직선으로 마리안 코브 안쪽까지 얼어붙었다. 따라서 해안의 굴곡은 없어져가고 있다.

이 달은 남극의 겨울이 본격적으로 시작되기에 밤이 길 것이고 추위도 시작되리라 생각된다. 오후에 식당에서 있었던 월회의에서 자신과 타인을 위해서 감정의 평온을 유지하고 상대방을 이해하고 자극말도록 당부했다.

우리 13명 누구도 이런 남극의 겨울을 보낸 적이 없기에 더욱 더 조심해야겠다. 대원들에게도 육체적, 심리적 변화가 뚜렷이 눈에 띈다. 주량은 현저히 줄었고 담배는 뚜렷이 늘었다. 지난 달에는 310갑의 담배가 나갔으니 안 피우는 사람과 적게 피우는 사람을 고려하면 개인당 30갑이상 피운 셈이다.

현대소는 계속 낮아져 유출구에서 1.5미터 정도 내려갔으며 불원간 고갈되리라 생각된다.

**6월 3일**(금)

작년 오늘 칠레기지에서의 일출 시간이 9시 6분, 일몰 시간이 오후 2시 41분이었으니 낮시간은 5시간 35분이다. 올해도 큰 차이가 없으리라 생각된다. 아침먹을 때도 어둡지만 저녁은 완전히 어두워져서 먹게 된다. 이론적으로는 3월 21~22일 경, 북반구의 춘분, 남반구의 추분 지나서부터 밤이 낮보다 길어지기 시작한다.

유빙에 운반된
퇴적물을 채집하는 대원

지난 달부터는 낮이 짧아졌다는 것이 뚜렷해졌다. 5월 초~중순 날씨가 좋을 때에도 오후 4~5시경에는 벌써 사방이 어두워지기 시작했다. 오늘따라 이렇게 일출, 일몰, 낮시간에 신경이 쓰임은 왜일까? 해뜨는 지점, 운동방향을 일지에 스케치했다.

기지 앞으로 밀려와서 해안에 얹힌 얼음에서 유빙운반 퇴적물 2점을 채집했다. 남빙양 해저 퇴적물의 특징의 하나가 얼음이 운반한 물질이 발견된다는 것이다. 해안에서 수백~수천 킬로미터씩 떨어진 해저에서 채집한 뻘 속에서 발견되는 자갈들은 얼음이 운반, 퇴적시킨 것이다.

## 남극의 폭풍설

**6월 4일**(토)

새벽에 거주동의 문을 여니 심한 바람에 눈이 날려서 6~7m 앞이 안 보인다. 이것은 소위 남극 탐험에 큰 장애가 된다는 남극의 폭풍설이다. 지난 4월 그린피스가 돌아갈 때도 짧은 시간이었으나 폭풍설이 불었다. 그러나 지금의 위세는 그때보다 훨씬 더 심했다. 실제 어제 저녁 밤부터 불기 시작한 바람이 아침에는 기세가 더 올라갔다.

새벽 1시에 평균 3.9미터이던 바람이 1시 30분에는 10.7미터로 되었으며 5시 반에는 최대 풍속 31.8미터에 평균 풍속 21.3미터이다. 6시 반에는 최대 풍속 28.7미터에 평균 풍속 20.0미터로 요근래 들어 가장 센 바람이 분다.

평균 기온도 새벽 1시의 0.3℃가 30분 후에는 영하2.3℃로 떨어졌고 2시에는 영하7.9℃로 급격히 떨어진다. 6시 반에는 최저 기온 영하14.7℃에 평균 기온 영하14.3℃이다. 풍향이 동남동으로 남극 반도의 빙원에서 찬바람이 불어오는 것이다. 예상못한 심한 바람과 추위에 대비하도록 대원들에게 경고했다.

발전동까지 가는데 눈이 무릎까지 빠진다. 얼지 않은 눈은 부드러워서 헤엄을 쳐도 될 것 같다. 본관과 거주동 사이의 운동장에도 길이를 따라 동서방향으로 길게 눈이 쌓인다. 낮에 식당으로 갈 때에는 혼자 가기가 무서워 모여서 갔다.

걸어갈 때에는 바람 때문에 바로 못가고 옆으로 돌아서 바람을 덜 받고 가야만 한다. 그렇지 않으면 걸을 수가 없고 꼭꼭 여민 방한복 틈으로 파고드는 눈은 따뜻한 피부에 닿아서 녹아서 찬 것이 아니고 강한 풍속으로 눈알갱이가 되어 모래알처럼 피부를 아프게 때렸다. 아무리 옷을 잘 입고 목도리를 두르고 고글을 쓰고 모자를 써도 눈은 파고들어 얼굴과 목을 따갑게 때린다.

저녁 7시경까지는 그래도 약간 누그러지던 바람과 기온이 다시 강해지고 떨어지면서 눈이 계속 날린다. 드디어 6월들어 낮시간도 대단히 짧아지고 폭풍설도 불어서 남극의 겨울이 기세를 부리는가?

**6월 5일**(일)

폭풍설은 오늘 아침에도 기승을 부린다. 아침 7시 반에는 지금까지의 최저 기온인 영하18.7℃가 기록되었다.

발전동 건물도 조립식이라 이음새의 빈 틈으로 눈이 들어와 수북이 쌓였다. 사람이 아무리 잘 해도 자연의 힘을 막기는 어려운 것이다.

유량계가 동결되고 발전기 연료탱크에 연료가 안 나온다.

기승을 부리던 폭풍설은 드디어 오전 11시경부터는 수그러들기 시작한다. 오후 5시에 바람은 거의 없으나 기온은 영하16.5℃로 낮으며, 별이 총총히 빛나는 것으로 보아 하늘은 맑다. 폭풍우 뒤에 맑은 날씨가 나타나는 것은 여기 남극에서도 마찬가지이다.

폭풍설이 부니 남극에 온 기분이 난다. 들판도 하얗게 눈으로 덮일 것이고 기온도 춥게 떨어지리라. 글자 그대로 남극이 되는 것이다.

**6월 6일**(월)

9시에 현충일 기념식을 가졌다. 기념식이라야 개식사, 순국선열에 대한 묵념과 애국가 1절 제창에 폐식사가 전부인, 시간으로 말하면 3~4분 정도이다. 우리 세종기지가 우리나라에서 멀고 12명만 있지만 우리가 하고 싶은 대로 하는 것이 아니다. 우리가 여기에 있기까지는 많은 사람들의 희생 덕분인 것이다.

지난 3월 1일에도 경축식을 했어야 하지만 그 때에는 기지 건설 마무리작업에 바빠서 신경을 쓸 수가 없었다.

기지의 건물과 시설은 금요일밤부터 불어닥친 폭풍설에 큰 이상이 없다. 해안가 해저의 어는 부분은 하루하루 늘어나고 있다. 이러한 현상은 기지의 서쪽 맥스웰만에 면한 해안 해저가 특히 심하다. 반면 기지의 북쪽 마리안 코브 해안에는 해안선에서 30여 미터 정도까지는 밀려온 유빙들이 꼼짝않고 얼어가고 있다. 남극의 본격적인 겨울인 것이다.

**6월 7일**(화)

해안에서 2미터 가까이 낮아졌던 현대소는 눈으로 완전히 채워졌다.

추가식품과 구매요구한 물품들은 지난 3일 서울을 떠났으며 9일 산티아고에 도착예정이며 15일에는 기지에 도착예정이라는 전보 통신문이 서울에서 왔다. 일주일만 있으면 서울에서 보낸 물품을 받아본다는 말인가? 이 사실을 공지하니 대원 모두가 상기된 표정이다.

**6월 8일**(수)

드디어 현대소가 고갈되었다. 얼마 전부터 진흙섞인 물이 나오면서 수량마저 줄어들어서 언제인가 고갈되리라 예상했었다.

기지를 지으면서 뒷편에 둑을 쌓고 아래를 파서 고무판으로 방수해서 만든 현대소는 3백~4백톤의 물을 저장할 수 있었고, 기지는 계속 이 물만 사용해 왔다. 3월 중순 기온이 영하로 떨어지면서 자연수의 공급은 적어지고 계속해서 취수하면서 고갈된 것이다.

세종호에 구멍을 만들어 취수했다. 세종호는 두께 40센티미터 정도로 얼었으며, 결빙전의 호면에서 50센티미터 정도는 내려간 것으로 보인다. 지면은 얼어서 공급되는 물은 적어지는 반면, 지대가 높아서 물은 지하로 유실되기 때문에 호면은 내려가고 있다. 호면이 낮아지기 전에 얼었던 호면은 아래의 얼지 않은 수면이 내려가면서 깨어져 내려앉을 정도로 유실되고 있다.

한·미연례 안보회의가 끝났으며, 미군이 계속해서 주둔하기로 결정했다는 보도와 함께 학생들의 시위광경을 칠레 텔레비전이 방영하고 있다.

**6월 9일**(목)

기지 앞 해변에는 어제의 서북서풍과 오늘의 북풍에 밀려온 얼음이 폭 70~100미터로 밀려와 있다.

칠레 기지대장에게 6월 15일자 물품운반 비행기에 대해서 이야기했다. 그는 6월 15일자 비행기에 관해서는 아는 바가 없으며 상식으로는 전세운항을 제외하고는 6, 7, 8 석 달동안 비행기 운행계획은 없다는 이야기를 한다. 어쨌든 서울에서의 연락사항을 설명하고 물품의 상당부분이 육류와 야채이므로 마쉬－세종기지간을 헬리콥터를 이용해서 빨리 운반해 달라고 요청했으며 그는 쾌히 승락했다.

서울의 학생들이 판문점에서 통일문제를 논의하자는 주장과 함께 반미

시위를 격렬하게 하고 있는 것이 칠레 텔레비전에 나온다.

밤 10시반이 넘어서 서울 강남에 새로 개업했다는 어느 호텔에서 통신기계 성능 시험차 전화와 팩시밀리가 왔다. 서울에서 지구의 남쪽 끝인 남극, 특히 한국기지인 세종기지로 통신기기 시험을 해 볼 수 있는 충분한 호기심을 유발시킬 수 있으리라. 그들은 무슨 생각을 할까? 세종기지와 통화했으니 그들의 통신 시설이 믿을 만하다고 생각했을까? 아니면, 세종기지의 존재를 확인했을까? 둘 다이겠지? 서울에서 17,240킬로미터 떨어진 세종기지와 이야기했다는 사실 때문에 상당히 흥분했으리라. 서울은 10일 오전이니 오늘의 시험 통화 성공이 담당자의 점심 화제가 될 수 있겠다.

**6월 10일**(금)

어젯밤까지 불어온 북서풍에 해안의 유빙은 100~150미터로 늘어났다. 그러나 오늘 아침 불어온 북동풍으로 오전에는 서서히 맥스웰만으로 흩어진다.

서울의 대학생들은 판문점으로 행진을 시도하고 이를 저지하기 위하여 10만(?)의 경찰이 동원된다고 텔레비전이 이야기한다. 서울의 시위 양상은 계속 확대되는가?

오랜만에 영상으로 올라갔던 기온이 밤 10시가 지나서는 영하로 떨어졌다.

**6월 11**(토)

최대 풍속이 32.0미터의 센 바람이 불며 눈까지 날려 시계는 10미터 정도이다. 이 달 들어서 두번째의 폭풍설이다. 기온도 영하11.5℃로 떨어졌다. 식사시간과 출퇴근을 제외하고는 밖으로 나가지 못한다. 야외작업을 포함한 일체의 야외활동이 중지된다.

건물이 땅에서 1.5미터 정도 떨어진 고상식이라 심한 바람에 흔들려 커피잔에 파문이 일어난다.

발전동으로 건너가니 폭풍설이 불어오는 쪽의 문은 아예 폐쇄하고, 서쪽 문을 사용하는데, 거기에도 눈이 허리까지 쌓여 있다. 목조창고 앞에도 눈이 높이 쌓여 있다.

사람에 따라 얼굴이 다르듯 식성이 다르다. 국수를 싫어하는 사람이 있고 라면을 싫어하는 사람이 있는가 하면 고기를 싫어하는 사람이 있다. 식성은 기분 또는 몸의 건강상태에 따라 좌우될 수 있어서 싫어하는 음식이라도 어떤 경우에는 먹는 수가 있다. 국수를 좋아하다가도 싫어할 수도 있고 평소 라면은 좋아 안 해도 한두 번 먹는 라면은 별미가 될 수도 있다. 식성에 맞지 않는 음식이 나오더라도 싫은 내색 말고 맛있게 먹기를 당부했다.

자신의 건강과 기지 내의 분위기와 식품이 부족한 현실을 고려해서 맛있게 잘 먹는 것만이 최선이다. 싱싱한 야채와 과일을 공급해야 하는데 며칠만 기다리자. 비행기가 싣고 올 터이니.

**6월 12일**(일)

점심식사 전에 최고 풍속 23.6미터까지 올라가고 영하12.5℃까지 떨어졌던 폭풍설도 약해진다. 부두 동쪽으로는 폰툰 밖으로 10미터 정도까지의 큰 얼음덩어리 위에 눈이 덮여서 실질적으로는 해안이 마리안 코브 내로 확장되었다.

지난 주 오늘에 이어 오늘도 텔레비전에서 영화 '벤허'를 봤다. 찰튼 헤스턴이 주연했던 것으로 옛날 고등학생 시절 감명깊게 본 기억이 되살아 난다. 한마디로 위대한 영화이다.

학생들이 일본문화원을 공격했다는 보도가 있다. 일본이 좋게 느껴지지는 않으나 무슨 뚜렷한 이유가 있는가?

약해지던 바람이 밤늦게부터는 다시 세어지기 시작한다. 그러나 북풍이기에 기온은 영상이다.

**6월 13일**(월)

밤 10시 35분경 연구소가 약속한 대로 이관 신임 과학기술처장관님께서 기지로 전화를 하셨다. 대원 모두가 수고를 한다는 말씀에 이어 숙식에 불편은 없는지, 환자는 없고 대원들의 사기는 어떤지 물으신다. 가족과 떨어져 고생이 많고 국민의 기대가 크다는 말씀과 장래의 남극 연구에 관해서 정부차원에서 큰 관심을 갖고 있다는 말씀이 있었다. 학자출신이어서인지 말씀을 또박또박 잘 하신다. 대원 모두에게 안부를 전하며, 그 때 수고 많이 한다는 말씀을 반드시 전해 달라는 대목에서는 자상한 관심을 보이심을 알 수 있었다.

연구소 이야기가 모레에 짐이 도착하지 못하고 한 주일 정도 늦게 내주중에 도착하게 된단다.

**6월 14일**(화)

사람은 인정받을 때가 기분이 좋은 것이다. 식사시간에 어제 장관님과의 통화 내용을 알려주고 장관님이 대원 모두에게 안부전한다는 이야기를 하자 대원들의 표정이 밝아진다. 얼굴도 모르는 장관님이기는 하나 그래도 일국의 장관님께서 대원 한 사람 한 사람에게까지 관심을 표시하신다는 것은 대원으로서는 만족한 것이다.

칠레기지대장에게 내일에 있을 물자수송이 한 주일 늦어짐을 알리고 신속한 운반을 다시 부탁했다. 이어서 날씨가 좋을 때 우편물을 수거하도록 요청했다.

푼타 아레나스에서 비행기가 오기 전에 우편물이 칠레기지 우체국에 도착하여 소인이 찍혀 있어야 그 비행기가 나갈 때 실려나간다. 그렇지 못하고 비행기가 들어온 이후, 우편물배달 헬리콥터편으로 보내면 늦다. 물자하역 후에는 탑재 준비된 화물만 싣고 출발하기 때문이다.

주식회사 대우가 중공과 합자해서 중공에 회사를 세운다는 이야기가 단파방송에서 나온다. 언제 중공과 우리가 그렇게 가까워졌는가? 알 수 없다. 대우는 올해 또는 작년인지 수신상태가 불량해서 불확실하지만, 전자, 전기제품 수출액이 43억불을 넘는다는 이야기도 나온다. 말이 43억 불이지 엄청난 금액이다.

**6월 16일**(목)

새벽부터 불기 시작한 폭풍설은 오전 11시경에는 최고 풍속 31.6미터에 도달하여 그 위세가 극에 달했다. 시계는 불과 수 미터로 줄어들었다. 이 달 들어서 세번째 폭풍설이다.

연구소의 송원오 기지건설단장께 편지썼다. 주내용은 호수결빙 상태와 건물상태, 담수화기기, 정수기, 기상 등 기지 유지와 관계있는 사항들이다. 기지에 계속적인 관심을 가질 것이기에 필요하리라 생각이 든다.

**6월 17일**(금)

폭풍설은 계속되나 위세는 어제보다 약해졌다.

오후 3시경 급수를 담당하는 윤민섭, 이영재 대원 등과 세종호에서 급수작업을 시작했다. 두께 40~45센티미터의 호심 얼음을 깨고 급수호스를 연결한 후에 몇 차례를 시도해서 양수 엔진을 가동시켰다. 그러나 호스의 연결이 잘 안 되어 두 차례나 다시 연결했다.

강철밴드가 없어서 철사를 죄서 연결한다는 것이 생각처럼 잘 안 되었다. 내부가 언 것으로 생각되는 호스를 다른 호스로 바꾸고, 양수 엔진을 가동시키는 동안에 호스 내에 들어와 있던 물이 언다.

영하2~3℃ 정도라면 괜찮을지 모르나 영하10℃ 이하에서 물은 즉시 언다. 결국 폭풍설 속에서 오후 5시가 넘는 3시간의 작업에도 불구하고 양수작업은 실패했다.

최대 풍속 21.1미터의 동남동풍이 불며 최저 기온은 영하12.7℃이다. 하늘은 맑아 별이 총총히 빛난다.

## 주간조선

**6월 18일**(토)

칠레 까치가 우편물을 갖고 왔다. 우편물 속에 국내 국지봉투수집가인 임재우 씨가 보낸 주간조선이 있다. 그 주간조선은 김대중 평민당총재 얼굴이 표지로 나오고 여소야대의 국회의원 총선거 결과를 특집으로 다루고 있었다.

한국을 떠난 이후 처음으로 정치이야기, 더군다나 누구도 상상못한 국회의원선거 결과가 있길래 주간지의 인기가 굉장했다. 한 사람이 다 본

다음에 돌려보는 것이 상례일 것이나, 오늘은 그러한 상례를 깨고 한 사람이 보는데 몇 명이나 함께 모여서 보고, 그것도 안 되어서 나중에는 몇 부를 복사해서 나누어 볼 정도였다.

이번 국회의원 선거는 한 마디로 이변이다. 대원 누구나 놀라서 탄성을 연발했다. 도저히 믿기 어려운 상상을 넘어선 결과이다. 야당의 숫자가 아무리 많아도 그렇지 집권여당인 민정당이 그렇게도 인심을 잃었나? 더군다나 이번 선거에서는 집권여당이 전라남북도에서 한 사람도 안 됐다는 점에서 지방색이 너무 뚜렷했다.

작은 나라이든 큰 나라이든 지방색이 뚜렷하다는 것이 좋을 게 없다. 야당쪽 몇 의원의 입지전적인 이야기도 흥미롭다.

전두환 전직대통령이 미국방문시 체류했던 호화숙소가 사진과 함께 잡지의 주 내용의 하나이다. 평범한 곳에 머물러도 안전했을 터인데…….

21일 오후 4시 칠레기지에서 남극의 겨울파티를 한다고 초청장이 왔다. 교통편은 칠레가 제공하는 헬리콥터이다. 칠레기지는 킹 조지섬을 포함하는 남극반도 일대 지역을 칠레 남극영토로 주장하면서 신경을 많이 쓰고 있는 것이다.

저녁먹고 나서는 약간 올라갔던 기온이 다시 떨어지며 눈바람이 불기 시작하면서 폭풍설이 시작된다. 저녁 9시에는 초속 16.7미터의 동풍에 최저 기온이 영하16.2℃까지 떨어졌다. 체감 온도가 영하40℃정도이니 상당히 추운 편이다.

오전 폭풍설의 기세가 죽었을 때 다행히 양수 작업이 잘 되어 내일 목욕과 세탁에는 지장이 없다.

**6월 19일**(일)

7시에 깨니 눈이 날리기는 하나 어젯밤보다는 많이 약해졌다. 캄캄한 밤 하늘에는 별이 총총하다.

지난 목요일 약속한 대로 KBS와 인터뷰를 했다. 6월 들어서 특히 나쁜 날씨와 낮시간이 대단히 짧아졌다는 설명과 함께 콩나물을 길러서 신선한 야채를 공급한다는 이야기와 연구분야를 설명했다. 서울에 있는 사람들은 낮시간이 짧다는 것을 이해하지 못할 것이다.

남극은 보통 6달이 낮이고 6달은 밤으로 알고 있으나, 그것은 남극점에서만 그렇고 여기는 남위 62° 13′인지라 10시 반경에 밝아지고 2시경에 어두워진다.

서울에서는 야채보다는 육류를 좋아하고 많이 먹을 것이기에 콩나물이 유일한 신선한 야채라는 사실은 실감이 안 갈 것이다. 인터뷰 마지막에는 꼬마들과 연결을 시켜주어서 육성을 들을 수 있었다. 다들 잘 있는 것 같아서 마음이 놓인다.

건강하고 공부 잘하고 모든 것이 잘 되리라 막연히 기대한다. 꼬마들에게 공부시간에 질문 많이 하고 책 많이 읽고 일기를 꼭꼭 쓰라고 했는데 얼마나 할지.

저녁 늦게는 바람은 약해졌으며 기온은 약간 올라가서 영하14.4℃이다. 기압은 1002밀리바로 안정되어 있다.

## 남반구의 동지(冬至)

**6월 20일**(월)

내일이 서양 월력으로는 북반구의 하지이다. 그러나 남반구는 북반구와 계절의 움직임이 반대라 동지이다. 따라서 남반구에서는 밤이 제일 길고 겨울이 시작되는 날이다.

소련의 벨링스하우젠기지에서 한국 월동대의 성공적인 월동을 기원한다는 축하전문이 왔다. 소련은 우리에게는 적어도 국가적으로는 적대국이지만 여기 남극에까지 와서 같이 고생하면서 그렇게 행동할 필요는 없을 것이다. 월동축전에 감사드리고 성공적인 월동을 기원한다는 답전을 보냈다.

**6월 21일**(화)

작년 동지때에는 해가 9시 26분에 떠서 오후 2시 29분에 졌으니 낮시간이 5시간 3분이다. 올해는 해뜨고 지는 시각은 다를지라도 낮시간 길이는 비슷하리라 생각된다. 서양 달력으로 겨울이 본격적으로 시작되는 날이다.

남극의 겨울이 시작되는 날답게 새벽 3시에 영하16.9℃이니 추운 날임에 틀림없다. 바람도 비교적 세어서 15.6미터가 최대 풍속이다. 아침에는 바람도 비교적 약해졌고 시계도 좋아진다.

9시 50분 칠레 헬리콥터소리가 들린다. 그러나 더 가까이 오지는 않는다. 드디어 무전이 왔다. 오늘 우리기지사람을 월동축하파티에 참석시키기 위하여 세종기지로 날아 가려고 3회나 시도했으나 난기류 때문에 실패했다고 설명한다.

우루과이기지로 해서 빙하 위로 날아오는, 흔히 오는 길도 어렵고, 맥스웰만의 애들리섬 상공으로 오는 길도 어려워, 마지막으로 상당히 높이 올라가서 오려고 했으나 올 수 없었단다. 30분 후에 다시 시도하겠단다. 결국 10시 55분 도저히 못 오겠다는 무전이 왔다.

흐리거나 바람이 분다면 이유가 눈에 보이나 난기류는 보이지 않는 이유이다. 못 가면 할 수 없는 것이다. 지난 3월에는 애드미럴티만까지 갔다가 착륙 못하고 온 때도 있었다.

오후에 해안가를 산보했다. 마리안 코브는 얇게 얼기 시작했으며 기지 서쪽 맥스웰만 해안의 해저가 30~40미터 정도 푸른 빛을 띄고 얼고 있다. 얼마 전까지만 해도 10~20미터 정도였는데 며칠 사이에 언 부분이 갑자기 늘었다.

오늘은 월동대원들에게는 좋은 날이라 오후는 공식으로 휴무를 했다. 저녁때에는 불고기, 녹두지짐, 기지에서 담근 포도주로 남극의 겨울을 자축했다. 기지에서는 이런 것이 낙이다.

지난번 칠레에서 구입한 포도가 상했길래 재빨리 포도주를 담갔는데 오늘 열어보니 색깔은 탁한 자주색이나 맛은 괜찮다. 과일을 발효시켜서 술을 만드는 기술이 언제 어떻게 개발되었는지는 모르나 인류의 지혜의 하나임을 실감했다.

**6월 24일**(금)

아침에 서울 KBS와 인터뷰를 했다. 내용은 얼마 전의 인터뷰와 대동

소이하다. 낮시간이 짧다는 것이 이해하기가 어떨까? 실제 9시반에 해가 뜬다는 것은 수평선상에 나오는 시간이고 여기는 산으로 둘러싸여 있으니 시간이 더 지나야 밝아지고 어두워지는 것은 더 빠르다. 아침과 저녁을 밤에 먹어야 한다는 이야기이다.

서울은 북반구에 있어서 계절이 반대이다. 서울은 초여름이므로 짧은 소매를 입어야 하나 여기는 오히려 더 추워진다.

**6월 25일**(토)

중국 장성기지에서 성공적인 남극연구를 빈다는 내용의 동지인사가 왔다. 고마워서 같은 내용으로 답전했다. 여기에서는 국적, 종교, 이념을 안 따진다. 남극이라는 주어진 여건에서 열심히 하면 되는 것이다. 빌려줄 만하면 빌려주고, 고마우면 인사하고, 만나면 반가운 것이다.

점심시간 지나서 초속 20미터가 넘던 바람이 4시경에는 최고 31.0미터까지 되었다가 약간 수그러들었으나 밤 10시부터는 다시 세어지고 눈마저 날린다.

**6월 26일**(일)

대원들의 심리검사를 할 필요가 있다고 느껴진다. 이 생각은 의사의 귀국 전에 의사에게 제안한 적이 있는데 의학적인 전공이 달라서 그런지 썩 내켜하지 않았던 기억이 있다.

우리가 여기에서 1년을 살면서 눈에 보이는 일, 즉 식품과 피복, 건물관계 등 물자 관련 이야기는 쉽게 할 수 있을 것 같다. 그러나 눈에 안 보이는 일, 특히 개인의 심리적 상태는 상황이 바뀌면 바뀔 수 있고 시간이 가면 과거를 망각할 수 있는 것이기에 어떤 형태로든지 기록을 남길 필요가 있다고 생각된다.

실제 1984~1985년에 남극반도 서쪽의 브라반테섬을 1년이상 탐험한 영국인 크리스 퍼스는 설문조사로 대원들의 심리를 매월 조사했다. 문항은 많지 않았다. 가장 바라는 것, 가장 큰 기쁨, 가장 싫어하는 것과 가장 무서워하는 것 등을 물어보는 것이다. 늦은 감은 있으나 우리도 대원들의 심리상태에 관한 기록이 있어야겠다는 생각이 최근에 되살아난다.

1차 월동대의 할 일은 많을 것이다. 개인의 심리적인, 눈에 보이지 않는 내면의 경험을 남겨 놓아야 된다. 우리가 할 일 중의 하나이다. 크리스 피스의 기록을 뒤적였다.

오늘은 어제에 이어 하루종일 폭풍설이 불었다. 최고 풍속은 30.1미터에 이르고 최저 기온은 영하11.1℃이니 체감온도는 영하40℃에 가깝다. 세종기지동판을 부착한 바위가 완전히 눈에 덮였다.

**6월 27일**(월)

어제에 이어 오늘도 폭풍설이 계속된다. 초속 25~30미터가 넘는 바람에 눈이 날려 앞이 안 보인다. 위치에 따라 2~2.5미터씩 쌓인 눈과 불어치는 바람속을 혼자 다니기가 겁난다.

남극에서 생존상황의 발생은 충분히 가능하다는 생각이 든다. 기지 건물이 보이는 곳에 있으면 다행이나 건물이 보이지 않으면 당황하고 무서움에 질릴 것이고, 그러다가 비극이 발생할 수 있으리라 생각된다.

11시 반경 기지를 한 번 둘러보았다. 몸이 날릴 것 같고 꼭꼭 여민 틈으로 눈이 파고들어 이마를 아프게 때렸다. 아무리 잘 입고 방풍을 하더라도 남극의 바람은 속을 파고드는 것이다. 발전동 동쪽 문과 서쪽 문 돌아가는 데에는 바람이 평지에서보다 훨씬 세다. 건물에 가려지는 곳은 바람이 약해지고 따라서 눈이 많이 쌓인다. 예를 들면, 목조창고, 연구동, 컨테이너, 본관동 등의 서쪽에 많이 쌓이고 기지 운동장에도 쌓인다.

바다에도 센 바람 때문에 흰 파도가 높게 인다. 마리안 코브는 폭 1.5킬로미터 정도의 좁은 바다이나 바람이 워낙 세어 파도가 하얗게 인다.

저녁 늦게 폭풍설은 현저히 약해졌다.

서울에서 시위가 격화되어 외환은행이 파괴되고 시위대가 시내까지 진출했다고 한다. 사태가 상당히 심각해 보인다.

칠레 텔레비전이 보여주는 서울의 소식은, 수건으로 얼굴을 가린 채 화염병을 투척하는 장면 등, 과격한 시위 장면이 중심 내용이다. 그런 장면이 신기해서인가? 아니면 한국이 올림픽을 앞두고 혼란해지는 것이 기분 좋아서인가?

**6월 28일**(화)

아침 7시 현재 영하11.6℃에 최고 풍속 12.1미터이니 폭풍설은 한풀 꺾였다.

저유탱크 보온 벽은 이상이 없다. 반면, 꼭 닫힌 지진파관측동 내부에는 눈이 수북이 쌓여있다. 바늘틈 같은 구멍으로 눈이 날려 들어와서 쌓인 것이다. 연구동 세면기와 하계동 하수관이 누수되어 고드름이 달려있다.

오후 칠레비행장에 불이 반짝거린다. 비행기가 들어오는가? 아니면, 비행장 점검을 하는가?

**6월 29일**(수)

오늘도 비교적 센 바람에 눈이 날리고 있다.

오전 내내 심리검사 설문지의 초안을 작성했다.

점심을 먹고나니 날리는 눈에 시야가 가려진다. 물컵의 물이 바르르 떠는 것을 보니 풍속이 초속 20미터는 넘는다는 것을 알 수 있다. 드디어 2시 반에는 영하13.7℃에 31.4미터의 강한 바람이 불며 어제 잠시 약해진 폭풍설이 재발한다.

체육의 날이라 실내에서 탁구를 즐기는 것이 유일한 활동이다.

**6월 30**(목)

폭풍설이 계속된다. 거주동과 본관 사이는 눈이 거의 3미터 정도 쌓였다. 연구동 앞에 새로이 온 눈은 아직 얼지 않아서 눈이 무릎 위까지 빠진다. 눈이 부드럽고 가벼워서 눈위를 가는 기분이 걷는다라기보다는 헤엄쳐 가는 것 같다.

건물, 특히 거주동의 동쪽과 체련실의 동쪽 벽에서 누수가 심하다. 폭풍설의 풍향이 동풍이기에 동쪽 벽은 바늘구멍만한 틈만 있어도 눈은 날려 들어온다. 물은 낮은 곳으로만 흐르나 바람은 그러한 방향이 없기에 틈만 있으면 눈이 불려 들어와 녹아내리는 것이다.

저녁먹고 나서도 바람은 안 잔다.

오늘이 30일이니 올해의 반이 간 셈이다. 건설단이 마지막으로 떠난

지 석 달밖에 안 되었으나 서울을 떠난 지는 다섯 달이 지났다. 시간이 잘 간다.

이제 남극의 한겨울에 들어와서 낮길이도 짧고 폭풍설이 계속되어 밖으로 나가는 일은 최소로 하고 있다. 이런 것이 남극의 겨울인가?

그래도 우리는 낫다고 생각된다. 남극권 이남에서는 하루 24시간 어두움이 계속되는 것에 비하면 여기는 견디기 좋은 것이다. 대신 하루종일 밤이거나 낮인 극적인 일은 없다.

**7월 1일**(금)

저녁식사 후 식당에서 월회의를 하면서 제1차 심리변화 조사를 했다. 설문지 문항에 표시하거나 아니면 본인이 쓸 수 있도록 되어 있다. 조사를 하기 전에 필요성을 설명했다.

우리가 월동하는 큰 이유 중의 하나가 생활경험을 쌓고 준비된 시설과 장비의 보완점을 알아서 개선하도록 하는 것이다. 눈에 보이는 것만 개선하는 것이 아니고 눈에 안 보이는 것도 의견을 내놓고 개선할 필요가 있다고 설명했고 대부분의 대원들이 적극적으로 호응했다.

설문내용은 가장 절실히 바라는 것, 현재 생활에서 가장 행복할 때, 가장 괴로울 때와 월동생활 중 가장 큰 공포 등 4개의 질문을, 그 아래에 제시한 답 가운데에서 골라내거나 본인이 기재하는 형식이다.

비전문가가 만든 것이기에 여러가지 개선할 점이 있으리라. 설문지 방법은 결정적인 약점이 있다고 옛날 교육평가 강의 시간에 배운 기억이 있다.

문항을 만드는 사람이 원하는 방향으로 답변을 이끌어 낼 수 있다던가? 그렇더라도 심리조사를 할 필요가 있다고 믿는다. 매월 조사는 너무 잦은 것 같고 두 달 간격으로 하는 것은 괜찮다는 느낌이 든다.

설문지는 비록 내 손으로 만들었으나 분석은 전문가에게 맡기기로 하고 봉해 두었다.

**7월 2일**(토)

바람은 없으나 대단히 흐리고 영하15.1℃까지 내려가는 상당히 추운 날씨이다. 어제는 해면에 살얼음이 보였다...

세종호의 동결된 호면은 경사진 채 계속 내려가다가 드디어 호안쪽이 깨어졌다. 호면은 1미터이상 내려갔고 얼음의 두께는 60센티미터 정도 되니 얼음 아래에는 얼지 않은 수면이 있고 그 사이에는 공간이 있을까?

**7월 3일**(일)

기온이 영하7.3℃이니 어제보다 많이 높아졌고 바람도 거의 없다. 가는 싸라기눈이 날리고 있다. 오늘 새벽따라 중국, 칠레, 소련기지의 불빛이 유난히 반짝거린다.

아침이 끝나고 기지 서쪽 눈덮인 바닷가를 걸을 때 몸이 갑자기 푹 빠졌다. 빠지는 순간 진땀이 나며 죽음의 공포가 순간적으로 온몸을 엄습했다. 다행히 양쪽팔이 걸려서 허우적거리고 나왔다.

지난 5월 중순부터 해안에 밀려온 크기 2~3미터의 얼음덩어리 위에 눈이 덮이고 눈덮인 얼음덩어리 사이의 구멍에 빠진 것이다. 아랫부분은 밀물 때에는 바닷물이 들어올 것이다. 나왔길래 다행이지 잘못해서 빠졌더라면 어떻게 되었을까?

다리라도 물에 빠지면 얼 것이고 얼음구멍 사이를 올라올 수 없는 가능성도 충분히 생각할 수 있다. 소리쳐도 들리지 않을 것이고, 죽음의 공포에 질려 기력은 순식간에 쇠퇴할 수도 있다.

극지에서는 항상 같이 다니고 출발 사실을 통보하라고 했는데, 기지 주변이라고 아무 조치도 안 하고 혼자 나온 것도 후회되었다. 이런 소홀이 큰 재앙을 불러일으킬 수 있으리라. 나올 때에는 얼마 안 되는 거리이기는 하나 들어갈 때의 발자국을 밟으면서 나왔다.

점심먹고부터 콧물이 계속해서 나온다. 감기는 아닐 터이고 혹시 먹은 것이 잘못되었는가?

## 펭귄의 대이동

**7월 4일**(월)

아침 10시경 누가 나와보라고 부른다. 궁금해서 나가니 얼어붙은 맥스웰만 위로 수많은 펭귄이 일렬 종대로 넬슨섬 쪽으로 이동하고 있다. 어림잡아 1천마리 이상 1천5백마리 또는 2천마리는 되는 것 같다. 장관이었다.

바다가 얼면서 먹이를 구할 수 없어 얼지 않는 곳으로 이동하는 것으로 생각된다. 북쪽이 얼지 않는다고 생각할 때, 필데스반도를 종단해서 북상을 못하니 넬슨섬의 해안으로 돌아서 북상하거나 아니면 그 부근 어디에서 겨울을 보내는가? 궁금하다.

펭귄도 동물이기에 지도자가 있어서 그를 따라 일렬 종대로 질서 정연하게 이동하는 것이다. 그것도 아무렇게나 섞여서 일렬로 가는 것이 아니라 크고 나이많은 것이 앞에 서고 뒤로 갈수록 작고 어린 것 같다.

일렬임에도 불구하고 앞으로 갈수록 밀집되어 있고 뒤로 갈수록 흩어진 것은 앞쪽은 경험이 많아서 열심히 가고 뒤에는 경험없고 좀 풀어진 젊은 친구들이 놀면서 따라가는가? 때가 되어서 떠날 줄 아는 이 현상은 생물의 본능이자 대자연의 신비인 것이다.

후미에 떨어진 40~50마리는 얼음 위에 모여 있는데 그 주위를 킬러고래가 3~5마리가 출현한다. 하루에 펭귄 15마리를 먹는다는 킬러고래가 날카로운 등지느러미를 보이며 빙빙 돌면서 호시탐탐 노리고 있는 것은 남극 생태계의 한 단면이다.

킬러고래가 힘껏 받으면 상당한 두께의 얼음이 깨지리라 생각되는데 고래가 펭귄 주변에서 빙빙 돈다는 사실을 생각해 보면 펭귄이 올라서 있는 얼음은 상당히 두꺼운 것으로 생각된다.

**7월 5일**(화)

아침에 기지를 순찰하다가 기지 서쪽 지진파관측동 앞 해안에서 젠투펭귄 50여 마리를 만났다. 어제 뒤쪽에 쳐진 펭귄의 일부인가?

근처에는 외톨이가 된 아델리펭귄이 있다. 펭귄은 사람무서운 줄 모르고 호기심이 많은 새이다. 특히 아델리펭귄은 호기심이 더욱 많아 사람

장관을 이룬 펭귄의 대이동

가까이에도 온다.

점심식사를 마치고 보니 아침의 펭귄떼는 기지 해수 인입동 앞에 와 있다. 외톨이가 된 아델리펭귄도 함께 와 있다. 그러나 아델리펭귄이 젠투펭귄 근처는 따라다녀도 절대로 무리 속에 들어가지는 않는다. '깃이 같은 새끼리 어울린다'는 서양속담은 남극조류에서도 생물학적으로 통용된다.

외톨이 아델리펭귄은 혼자 다니기는 두렵고 그렇다고 해서 다른 펭귄의 무리 안으로 들어갈 수 없고, 그래서 그 무리 근처에서 배회하면서 무리를 따라다니는 모양이다.

종류가 달라도 무리에서 멀어지지 말아야 먹이라도 구할 수 있으리라. 과학적으로는 생물학적 본능이겠으나 일반적으로는 하느님의 섭리이리라 생각된다.

**7월 6일**(수)

어제 오후의 북서풍이 새벽부터 동풍으로 변하면서 기온이 뚝 떨어지고 눈보라가 날려 시계가 나쁘다.

단파방송에서 미국 선박이 이란의 젯트여객기를 공격해서 승객과 승무원 290명의 몰사 뉴스를 전한다. 경위야 모르겠으나 민간 여객기를 공격했다는 것은 잘못이다. 소련이 사할린에서 우리 KAL기를 공격한 것이나 다를 게 없다.

칠레텔레비전도 이란국민의 미국 규탄 시위장면을 보여준다. 전자장비의 실수인가? KAL의 경우, 전투기 조종사가 "대한민국의 민간항공"이라고 육성으로 보고했으나 격추당했다. 이번 경우는 그와는 다르리라.

이란 승객 입장에서 보면 청천하늘에서 날벼락을 맞은 것이다. 그러나 대단히 먼 곳의 일로 느껴진다. 문명세계와 남극이 멀리 떨어져 있기 때문일 것이다.

**7월 7일**(목)

바람은 없으나 추운 날씨이다.

마리안 코브의 해면은 눈이 덮여서 상당히 두껍게 언 것처럼 보인다.

펭귄도 안 보이고 해표도 없다.

저녁은 큼직한 안심스테이크다. 서울에서 이 정도의 크기면 3~4인분은 될 것이다. 극지생활에서는 먹는 것이 중요하다. 그래서 20세기 초 남극의 영웅들은 하루에 5천3백칼로리는 먹도록 식단을 짰고, 못 먹어도 4천3백칼로리는 먹는다.

잘 먹는다는 것이 육체적 건강을 위한 점도 있으나, 그것을 넘어서 잘 먹는다는 것이 생활의 기쁨인 것이다. 단조로운 생활에서는 기다리는 것이 식사시간이다. 그런 점에서 극지에서는 다양하게 맛있게 먹을 필요가 있는 것이다.

현재 기지에 보급된 식품으로는 한 달에 한 번 꼴로 안심스테이크를 먹을 수 있다니 다행이다. 단지 신선한 야채가 없어서 칠레 과일통조림 샐러드가 야채를 대신했으나 맛있다.

**7월 8일**(금)

저녁 텔레비전은 사고로 범벅이 돼 있다. 인도에서 기차사고로 2백명이 죽고, 북해에서는 유전사고의 시체 150여 구를 회수했고, 페루에서는 버스 전복으로 30명이 죽었단다.

북해 유전사고는 사망자에게 미국 옥시덴탈 석유회사가 1인당 1백만불씩 보상한다는 이야기도 나오고 90세된 회장이 사태를 수습하고 있다고 설명한다.

몇 년전 어느 책에서 읽었던 북해 유전에서 일하는 지질학자의 이야기가 기억난다. 그는 실외 작업을 할 때에는 언제나 구명복을 입는다 한다. 구명복이 생명을 구해 주어서 입는 것이 아니고 죽은 다음에라도 시체가 떠 올라야 부인이 보험금을 탈 수 있어서 시체를 떠 올리려고 입는다는 절박한 이야기이다. 육상 근무보다 수입이 40퍼센트 정도가 많으나 언제 어떤 일이 있을지 모르는 것이다.

작년 10월 영국 캠브리지에 있는 영국 남극조사소와 스코트 극지연구소 등을 방문했을 때, 캠브리지 책방에서 샀던 책이 10여 페이지가 낙장된 것을 최근에 발견했다. 이 사실을 책방에 알렸더니 결손본을 보내면 새 책으로 교환해 주고 우편요금도 변상하겠다는 답신이 얼마 전에 온 바 있다.

못 쓰는 책을 새 책으로 바꿔주겠다는 것은 이해하겠으나 우편요금마저 변상해 준다는 것은 역시 영국다운 상도덕이라는 생각이 든다. 오랜 역사와 민주주의와 물질적 여유 속에서 싹튼 상인의 양심이리라.

칠레 우편요금 규정에 의거, 등기우편 요금을 부치기는 했으나 여기에서 책이 과연 등기로 나갈 것인가 의심스러워 책만의 무게를 달아서, 결손본의 무게가 980그램이라는 사실을 별도의 편지로 보냈다. 책이 닿지 않는 경우에 완전한 책과 무게를 비교함으로써 나의 진실을 그들이 믿을 수 있으리라는 기대에서이다.

**7월 9일**(토)

바람없고 비교적 덜 추운 날씨이다.

최근 몇 주간 매주 토요일 점심시간에 하듯이 김박사가 한시(漢詩)를 설명했다. 오늘은 고려 예종때 사간이던 정지상의 시 '대동강'이다. 내용은 임금을 보내고 진남포 대동강을 보면서 임금에 대한 그리움을 적은 시이다. 옛날이나 지금이나 그리움은 많은 문학작품의 주제가 되어 왔음을 알 수 있다.

**7월 10일**(일)

점심먹고 바닷가를 걸을 때 어디에선가 거친 호흡소리가 들렸다. 주변을 둘러보니 2킬로미터 정도 떨어진 맥스웰만 가운데 얼음덩어리 사이의 물에서 킬러고래 7~10마리가 보였다. 이들이 머리를 해면에 거의 직각으로 세우고 호흡할 때 그 소리가 거칠게 들리는 것이다.

킬러고래는 수염고래에 비하면 크기는 작으나 이빨고래 가운데에서 말향고래를 제외하고는 제일 큰 고래이다. 2킬로미터 이상 떨어진 곳까지 숨쉬는 소리가 들리는 것을 보니 고래의 체력이라 그럴까 고래의 위력이 대단하다는 것을 알 수 있다.

킬러고래는 고래 가운데 가장 똑똑해 인간에게 재롱을 부리고 연구대상이 되고 있다. 미국 캘리포니아주의 산 디에이고시에 있는 수족관 시월드에서 킬러고래 샤무가 재주부리는 것을 본 기억이 있다.

맥스웰만에 출현한 킬러고래들이 인간의 출현을 알아차린 것 같다. 처음에는 머리를 자주 내밀다가 차차 물속에 있는 시간이 길어진다. '염려하지마라. 내가 너희들을 잡을 능력도 없지만, 능력이 있더라도 안 잡을 터이니' 속으로 중얼거렸다.

저녁때부터 기온이 떨어지고 바람이 세어졌다.

동아일보가 부탁한 기지의 생활수기를 쓰기 시작했다.

**7월 11일**(월)

며칠 있으면 제헌절이고 기념식을 해야하는데, 제헌절 노래가사를 제대로 아는 사람이 없어 서울에 팩스밀리로 물었다.

**7월 12일**(화)

오랜만에 북풍이 불면서 기온이 영상으로 올라가고 하루종일 가랑비가 내린다.

생활수기를 오늘로 끝냈다. 누군가가 사실보다 부풀려서 쓰란다. 사람은 자기가 처한 현실을 즐겁게 받아들일 수도 있으나 어렵고 고생하는 것처럼 과장함으로써 자신을 내보이고 싶어하는 것이 인지상정이라 할 수 있다. 따라서, 과장해서 쓸 수도 있겠으나 사실과 다르다면 곤란하다는 생각이 든다.

글의 주제가 가공이 아니고 현실이기에 쓰는 사람은 사실에 근거해서 쓰고 읽는 사람이 그 나름대로 해석을 하면 될 것 같다. 내나름대로 여기의 생활을 충실히 전하려고 노력했는데 독자들이 어떻게 받아들일지 궁금하다.

오늘도 킬러고래들이 출현한다.

**7월 13일**(수)

아침 10시 10분경 태양이 기지 앞바다 건너 북쪽 봉우리 오른쪽 1백미터 지점에 나타났다. 동지를 지난 지 3주 정도 된 것 같은데 낮길이가 상당히 길어진 것처럼 느껴진다.

흐린 날씨가 계속되다가 오랜만에 푸른 하늘이 보이니 기분도 좋다. 그래서인지 칠레의 헬리콥터가 날아다닌다. 내일 푼타 아레나스에서 비행기가 온다는 칠레기지의 통화를 청취했다. 온다는 시기가 계속 늦어지고있는 연구소의 추가 물자운반용 비행기일까?

**7월 14일**(목)

폰툰에서 20미터, 전번에 결빙된 선에서 10미터를 더 나아가서 거의 부두 끝까지 해안이 평행하게 얼어 해안선의 굴곡은 거의 없어졌다. 해면의 얼음도 상당히 두꺼워 10센티미터 정도는 되는 것으로 생각된다. 맥스웰만에는 길이 3~4백미터, 해면높이 30미터 정도의 탁상형 빙산이 밀려 들어와 있다.

세종호면은 계속 내려가고 몇 단으로 깨어져 내려 앉았다.

아침 9시 50분 칠레기지에서 무전이 왔다. 칠레공군수송기가 들어오는데 한국사람이 한 사람 타고 있단다. 성명은 미상이란다. 10시 반

C-130은 칠레기지에 착륙했다. 드디어 10시 50분 무전에 한국사람은 이씨 성을 가진 의사라고 알려왔다.

우리 연구소에서 수배한 비행기이고 의사인 이장성 대원이 돌아온 것이다. 그러나 시계가 나빠서 헬리콥터 비행은 불가능하다는 연락이 왔다.

오후 2시 50분까지 시계는 나아지지 않고 날은 어두워지고 바람은 세어지고 기압은 계속 내려간다.

대원들은 물자 운반 비행기 도착 소식을 듣고 기대가 크다. 야채와 과일이 올 터이고 편지가 올 것이며 연구소의 소식이 올 것이다.

**7월 15일**(금)

칠레 기지대장으로부터 무전이 왔다. C-130이 과일과 야채, 육류와 우편물 등을 싣고 잘 도착했으며 이 선생도 칠레기지에 묵고 있다는 이야기이다. 날씨만 좋으면 곧 옮기겠다는 이야기도 덧붙인다.

7월 22일의 다음 금요일이 폴란드의 국경일로 폴란드기지에서 초청받아 아침 10시 15분에 세종기지로 갈 터이니 같이 가잔다.

오후에는 이선생과 통화를 했다. 흥분된 목소리이나 건강하다. 서울을 떠나서 산티아고에 오래 묵었다가 이제야 세종기지의 코앞에 온 것이다.

시설 담당대원들이 세종호에서 양수작업을 하다가 날개달린 크기 2밀리미터 정도의 작은 곤충 수십마리를 얼음속에서 잡았다. 작은 모기 같은 흑색 곤충으로 조심스레 시료병에 담았다. 남극에 곤충이 있다는 이야기는 들었으나 눈으로 보기는 처음이다. 이들은 세종호의 결빙된 호면과 그 아래층의 수면 사이의 공기층에 서식하는 것으로 생각된다.

세종호는 얼음 두께가 70센티미터에 수심이 1.7미터이니 3.2미터 수심에서 80센티미터 이상 내려간 셈이다. 이렇게 내려가면 얼마 못 가서 세종호가 고갈될 것 같다.

**7월 16일**(토)

시계가 나빠서 1킬로미터 정도도 안 되는 것 같다.

해안가의 얼음이 조석작용 때문에 해안선에 평행하게 몇 줄로 깨어졌다. 남극에서의 생존과 관계된 어느 글에서 읽은 내용이 기억난다. 남극의 해빙은 우선 조심해야 하나, 해안에서는 조석에 따라 깨진 해빙의 틈을 조심하라는 것이다.

오늘도 토요일이니까 예의 김박사의 한시강의가 있었다. 오늘은 이숙원(李淑媛)이라는 궁녀가 약속한 왕을 기다리다가 거울을 보면서 눈썹을 그리다가 까치소리를 듣고 잘못 그린다는 그리움의 시이다. 이 정도의 시를 남기려면 상당히 교육을 받았을 것이다.

**7월 17일**(일)

10시에 제헌절 기념식을 가졌다. 제헌절 노래 가사가 연구소에서 오지 않았기에 제헌절 노래는 못 부르고 애국가로 대신했다.

휴일이기에 일반 해양 실험실에서 이런 저런 이야기로 시간을 보냈다.

12시경에는 푸른 하늘이 보인다.

저녁 5시경에는 날씨가 맑아 별과 초생달이 보인다.

저녁을 먹고 연구소에 전화해서 이선생과 물품 도착 관계를 통보했다.

하계조사대는 16~20명 정도를 생각하고 있으며 월동대는 신문에 광고를 내어 면접중이란다. 벌써 우리 후임을 뽑는가? 시간이 이렇게 많이 흘러갔는가? 실감이 안 난다.

**7월 19일**(화)

바람은 비교적 세고 기온은 낮으나 별이 반짝이는 것을 보니 하늘은 맑다. 그러나 10시경부터 시계는 좁고 푸른 하늘이 보이나 기압은 떨어지고 바람이 세차진다.

칠레기지에서는 기상상태가 좋아지는 대로 물품들을 곧 보내겠단다.

산티아고 한국대사관에 전화를 해보니 현재 가지급금 잔액은 미화 3천 8백불이며 한국텔레비전 녹화 테이프를 외무부 본부에 신청을 했는데 오면 기지로 보내주겠단다.

**7월 20일**(수)

아침 8시 반경 칠레기지에서 우리기지의 기상자료를 요구해서 풍향과 풍속, 시계를 통보했다. 칠레기지와 우리기지가 불과 10킬로미터 정도인데 여기를 날아오는 데에도 기상자료가 필요한가보다.

12시경 칠레 기지내장이 무선기에 나왔다. 짐을 운반하기 위해서 4~5차례 비행해야 할 것이며, 이런 기상이라면 내일 아침 8시부터 운반하겠단다. 8시에는 날도 다 밝지 않을 터인데….

다음 비행기가 가져오면 돌려 받기로 하고 겨자 6 상자 가운데 1 상자를 빌려주었다.

대원들에게 내일 아침 8시경 물자 도착을 통보하고 식사를 30분 일찍 끝내고 대기하도록 했다.

**7월 21일**(목)

7시반에 아침을 먹고 헬리콥터를 기다렸다. 10시 40분이 되어서야 드디어 첫 헬리콥터가 날아온다. 이선생이 내리고 여섯번을 왔다 갔다 한 끝에 서울에서 보낸 상자 14개와 칠레에서 구매한 물품이 모두 운반되었다. 운반할 때마다 헬리콥터에 동승한 공군 하사관은 운반 명세서를 내어놓고 서명하란다. 일일이 즉각 확인은 어렵고 일단 서명했다.

대원들 모두가 나와 바쁘게 움직였다. 육군 공수부대 출신인 권명호 대원은 재빠른 솜씨로 짐을 싼 그물을 푼다. 군대시절의 솜씨를 오랜만에 멀리 남극에서 보여주는 것이리라. 이영재 대원은 재빠르게 스키 뒤에 리어카를 연결해서 식품포대들과 상자들을 운반한다.

식품은 당근, 양배추, 감자, 양상추, 근대, 양파 등 야채와 쇠고기, 닭고기 등 육류가 대부분이며 불고기용 소스 등 양념류도 왔다. 칠레담배도 수백 갑 도착했다. 우편물도 도착했음은 물론이다. 상자들은 장비동의 넓은 곳에 갖다 놓고 풀었다.

2킬로그램짜리 김치 통조림, 시설 계통의 부속품, 전기 계통의 부속품에 연구소에서 보낸 서류 등이 나오고 대원들의 가족이 보낸 물품들이 나온다.

반 년 또는 그 이상 떨어진 가족과의 만남 때문에 대원 모두가 밤늦게까지 잠을 못 이루고 있다. 집에서 보낸 편지를 읽고 사진을 보며 물건을 뜯어본다.

남극의 황혼

**7월 22일**(금)

바람은 없지만 추운 날이다.

9시 40분경 주칠레 이용훈 대사님께 감사의 전화를 했다. 칠레 공군기는 금전만으로 해결할 수는 없는 것이다. 여러 사람들, 특히 주칠레 이용훈 대사님의 우리 기지에 대한 관심과 노력이 큰 것이다. 대사님께서는 대원들의 안부와 월동생활의 어려움을 물으셨다. 모두들 잘 있다는 대답에 마음을 놓으시는 것 같다.

10시 10분경 칠레의 헬리콥터가 날아왔다. 지난 주일 이야기한 대로 폴란드 국경일 기념식에 참석하기 위함이다. 칠레 기지대장, 중국 기지대장 진대하교수와 다른 한 사람, 소련 기지대장 갈킨박사와 한 사람, 우루파이기지대장 알비레즈 우군소령 외에 한 사람 등이 이미 타고 있었다. 아르헨티나기지에서 도밍고 레데스마대장을 태우고 애드미럴티만으로 날아갔다.

애드미럴티만의 상공에 도달했으나 바람이 심해서 상당히 흔들렸다. 폴란드기지와 교신하면서 폴란드기지 상공을 두어번 돌더니 착륙 못하고 돌아간다. 칠레 기지대장 이야기가 칠레헬리콥터 UH-1H는 풍속이 초속 24미터가 넘으면 착륙 불가능이란다. 흔들리면서 다시 기지로 돌아왔다. 헬리콥터의 창문으로 흰 빙원과 푸른 속을 보이는 크레바스들이 보인다.

어디인가는 크레바스가 한 방향으로 평행하게 발달하지 않고 모기장같이 거의 직각인 두 방향으로 갈라져 있었다. 저런 곳에 빠지면 가는 것이다. 우루과이 기지대장도 나와 같은 생각인지 얼굴을 찡그리며 어깨를 움츠려 무섭고 싫다는 표정을 보인다.

생존교범에는 저런 크레바스가 발달한 지역을 가는 방법이 있고 빠졌을 때 기어나오는 방법이 이론적으로 설명되어 있다. 그러나 그것은 그 방면의 소위 도사들에게나 해당되는 이야기인 것이다. 간혹 흰 빙원 가운데 솟은 누나타크도 몇 개 보인다.

칠레, 중국, 소련, 우루과이 기지대장들과 사람들이 세종기지에 내려서 잠시 차를 마셨다. 그러나 칠레기지포함 필데스반도-맥스웰만지역의 기상이 나빠진다는 칠레기지의 통신에 황급히 헬리콥터에 올라탔다.

연구소에서 보낸 짐 속에 해양연구소 남극기지로 되어 있는 세종기지의 관인이 있다. 지난번 준공식 준비팀에서 인수한 관인은 대한민국 남극기지인데, 그동안 기지의 위치가 정립되었나보다.

이번에 온 감자의 크기는 주먹 이상의 크기이다. 기지창고에 남은 감자는 주먹의 반도 안 된다. 당근도 양파도 이번에 온 것이 훨씬 굵다. 이번 것은 시골인 푼타 아레나스에서 구입한 것이고 창고에 남은 것은 도시인 발파라이소에서 샀으리라. 그런데 질은 전번 것이 훨씬 못하다. 그렇게도 예산이 부족했는가? 예산이 아무리 부족해도 가장 하급인 감자, 당근, 양파를 연구소에서 사지는 않았으리라고 생각된다.

**7월 23일**(토)

아침 7시 기온 영하0.7℃, 평균 풍속 6.2미터의 남남동풍이 30분 후에 동남동풍으로 풍향을 바꾸면서 기온은 영하9.6℃로 떨어지고 평균 풍속

17.1미터, 최대 풍속 28.6미터로 사나워진다.

연구소에서 보낸 물품 가운데에는 우리가 남극에 온 이후의 급여 명세서가 있었다. 급여에 관심이 있으니까 이 명세서는 당연히 많은 의문을 내어놓게 만들었다. 대원들, 특히 기술직의 경우 해외근로자로 대우해서 감세 조치를 받을 가능성이 거론되었다. 실제 현대건설 같은 대형 건설회사의 경우 수만 명의 기술자가 해외에서 일하는 바 이들에게 상당액수의 면세 내지 감세 조치가 있다고 해외에 취업한 경험이 있는 대원들이 입을 모아 이야기한다. 현대건설 해외인력부 급여과에서는 해외근로자 급여지불이 주업무이기에 조세규정에 밝으나 연구소의 경우는 숫자의 과다는 차치하고 도대체 해외에 나가서 근무하는 경우는 처음이다. 따라서 여러 면에서 낯설고 처음인 업무가 많을 것이다.

연구소 직원이 아닌 경우는 연구소 직원과 같게 대우해 달라는 의견이 있다. 소속된 기관이 다르므로 알게 모르게 소홀히 취급되어 불이익을 당한다고 생각할 수 있다. 분명한 것은 연구소에서 고의로 다르게 대우하지는 않은 것이다. 세금문제 등 연구소측의 무경험에 따르는 부족한 점은 있을 수 있으나 의도적인 불이익은 없을 것이라고 설득시켰다. 그러나, 근본적으로 급여는 아무리 많이 받아도 만족은 못할 것이다.

3~4개월분의 급여를 합산 지불하면서 세금이 많아진 것 같기도 하고, 몇 달전 서울에서 정리한 일들이기에 의문이 한두 가지가 아니다.

도착한 식품으로 저녁을 뷔페로 먹었다. 통조림김치, 닭찜, 소안심구이, 두부, 묵, 통조림콩나물, 그 외의 여러가지 반찬으로 푸짐하게 차렸다. 통조림김치는 신맛이 있고 배추가 열에 익어서 씹히는 맛이 적었으나 칠레에서 담근 군내나는 김치와는 비교가 안 되어 인기가 좋았다. 콩나물통조림은 기지에서 담그는 신선한 콩나물을 못 따라 왔다.

새벽까지 이선생의 서울 이야기를 들었다. 5공청산 청문회에 관계된 이야기로 미루어 보건데 세상이 많이 바뀌고 있다는 기분이 들었으나 7천킬로미터가 넘는 먼 곳의 이야기이다.

**7월 24일**(일)

8시 누군가가 계단 내려가는 소리에 깨었다 다시 잠들었다. 9시에 깨서 누워있다가 9시 40분경 실험실로 나갔다.

폭풍설은 그치고 조용한 아침에 좋은 날씨다.

저녁먹고 어제 나왔던 문제들에 관해서 연구소로 전화했다. 급여문제와 세금문제는 취급자와 협의해서 처리하겠다니 기다려보자. 발전동 근무자들의 시간외 근무수당은 어려운 것으로 생각한단다.

서울에서는 극지 근무수당은 시간외 근무 등을 포함하고 있다고 해석하고 있다. 그러나 여기 실제 근무의 경우, 공식적으로 시간외로 근무하는 경우는 발전담당자와 통신담당자들이다. 근무지는 세종기지로 같으나 근무시간은 현저히 다르다. 연구소에서는 극지수당이 굉장한 것이라 생각하는가?

**7월 25일**(월)

오랜만에 푸른 하늘이 보인다.

남쪽 운동장에 새로 온 눈이 30~40센티미터 높이로 길게 파상형으로 쌓였다. 최근 들어서 기지 운동장이 점점 높아지고 있다. 야적된 유류드럼들과 가스통들도 눈으로 덮였다. 현대소도 지면과 같은 높이로 눈이 채워졌다.

바다도 눈으로 하얗게 덮여 있다. 며칠 전 맥스웰만에 들어온 큰 탁상형 빙산은 안 보인다. 흘러 나갔는가? 아니면 갈라져 떠 나갔는가?

**7월 26일**(화)

바람은 세찼으나 기온은 하루 종일 영상이라 해안은 많이 녹아서 자갈이 뚜렷이 드러난다.

사무실 북쪽 이음새 사이로 바람이 들어와 벽지가 불룩하게 뜬다.

서울에 보낼 기지에서의 연구와 생활에 관한 여러가지 사항을 정리하기 시작했다.

저녁때 방에 들어와보니 오른쪽 안경알이 없다. 주머니에도 없고 방에도 없다. 곰곰이 생각하니 부둣가에서 안경에 손을 댄 기억이 있다. 내일 나가보자.

**7월 27일**(수)

어제보다 바람은 약해졌으나 기온은 약간 내려가고 있다.

어제와 오늘은 기온이 영상이기에 해안도 많이 녹았고, 현대소의 호면이 30센티미터는 낮아졌다. 건물 아래에는 얼음이 녹아 물이 괴어있다.

물자 하역 방법을 생각했다. 지난번 기지를 건설할 때처럼 바지선이라도 있으면 좋겠으나 그 대신 있는 폰툰을 이용해야겠다. 폰툰이 부두에 닿고 선박이 닿으면 하역은 쉬워진다. 그렇지 못하고 폰툰이 왔다 갔다 하면 일이 많아진다. 폰툰을 움직여 부두에 대고 다시 물건을 내린다는 일이 쉬운 일이 아니리라.

기술계통으로 지원반장 제도를 두는 것이 바람직하다는 의견이 있다. 총무는 행정하는 사람이고 지원반장은 기술자이기에 기술자 입장에서는 총무보다 지원반장이 가깝게 느껴지리라.

어제 잃어버린 오른쪽 안경알을 부둣가에서 찾았다.

**7월 28일**

바튼반도 서쪽 바다가 눈에 띄게 녹았다. 맥스웰만 가운데도 다 녹았다. 그저께까지만 해도 눈과 얼음으로 덮여 있던 세종봉 인근 봉우리들도 노출되어 있다. 어제와 그저께 기온이 영상으로 올라간 결과이다. 하루 이틀 기온이 영상이 된다고 해서 이렇게 눈에 띄게 기지 주변이 변하다니…….

기름 운반 방법을 곰곰이 생각했다. 파이프로 보내야 할 터인데 파이프가 바다 위에 잘 있느냐가 문제이다. 배가 가까이 접근하면 배-폰툰-부두를 연결하고 그 위에 송유 파이프를 놓으면 문제가 쉬워진다. 배가 가까이 못 오는 경우에 문제는 커질 것 같다. 선원들이 무슨 좋은 방안을 갖고 있을 수 있으리라.

**7월 29일**(금)

아침에 기지를 둘러보다가 4번 저유탱크 뒷면 보온벽의 반 정도가 떨어져 나간 것을 발견했다. 다행히 보온재는 뜯기지 않았다. 급한 대로 로프로 몇 차례 감았다. 내버려둘 경우 남풍이라도 불게 되면 탱크 몸을 싼 보온벽이 뜯기어 문제는 커지는 것이다. 로프작업이 끝났을 때쯤에 바람이 일기 시작해 저녁때에는 평균 풍속 20미터가 넘었다.

저녁식사가 끝나고 실험실에 앉아있을 때인 8시 58분경쯤 건물이 갑자기 크게 흔들렸다. 평소에는 풍속이 초속 20미터 정도만 넘으면 건물이 흔들리는데, 이번엔 흔들리는 정도가 너무 심하다. 대기과학실의 자동기상 장치의 스크린을 보니 최대 풍속 37.1미터에 평균 풍속 23.6미터이다. 요근래 최대 풍속으로 생각된다.

우연은 아니겠지만 오늘 4번 저유탱크를 로우프로 감아 둔 것이 천만다행이라고 생각된다. 내버려 두었더라면 오늘 저녁 이 바람에 남아있던 보온벽도 뜯기고 속에 있던 보온재인 암면이 다 날렸으리라.

암면은 분해되는 것이 아니기에 두고두고 흔적을 남기게 될 것이다. 이렇게 되면 남극의 환경을 보호한다는 점에서도 문제를 일으키리라.

**7월 30일**(토)

어제와 오늘 날린 눈은 며칠전 노출되었던 지면을 하얗게 덮었다. 그러나 어제의 심한 바람에 맥스웰만의 얼음은 다 깨어져 나갔고 마리안코브의 해빙도 지진파 관측동 앞까지 다 깨어져 나갔다. 요근래 보름 정도는 바람이 비교적 심하게 불었으며 어제는 특히 심했다.

해빙의 두께가 얼마인지는 몰라도 계속된 바람에 깨어져 나간 것이다. 새벽에는 약했던 바람이 아침 7시 20분경부터는 다시 세어져 파도가 상당히 인다. 7월 초 바다가 얼면서는 물로 된 해면을 거의 못 보았고 파도도 오랜만에 보게되었다.

**7월 31일**(일)

밤늦게까지 비교적 세었던 바람이 새벽에는 약해졌으나 기온은 상당히 내려갔다.

닭죽과 김치로 아침을 먹고 일요일마다 그렇게 했듯이 목욕과 세탁으로 보냈다. 물이 없어서 자주는 못 해도 일요일 하루라도 따뜻한 물로 샤워를 하고 작으나마 사우나 시설이 되어 있는 것이 천만다행이다. 떨어지는 물을 맞노라면 문명세계와 큰 차이가 없다고 생각된다.

연료탱크의 보온장치를 수리하고 있다.

조용한 하루다.

**8월 1일**(월)

8월이다. 날씨가 춥기는 하지만 낮시간이 길어져서 생활에 큰 어려움이 없으리라 생각된다. 15일은 광복절이고 27일은 시설 담당인 이영재 대원의 생일이다.

매월 1일이나 초에 하듯이 연료 사용량을 점검했다. 추워서 그런지 연료 게이지 유리판에 얼음 결정이 20개 정도 맺혔다. 현재 기온이 영하 8~9℃ 정도인데, 이때에는 유리 따위와 같이 열의 좋은 전도체에도 얼음 결정이 생길 수 있는가?

일주일에 한 번씩 양수할 때마다 세종호의 수면은 20센티미터씩 내려갔다. 원래 수심이 3.2미터인데 지금은 1미터 이상 호면이 내려갔고 위에는 얼었으니 세종호도 얼마 안가 고갈되리라 생각된다. 그렇게 되면 발전동에 설치된 해수 담수화기를 이용해야 한다. 현재 해수 담수화기의 성능은 기기 설명서에 나와 있는 성능의 30퍼센트도 안 된다.

밤이 깊어지면서 기온은 영하7.6℃로 올라갔으나, 바람이 세어지면서 눈이 날린다.

## 얼어붙은 앞바다 마리안 코브

**8월 2일**(화)

어제 날씨의 계속인지 바람이 약간 있고 날씨는 추워졌다. 지난번에 날린 눈이 운동장 부분부분 낮은 곳에 쌓여 있고 북향 창문에도 쌓여 있다. 오전에는 바람도 세어지고 눈이 날리기 시작한다. 6월에 자주 있었던 폭풍설의 시작인가?

점심을 먹고 마리안 코브를 건너서 북쪽의 위버반도로 건너갔다. 며칠 전 시설 담당인 윤민섭, 이영재 대원이 건너갔다 왔다. 얼음이 깨질 것처럼 약하게 보였으나 보는 것만큼 약하지는 않다. 북쪽 위버반도에는 아직도 젠투펭귄 25마리 정도가 모여있다. 얼마 전에는 바다가 폭풍에 깨어져 문제가 없었을 것이나, 바다가 다시 얼면 먹이를 어떻게 구할지 궁금하다. 굶거나 아니면 멀지 않은 다른 곳에서 먹이를 구하는가?

북쪽에서 건너다보니 기지 동쪽의 노엘봉이 잘 보인다. 비교적 평탄한 주변 지형에 경사가 급하게 우뚝 솟아있다. 기지에서 봉우리처럼 보이는 세종봉은 봉우리라기보다는 능선의 끝이다.

위버반도의 서쪽 해안에 노출된 절리가 발달된 안산암에 유백색 암석이 관입되어 있고 해안의 자갈은 상당히 둥글다. 위버반도의 서쪽 콜린스만에 면해서 일부의 바다가 얼지 않은 상태로 생각된다.

부두에서 북쪽으로 5미터 간격으로 네 곳에 구멍을 뚫고 수심을 재었다. 20미터 지점의 수심이 12.2미터이니 경사가 상당히 급하다.

**8월 3일**(수)

바람은 별로 없으나 영하17.5℃이다. 며칠 전 바람에 깨져 나간 맥스웰만 해면에 살얼음이 얼기 시작한다.

오후에 발전공인 김용탁 대원이 만든 간이 해저 퇴적물 채집기로 해저 퇴적물 채집을 시도했다. 깡통이 해저에 닿으면 쓰러질 수 있도록 나무를 달아서 급조한 것이다. 많은 양의 퇴적물이 채집되는 것은 아니나 지름 2센티미터 길이 3센티미터 정도의 다모류의 서식구멍과 회록색 왕모래가 섞인 점토가 한 주먹 정도 채집된다. 이 찬 물속에도 갯지렁이가 살고 있다. 그것도 간이채집기로 채집될 정도로 많이 서식하는 것으로 생각된다. 왕모래는 유빙이 떠갈 때 같이 운반된 것으로 생각된다.

부두에서 북쪽으로 190미터 정도 떨어진 지점의 얼음 두께는 25센티미터 정도이고 수심은 59미터이다.

**8월 4일**(목)

살얼음이 언 것으로 보이는 맥스웰만의 해면에는 흰 눈이 덮여 있다.

지난 7월 중순에 보낸 월동기가 동아일보에 실린 것을 연구소에서 팩스밀리로 보내왔다. 펭귄 천여 마리가 일렬 종대로 얼음 위로 걸어간 기사에서 "천여 마리"가 "수천 마리"로 바뀌면서 극적인 기분을 내게한 것 외에는 거의 원문에 충실하다. 나는 전혀 모르는 사진도 구해서 실었다. 건설단에게서 얻은 것이리라.

바람은 약해졌지만 기온은 더욱 내려가서 밤 10시에 영하16.7℃가 되었다.

**8월 5일**(금)

새벽 6시, 바람은 세어지고 기온은 올라가기 시작한다. 7시 30분경에 바람은 더욱 세어져 최고 23.5미터에 이르렀으며, 기온은 영하17.9℃로 내려갔다. 눈이 날리기 시작한다.

밀물 썰물 때문에 바다의 얼음이 대개의 경우 해안선에 평행하게 깨어지나, 간혹 해안선에 거의 직각 내지는 직각으로 불규칙하게 깨지기도 한다.

눈이 많이 쌓인 연구동 계단을 올라갈 때 불편하게 느낀 지 상당히 오래 되었다. 기상학자인 이방용 대원도 그렇게 생각했음인지 물품상자 바닥을 댄 나무로 다리를 놓았다. 훨씬 용이해졌다. 연구동 출입자 모두에게 고마운 일이다.

오후 들어서는 바람이 많이 약해지고, 기온도 올라간다.

부두 앞 2백미터 정도, 수심 65미터 되는 곳에서 김용탁 대원이 구리 파이프를 자르고 칠레 플라스틱 물병으로 부이(buoy)역할을 하게 한 간이 해저 퇴적물 채집기를 시운전했다. 로우프로는 건설단이 놓고 간 미터표시가 된 파이버그래스 끈 1백여 미터짜리이다. 안성맞춤이다. 채집기는 해저 표면에서 20센티미터 정도 들어가면서 퇴적물이 채집된다. 보기보다는 채집이 잘 된다. 채집기를 끌어올린 다음에는 구리파이프를 옆에 있는 다른 물체에 몇 차례 쳐서 퇴적물을 쏟은 다음 색깔과 굳기를 보고 표면 퇴적물만 골라야 한다. 퇴적물은 주로 자갈이 섞인 회색 점토이다. 기온이 영하15℃ 정도 되니까 퇴적물이 곧 얼어붙는다. 다 털어낸 파이프는 얼음물로 다시 씻어서 퇴적물끼리 섞이는 것을 막아야 한다.

고무장갑이 부인들이 김장담글 때 쓰는 것이어서 남자손에는 너무 작고 따라서 보온효과가 거의 없다.

오늘 마리안 코브의 해저 퇴적물 채집기 시운전은 대성공이다.

**8월 6일**(토)

기온 영하12.4℃에 바람은 거의 없다.

오전에 3개 지점에서 6점의 퇴적물을 채집했다. 잘 된다. 채집기를 수직으로 유지하려고 위에 붙인 플라스틱 물병이 간혹 깨지거나 물이 들어가는 외에는 나무랄 데가 없다. 처음에는 채집기를 쓰러뜨려서 퇴적물을 채집하려고 했으나 그것이 가능성이 없다는 것을 알고 새로 고안한 것이 동작을 잘 한다.

점심먹고도 퇴적물 채집을 계속했다.

오후 3시 반경 오른쪽 4, 5번째 손가락이 대단히 시리고 아팠다. 어제도 그런 적이 있기에 날씨가 차서 손이 시린 것으로 알고 품속으로 장갑낀 손을 넣어서 아픔을 줄이도록 했다. 그리고서 얼마 후에는 시린 것이나 아픔이 사라졌다. 4시 반경 세 지점에서 여섯 점을 채집한 뒤 발전동으로 돌아와서 장갑을 벗고 깜짝 놀랐다. 마지막 손가락이 엷은 황색 내지 미색으로 변색이 되고 차게 얼어 감각이 없었다. 소위 동상에 걸린 것이다. 어떻게 해야할지 당황해진다. 생존교범에서 무어라고 읽은 기억이 있는데, 생각이 안 난다. 따뜻하게 하고 동상연고로 응급처치를 하고 의무실로 뛰어와서 이선생에게 보였다. 온욕을 하고 동상연고를 발라주면서 야외작업을 당분간 중지하란다. 고무장갑이 찢어지면서 물이 들어가 손이 얼었던 것이다. 40℃의 물에 손가락을 담글 때마다 무척이나 저리고 아프다.

춥기는 하나 하루종일 바람 거의 없고 맑은 날이다.

**8월 7일**(일)

추운 날씨이나 오전에는 쾌청해서 푸른 하늘이 보인다. 어제와 오늘은 기온이 낮아서 추우나 날씨는 비교적 좋았다. 하루 종일 해를 보기는 어려워도 그래도 푸른 하늘이 보여 유쾌해진다. 겨울은 추워도 기상이 안정되서 견디기 좋다는 칠레 기지 대장의 이야기가 생각난다. 오후에는 기온은 올라가고 흐리기 시작한다.

어제 언 손가락은 엷은 자주색으로 변색되고 물집이 몇 개 생겼고, 큰 것을 터뜨렸다.

텔레비전에서 칠레 지질광물학회에 500여 명의 회원이 참석했다는 보도가 있다. 그 정도의 회원이 모였다면, 우리나라 지질학회의 3~4배 모인 셈이다. 인구가 우리나라의 30퍼센트 정도인 1천2백만명이라는 사실을 생각하면 지질광물학계 인구가 우리나라에 비해 굉장히 많은 셈이다. 칠레는 세계 제1의 구리 생산국이고 수출국이다. 산티아고 1천2백킬로미터 북쪽에 있는 추키카마타동광은 세계 제1의 동광산이다. 그것도 지하가 아니고 지상에서 캐 내려가는 노천 동광이다. 그외에 칠레 초석은 한때 세계공급을 독점한 적도 있고, 여러가지 지하자원이 많이 부존된 나라이니까 그 계통의 학회회원도 많으리라.

**8월 8일**(월)

바람은 약간 있으나 기온은 어제보다 굉장히 높아 영하0.8℃인 날이다.

아침 8시 50분, 9시 45분에 세종기지로 갈 터이니 폴란드와 브라질기지에 같이 가자고 칠레기지대장한테서 무전이 왔다. 옛날부터 그런 이야기를 하던 것이 기억난다. 더군다나 지난 7월 22일 기지 상공까지 갔다가 돌아오지 않았던가?

드디어 9시 40분 세종기지를 이륙해서 10시에 폴란드의 아르토우스키기지에 도착했다. 우루과이 기지대장과 소련 기지대장도 함께 갔다.

작년 4월 후보지 답사때 찾아보고 두번째이다. 실내, 특히 응접실은 나무로 되어 있어서 아늑하기 그지 없다. 당시 미고생물학자이던 자누스 불라스지크박사가 자기방에 데려다 개형류와 유공충을 현미경으로 보여주던 기억이 난다. 당시 월동대에는 마리아 올렉이라고 여자생물학박사도 있었다. 겨울에는 20명 정도 있고 여름에는 60~70명이 일하고 있다. 지금 대장은 표트르 프레슬러박사로 30대후반의 생물학자이다.

기지 준공식 때 준비해 왔다가 전달이 안 된 기념패를 증정하고 임재우씨가 부탁해서 우리나라에서 제작한 교황님을 도안한 기념우표와 기념카드 그리고 연구소 소개와 올림픽 책자의 포스터 및 인삼차를 선물로 내어놓았다.

다른 사람들이 실내를 구경하고 있을 때 언덕에 있는 남극 사적지 50번인 십자가에 가보았다. 중세 성곽의 십자가를 연상케하는 독특한 청동십자가다. 1979년 여기에서 죽은 사진 예술가를 추념하는 십자가이다.

남극에서 유일하다는 폴란드기지의 명물인 온실을 찾아갔다. 문을 4개 지나서 들어가니 훈훈하다. 최소 20~24℃에 해가 나면 30℃까지 올라가는 온실이다. 고광도 전구 10개를 두 줄로 달아서 일광을 공급하고 있으며 흙은 남극 것이 아니고 폴란드에서 가져왔다. 파슬리, 토마토, 양파, 딸기, 이름모를 꽃과 야채를 재배하고 있다. 토마토도 먹을 수 있을만큼 재배가 된단다. 먹을 수 있는 붉은 토마토와 크기는 같으나 익지않은 푸른 토마토가 달려있다. 나머지는 요근래에 심어서 그렇게 큰 것은 없다. 정호성 대원이 부탁한 전구 생각이 나서 1개를 부탁하니 다음에

폴란드 기지에서

칠레 헬리콥터편으로 보내주겠단다. 폴란드 보드카 2병과 기지 소개책자를 받았다. 폴란드 기지에서는 한 사람당 월 2병씩 판매하고 있다고 설명한다.

필데스반도쪽 날씨가 나빠진다기에 브라질의 코만단테 페라즈 기지로는 못 가고 12시 10분 세종기지로 돌아왔다.

**8월 9일**(화)

마리안 코브 입구의 깨어졌다가 다시 언 부분의 얼음이 뚜렷이 표가 난다. 깨어진 선은 불규칙한 직선의 상처 같고 새로이 어는 얼음은 보다 얇게 느껴지고 덜 투박해 보인다. 아직 제대로 얼지 않았고, 얼었다 해도 한 달 전부터 언 곳과는 무엇인가 다르리라. 두께가 다를 것이고 얼음의 성분은 어떨까?

칠레와 소련 기지대장들에게 인삼차 한 상자를 선물로 준비했다. 우리나라의 인삼차가 상당히 소개되었다. 특히 칠레기지대장은 인삼차 이야기를 자주 한 것이 기억난다. 외국의 차이기는 하나 약리학적인 효과는 그만 두고라도 독특한 맛에 이끌리나보다.

1025밀리바의 기압이다. 지금까지의 기압에서는 가장 높은 기압으로 생각된다.

**8월 10일**(수)

바람이 상당히 불기는 하나 하루종일 영상의 기온이다. 남극에서는 7~8월이 가장 추운 달인데 여기는 북쪽 끝이어서인지 기온이 가끔 영상으로 올라간다. 그때에는 얼었던 눈과 얼음이 녹아 흑갈색의 흙과 자갈이 노출되어 단조로운 풍경에 검은 점을 찍는다.

시간이 상당히 빨리 간다. 지난 7월 10일 김박사가 "벌써 7월 중순인가?"라고 탄성 비슷하게 이야기한 지 며칠밖에 안 된 것 같은데, 벌써 한 달이 지나갔다. 이렇게 몇 번 하면 올해가 다 갈 것이다.

**8월 11일**(목)

얼었던 새끼손가락은 끝에서 둘째 관절까지는 비교적 정상에 가까운 색깔에 감각이 있으나 그 옆의 수포는 터뜨려도 계속 생긴다. 손톱 아래는 진한 푸른 색깔이고 누르면 아프다. 손톱 끝 아래는 손톱보다 비교적 덜 푸르나 대단히 부드럽고 통증이 있으며 손톱은 떠 있는 상태이다. 손가락은 미색으로 아직도 얼어 있는 것으로 생각되며 붓고 단단하며 누르면 아픔이 심하다. 반면, 손가락의 아랫부분은 이제 정상으로 많이 돌아온 것으로 생각된다. 정상적인 손가락 색깔에 감각이 있고 상당히 단단한 편이나 부드럽고 약간 푸르거나 붉은 색깔을 띠고 있다. 손가락 끝으로 갈수록 정상인 손가락보다 푸른 기가 감도는 진한 붉은 색이며 감각은 덜 민감하며 끝으로 갈수록 피부는 단단해지고 아픔은 더하다. 손가락을 굽혔다 펴면 손가락 끝쪽으로 갈수록 아픔은 더욱 심해진다. 손가락은 굽힐 때 힘이 들고 다 굽혀지지도 않는다. 손가락 끝에서 둘째마디는 90°정도 굽혀지나 첫째마디는 30°정도 굽힐 수 있다. 그러나 심하게 얼지 않아서 이제 시간이 가면 나으리라 생각된다.

**8월 12일**(금)

기상학자인 이방용 대원이 최근에 허리가 좋지 않다는 의사의 이야기를 듣고 보름 정도는 심한 노동을 못 하도록 했다. 매사에 묵묵히 먼저 나서서 일하는 성격인데 몸이 무리를 한 것으로 생각된다. 무엇이든지 그렇겠으나 건강문제는 빨리 알아서 초기에 치료를 해야 한다. 소위 발병 초기에 관심을 가짐으로써 더 심해지고 깊어지기 전에 손을 쓰는 것이 환자를 편하게 치료하는 것이다.

펭귄 군서지에는 아직도 젠투펭귄이 600여 마리가 남아 있다. 단지 그들의 생활지역은 바람이 센 높은 곳이 아니고 그 아래 해안으로 옮겼다. 지난 7월 초에 이동한 것은 아들레이섬에 서식하는 아델리펭귄이 이동한 것이고, 바튼반도의 젠투펭귄은 아직도 남아 있는 것으로 보아 펭귄이 종류에 따르는 생태의 차이나 다른 이유로 생각된다.

**8월 13일**(토)

칠레 텔레비전이 서울 연세대학생들의 시위 현장을 보여주고 있다. 어제에 이어 오늘도 시위를 보여주는 것으로 보아 시위 정도가 상당히 심한 것으로 생각된다. 시위 이유는 모르겠으나 조용할 날이 없다. 요사이는 학교도 방학이고 날씨도 더워서 시위가 자주 일어나는 시기는 아닌 것으로 생각되는데 요사이 대학생들은 더욱 거세졌는가?

칠레 텔레비전이 우리나라 뉴스를 보여주는 상당부분이 격렬한 시위 장면이다. 이런 점에서 미국 텔레비전도 비슷하다는 생각이 들지만 칠레 텔레비전도 공정한 보도는 못 되더라도 단순한 보도를 넘어서 흥미 위주로 보여주는 것 같다. 하긴 한국은 그들로부터 멀리 떨어진 작은 나라일 것이고, 따라서 단순한 흥미 이상의 관심은 없을지 모른다. 그래도 격렬한 시위 현장만 골라서 보여준다는 기분이 든다. 물론 격렬하니까 보도 가치가 있으리라.

말복이라니 서울에서는 보신탕, 삼계탕으로 몸보신을 한다고 야단들이겠으나 여기에서는 과자안주로 소주를 늦게까지 마셨다.

**8월 14일**(일)

조선일보에서 '남극빙산', '돌고래시추', '오존', '창조 또는 진화' 등 국내와 해외의 과학 계통의 특이한 부분을 복사해서 보관했다. 일년에 가로×세로×높이가 10×10×10 또는 12킬로미터 정도 만들어지는 남극의 빙산은 북쪽으로 가면서 녹는다. 이것을 가져갈 수 있다면 저위도의 건조한 지역, 예를 들면 호주의 남부지방, 칠레의 북부지방 등에 생활용수를 공급할 수 있으리라. 문제는 포장과 운반이다. 그냥 끌어가면 다 녹을 터이고, 녹은 물을 받도록 포장한다는 것은 어려우리라. 불란서에서 수업할 때의 기억이 난다. 1970년대 사우디 아라비아가 연구비를 지원하여 빙산 이용 연구를 시작했고 이 연구에 불란서가 깊숙이 개입한 것 같다. 남극의 빙산을 사우디 아라비아까지 끌어오면 이론적으로는 90퍼센트가 녹아버리고 10퍼센트는 회수할 수 있다고 들은 기억이 있다. 그러나 그후 무슨 일인지 얼음 이용 연구는 더 진전이 없었다. 끌어올 수만 있다면 대단한 자원이다. 문자 그대로 무궁무진한 자원이고 남극이 단순히 호기심의 춥고 멀리 떨어진 곳이 아니라 수많은 사람들에게 직접적인 도움을 줄 수 있는 곳이 되리라.

**8월 15일**(월)

점심시간을 한 시간 지나서까지 이장성, 김용탁 대원 등 2명이 안 나타난다. 아침 10시 분명히 광복절 기념식을 같이 했는데 소식이 없다. '혹시 혹시'하면서 초조하게 기다렸다. 두 대원 모두 산을 좋아하고 등산능력 내지 응급 처치 능력이 있기에 마음은 놓이나 그래도 점심준비 없이 나갔는데 식사시간 한 시간이 지날 때까지 안 나타나는 것은 무엇인가 불안하다. 불길한 일은 없어야 된다고 믿으며 불안해서 쌍안경으로 노엘봉쪽의 빙벽과 능선을 계속 관찰했다. 우리기지 주변에서 위험한 곳은 노엘봉 북쪽－마리안－코브 동쪽 빙하 지역의 크레바스가 무섭다. 물론 겨울인 지금은 해빙도 무서운 것이다. "조금만 더 기다리자"고 뇌이면서 초조하게 기다렸다. 드디어 2시 반이 지나서 노엘봉 빙하 언덕에 검은 점 하나가 나타났으며 이어서 또 하나가 나타났다. 무슨 불길한 일이 있었든가 걱정이던 마음이 우선 놓인다. 그들은 광복절 기념식을 마치고 함께 노엘 봉으로 등산을 갔다 돌아오던 길에 이장성 대원이 눈덮인 크레바스에 빠졌다. 다행히 등에 진 배낭과 피켈을 든 팔이 걸려서 나올 수 있었다. 빠지는 순간 깊이 6～7미터 이상에 경사 80°정도의 푸른 빙벽을 보니 순간적으로 '죽음'이 생각나더란다. 구사일생이다. 하느님의 가호로 이들은 살아난 것이다. 옆에 사람이 있어서 희망은 있었으나, 떨어졌더라면 어떻게 되었을지 아무도 모른다. 오늘 일로 본인은 물론이고 1차 월동대의 액땜을 했다고 생각된다.

**8월16일**(화)

바람없고 춥지 않은 날씨다. 새벽에는 안개가 심했으나 9시 반경에는 햇빛이 찬란하다.

지난 주 토요일 회의에서 이야기한 대로 전 대원이 하루 종일 마늘을 깠다. 칼로 뿌리를 자르고 물에 담갔다가 껍질을 벗기는 일이다. 보기는 쉬워도 쉬운 일이 아니다. 손끝이 아리고 마늘의 강한 냄새에 눈이 아프다. 상당히 많이 깠으나 아직도 많이 남아 있다.

날씨가 좋아서인지 칠레 경비행기와 헬리콥터가 날아다닌다.

그저께 저녁 9시경에는 약 20분간에 걸쳐서 우박이 왔단다. 믿기 어렵지만 기상학자의 관찰이니 틀릴 리가 없다.

**8월 17일**(수)

칠레 텔레비전 뉴스해설 시간에 '한국과 올림픽'이 주제이다. 올림픽이 앞으로 한 달 남았는데 한국에서 학생들의 시위는 수그러들지 않는다는 내용인 것으로 생각된다. 하긴 며칠 전 서울의 시위는 격렬했다. 그런 시위 장면을 보고 염려를 할 수도 있으리라. 그러나 올림픽이 얼마나 큰 일이고 국가적인 일인데 학생 시위의 영향을 받겠는가? 그렇더라도 과격한 시위가 계속되는 것은 바람직하지 않다는 생각이 든다.

**8월 18일**(목)

기온은 낮으나 8시 반에는 밝은 태양이 나타났다.

점심시간 후에 노엘봉을 거쳐서 해안으로 걸어왔다. 노엘봉 서쪽 산록의 얼음두께는 40~50센티미터 이상에서 1미터 정도는 되는 것으로 생각된다. 지난 5월에 굴러내린 바위는 눈으로 덮여 찾지 못하겠고 새로이 굴러내린 바위 몇 개가 눈에 띈다.

노엘 힐에서 기지 북쪽의 서울봉은 북쪽 기준으로 서쪽 48°정도로 보이고 거의 같은 높이다. 노엘 힐 북쪽의 담색은 색상이 밝아 산성암석으로 생각된다.

해안가로 올 때 공중에서 심하게 우는 새는 남극바닷제비일 것이며 기지주변 해안과 칠레쪽 해빙 위에는 해표들이 상당수 보인다. 날씨는 추우나 낮도 상당히 길어져 동물들의 생활에 큰 지장이 없는 것으로 생각된다.

오전에는 쾌청했고 오후에도 날씨가 좋아서 하루 종일 예외적으로 좋은 날씨다.

**8월 19일**(금)

점심먹고 얼어붙은 기지 앞바다를 건너, 서울봉으로 올라갔다. 해안에서 건너다 보이는 산능선에 올라가는 것이 어렵지 그 이후는 지형이 완만해서 쉬운 코스다. 올라갈 때에는 몰랐는데 정상부근 계곡에서는 바람이 대단히 세찼다. 정상에 등반기념으로 돌멩이 몇 개를 주워서 쌓아놓았다. 서울봉은 위버반도-필데스반도 부근에서는 제일 높은 봉우리이다. 그 주위가 한눈에 들어온다. 서쪽이나 남쪽은 바다이나 동쪽, 북쪽, 북서쪽으로는 필데스반도의 빙원이 계속된다. 시야에 들어오는 곳까지 북쪽으로 가서 서쪽으로 가면 우루과이 기지로 갈 수 있을 것이다.

**8월 20일**(토)

어제까지 며칠간은 날씨가 좋았으나 오늘은 다르다. 바람은 그렇게 없으나 잔뜩 흐린 것이 곧 눈이 날릴 것처럼 보인다.

주회의 시간에 쓰레기 분리수거가 거론되었다. 병, 깡통 등 타지 않는 것과 타는 것의 분리수거가 잘 안 되는 것이다. 쓰레기통 2개를 방에다 두기는 곤란하고, 결국 지금처럼 쓰레기 소각로를 담당하는 시설대원이 태우는 현장에서 분리하는 것인데 이것이 문제인 것이다. 소각용 쓰레기를 위한 큰 쓰레기통을 입구에 두는 것도 미관상 좋지 않다. 결국 대원 각자가 분리해서 모으기로 했다.

주회의를 지금까지는 토요일 오후에 해 왔는데 일과시간에 하자는 의견이 있다. 토요일 오후, 즉 휴식시간에 회의를 하는 특별한 이유는 없다. 회의가 같이 모여서 이야기하는 시간, 즉 일종의 어느 정도는 휴식의 성격이 있기에 부담이 없다고 생각했는데, 이 시간도 뺏긴다고 생각하는가? 군대에서 총기손질 시간은 사실상 휴식시간이다. 또 굳이 일과시간 외에 하는 이유를 댄다면 여기에서는 출, 퇴근이 없고 먹고 자고 하기에 혜택(?)을 입는 것 같기에 그에 대한 작은 보답으로 회의시간만큼 더 근무를 해 주자는 것이 이유라면 이유인데 그것도 아까운 생각이 드는가 보다. 지금까지 몇 달 동안 이견 없이 잘 해오다가 이제야 아까운 생각이 드는가? 앞으로 회의는 토요일 오후 아닌 오전 10시에 하기로 했다.

**8월 21일**(일)

어제 저녁에 이어 하루 종일 박경리작 「토지」를 읽었다. 우리의 역사, 그것도 옛날이 아닌 근세에 있었던 일로 우리 세대가 경험 못한 것이기에, 일종의 마력에 빨려들었는지 어제 저녁부터 오늘까지 계속해서 책을 놓지 못하였다.

**8월 22일**(월)

심한 바람에 눈마저 날려 시계가 나빠지고 있다. 6월의 한창 심한 때의 폭풍설보다는 규모가 약하나 남극 폭풍설이 시작되고 있다.

일본 나리타 공항에서는 개까지 동원하여 공항에서 검색을 한다. 올림픽이 3주 정도 남았으니 우리나라에 들어오는 길목인 일본 공항은 신경을 쓸 것이다. 조용한 아침의 나라에서 세계적인 잔치를 하니 세계의 건달, 불량배, 테러리스트들이 흥미가 있으리라. 그들에게는 서울올림픽이 좋은 밥이 될 수도 있으리라. 그러나 국제마약조직이나 테러리스트들이 일본이나 서울의 공항을 침투하기는 쉽지 않으리라.

인도와 네팔에서는 지진이 일어나 1천여 명이 죽고 그 몇 배가 부상당했단다. 중국, 인도, 이란, 터키, 이태리 등을 잇는 트란스 히말라야지진대에 위치한 나라들은 지진의 피해가 적지 않다. 거기에 비하면 우리나라엔 석유가 없지만 적어도 지진은 그렇게 심하지 않다는 점에서는 단군할아버지가 땅을 잘 잡았다. 한반도에서만 살 것이 아니라, 만주로 나갔어야 하는데…. 그런 점에서 신라 아닌 고구려가 삼국통일을 했어야 하는데…….

**8월 23일**(화)

최고 풍속 29.0미터에 이르고 영하15.4℃에 눈은 계속 날려도 시계는 그런 대로 좋은 아침이다.

칠레 기지대장은 내일 들어오는 브라질비행기 이야기를 하면서 묻지도 않았는데 우편물을 가져온다는 이야기를 한다. 그만큼 이곳의 사람들이 우편물을 기다린다는 뜻이다. 우편물이 오는 것도 중요하나 여기의 우편물이 나가는 것도 중요하다. 날씨가 좋으면 가지러 오겠다는데 어떨지? 드디어 비행기가 오는가?

지난 7월 14일 칠레 공군기는 우리가 전세낸 비행기니 정기편으로 생각할 수 없다. 8월의 날씨라면 비행기 운항이 충분히 가능하리라 생각된다. 사실 8월은 기온이 낮아서 그렇지 날씨는 상당히 좋다.

어제 오늘은 폭풍설이 불었으나 이 달은 비교적 날씨가 좋다고 이야기할 수 있다.

**8월 24일**(수)

춥지만 바람없고 맑은 날씨이다.

이 정도 날씨라면 비행기 이착륙에 문제가 없는 것으로 생각된다. 아침먹고 연구실에 나와 간간이 칠레 비행장을 건너다 보았다. 11시 반경 관제탑에 불이 켜지고 12시경에는 활주로에 불이 켜졌다. 비행기 도착이 임박한 것이다. 드디어 12시 15분경 우리나라 예비군복처럼 얼룩무늬로 위장한 브라질 C-130이 마쉬기지에 도착했다.

1시 45분 헬리콥터가 왔기에 전에 준비한 인삼차와 우편물을 넘겨주었다. 우편물이 도착했으나 정리가 안 되어 갖고 온 우편물은 없다. 오늘 못받아 섭섭하지만 대신 내일이나 모레에 받을 기다림이 생겼다고 위안했다.

올림픽 성화가 아테네를 떠났다는 보도를 한다. 드디어 올림픽 성화가 서울로 오고있는가? 온 나라가 올림픽이라는 축제에 마음이 들떠서 일이 손에 안 잡히리라 생각이 든다. 단군 개국 이래 최대의 국제적 잔치가 되리라.

며칠 전에 본 시위를 염려할 수도 있으나, 학생들도 자제하리라 막연히 기대가 된다. 국민들도 올림픽만을 잘 치르자는 생각을 하고 있을 것이다.

**8월 25일**(목)

아침에 서울집에서 전화가 왔다. 그러고보니 오늘이 귀빠진 날인가? "잘 있다"는 아이들 목소리가 힘이 있는 것 같지가 않다. 잘 있다니 다행이다. 나도 잘 있으니 염려할 필요없다고 안심시켰다. 실제 잘 있다.

가족과 떨어져 있는 것 외에는 문제가 없다. 자연환경도 염려했던 것보다는 덜 가혹하고 단조로운 생활에도 익숙해졌다. 더군다나 7~8월 들어서는 춥기는 하나 날씨가 좋아서 얼음 위에라도 다닐 수 있어서 덜 무료하다. 개인적인 차이가 있겠으나 일과 후 휴식시간이 문제인 것으로 생각된다.

체련실의 당구, 탁구, 실내자전거, 휴게실의 오디오와 비디오 시스템, 장기, 바둑, 탈의실의 실내 체련기구, 자료실의 도서와 텔레비전 연구실에서의 붓글씨와 진자게임 등 시간을 보낼 수 있는 여러 가지 시설이 있으나 어느 한 가지의 취미나 오락생활이 오래 가지 못한다. 이런 점에서 이러한 시설들을 다양하게 준비해야겠다.

연구직은 그래도 괜찮은 것 같다. 서울에서나 기지에서나 책상에 앉아서 공부하는 것이 본직이니 큰 차이가 없는 것 같다. 그러나 기지 유지직들은 근무외 시간을 보내기 상당히 괴로워한다. 똑같은 일을 반복하는 직종의 어려움으로 생각한다. 그런 면에서 연구직은 창조적인 일을 하기에 보다 행복한 것으로 생각된다.

날씨가 좋은데도 불구하고 까치가 우편물을 안 갖고 온다. 아직도 정리가 안 되었나?

## 세종호가 마르다

**8월 26일**(금)

태양은 찬란하나 초속 20미터가 넘는 심한 동풍에 영하16.8℃까지 떨어지며 간혹 눈이 날린다.

오늘로서 세종호에서의 양수가 끝났다. 얼음두께 80센티미터, 물깊이는 30센티미터이나 찌꺼기가 올라온다. 몇 주 전부터 두꺼운 얼음을 깨고 물을 끌어 올렸는데 오늘은 그마저 고갈된 것이다. 최초의 호심 3.2미터에서 2미터 이상이 지하로 빠지면서 드디어 물이 끝난 것이다.

물없이는 살 수 없고 발전동에 시설된 해수 담수화기를 이용해야겠다. 상당한 전력을 소비하면서도 매뉴얼에 안내된 기능의 반 정도를 발휘하기는 하나 방안은 그것밖에는 없다. 물론 그것도 안 되면 호수의 얼음이라도 갖다가 녹이는 방법이 있으나 칠레에서 구매한 톱은 한 사람이 취급하기에는 너무나 크다. 아니면 바닷가에 흩어진 얼음덩어리들을 설상차로 운반하는 방법도 있으나 얼음과 물의 무게가 비슷해서 엄청난 노동이라는 생각이 든다. 그렇더라도 해수 담수화기의 능력이 부족하거나 작동이 안 되면 택할 수 있는 방법의 하나이다. 전기로 세종호의 얼음을 녹이는 방법이 있으나 시설, 부품과 전력의 문제가 있으리라 생각된다.

**8월 27일**(토)

현재 스키를 타려고 높은 곳으로 올라갈 때 2인용 소형 설상차인 스키두를 사용하는데 대형 설상차를 쓰자는 의견이 있다. 스키두가 2명씩 운반하니 순서를 기다리든가 아니면 스키를 들고 걸어서 올라가야 한다. 그러나 스키로 기분좋게 내려오는 시간 2~3분에 비하면 올라가는 노동이 너무 크다. 2~3분 내려 오려고 10배를 걸어야 한다.

설상차는 물론 연구나 기지 유지에 필요한 인원이나 물품을 옮기는 것이지 스키장의 리프트는 아니다. 논리적으로 위의 이야기가 맞으나 여기에서의 단조로운 생활에 스키를 탈 수 있다는 것은 무엇보다도 큰 기쁨이리라. 설상차 사용에 따르는 일어날 수 있는 사고와 부속품이 문제인 것으로 생각된다. 기름은 시간당 15~20리터 든다니 대단한 양은 아니다. 스키용 리프트로 설상차를 쓰기로 결정했다. 스키가 5쌍밖에 없어서 문제이다. 바꿔탄다 해도 타는 사람은 5명이다.

밤늦게까지 이 달 출생자인 시설담당의 이영재 대원과 나를 위한 생일잔치가 있었다.

바람은 거의 없으나 기온은 더 떨어져 영하19.3℃까지 내려간다.

**8월 28일**(일)

새벽 6시에 눈을 뜨니 머리가 아프다. 자료실에서 의자에 앉아 자다가 누군가가 깨워서 숙소로 건너왔다. 일지에 밤 11시 30분의 기상을 적은 것을 보니 그때까지만 해도 정신이 있었는데….

칠레산 붉은 포도주만 마셨는데 이렇게 아픈가? 정말이지 누구의 말대로 몸이 허약해졌는가? 토할 것 같은 기분이 들었으나 억지로 아침을 먹었다. 바람은 거의 없으나 대단히 추워서 최저 기온은 영하19.9℃이다. 지금까지 관측된 값에서 가장 낮은 기온이다.

오후 칠레 기지의 활주로에서는 C-130이 이착륙연습을 하고 있다.

**8월 29일**(월)

바람없고 구름이 높게 뜬 좋은 날씨다. 일하기에는 날씨가 너무 좋았으나 어제 쉬어서인지 대원들은 일할 분위기다.

오전에 이영재 대원과 함께 마리안 코브에 떠 와서 얼어있는 퇴적물이 섞여있는 얼음가로 갔다. 갑자기 "쿵쿵"하더니 높이 3~4미터, 길이 10여 미터의 얼음덩어리가 균형을 잃고 기울어진다. 그러면서 폭 70~100센티미터 정도로 얼음덩어리 주위로 돌아가면서 깨진다.

70~100센티미터 정도를 뛰어서 얼음덩어리위에 올라갈까 생각하다가 돌아섰다. 옷, 신, 몸 가벼운 게 하나도 없고 만의 하나 얼음물에 빠지면 끝이다. 부주의나 만용은 언제나 경계해야 한다.

요즈음은 「토지」를 읽느라 정신이 없다. 지금까지 이렇게 재미있게 읽은 책이 많지 않은 것으로 생각이 된다. 책을 손에서 거의 놓지 못했다. 작가의 상상력이 대단하다. 과연 누구의 이야기대로 한국의 정신적 국민총생산고(GNP)를 높였다는 게 과장이 아니다. 최서희, 대단한 여자다.

## 마리안 코브 해빙 아래의 잠수 조사

**8월 30일**(화)

오늘은 지난 주일 준비한 대로 정호성 대원이 해빙 아래를 잠수하는 날이다. 바람은 거의 없고 흐렸으나 작업에는 큰 문제가 없어 보인다. 그렇더라도 전 대원이 나와서 도와준다.

오후 2시 39분 드디어 물에 들어갔다. 아무리 잠수복, 공기탱크에 과학적 장비가 있어도 남극의 해빙 아래로 혼자서 잠수한다는 것은 상당한 용기가 필요하다고 믿어진다. 20분 정도 있다가 나왔다. 붉게 상기된 얼굴이다. 비디오 카메라는 무슨 이유에서인지 작동이 좋지 않았으나 흑백사진기는 작동이 좋았다고 설명한다.

해빙 아래는 예상했던 것보다는 어둡지 않았으며, 바닥에서 올려다 본 해면의 얼음천장과 정호성 대원이 들어온 얼음구멍, 위에서 기다리는 대원들의 희미한 발과 스노우모빌의 그림자 등으로 공포 아닌 황홀감으로 도취했다고 정대원은 술회했다.

잠수를 할 줄 아는 사람은 보통사람이 못 보는 세계를 볼 수 있다는

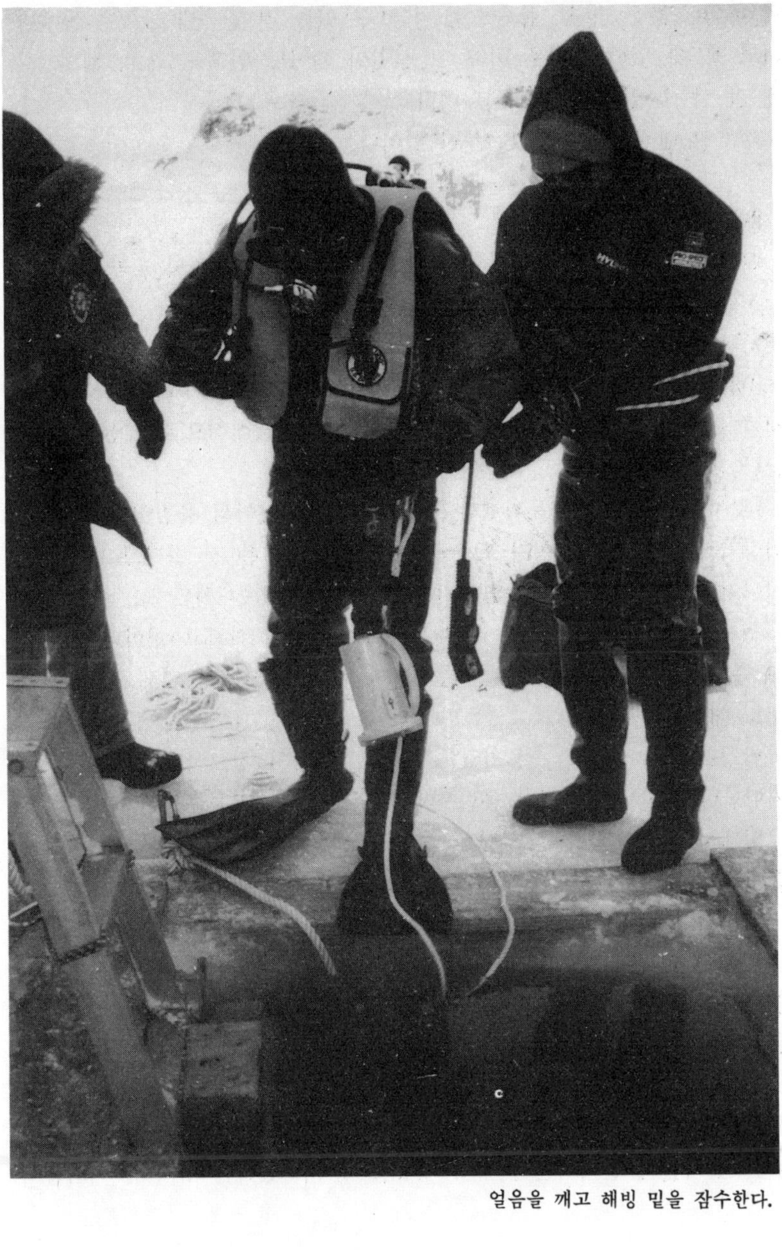

얼음을 깨고 해빙 밑을 잠수한다.

점에서 새로운 세계를 살 수 있는 능력이 있다. 인간의 활동 공간을 땅위, 물위, 공중, 땅속, 물속으로 나눌 수 있을 것 같은데 물속을 돌아다니고 볼 수 있다는 것은 비록 그 시간이 짧아도 인생을 크게, 넓게, 깊게 잘 살 수 있는 방법의 하나이다.

정호성 대원이 수고를 많이 한 날이다.

**8월 31일**(수)

북풍이 불어서인지 안개가 심하고 기온은 영하1.0℃까지 올라간다.

시간은 잘 간다. 이 달도 끝이다. 서울은 이제 더위가 많이 물러갔을 것이다.

9월부터 내년 1월 말까지는 5개월, 돌아갈 날이 하루하루 다가온다. 시작이 반이고 이제 5~6달 정도가 남았으니 군대식으로 계산하면 다 끝난 계산이다.

「토지」 6권을 거의 독파했다. 기지에 4부가 없어서 유감이다. 누구는 이야기가 장면장면 끊어져 너무 텔레비전을 의식한 것 같다고 비판적인 이야기를 한다. 그런 점은 있을지라도 정말 재미있는 책이다.

최서희의 어린 시절부터 성장하여 처녀시절을 거치고 어머니가 되고 그 주변사람의 대가 바뀌고, 사는 곳이 바뀌고, 시대가 바뀌고 문자 그대로 대작이다.

박경리라는 소설가는 용기있는 시인 김지하의 장모이고 사위를 항상 자랑한다는 이야기를 옛날 불란서에서 들은 적이 있다.

일제시대 작위를 받은 사람은 골수 친일파들로 생각되는데, 어떤 인물들일까? 이완용은 분명할 것이고.

9월 회의내용을 준비하다.

겨울의 마지막 달이고 바람이 비교적 강하고 하순에는 환절기 현상이 있으리라. 17일은 올림픽이 시작하고 23일은 북반구의 추분, 남반구의 춘분이고 25일은 추석이다.

월동 생활에서 가장 어려운 두 달이 9~10월로 생각된다. 단조로운 월동 생활에 기인한 스트레스가 쌓여서 심해질 것이다. 그러나 다행인 것은 낮시간이 길어지면서 야외 활동을 할 수 있다는 점이다. 어려움이 있더라도 자기임무는 충실히 수행하면서 상대방을 이해함으로써 원만한 생활을 하도록 부탁하고 협조를 구해야겠다. 바다가 언제까지 얼어있을 지 몰라도 바다에서의 활동은 안전에 유의해야겠다.

**9월 1일**(목)

아침에도 시계가 비교적 좋았으나, 오후 2시 20분경에는 찬란한 태양이 빛난다.

밤 10시 반경 발전동으로 내려갔다. 시설담당 두 대원이 담수화장비를 실험 중에 있다. 담수는 생산되어도 매뉴얼대로 안 되는 데에 문제가 있다. 매뉴얼은 최적조건에서의 경우를 기술했다 하더라도 여기에서의 결과와는 차이가 너무나 크다.

지난번 기지건설 당시 현대엔지니어링의 김동욱부장이 밤을 새우면서 헌신적으로 노력했어도 매뉴얼에 기록된 성능의 2/3정도만 발휘되었다. 지금은 그것도 안 되고 있다. 교통이나 통신도 원활치 않으니 최대로 해보고 안 되면 비상방법도 강구해 봐야겠다.

**9월 2일**(금)

구름 한 점 없는 아침이다.

날씨가 좋은 게 까치가 올 것 같다. 속으로는 까치를 기다리고 싶었으나, 퇴적물 채집을 도와주는 김용탁 대원이 권유해서 거절하지 못하고 작업에 들어갔다. 드디어 까치가 날아온다. 작업하다말고 둘이서 스키두로 달려왔다.

우편물이 50여 통 왔는데 한 통도 안 온 대원들도 있다. 흔히들 '무소식이 희소식'이라 하나 그렇지는 않다. 편지가 없는 대원들은 말이 없고 힘이 없어 한마디로 풀이 죽어 있다. 가족의 사진이 온 대원들은 기쁜 표정으로 사진을 들여다 본다. 하준걸 대원은 평소 쓰지 않던 안경까지 쓰고 들여다본다. 가족에게서의 소식은 반갑고 기쁜 것이다. 가족이 잘 있다는 소식은 비록 1~2달 전의 소식이라도 우리들에게는 며칠 전의 소식인 것이다. 집에서 7월 6일과 8월 13일 사이에 보낸 우편물이 도착했다. 사내녀석은 "깜둥이 저리 가라"할 정도로 되었다니 어지간히 태웠나보다. 이번 편지부터는 글씨를 또박또박 써서 보내 주어야겠다.

오후에 부두에서 80, 30미터 되는 두 지점의 해저 퇴적물을 채집함으로써 마지막 해저 퇴적물을 채집했다. 80미터 지점의 수심은 35.5미터이고 30미터 지점의 수심은 19.5미터이다. 지금까지 마리안 코브에서 채집한 퇴적물에는 자갈이 다소간 섞여있었으나 이곳은 얕아서 그런지 자갈이 상당히 많이 섞여 있다. 지난 8월 5일부터 한 달간에 걸쳐 퇴적물을 채집해왔다. 이 재료로 논문을 쓰게 되면 퇴적물 채집 장치를 만들고 재료 채집에 수고한 김용탁 대원에게 사의를 표명해야겠다.

**9월 3일**(토)

올림픽을 2주 앞둔 지금 서울에서는 학생들의 시위가 대단한 모양이다. 시위의 주된 명분은 올림픽 남북한 공동 개최이며, 시위는 올림픽 기간 중에도 계속하겠다는 것이 학생들의 주장이라고 전한다. 글쎄 자세하고 정확한 경위는 알 수 없으나 올림픽 공동 개최는 어렵다고 생각된다. 공동개최가 가능했다면 벌써 논의되었어야 한다. 이제 2주일 남겨놓고 공동개최라는 것은 공허한 이야기다. 올림픽기간 중의 시위도 자제했으면 좋겠다.

올림픽기간 동안 시위를 중지 안 한다고 해서 민주화가 빨라질 것도 아니고, 학생들의 의지가 약화될 것도 아니다. 있다면 끊임없이 노력한다는 학생들의 의지를 보이는 것인데 거기에 대해서 돌아오는 소득은 그렇게 큰 것 같지 않다.

**9월 4일**(일)

아침을 안 먹는 것이 습성이라는 조리사가 아침을 먹으며 닭이 20마리도 안 남았다고 이야기한다. 내년 1월에 식품이 온다면 5개월 이상인데 한 달에 4마리도 못 먹는 계산이 된다. 오늘 아침 같은 닭죽도 이제는 귀한 음식이 되어 간다.

오후에 노엘봉 남쪽으로 스키를 타러나갔다. 지형은 비교적 평탄하다. 눈이라기보다는 얼음으로 덮여 있다. 스키는 용평에서 몇 시간 탄 것이 전부이다. 몇 번이나 넘어졌다. 잘 타는 대원들은 잘 탄다. 스키를 타는 동안 노엘봉에 올라 주변을 살펴보았다. 보이는 곳은 얼음과 눈뿐이다.

포터반도의 아르헨티나 기지 뒤 3형제봉과 플로렌스누나타크 정도는 눈이 덮여있지 않다. 마리안 코브, 포터코브는 완전히 얼어있고, 맥스웰만은 아르헨티나 기지 앞에서 넬슨섬을 잇는 선의 안쪽은 허옇게 얼어있다. 흰 빙원과 흰 바다를 보니 문자 그대로 남극에 온 기분이 난다.

세종기지에서 해안가의 해빙을 따라 칠레기지까지 걸어갈 수도 있다는 생각이 든다. 글쎄, 눈으로 보기에는 얼어 있으나 과연 사람이 갈 만할지는 모르겠다.

오늘 너무 무리했나? 저녁을 먹고나니 온 몸이 뻐근하다.

**9월 5일**(월)

방글라데시에 홍수가 나서 1천2백여 명이 죽었단다. 말이 1천2백이지 굉장한 숫자다. 요사이 사고는 거의 모두 다수가 죽는다. 물론 많이 죽으니까 보도를 하리라.

비행기, 버스, 선박, 석유 시추선, 홍수 등에서 사고규모가 커진다. 세계 인구가 많아져서인가?

어제 스키와 등산 때문인지 손가락과 팔목, 목, 다리 등 온몸이 쑤신다. 나이를 먹었나? 저녁 10시도 안 되어 졸려서 잠들었다.

**9월 6일**(화)

흐린 날씨에 춥지는 않으나 비교적 바람이 심한 날이다.

오전에는 높은 하늘에서 비가 왔는지 킹 조지섬과 넬슨섬 사이의 필데스해협에서 포터반도까지 무지개가 생겼다. 남극에서는 처음 보는 무지개라는 생각이 든다.

칠레기지대장 이야기가 내일이 브라질 독립기념일이라 브라질 기지가 킹 조지섬 상주 기지대장들을 초청했단다. 날씨가 좋을 것으로 예상되므로 10시 15분에 오겠단다. 좋은 일이다.

**9월 7일**(수)

아침에 바람소리 때문에 깼다. 오늘 브라질 기지로 갈 수 없다는 생각이 든다. 그래도 날씨의 변덕은 몰라서 면도하고 기다렸다. 9시 30분 칠레 기지대장으로부터 "다음 기회에 보자"는 무전이 왔다. "남극이니까 우리가 기상에 역행할 수 없다"고 덧붙인다. 맞는 이야기다. 지난 3월과 7월에는 갔다가 내리지도 못하고 돌아온 적도 있으니까.

오후에는 광주에 살고 있는 극지 일부인 수집가 장세영 씨에게 답장을 썼다. 한 번도 본 적은 없으나, 극지봉투 수집에 대단한 열성을 보인다. 잘 해주겠다고 결심하고 월간지를 염치불구하고 부탁했다.

오후는 체육의 날이라 연구원들이 없다. 물사정이 안 좋아서 운동을 땀나게 못하는 대신 알아서 시간을 보내고 있나보다. 연구동에 혼자 앉아 있으니 대단히 한가하다. 남극에서도 업무가 없으니 이렇게 한가하고 편한가?

기온은 영상이나 하루종일 바람이 세다. 밤늦게 몇 시인가, 일진광풍에 거주동 건물이 흔들린다.

**9월 8일**(목)

밤새 영상이던 기온이 아침 7시경 영하로 떨어졌다. 바람은 없으나 시계는 나쁘다.

오전내내 건물의 하자를 살폈다. 발전동 102호실 출입문은 바닥에서 떠있고 문틀에서 벗어져 문이 닫기지 않는다. 내측 벽의 판넬이 울고 판넬에 댄 좁은 철판도 떨어져 있다. 2층 영선실과 상온식품고의 문과 문틀이 벌어져 있다. 건물 동쪽이 심하고 서쪽으로 갈수록 적어지며 밖에서 본 건물전체에는 이상이 없다. 건물내부 콘크리트 바닥에 이상이 없다는 점에서 볼 때 기초는 이상 없으나 남극의 심한 바람에 건물이 조금씩 뒤틀린 것 같다. 조립식 건물이라 충분히 그럴 수 있으리라.

펭귄마을에 갔다 온 대원들에 의하면 펭귄은 한 마리도 없단다. 잠시 자리를 비운 것인지 아니면 다른 곳으로 옮긴 것인가?

9월 18일에 있을 칠레 독립기념식에 초대받다.

**9월 9일**(금)

오늘은 지난번 회의에서 이야기된 대로 마리안 코브에서 24시간 연속

우취가 에게 보낸 일부인이 찍힌 봉투

관측을 시작하는 날이다. 바람은 비교적 세나 영상의 날씨라 큰 어려움은 없을 것 같다. 김동엽 박사가 중심이 되어 마리안 코브 가운데 지점의 해빙에 구멍을 뚫고 작업을 시작했다. 오늘낮 12시부터 4시간 간격으로 수심에 따르는 해수의 염분과 수온을 측정하고 동물성 플랑크톤을 조사해서 24시간의 변화를 관찰하는 일이다. 시설 담당대원들이 해빙에 가로, 세로 1미터 정도의 구멍을 뚫고 거기에 맞는 틀을 철제 앵글로 만들었다.

박건태 대원은 수심에 따르는 염분과 온도 측정 장치를 검사하고 김박사와 정호성 대원은 생물채집 넷트와 방부 처리를 준비했다. 이방용 대원은 스키두로 필요한 장비를 운반했으며 김용탁, 이동화 대원 등도 이것저것 거들어 준다. 하준걸 대원도 사진기를 준비하여 필요한 장면을 찍고 있다. 오후 4시경에는 춥지는 않으나 눈이 심하게 날린다.

늦게까지 작업하는 대원들에게 미안한 마음을 가지며 숙소로 먼저 들어왔다.

**9월 10일**(토)

지난 밤 잠결에 무슨 소리가 들려서 잘 들으니 전화소리다. 하준걸 대원이 연구동으로 건다는 것이 잘 못 된 것이다. 억지로 다시 잠들었다.

새벽 6시에 연구동에 나가보니 김박사와 박건태 대원이 피곤한 모습으로 앉아 있다. 미안한 생각이 든다. 지난 밤 12시 조사에서는 물고기 한 마리와 크릴 몇 마리가 채집되었다. 크릴은 7센티미터 이상이 되어 크릴로서는 큰 편에 든다.

낮 12시에 조사 지점으로 나갈 때에는 기온이 영상이어서 어제온 눈과 얼음이 녹아서 발이 많이 빠진다. 그러고보니 어제와 그저께의 기온이 영상으로 올라가면서 눈이 많이 녹았다. 마리안 코브의 남쪽 해안은 많이 녹았으며 땅바닥도 10센티미터 정도는 녹아서 질퍽거린다. 반면 북쪽 해안은 안 녹았다.

위치에 따라서 태양 빛의 영향이 다른가 보다. 대자연은 정확한 것이다. 영상이면 얼음이 녹는 것이다.

**9월 11일**(일)

몇 달 전에 갖다 놓은「실크 로드」를 읽기 시작했다. 실크 로드는 찬란한 문화가 꽃피었고 옛날사람의 숨결이 어린 곳이다. 막고굴, 돈황, 천불동, 누란, 호탄 등 세계사 교과서에서 보아 눈에 익었던 사진과 들었던 지명들이 나온다.

불란서 고고학자 뻬리오가 돈황막고굴에서 얻은 고서적 가운데에서 혜초의 왕오천축국전을 발견하게 된, 고등학교시절 역사선생님의 이야기가 기억난다.

2천년 전에 찬란한 문화를 꽃피웠던 누란, 호탄 등지 도시가 지금은 황량한 사막으로 변했으니 그동안 지구의 기후가 상당히 변했다는 생각이 든다. 지금처럼 황량한 곳이라면 사람이 살지를 못했으리라.

오후에는 대원들과 함께 펭귄군서지 뒷산으로 스키를 타러갔다. 기온이 영하로 떨어지면서 눈도 안 녹고 좋다.

**9월 12일**(월)

올림픽이 눈앞에 다가오면서 비록 17,240킬로미터 떨어져 있으나 마음은 올림픽으로 가게된다. 올림픽경기종목, 특히 구기, 그중에서도 축구, 농구, 배구의 준결승과 결승경기를 녹화해서 항공편으로 보내달라는 의견이 있다. 체조, 탁구, 수영, 농구경기, 개폐회식도 가능하면 보고 싶다는 의견이 있다. 당연한 이야기다. 이곳 칠레텔레비전은 방영 종목이나 시간이 너무나 제한되어 있다.

저녁때 올림픽과 관련해서 연구소로 전화했다. 우리가 바라는 대로 해주겠다는 대답이다. 마지막 구매물품의 품목을 알려 달란다. 아직도 구매할 시간적 여유가 있나보다.

저녁때부터는 본격적인 남풍에 눈까지 날린다. 이제부터는 남풍이 큰 바람인가? 동풍은 눈과 추위를 동반하는 폭풍설이었고, 북풍은 기온을 상승시켜 왔다. 남풍은 기온을 올릴 것 같지는 않고 어쩌면 더 추워질 가능성도 있다.

**9월 13일**(화)

칠레 선수단이 서울에 도착했나보다. 마라톤선수 이야기가 날씨가 습해서 문제라는 이야기를 한다. 하긴 산티아고에 비하면 습도가 높을 것이다. 칠레 선수단은 상당히 늦게 왔다. 지난 2일에 불란서 선수단이 일착으로 서울에 온 것에 비하면 10일 정도 늦게 도착한 셈이다.

지금쯤 서울은 굉장히 북적거릴 것이다. 올림픽에 몇 나라가 참가하는지는 모르겠으나 백 몇 십 나라는 될 것이고 흑인, 백인, 황인, 아랍인 등의 인종과 종교가 다른 많은 사람이 모였을 것이다. 그 외에 국제 소매치기와 국제 건달들도 모일 게다.

**9월 14일**(수)

담수화기가 제대로 작동되지 않는다. 애초 설치될 때에도 시원치가 않았으며 그 이후에도 마찬가지다. 기계 자체에 문제가 있는 것으로 생각된다. 물은 절약해서 쓰는 경우 일주일에 14~15톤으로 큰 불편은 없다. 그러나 시설담당 대원 2명의 고생이 크다. 밤늦게까지 거기에 매달려 있다. 오늘도 밤 10시 40분에 그들을 보았으니 그 이후에 그들은 들어왔으리라. 그렇다고 물생산량이 만족할 만한 것도 아니다.

**9월 15일**(목)

"여고시절 체력장 3분은 그렇게 길었는데, 당신과 통화하는 3분은 왜 그렇게 짧은가?"어느 대원의 부인이 한 말이다. 맞는 이야기다. 남편하고 이야기하는 3분이 길 리가 없다. 이 한마디에서 시간 3분에 대한 아쉬움을 간절하게 표현하고 있다. 3분이 긴 경우도 있겠으나, 가족과 이야기하는 시간으로는 너무나 짧은 것이다.

새벽에 날씨가 좋더니 하루 종일 좋았다. 날씨가 하도 좋아서 오후는 임시휴무를 했다.

내일 저녁 8시 반에 올림픽 개회식을 인공위성으로 중계한다는 사실을 대원들에게 공지했다.

**9월 17일**(토)

내일 칠레 독립기념식에 참석차, 칠레 기지에서 날아온 헬리콥터로 정호성 대원과 함께 12시 43분 기지를 이륙했다. 헬리콥터에서 내려다 보는 맥스웰만은 백색의 해빙으로 덮여있다. 주변 바튼반도, 위버반도, 필데스반도에는 군데 군데 검게 노출된 급경사의 암봉 등을 제외하고는 전부가 푸르거나 허연 얼음으로 덮여 있는 게 역시 남극이라는 생각이 들었다.

이륙 몇분 만에 칠레기지에 도착하여 7호 가옥에 머물게 되었다. 방이 4개, 응접실, 부엌, 식당, 변소가 있는 가족생활용 가옥이다. 넓직한 응접실에는 텔레비전이 놓여있고 큼직한 꽃병도 있으나 꽃은 없다. 2층침대가 2개 있는 방에 아르헨티나 기지대장, 브라질 기지대장과 같이 머물렀다. 칠레기지는 공군기지라는 점도 있겠으나 기지대장들이라 특별한 대우를 해주는 것으로 생각된다.

24시간 동안 연속 관측하는 연구원

저녁때 칠레기지대장 바스티아스 공군중령집으로 초대되었다. 대장가옥이라고 특별한 것은 없고 텔레비전이 2대이다. 인조꽃, 그림, 사진, 액자 등으로 장식된 것이 역시 가족이 살고 있는 집이고 남극같지 않은 기분이 든다.

폴란드 기지대장 표트르 프레슬러 박사는 이름모를 붉은 꽃 몇 송이를 선물로 가져왔다. 폴란드기지의 명물이자 남극의 명물인 온실에서 재배한 꽃을 잘 싸서 갖고 온 것이다. 작은 꽃 몇 송이지만 남극에서는 정말 귀한 선물이다. 칠레 기지대장 부인이 고마워 하며 받는다. 내어 놓은 인삼차를 칠레기지대장은 대단히 기뻐한다. 작년 기지후보지 답사 때부터 우리나라의 인삼차 맛을 알게 되어 좋아한다는 이야기를 들은 적이 있기에 기억해두었던 것이다.

칠레 기지대장은 1944년생이고 칠레 공군사관학교를 졸업한 지 26년

되었으며 조종사 생활을 24년간이나 했다. C-130을 6년간 조종했으며 영어를 유창하게 구사한다. 17살의 딸과 15살의 아들, 11살된 딸 등 3자녀가 있다. 남극에 부임하기 전, 남극에 근무할 의향을 가족에게 물어봤을 때, 아들이 "내또래 아이들 가운데 남극에 갈 기회가 있는 아이들이 몇 명이 있겠는가?"라고 대답해서 남극근무에 자신을 얻었단다.

칠레 기지대장은 남극에 오기 전에는 아이들의 교육과 성격형성을 제일 염려했으나, 현재는 적어도 자녀문제는 염려를 안 하고 있을뿐더러 자랑스레 생각하고 있는 것이 뚜렷하다. 성적도 좋아서 아들은 7점 만점에 6.5, 큰 딸은 6.4를 얻었단다. 중·고등학교가 없어서 장교들한테 한두 과목씩 배우고 있다. 예를 들면, 항공기 정비장교에게는 수학과 물리를 배우고, 행정장교로부터는 영어를 배우고, 군의관으로부터는 생물을 배우고 다른 장교들한테는 또 다른 과목을 배우고 못 배우는 과목은 집에서 자습을 한다. 1년에 한 번 푼타 아레나스에 나가서 시험을 보고 성적을 인정받는데 아이들이 공부를 잘해서 만족해하고 있다. 그런 점에서 한국의 부모나 칠레의 부모나 같다고 생각된다.

부인에 따르면 한국기지가 준공된 이래 이들 부부는 빤히 건너다 보이는 세종기지를 보는 게 큰 기쁨이 되었단다. 날씨가 좋고 시계가 좋으면 잘 보이고, 부옇게 보이면 '오늘은 날씨가 좋지 않구나'라고 생각한단다. 그들은 우리기지를 도시라고 불렀다. 이유는 불이 많기 때문이다.

대개의 남극기지들이 외부조명을 많이 안 하는데, 우리기지는 외등이 13개나 되니 많은 편이고 따라서 '도시'라는 표현을 쓸 만도 하다.

작년 7월 폭풍설이 불어올 때 사병숙소에 불이 나 1명이 죽고 7명이 부상당한 적이 있단다. 바람이 워낙 세어서 불길을 잡을 생각을 못 했단다. 현재 칠레기지에는 11가족 등 87명이 있다.

브라질의 코만단테 페라즈 기지대장은 46세의 호세 알렝카 해군대령인데 재혼한 부인이 29살이다. 그래서 오랜만에 만난 친구로부터 "너한테 큰 딸이 있구나"라는 인사를 받았다고 털어 놓는다. 원래 브라질 본토에서는 군인은 수염을 기르지 못하게 되어 있으나, 여기는 남극이니 산타크로스할아버지 정도로 털보다.

젊은 부인이야기가 나오니까 칠레 기지대장이 부럽다는 표정을 지으며 힐끔힐끔 부인의 눈치를 보는 것이 세계의 남편은 다 비슷하다는 생각이 든다.

밤 12시에 숙소로 돌아왔으나 잠자리를 바꾸어서인지 늦게 잠들었다.

**9월 18일**(일)

변기가 세척이 잘 안 되어 물을 퍼부었다. 물이 탱크에 차는데 시간이 많이 걸리고 소리가 시끄럽다. 휴지도 없는 것이 역시 물자공급이 원활한 것 같지는 않다.

밖에서 부는 바람은 그렇게 심하지 않은데 폭풍설의 눈이 날려 들어온다. 어디에 구멍이 있는가?

과자와 콜라와 칠레차로 아침을 먹고 11시에 독립기념식에 참석했다. 소련, 우루과이, 중국기지의 대장들과 이곳 대원들이 참석했다. 소련기지 대장 루릭 갈킨 박사는 넥타이를 매고, 우루과이 기지대장 알바레스 소령은 우루과이 육군장교 정복을 입었다. 중국기지대장 진대하 박사는 넥타이는 안 맸으나 와이셔츠에 신사복을 입었다.

칠레는 1810년 독립한 나라이다. 국가제창에 이어 경축사가 끝나고 10년, 20년 장기근속자 표창이 있었다. 칠레군인의 절도가 생각했던 것보다 훨씬 엄해서 '이곳 군인도 역시 군인이구나'라는 생각이 든다.

포도를 증류해서 만든 칠레고유의 투명한 빼스코에 레몬즙을 섞은 빼스코 사우어를 곁들어 마시고 양고기와 쇠고기로 된 점심을 먹고 후식으로 아이스크림을 들었다. 이 자리에서 작년 4~5월 후보지 답사때 만났던 국민학교 선생부부를 만났다. 이들은 남극근무 4년 만인 내년 1월에 귀국한단다.

점심이 끝나고 이어서 댄스파티로 들어간다. 무대뒷벽은 눈덮인 화산을 그려 안데스 산맥의 기분을 풍기고 있다. 4살 정도 되는 칠레기지에서 가장 어린 아이로 생각되는 사내아이가 전통적인, 칠레 남자식으로 긴 장화에 청바지를 입고 허리에는 적, 백, 청의 불란서 국기 색깔의 허리띠를 두르고 체크무늬 긴 셔츠에 손수건을 목뒤에 얹고 우리나라 옛날의 맥고모자 비슷한 모자를 쓰고 나와서 재롱을 부린다. 워낙 어린애가 깜찍하게 차리고 나와서 모두가 손뼉을 치고 크게 웃는다.

4명의 여자어린이가 노래하고 춤추고, 여자아이 셋, 남자아이 셋이 기타를 연주하며 노래부른다. 여자아이들은 프릴이 붙은 작은 물방울이나 꽃무늬의 무릎이 덮이는 치마에 흰 앞치마를 둘렀으며 흰 블라우스에 머리는 양쪽 옆으로 곱게 묶었다.

하사관으로 생각되는 가는 몸매에 구렛나루를 기른 젊은 군인이 혼자서 춤을 추는데 그 솜씨가 대단하다. 춤을 시작하기 전에 한 쪽 무릎을 꿇고 칠레국기에 존경을 표시하는 것이 이 나라도 국기에 대한 예절과 존경은 대단하다는 것을 알 수 있다.

몇 가지 프로그램이 끝난 이후에는 모두가 섞여서 춤춘다. 부부끼리만 추는 것도 아니고 다른 사람 부인 또는 딸과 함께 추는 것이 추하지가 않다. 나이가 마흔다섯인 칠레 기지대장은 그 뚱뚱한 몸으로 부인 또는 딸 또는 다른 장교부인과 쉬지 않고 춘다. 우루과이 기지대장, 브라질 기지대장은 군복을 입은 채 열심히 춘다. 춤도 여러가지다. 붙들고 추고, 바로서서 추고, 손수건을 흔들면서 추고, 팔을 끼고 추기도 한다.

아르헨티나 기지대장은 나이가 많아서 그런지 구경만 하고 있으며, 동양사람들과 동구사람은 역시 구경하는 데에서 만족을 찾는다. 음악은 칠레 고유음악에 삼바, 탱고 등 남미음악이 계속 흘러 나온다. 원하는 사람은 닭튀김, 감자와 푸른 콩을 갖다 먹으면서 춤은 계속된다.

춤추는 모습을 보니 여기가 남극이라는 생각이 안 든다. 본토라면 주말마다 파티가 있을 것이나 여기는 일년에 불과 3~4 차례밖에 없으니 못 춘 춤을 그때 모두 추는 것인가?

저녁 7시경 칠레 기지대장에게 언제 끝나느냐고 물으니 자기가 자리에서 일어나면 끝이 나는데 저렇게 홍겹게 춤을 추는데 일어날 수가 없다고 대답한다. 칠레 기지대장이 춤을 권유하기에 문화가 다르다는 이유로 거절했다. 결국 밤 10시가 지나서 파티는 끝이 났다.

남미 사람들은 스페인 포루투갈계통의 후예라서 그런지 먹고 마시고 춤추는 것을 좋아한다. 그런 것이 인생을 즐겁게 사는 것이다. 누구나가 다 그런 것을 원할 것이다. 단지 여건이 그렇지 못할 따름이리라. 그에 따르는 독특한 문화가 발전했으리라.

숙소에 돌아와 브라질, 폴란드, 아르헨티나 기지대장들과 월동대원들의 급여, 기호품지급, 기지급수관계, 근무교대관계 등을 서로 이야기했다. 브라질 기지대장은 정규급여 외에 월 미화 6천불의 수당을 받는다. 잘못 들은 것으로 생각하고 확인하니 사실이다. 브라질 기지대장급, 즉 해군대령이 해외에 근무한다면 주택, 차량, 교육, 품위유지 등으로 그 정도를 받는데 남극에서도 거기에 준해서 받는단다. 기지에서 제일 못 받는 조리사도 월 미화 2천불의 수당을 받는다니까 대단히 좋은 대우다. 반면 대원이 사적으로 본국으로 거는 전화비는 일체가 본인 부담이다. 그런 점에서는 대원에 대한 배려가 우리 기지보다 못 하다는 생각이 든다. 그러나 수당을 워낙 많이 주니까 통신비는 큰 것이 아니리라.

**9월 19일**(월)

아침 7시, 태양은 찬란하게 빛나나 해면에는 안개가 끼어 있고 바람은 여전히 세다. 날씨는 맑으나 심한 바람으로 오전에는 헬리콥터의 비행이 어렵겠다는 생각이 들었다.

중국 장성기지에 초대되어 점심을 먹고 비디오테이프로 진시왕릉을 구경했다. 땅 속에 실물크기와 같은 사람을 진흙으로 수천 명이나 만들어 놓을 정도로 진시왕의 위력은 강했던가? 천하를 통일하고 안 늙고 안 죽겠다고 불노초와 불사약을 찾다가 나이 50인가에 독살된 진시왕은 이런 엄청난 규모의 지하궁전을 관광자원으로 남겨 놓음으로써 후세의 국민들에게 생전의 업보를 갚는가?

우루과이 기지대장은 중국 기지에서 남극지도 1매를 축소복사한다. 복사기 정도라면 칠레기지에도 있으나 문제는 축소가 문제인 것이다. 세종기지 복사기는 우수한 성능을 발휘하고 있다.

칠레텔레비전은 배구, 수영, 권투, 다이빙, 여자체조, 축구 등 올림픽 하이라이트만 방영한다. 다이빙에서 우승한 미국선수는 로스앤젤레스 올림픽에서 본 적이 있는 선수이다.

칠레 기지대장이 뉴스시간에 텔레비전 화면에 나온다. 킹 조지섬의 외국기지들과 마쉬기지의 업무와 칠레기지 주민들의 생활에 대한 설명이다. 독립기념일을 맞이해서 남극에도 자국민이 거주하고 있다는 것을 보여주려는 것인가?

**9월 20일**(화)

눈을 뜨니 새벽 3시 10분이다. 잠자리를 바꾸면 며칠간 잠을 깊게 못 드는 버릇 때문에 빨리 깬 것이다. 다시 잠을 청해 6시에 깼다.

변소에 물이 안 나온다. 어제 다 써버린 것 같다. 칠레기지는 가구당 2일에 250리터를 급수한다는 이야기를 작년 기지 후보지 답사때 들은 기억이 난다.

태양이 찬란히 빛난다. 오늘은 가야지. 사실 어제 돌아갔어야 하는 것인데 기상이 나빠서 할 수 없었고 오늘은 가야한다. 9시 반경에 이륙했다. 희게 얼어붙은 맥스웰만 안쪽과 마리안 코브가 한눈에 들어왔다. 우루과이 기지 쪽으로는 상당한 부분이 얼지 않은 것 같다. 상식이라면 바다전부가 결빙해야할 터인데 그렇지 않나보다. 저런 곳에 잘 못해서 빠지면 끝이다. 아르헨티나의 쥬바니기지를 경유해서 9시 50분경 세종기지에 도착했다. 역시 우리 기지가 좋다. 마치 친구집에 갔다가 집으로 돌아온 기분이다. 하나하나가 눈에 익고 다정하고 따뜻하게 느껴진다. 역시 그곳은 나하고는 문화가 다른 곳이다.

소련이 축구가 강한가보다. 올림픽 축구경기에서 소련이 아르헨티나를 2:1로 이겼다.

**9월 21일**(수)

하루 종일 흐리고 눈이 날린다. 어제 못 왔으면 오늘도 못 올 것 같은 날씨이다. 포터 코브와 넬슨섬 사이의 해빙이 북풍에 다 깨져 나갔다.

우리나라가 올림픽 경기에서 금메달 1개를 레슬링에서 획득했다는 방송보도가 있다. 레슬링은 전통적으로 이란, 소련, 몽고가 강하다. 양정모 선수가 멕시코인가 몬트리올올림픽에서 금메달을 딴 것이 기억난다.

**9월 22일**(목)

맥스웰만의 얼음이 깨지면서 세종기지의 봄은 시작되는가?

맥스웰만의 얼음들은 어제보다 더 많이 깨져 나갔다. 지구자기 관측동과 넬슨섬을 잇는 바깥부분까지 깨졌다. 맥스웰만의 바깥쪽 2/3정도가 깨진 것이다. 아직까지 흘러나가지는 않았으나 곧 흘러나가리라.

헬리콥터에서 내려다 본 기지전경

오전내내 연구소로 보낼 마지막 제언을 수렴했다. 식품과 피복, 생활, 대원 인선, 물자구매, 다과류와 기호품 선정, 물품보관, 식당, 정수기, 비디오테이프, 텔레비전 안테나, 청소기, 바테리, 기념품, 시계, 실내장식, 오락기구, 국산품 준비, 커튼, 욕구불만 해소책 등 여러 좋은 이야기가 많이 나온다. 간단히 이야기하면 먹고 입는 것을 잘 준비해 주고, 서울에서는 대원들의 노고를 인정해 주고 성의있는 대원이 필요하다는 이야기이다. 사실, 우리 1차 월동대야 멋 모르고 1차대라는 사명감과 작은 공명심으로 남극에서 지내겠지만 앞으로 그렇지만은 않을 것이라는 생각이 든다.

아르헨티나한테 축구를 2:1로 졌지만 우리로서는 대단히 잘 한 것이리라. 홈그라운드의 이점을 최대로 이용했다 하더라도 잘 한 것임에 틀림없다.

**9월 23일**(금)

하루 종일 흐리고 기온은 영상이나 북풍이 분다.

서울연구소와 연락중, 제2차 대한민국 남극과학연구단이 12월 25일경 기지에 도착할 계획이었으나 내년 1월 중순으로 늦추어졌다는 이야기를 들었다. 따라서 우리의 귀국도 20일 이상 1달 정도 늦어지는 셈이다. 자세한 이유는 알아도 할 수 없는 것이다. 서울에서는 서울나름대로 잘 하려고 노력할 것이다. 덕분에 다른 사람들은 일생을 통해서 구경하기도 힘든 이곳에 한 달 정도 더 머무를 수가 있다는 긍정적인 면도 있다.

어느 대원인가 가족으로부터 온 편지에 내주일은 일주일 전부가 공휴일이 될 것이라는 이야기가 있어 알아보니 휴무가 아니란다. 명분이야 무엇이든 전 국민이 일주일간을 쉰다는 것은 문제가 있다. 쉰다는 게 단순히 출근을 안 한다는 것을 넘어서, 거의 전 국민이 돌아다닌다는 것을 생각하면 엄청난 문제일 것이다. 휴무라니까 생각나는 게 제3공화국 시절 구정 하루를 쉬자는 의견이 있었을 때, 경제기획원이 반대했다는 보도를 읽은 기억이 있다. 당시 하루 쉬면 국민총생산고가 수십억원이 준단다. 지금은 더 큰 액수가 줄리라. 그것을 받아들이기에는 아직 시기상조라는 생각이 든다.

텔레비전에서 올림픽 경기와 대학생 시위를 함께 보여 주는데, 경기시간에도 시위가 있었나? 시위 때문에 올림픽경기가 중단되지는 않으리라.

일본천황이 죽었거나 아니면 임종이 임박한 것 같다. 드디어 태평양전쟁의 주범이 죽게 되었는가? 여러 이유로 전범으로의 처벌은 안 받았지만 2차세계대전의 살아있는 주범이 드디어 생물학적인 죽음을 맞나보다.

오늘 드디어 새로운 일지를 시작함으로써 세번째 일지를 쓰기 시작했다. 시간이 가면서 기억이 사라지기 전에 기록으로 남겨놓는 개인기록인 것이다. 이런 것이 쌓이면 개인의 역사가 되고, 확대해석하면 대한민국 남극연구의 역사가 되는 것이다. 페이지가 빠지지 않게끔 구리철사로 일지 전체를 다시 한번 묶어 둔다.

내일, 모레 중추절 차례차림을 의논했다. 제수가 없지만 없는 대로 대원들의 정성을 다하는 것이다.

**9월 24일**(토)

북풍에 기온은 영상이다.

펭귄군서지 입구에서 넬슨섬을 잇는 부분의 얼음은 떠나갔다. 길이 10~30미터로 넓직넓직하게 불규칙한 사각형으로 깨지면서 떠나간다. 해안 가까이의 얼음은 그래도 해안에 고착되어 10미터 정도 해안선에서 평행하게 깨져 나간다. 큰 얼음덩어리는 먼저 깨져나간다. 이 상태로 간다면 마리안 코브의 해빙도 위험하고 곧 사라질 것 같다.

오후 2시반~3시 사이에 북풍이던 바람이 동풍으로 바뀌면서 기온이 떨어지기 시작한다.

오늘로 「실크로드」를 다 읽었다. 수천 년 전의 엄청나게 넓고 황막한 지역을 여행한 셈이다. 실제로 간다면 고생스러운 곳이겠으나 가보고 싶다. 누란, 투르판, 호탄,…중앙아시아는 고고학적으로는 엄청난 보물인 셈이다. 지금은 무너져 폐허가 되었으나 웅장한 성채를 지을 당시에는 사람이 살기에 가장 좋은 곳의 하나이어서 성채를 지을 만큼 많은 사람이 살았으리라.

칠레가 서울올림픽에서 은메달 1개를 사격종목에서 받은 것이 칠레텔레비전의 머릿기사로 오랫동안 방영된다. 얼마나 많은 종목에 걸쳐 출전했는지는 모르나 은메달 1개가 저렇게 대단한 것인가? 인구 1천2백만의 국가이다.

## 세종기지의 추석

**9월 25일**(일)

북동풍이 상당히 세다. 그 덕분에 기지 앞바다 마리안 코브를 제외하고는 맥스웰만의 얼음은 다 깨져 떠나갔다.

오늘은 추석이다. 새벽에 일어나 면도하고 머리감았다.

第 一 次 冬季隊員祖上神位(제1차 동계대원조상신위)라고 지방을 써붙이고 제사상을 차려 8시 반에 추석차례를 지냈다. 2~3일 전에 추석차례

를 지낸다고 공지했으며 참석여부는 개인에 맡긴다고 이야기했다. 그래서인지 마지막까지 안 나타난 대원도 있고, 와서도 종교적인 이유에서인지 절을 안 하는 대원도 있다.

조상에 절을 하는 것은 조상을 존경하고 흠모하는 것이지 우상숭배는 아니다. 생각해 보면 우리가 우리나라 최초의 남극기지인 세종기지에서 월동하는 것이 우리가 잘난 것이 아니다. 모두가 우리의 조상님과 앞사람의 노력의 결과인 것이다. 우리는 그들의 피땀흘린 결과를 편하게 즐기고 있는 것이다.

남반구는 모르겠으나 대개의 북반구 민족은 가을에 추수를 감사하고 조상의 공을 기리는 제사가 있는 것으로 생각된다. 그런 점에서 비슷한 자연환경에서 생활하는 인류는 비슷한 사고와 행동양식을 갖고 있는 것으로 생각된다.

추석이라 저녁은 뷔페형식으로 음식은 푸짐하다. 쇠갈비찜, 양갈비찜, 닭찜에 당근, 양파, 양배추로 된 야채샐러드, 생선전, 쇠고기전, 버섯전, 통조림과일칵테일, 편육, 잡채요리에 술은 마지막으로 남은 붉은 죠니워커와 맥그리거가 각각 1병씩이다. 최근에 못 보던, 평소와는 너무나 다른 식단이다. 밖은 상당히 센 동풍에 눈이 날리고 있으나 우리는 양주가 떨어진 뒤 소주로 지나간 이야기 꽃을 피우면서 남극에서의 추석잔치를 벌렸다.

**9월 26일**(월)

단파방송에 의하면 서울에는 대사면이 있을 것이란다. 반가운 이야기다. 한 순간의 실수나 작으마한 잘못은 용서해줄 줄을 알아야 한다.

한국-헝가리가 정식 외교 관계를 수립한다는 이야기가 들리는데, 헝가리는 1958년 반소봉기로 유명한 공산권에서는 잘 사는 나라라고 알고 있다. 그래도 소련의 위성국인데 정식 외교 관계라니? 이해가 잘 안 간다. 정식 외교 관계를 가질 만큼 그들과 언제 접촉했는가?

## 킹 조지섬의 봄

**9월 27일**(화)

맥스웰만의 얼음은 바람에 다 깨어져 밖으로 밀려 나갔고 이제는 마리안 코브 얼음도 깨지기 시작한다. 부두에서 정북쪽으로 잇는 선의 서쪽 얼음은 다 밀려 나간다. 이달 하순이 되면서 기지 부근에 봄이 오는 소리가 들리는 것 같다. 펭귄 수십 마리와 해표가 부두에 나타나고 해안의 자갈도 노출되기 시작한다. 월력상으로는 지난 22일이 입춘인 셈인데, 그에 걸맞게 봄이 시작한다고 생각된다. 여기만 해도 남위 62° 13′이고 남극반도의 북쪽끝부분으로 남극으로서는 가장 북쪽이니까 이렇게 따뜻하고 계절의 변화를 느낄 수 있으리라.

**9월 28일**(수)

오전까지 비교적 강하게 불던 동풍이 점심시간이 지나면서는 뚜렷이 세어지고 기온이 떨어지기 시작한다. 드디어 두 시경부터는 눈까지 날리기 시작한다. 지금이 월력상으로는 봄이라 하나 겨울에서 봄으로 들어가는 환절기로 생각된다. 따라서 기상은 때에 따라서는 변할 수 있고 나쁠 수도 있으리라.

종일 서울에 보낼 제언을 정리했다. 서울에서는 현실감있게 느껴지지 않고 제언 그대로 하기에는 우리가 모르는 어려움이 있겠으나 내용의 진실성이나 성실성에서는 자신한다. 우리가 남극에서 겨울을 보내면서 살아 본 가장 좋은 방안이라고 생각되어서 제안하는 것이다.

**9월 29일**(목)

어제 오후부터인 폭풍설은 오전에도 계속되었다. 풍속이 초속 25미터를 넘어 기지 건물이 흔들린다. 요근래 드물게 영하11.5℃까지 떨어진다. 남극반도에서 불어오는 바람은 찬 바람이다. 그러나 12시경 폭풍설은 끝나 풍속은 현저히 떨어지고 반대로 기온은 뚜렷이 올라간다.

학생시위가 마라톤을 위협한다는 보도가 있다. 그렇지는 않으리라고 막연히 기대해 본다. 학생들도 자세하려니와 경찰들도 어떻게 해서든지

막을 것이다. 마라톤은 올림픽의 꽃인데, 그 경기가 방해받는다면 명분이야 무엇이든 준비부족이다. 학생들은 올림픽 끝나고 의사를 표출해도 될 것이다.

**9월 30일**(금)

내일이 쉬는 날이라 10월회의를 당겨서 했다. 9월까지 건강히 큰 문제없이 생활한 대원들의 노고에 사의를 표했고 10월 이야기를 했다. 쉬는 날이 많고 생일을 가진 대원은 없다. 본격적인 봄으로 들어가면서 눈이 녹을 것이고 따라서 방문객이 올 것이기에 기지, 실내외의 환경에 따른 남극 환경보호를 강조했다. 특히 생물에 대한 공격적 태도를 지양할 것을 당부했다. 그럴 일이야 없겠지만 실수나 부주의에 의해서 생물을 죽이거나 알을 깨는 일이 없도록 각별히 당부했다. 해빙이 다 없어지면 저서 생물 채집활동을 재개하리라. 쾌청한 날 연구작업을 하게되면 다른 대원들의 협조를 당부했다.

연구소에서는 10월중 2차월동대의 일정을 확정할 것이기에 늦어도 10월 하순이나 내달 초에는 우리의 귀국문제가 구체적으로 거론될 것이다.

남은 사과 가운데에서 먹을 만한 것을 골라서 저녁때부터 내어놓았다. 푸른색 사과인데 신선할 때에도 맛이 없어서, 이후에는 대원들의 손이 거의 가지 않았다. 따라서 요리사도 관심을 두지 않았던 것이다. 그러나 그냥 두어봐야 못 먹을 것이 분명하기에 먹을 만한 것을 골라서 내어놓았다. 모두들 1~2개씩 가져간다. 맛이 없으면 없는 대로 먹게 된다.

안테나를 설치해 칠레기지에서 보내는 FM방송을 들었다. 사실 칠레기지에서 음악을 보낸다는 사실은 오래 전부터 알았지만 그렇게 큰 관심을 표하지는 않았다. 그런데 생물학자가 연구동 창문에 안테나를 설치한 것이다. 보내는 음악은 주로 칠레음악이라 분위기가 우리와는 다르나, 간혹 들으면 괜찮을 것 같다.

마리안 코브의 해빙이 깨지는 것을 한참 동안 바라보았다. 깨져 나가는 쪽의 푸른 부분은 해수에 덮인 부분으로 해빙의 마지막 단계로 생각된다. 갈매기와 남극바닷제비가 수십 마리 모여있는 게 먹을 것이 많다는 증거이리라. 바람에 바닷물이 해빙 위로 덮이면서 바다에 사는 생물들이 해빙 위에 얹히는 것 같다.

파도에 해빙이 흔들려 깨지고, 깨진 틈으로 바닷물이 솟아 올라 물에 덮이고 깨져 떠나간다. 작은 해빙조각이 뒤집어지는 경우 보이는 연한 황갈색은 얼음에 발달하는 단세포식물인 얼음조류로 생각된다.

**10월 2일**(일)

영상의 날씨에 눈이 아닌 비가 내린다. 며칠째 계속되는 북풍에 기지 앞 해안에는 유빙이 폭 4백~5백미터로 띠를 이루고 있다. 배가 부두에 접근한다거나 부두에서 나가기는 불가능하다.

불확실한 단파방송을 통해 들으니 우리나라가 금메달 12개를 포함하여 모두 33개의 메달을 얻어서 6위 아니면 5위란다. 믿어지지가 않는다. 올림픽은 보통 소련, 미국, 동독, 서독, 동구의 여러 나라, 일본……이렇게 나간다. 더군다나 이번에는 중국도 들어왔다. 수신상태가 불분명해서 잘못 들은 것으로 믿었다. 식사시간에 그런 이야기를 했을 때, 다른 대원들도 나와 비슷한 의견을 이야기한다. 그러나 저녁먹고 분명하게 들은 단파방송에 의하면 4위이다. 굉장하다.

서울에서 올림픽을 하니까 홈그라운드의 이점을 이용해서 소위 우리나라식의 막판뒤집기를 했나보다. 어디에서 그렇게 많은 금메달이 나왔는지 궁금하다. 권투는 분명히 몇 개 나왔을 터이고, 레슬링은 방송을 들었고, 유도도 가능하고, 나머지는 무슨 종목인가?

한편 정기국회가 열리고 국정감사, 예산심의에 비리조사 운운하는 단어가 들리니 계속 무엇인가 파내는가 보다.

**10월 3일**(월)

상당히 센 북풍이 불고 영상의 날씨가 계속된다. 바람이 북풍이라 기지앞 얼음은 어제와 큰 차이없이 폭 수백 개의 띠를 이루고 있다.

기지 내의 눈도 상당히 녹았다. 부두 시멘트벽이 드러나기 시작했다. 기지 뒷편 언덕과 노엘 힐 서쪽 승선이 서서히 노출되기 시작한다. 시간 시간이 다르게 녹는 것 같다. 눈도 녹아서 발이 푹푹 빠지고 지면에는 물도 많이 괴었다. 그러나 아직 눈녹은 물이 흘러서 이루는 냇가는 눈에 띄지 않는다.

서울에서는 낮시간 절약정책이 10월 9일 2시부터 실시된다니 그 때부터는 기지가 서울보다 12시간 늦어진다.

올림픽 비디오테이프와 중요한 경기결과를 팩시밀리로 보내도록 요청하고, 대원의 연장근무건을 논의했다. 서울은 서울대로 2차 월동대 준비에 정신이 없으리라는 생각이 든다. 그럴 것이다. 사람 몇 명 없는 가운데에서도 하는 일이나 의식구조가 서로 다를 것이고, 안되면 안되는 이유가 충분히 있을 것이고, 그렇다고 막 못하고.

밤이 깊어지면서 바람은 더욱 세어져 건물은 계속 흔들린다.

**10월 4일**(화)

기온이 영상으로 올라가면서 호수에 물이 괴기 시작한다. 현대소는 거의 다 찼고, 세종호도 수심 2미터는 되는 것 같다. 이제는 새로운 물걱정이 생긴다. 물이 없어서가 아니라 현대소의 넘치는 물을 배수시켜야 될 걱정이다. 적절히 배수되지 않아서 둑을 넘게 되면 문제는 달라진다.

남극바닷제비가 보이고 얼음과 눈이 녹으면서 남극 이끼류도 생장을 시작할 것이다. 바닷가에 20마리 가까운 해표가 모여 있는데 그 중의 한 마리는 유혈이 낭자한 것을 보니 숫놈끼리 주도권다툼을 하면서 싸웠나보다. 그 투쟁에서 이겨서 암컷들을 거느리게 되었는가? 이끼도 돋아나고 새도 돌아오고 해표도 생식을 위한 투쟁을 시작한 것을 보니, 글자그대로 남극의 봄이 시작되었다.

서울에서는 물품 하역방법 때문에 고심하나보다. 지난번은 기지 건설선과 하역장비와 기술자들이 많아서 쉽게 하역했으나 이번은 경우가 다르다. 같이 고민할 문제이다.

**10월 5일**(수)

부두동쪽의 해빙이 깨져서 떠 나가기 시작한다.

점심메뉴가 함흥식 냉면이었는데 냉면은 오늘로 끝이란다. 갈 때가 되니 하나하나 떨어진다. 맛없는 푸른 사과도 이제는 없다. 성한 사과는 벌써 없어졌고 상한 사과는 상한 부분을 도려내고 깎아서 대원들에게 공

자이언트 페트렐과 새끼

급하고 있다. 닭도 언제인가 20마리 남았다는데 몇 마리나 남았는지? 커피도 재고는 없다니 안 마시거나 칠레차로 대신 마시면 되겠다. 칠레차는 입에 안 맞아서인지 많이 남아 있다.

저녁때쯤 약해졌던 바람은 다시 세어져 8시 반경에는 초속 30.7미터가 되면서 지붕이 흔들린다. 처음 있었던 일로 생각된다. 지금까지 풍속이 20미터 정도가 되면 건물은 흔들렸으나 지붕이 떤 것 같지는 않다. 지금까지 잘 견디다가 오늘밤 이 바람에 못 견디는가? 밤이 깊어지면서 바람은 현저히 약해졌다.

**10월 6일**(목)

생물연구실에 만들어 놓은 온실에서 오이가 꽃을 피웠다. 노란 숫꽃이 오이임을 보여주고 암꽃은 꽃망울이 맺힌 상태다. 생물학자인 정호성 대원이 관심을 갖고 계속 들여다보더니 꽃을 피운 것이다. 그는 상당히 오래 전부터 온실에 관심을 가졌다.

서울에서부터 관심을 가져서 꽃씨, 토양, 영양액, 시설 등을 이야기한 것이 기억난다. 지난번 그의 요청에 의해 칠레 독립기념일 때 폴란드 대장에게 온실용등을 부탁했던 기억이 난다. 여기에 와서도 앵글을 잘라서 온실을 만들고 형광등을 달고 알루미늄포일로 빛을 반사시키고 영양액을 공급하던 정성이 오늘 이렇게 꽃을 피움으로써 나타났다. 오이뿐 아니라 토마토와 고추도 심었고 이름모를 꽃도 심었다. 곧 꽃이 필 것이고 잘하면 열매도 맺으리라.

낮 12시15분에 도착한 칠레헬리콥터는 폴란드대장에게 부탁했던 온실용등 2개와 소켓을 가져왔다. 고맙다. 우리의 실내 소형온실에 달기에는 등이 너무 크다.

펭귄군서지에는 펭귄들이 돌아왔다. 젠투펭귄이 1천8백~2천마리 정도 보이나 아델리펭귄과 친스트랩펭귄은 안 보인다. 젠투펭귄의 크기가 같은 것으로 보아 모두 같은 해의 새끼로 보인다. 자이언트 페트렐도 1백여 마리 보이고, 갈매기, 남극 바닷제비 등도 상당히 보인다. 남극 가마우지도 몇 마리 보인다.

물자하역을 위해 칠레나 중국의 수륙양용차를 빌려야 되겠다는 생각이 문득 난다.

**10월 7일**(금)

2번 컨테이너 속의 고무보우트 상자를 뜯어 정리했다. 고무보우트는 주황색에 6인용이다. 부분부분을 해체, 빈틈없이 밀어넣고 스티로폴로 방충장치를 했거나 비닐로 방수장치를 해 놓은 것이 물건을 팔 만하게 만들었다는 생각이 든다. 필요한 공구와 부속품에 사용법을 적은 매뉴얼까지 하나 하나 정성스레 포장되어 있다. 당장은 곤란해도 얼음이 떠나가고 날씨가 좋으면 당장 고무보우트를 이용할 일이 생길 것이다.

컨테이너 속에 건설단이 놓고 간 잡다한 것을 정리했다. 설탕 2포대, 밀가루 1포대, 복사지 1상자, 라면 3상자, 퍼스널 컴퓨터용지 2상자, 2인용 옷장 1개, 철제 접는의자 40개 정도이다. 떠날 때 정리하지 못한 채 쌓아두었던 물건들이다.

칠레텔레비전은 오늘도 서울의 학생시위를 보여주고 있다. 올림픽때 자제했던 시위를 이제 본격적으로 하는가? 시위 이유가 올림픽중지나 이북과 공동주최는 아닐 터이고. 판문점이라는 단어가 나오는 것을 보니 남북협상하겠다고 판문점으로 가겠다는 뜻인가? 옛날 4.19 후에도 학생들이 남북통일회담하러 판문점으로 가겠다고 나선 적이 있던 것 같다.

**10월 8일**(토)

안전교육을 했다. 교육이라기보다는 경험을 소개함으로써 월동생활에 도움을 주자는 내용이었다. 당연히 등산 이야기가 나왔고 크레바스이야기가 나왔으며, 지난 5월 언제인가 노엘 힐로 갔다가 심한 안개 속에서 철수한 것은 현명한 조치였다는 이야기가 나왔다. 기지 건설이 되던 지난 여름 펭귄군서지를 열번 이상 갔다와서 자신했으나 심한 안개 속에서 길을 잃고 헤매다가 발전기 소리에 기지로 돌아온 이야기가 나왔다. 펭귄 군서지가 2킬로미터 정도밖에 안되고 10번이상 갔다왔으니 주위의 지형과 길을 잘 알고 있을 터인데 심한 안개에 주위의 지형이 보이지 않으면 꼼짝 못하는 것이다. 그때는 있는 자리에 그대로 정지하면서 해결책을 찾아야 할 것이다.

참는다는 것은 바람직하지 않다는 이야기도 나왔다. 내용인즉, '춥지만 견디자'는 태도보다는 손이 시리면 참는 것보다는 장갑을 벗고 시린 이유를 밝히고 대처하는 것이 더 낫다는 이야기다. 일리있는 이야기이다. 억지로 참다가 일을 당하는 것보다는 안 참고 빨리빨리 대책을 찾는 것이 분명히 더 현명하다.

본격적인 해동이 되면서 기지 주변, 특히 절벽 부근에서 조심하자는 이야기로 끝을 맺었다. 절벽 위에서는 해빙되는 바위가 빠져 떨어지거나 미끄러질 가능성이 있고 절벽 아래에서는 떨어지거나 굴러내리는 바위에 맞을 가능성이 있다. 온대나 열대지방과는 달리 토양이 많지 않아서 절벽 부근에서는 조심해야 한다.

유재순이 쓴 「서울에서 팔리는 여자」를 독파했다. 내 생활이나 사고범위와는 너무나 다르고 도저히 상상할 수 없는 곳의 실화이기에 흥미가 있어서 다 읽어버렸다. 유재순, 익히 듣던 이름이다. 언제인가 신동아모

집 논픽션 현상모집에서 난지도에 사는 사람들의 생활을 쓴 여자로 기억하고 있다. 미혼의 몸으로 난지도 쓰레기장에서 몇 달을 살면서 그곳의 생활을 기술한 것이다. 서울시 구청별로 사는 사람의 생활수준이 다르고 따라서 쓰레기의 질이 달라서, 구청별로 쓰레기처리 권리금이라 그럴까, 그것이 다르다는 이야기, 쓰레기를 먼저 고르느냐, 늦게 고르느냐에 따라 권리금이 다르다는 이야기, 그곳에 사는 사람들의 입는 것, 먹는 것, 사는 것을 거의 쓰레기에서 해결한다는 내용 등으로 기억된다. 내 생활과 너무 멀고 허구아닌 실화이기에 흥미있게 읽었던 기억이 난다. 그러한 여자답게 이번에는 서울시내에서 사고 팔리는 여자들의 이야기를 쓴 것이다.

오전 11시 반경 칠레 C-130이 도착했다. 우편물을 가져 왔겠지?

**10월 9일**(일)

어제에 이은 오늘의 서풍 때문에 맥스웰만의 유빙은 기지 앞으로 다 모인 것 같다. 오전에는 흐린 날씨였으나 12시경부터는 좋아졌다.

오늘부터는 기지가 서울보다 12시간 늦다. 통신 담당대원이 수고를 더 하게 된다는 생각이 앞선다. 기지의 일과시간이 서울의 일과시간과 거의 반대라서 항상 수고를 했는데, 이제는 한 시간 더 늦게 앉아 있어야 한다. 지난 3월부터 서울연구소에 전화는 오전에만 하도록 누누이 이야기 했으니 우리 애로를 잘 알고 있으리라.

**10월 10일**(월)

평균 풍속 4미터 정도의 약한 동풍에 기지 앞바다 얼음이 반 정도 나갔으며 계속 나가고 있다.

오전 칠레의 C-130이 마쉬기지에 왔다. 그저께도 왔는데 이틀 만에 다시 오니 무슨 이유가 있을 것 같은데……. 칠레 기지대장을 불러도 대답없고, 칠레기지와 아르헨티나 기지 사이는 무전이 계속되는 게 아르헨티나가 개입된 무슨 급한 일이 생긴 것 같다. 간간이 알아들을 수 있는 단어를 모아서 추리하면 소련 기지대장의 귀국문제인데 아르헨티나 남극연구소 소장 리날디 박사의 협조가 필요하다는 내용으로 생각된다. 그러나 막상 주 해당 기지인 소련기지의 무전기는 조용하고 칠레가 소련과 아르헨티나 사이를 중재하는 것으로 생각된다. 아르헨티나와 소련이 외교관계가 없어서 그런가? 아니면 소련기지와 아르헨티나 기지 사이에 언어의 문제가 있는가?

어제는 스키를 타던 시설담당대원이 귀를 몇 바늘 꿰매고 오늘은 그 단짝이 탁구를 치다가 발가락을 꿰맸다. 두 사람 다 건강하고 명랑하고 활동적이라는 증거다.

연구소에서 세종기지 북동쪽으로 40킬로미터 이상 떨어진 라이온스 럼프의 연구 조사는 하계 조사 기간에 하라는 연락이 왔다. 아직은 여기의 사정을 잘 모르고 어려움이 있을 것으로 생각되어 내려진 결정으로 생각된다. 안전은 무엇보다도 중요한 것이다. 그 지역은 연구할 만한 가치가 있는 곳이다. 킹 조지섬은 퇴적암이 상당히 널리 분포하는 곳이며 조개화석, 미화석 등이 산출되어서 퇴적 환경을 연구할 수 있는 곳이다. 라이온스 럼프 지역은 작년 후보지 답사 때 폴란드기지대장이 기지 후보지로 추천하던 곳인데 기상이 나빠 답사하지 못했던 곳이다.

**10월 11일**(화)

칠레 기지대장에게 최근에 있었던 일을 무전으로 물어봤다. 그의 이야기는 소련 기지대장 루릭 갈킨 박사가 오른쪽 반신이 마비가 되어 칠레 C-130으로 푼타 아레나스로 후송하고, 이어서 아르헨티나의 공군기지 가르시아 디에고까지는 칠레의 트윈 오터로 후송했다. 거기에서 부에노스 아이레스까지는 아르헨티나비행기로 옮겼단다. 그래서 예정에 없던 비행기가 오고 무전이 바삐 왔다갔다 한 것이다. 푼타 아레나스에 내리는 장면은 칠레 텔리비전에도 나왔다.

칠레는 남극에서 가깝고 비행장과 비행기가 있다는 이유도 있으나 남극연구에서 이념이 다른 소련을 도와주었다는 점에서 큰 일을 한 것이다. 칠레공군은 킹 조지섬에 주둔하는 이유를 그 섬에 위치한 외국의 기지를 도와주기 위함이라는 것이 그들의 주둔 공식 이유인데, 그런 말을 할 만도 하다는 생각이 든다.

소련기지를 몇 번 불렀으나 대답이 없어 칠레 기지대장에게 소련 기지

대장의 신속한 회복을 빈다는 내용의 말을 전하도록 부탁했다.

어제 공군기로 관광객 네 그룹이 왔으며 오늘도 오전, 오후 C-130이 들어왔다. 새로운 관광객을 싣고 오고 어제의 관광객을 싣고 나가는가? 우리나라 안내 책자를 준비해 달라는 부탁을 받고 관광공사발행 한국관광 안내 책자를 준비해 주었다.

부둣가에 웨들해표 모자가 올라와 있다. 새끼는 길이 60센티미터 정도에 배에는 미색의 불규칙한, 크기 수 센티미터 내지 15센티미터 타원형 반점이 있고 어미는 150센티미터 정도에 등은 회갈색이다. 옆으로 구르는 동작이 웨들해표임을 보여준다. 어느 동물이든지 새끼는 착하고 귀엽다. 해표도 예외는 아니다. 순하고 착하게 생긴 눈이 호기심을 함빡 안고 쳐다보는 모습이 그렇게 착할 수 없다.

**10월 12일**(수)

흐린 날씨에 구름이 높게 뜨고, 바람은 비교적 약한 영상의 날씨다.

새벽의 기지 앞바다는 문자 그대로 호수였다. 건너편 위버반도의 서울봉이 거울처럼 비친다.

칠레 기지대장 이야기로는 루릭 갈킨 박사는 부에노스 아이레스에 입원했으며 상태가 좋단다. "신속한 회복을 기원한다"는 어제의 인사를 소련기지에 전했으며 거기에 대해 "고맙다"고 대답했다는 이야기도 덧붙인다. 칠레는 남극연구에서 좋은 일을 한다고 추켜세우니 만족해하는 것을 무전기에서도 느끼겠다. 어제는 헬리콥터정비 때문에 할 수 없었고, 오늘이나 내일 날씨가 좋으면 우편물을 갖다 주겠단다.

브라질 기지대장이 칠레 기지대장편으로 우리기지의 전화번호를 문의해서 가르쳐 주었다.

정오경부터 바람이 세어지기 시작했는데 눈까지 날리면서 밤늦도록 계속되었다. 내일은 좋아지려나?

**10월 15일**(토)

12일 오후부터 불어친 폭풍설의 위력은 약해졌으나 13, 14일에도 계속되었다. 그러나, 오늘은 바람이 많이 약해지고 눈도 덜 날린다.

드디어 11시 20분경 헬리콥터가 우편물과 발전기 부품을 가져왔다. 집에서 온 것은 단 세 통이고 극지봉투 수집가의 편지가 대부분이다. 서울에서 9월 2일~21일 사이에 쓴 편지가 이제 도착한다.

오후에는 폴란드 기지대원 3명과 아르헨티나 기지대원 5명이 2척의 고무보우트로 기지를 방문했다. 폴란드사람은 지난 화요일 자국기지를 떠나 4시간 만에 아르헨티나 기지에 도착했단다. 현재 폴란드기지에는 과학자 9명, 기지유지인력 11명 등 모두 20명이 있다. 소련 해양과학자가 한 사람 같이 있고, 칠레 텔레비전은 무슨 이유에서인지 시청이 안 된다. 칠레 텔레비전이 시청 안 된다는 점에서는 우리나라 기지보다 훨씬 불리하다는 생각이 든다. 세종기지에서 직선으로 6킬로미터 정도 떨어진 아르헨티나기지에서는 천연색 아닌 흑백으로 시청된다.

저녁내내 극지봉투 수집가들에게 답장을 썼다. 이들은 대단한 극성이라고 생각된다. 단순히 극지일부인만을 수집하는 것이 아니고 기지의 연구활동, 대장의 서명 내지는 대원들의 서명과 짧막한 글월 등을 요구한다. 자기네들끼리는 모임이 있어서 극지 관계 소식을 주고 받으며 연락이 되는 것으로 생각된다. 편지내용이나 일부인을 요구하는 방법이 상당히 비슷하다는 생각이 든다. 물질적 여유에 시간적, 정신적 여유가 있어서 극지일부인은 수집하는데, 수집 자체가 대단한 정성이 들어가는 일일터인데 일일이 기지주소와 대장이름을 알아서 편지하고, 그것도 한두 번이 아니고 자주 쓰는 사람도 있으니 그들의 정성이라 그럴까, 대단하다는 생각이 든다.

**10월 17일**(월)

기온은 낮으나 바람은 거의 없는 날씨다.

오전에 고무보우트를 시운전했다. 며칠 전 컨테이너에서 꺼내서 결합이 끝난 것이다. 모터 보우트는 몇 년전 대천해수욕장에서 짧은 시간 타본 적은 있으나 고무보우트는 처음인 것 같다. 아무리 날씨가 좋아도 그렇지 간단한 구명조끼 하나만 입고 남극의 바다에서 고무보우트를 탄다니 무서운 생각이 든다. 춥지 않게 옷을 잘 여미고 장갑을 끼고 마리안코브를 한 바퀴 돌고나니 고무보우트가 무섭지도 않고 재미가 있어서 탈

만하다는 생각이 든다. 속력이 빨라질수록 얼굴에 부딪치는 해풍이며 얼굴에 튀는 물결이 아직은 차다.

마리안 코브 안쪽 빙벽 가까이 가고싶었으나 얼음조각이 많이 떠 있어 고무가 찢기면 끝이다. 게다가 높이 15~30미터의 빙벽이 고무보우트의 엔진소음에 공명이 되어 무너질지도 모른다. 무너지면 간단히 끝난다.

성탄카드의 도안을 생각해야겠다. 서울이라면 문제가 없으나 여기는 다르다. 지금쯤 준비해서 11월 중순~하순에 비행기를 타야 크리스마스 때 받아 보리라. 도안도 중요하겠지만 반드시 '대한민국 남극과학연구단(KARP)'과 '세종기지(King Sejong Station)'라는 단어가 들어가야하겠다.

**10월 18일**(화)

하루 종일 비교적 춥고 바람이 센 날이다.

김치가 5상자, 30통 남았다는 보고를 한다. 일지를 뒤져보니 지난 7월 21일 2백통이 도착해서 9월 6일까지는 비교적 많이 먹고 그 이후에는 적게 먹었다. 그러나 김치에 굶주렸다 먹다보니 예정보다 많이 먹은 것이다. 주당 2통씩 먹기로 했다. 지금까지의 소비량에 비하면 많이 줄어든 것이나 그래도 견디자.

**10월 19일**(수)

아침의 밝은 태양은 하루 종일 빛났다. 기온은 영하9.2℃에서 영상 4℃까지 무려 17.6℃의 차이가 있다. 이렇게 기온의 일교차가 큰 날은 오늘이 처음으로 생각된다.

현대건설의 조중환 전 기지건설소장한테서 전화가 왔다. 주내용인 기지 하자보수 관계재료와 그 운반 관계를 설명한 후 국내소식을 전해주는 것이다.

대통령이 유엔총회연설에서 기립박수를 받았고 휴전선에 '평화시'를 건설하자고 제안했단다. 남북한 주민들이 서로 만나고 물건도 사고팔자는 내용 같은데 북한이 어떻게 나올까? 옛날부터 공산주의자들과는 타협이 필요없다는데…….

주가가 일주일 전부터 급등하고 있다는 이야기도 덧붙인다.

까치가 우편물을 인계했다. 대부분이 극지봉투 수집가들의 편지다.

오전, 오후 고무보트를 운행했다. 마리안 코브 안쪽 빙벽-콜린스만-우루과이 아르티가스 기지 앞과 칠레기지 앞에는 유빙이 모여 두께 수백 미터의 띠를 이루고 있단다.

**10월 21일**(금)

새벽 6시 칠레 기지대장이 무전기에 나왔다. 수륙양용차 이야기를 한다. 그러고보니 꽤 오래전에 물품하역 관계로 물어봤던 적이 있었는데 지금 이 새벽에 갑자기 생각이 났나보다. 짐을 5~6톤 실을 수 있고 땅에서는 시속 7~8노트이나 바다에서는 15노트로 갈 수 있는데 올해는 엔진과 내부수리차 쓸 수 없다는 이야기를 한다.

아침 8시 반경 칠레헬리콥터가 높이 떠서 노엘 힐을 넘어간다. 어제 저녁 마쉬기지 활주로에 점등되었는데 비행기가 왔으리라. 아니면 오늘 비행기라도 들어오기에 승객을 데리러 가는가?

12시 반경 비행기소리가 들린다. 관제탑에 불이 켜졌으나 활주로에는 아직 점등되지 않았다. 누가 오거나 가는 것은 확실하다.

오는 사람은 남극의 봄에 와서 좋을 것이고, 가는 사람은 문명세계로 돌아가니까 만족스러울 것이다.

**10월 22일**(토)

주회의때 담배공급문제가 나왔다. 부족한 담배를 분할공급 또는 일시에 공급하느냐가 주제이다. 부족한 대로 분할공급하면 재공급될 때까지 장기간을 절약하는 것이고, 일시공급의 경우는 개인의 소비성향에 따라 소비하는 것이다.

분할공급은 고통을 줄여서 오래 견디는 황소같은 방법이고, 일시공급은 내것은 내가 알아서 하겠다는 자기주장이 센 형이다. 각 방법의 특징이 있고 각자의 의견이 다르다. 개인적으로는 일시공급을 찬성하나 공동생활이라서 분할공급을 찬성한다는 의견도 있다. 자신의 담배소비를 정확하게 통제할 수 있다는 사람도 있고 아예 이 기회에 담배를 끊겠다는 대원도 둘 씩이나 나온다.

토론이 충분하다 생각되었을 때, 거수투표를 하니 담배 안 피우는 대원 2명을 제외하고 일시공급, 분할공급은 6:4에 기권 1로 일시공급키로 결정했다. 안 피워도 되고, 안 피울수도 없는 담배 때문에 오랫동안 이야기했다.

**10월 23일**(일)

흰죽에 묵은 김치로 아침을 먹다. 깡통김치를 아껴먹기 시작하면서 칠레에서 담가온 묵은 김치를 먹는다. 맛은 시었어도 병에 걸리는 것이 아니기에 억지로는 먹을 만하다.

## 브라질 기지의 선물

**10월 24일**(월)

하루종일 태양이 밝게 빛난다.

오후 3시경 까치가 날아와서 우편물과 함께 브라질기지 소유의 큰 백색의 플라스틱상자 하나를 내려놓았다. 열어보니 이게 웬 것인가? 붉은 사과, 포도, 귤, 가지가 상자 가득히 담겨 있다. 과일이 터질까봐 사이사이 방충물질도 넣고 정성스레 담았다.

얼마전 브라질의 공군기가 브라질기지에 신선한 과일과 물자를 보급했는데, 여유가 있는지 킹 조지섬 전 기지에 한 상자씩 나누어 주는 것이다. 고맙다. 브라질 기지대장을 전화로 불러 사의를 표했다. 나라가 크다보니 이렇게 물질적으로 여유가 있는 것이다. 작년 9월인가 리오 데 자네이로 공항에 기착했던 기억이 난다. 그때의 인상은 브라질이 큰 나라라는 생각과 커피가 대단히 쌌던 기억이 난다.

저녁때 브라질사과 반쪽을 후식으로 먹었다. 오랜만에 사과다운 사과를 맛보았다. 시원하고 맛있다. 줄 능력이 있다는 것은 받는 기쁨보다 더 만족스러운 것이다.

펭귄 2종류가 2천여 마리는 되고 드디어 남극의 매인 스쿠아가 나타났다. 펭귄을 먹고사니 펭귄보다 약간 늦게 오는 것인가?

오늘은 하루 종일 날씨도 좋았고 귀한 선물도 받았다. 더구나 저녁 황혼도 멋있고 보름달이 환한 것을 보니 내일도 날씨가 좋을 것 같다.

**10월 25일**(화)

아침에는 바람 한 점 없이 건너편 산이 거울처럼 해면에 비친다.

부둣가에 물고기가 보인다. 여름방학을 맞은 국민학교 꼬마들처럼 잠자리채로 떠내고 돌을 치우고 몇 마리를 잡아냈다.

남극물고기는 둔한 것으로 생각된다. 아무리 인간들과 접촉이 없어도 그렇지, 물 밖에 무슨 형태가 어른거리면 달아나는 것이 본능일 터인데, 그렇지 않다. 동작이 아주 굼뜨다.

오후에 대원 몇 명과 함께 고무보트로 맥스웰만 안쪽을 돌아봤다. 봄이 오고 있기에 눈과 얼음이 녹아내리기는 하나 아직은 그래도 많이 쌓여 있다. 군데군데 해면에는 두께 수 밀리미터의 투명한 살얼음이 얼어 있다.

하루 종일 바람은 거의 없고 좋은 날씨다.

**10월 26일**(수)

새벽에는 동쪽 하늘에 태양이 밝게 빛나고 있으나 서쪽 하늘은 검은 구름이 덮고 바다에는 안개가 심해 칠레기지가 안 보인다. 그러나 오전 중에 안개가 걷히면서 날씨는 좋아진다.

오늘은 일년 가운데 최간조인 날로 생각된다. 기지 앞 해안 동쪽으로 수백 미터 떨어진 암초까지 암반이 해면 위 10~20센티미터로 노출되어서 육지와 연결이 되었다. 암초의 생물상이 다양하다. 여러 종류의 해산식물, 삿갓조개, 몇 종류의 물고기, 엽새우, 몇 종류의 다모류, 성게류, 해파리류, 갑각류 등 여러 종류의 생물이 관찰된다. 남극해가 차지만 그런 대로 그러한 환경에 적응해서 사는 생물이 있다.

해안에 얼음이 얹혔던 자국이 나 있다. 직경 수십 센티미터내지 수 미터 정도이며 원형~타원형이다. 얼음에 눌려서 바닥의 암석들은 아래 암석위에 얹혀 있는 게 아니고 박혀있다. '구조해변'이라는 용어가 있는지 몰라도 일종의 구조해변이다. 좋은 연구재료라고 생각된다.

간조가 되면서 건설당시 남겨둔 물건들이 흉하게 그 몰골을 드러내기 시작한다. 전선, 타이어, 철사, 철편, 시멘트블록 등…. 철물류는 붉게 녹 슬어가고 있다. 오늘은 못 치웠으나 언제인가는 우리가 치워야 할 쓰레기들이다. 그린피스가 못봐서 그렇지 보았더라면 한마디 했으리라.

설렁탕에 양파무침과 브라질산 귤 반쪽으로 저녁을 먹었다.

집에 편지쓰다. 꼬마들이 많이 컸으리라.

**10월 27일**(목)

새벽에는 시계가 좋고 태양은 밝으나 바람이 비교적 세다.

드디어 크리스마스 카드 150여 통이 완성되었다. 남극우표를 붙이고 기지 일부인을 찍었다. 얼마전 생물학자인 정호성 대원이 찍은 사진 몇 장을 제시하고 마음에 드는 사진과 필요한 카드 숫자를 신청받아서 며칠 밤을 새우면서 만든 작품이다. 새끼해표, 펭귄, 쉬스빌 다 예쁘다.

흑백사진도 잘 찍어 인화를 잘 해서 흑백사진의 아름다움이 살아나면 컬러사진 못지않다.

**10월 28일**(금)

인간의 생활환경이 남극으로 바뀐다고 해서 식성, 생활태도, 의식구조, 성격이 바뀌는 게 아니다. 환경에 맞춰서 본인이 알게 모르게 약간은 조정, 적응되겠으나 크게 바뀌지는 않는 것으로 생각된다. 그런 점에서 크게 문제될 사람을 뽑아서는 안 될 것이다. 문제는 그런 사람을 어떻게 알아내느냐이다. 열길 물속은 알아도 한 길 사람속은 모른다는 데에 문제가 있다.

**10월 29일**(토)

업무일지를 검토하면서 하루 종일을 보냈다. 사람마다 특징이 있다. 글을 써서 기록을 남기기를 좋아하는 사람이 있는가 하면 그보다는 말로 좋은 의견을 내는 사람이 있다. 둘 다 잘 하기는 쉽지 않으리라.

**펭귄 어미와 새끼를 노리는 도적갈매기**

평소 회의 때에는 다른 사람이 생각 못하는 의견을 내어 놓으면서도 일지작성에는 무성의하다. 반면 회의 때에는 별 이야기가 없으나 회의록은 세세하게 적어서 기록을 남기는 사람도 있다. 장단점을 따지기에 앞서 개인의 성격, 태도, 감정 등의 복합 결과이다.

**10월 30일**(일)

바람없고 비교적 좋은 날씨이다.

냉콩국수와 묵은 김치로 점심을 먹고 바닷가를 산책하다가 등각류 한 마리를 찾아냈다. 불룩한 배의 껍질을 헤집어 보니 크기 3~4밀리미터의 새끼 수십~1백여 마리가 고물거린다. 마치 가재새끼들이 부화되어서 어미배에 붙어있는 것 같다. 대자연의 신비다. 이들이 크면 어미 등각류가 될 것이다. 대자연의 신비이나 실험실로 들고 와서 방부처리했다.

**10월 31일**(월)

기지 서쪽 해안을 산보하였다. 도적갈매기도 6마리씩이나 관찰되고 갈매기, 바닷제비 등이 보인다. 이제는 남극의 조류들이 다 온 것으로 생각된다.

내일 11월 월회의 내용을 정리했다.

11월은 평균기온이 영하1.2℃이고, 바람은 비교적 약하다. 낮시간이 16~19시간이 되면서 육체적, 정신적으로 피곤할 수도 있다. 식생활은 육류의 비율이 낮아지는 반면 어류와 통조림식품의 비중이 높아진다는 점에서 식사의 질이 떨어진다고 생각될 수도 있으나 어류는 어류대로 우리몸에 필요한 것이기에 큰 문제없다고 생각된다. 콩나물은 계속 공급될 터이고 담배는 개인이 알아서 소비량을 조절할 것이다.

본격적인 남극의 봄이 되면서, 조류들이 돌아오고 식물이 생장을 할 것이기에 포유류를 포함한 생물의 보호가 절대적이다. 기지 방문객이 있을 것이기에 기지 내외의 청소에도 관심을 가져야겠다.

2차 월동대가 확정되고 짐이 서울을 떠날 것이고 월동근무 교대와 연구계획이 완성될 것이다.

양고기불고기, 브라질산 가지무침, 묵은 김치, 버섯된장국과 브라질산 포도로 저녁을 먹었다. 브라질산 포도의 맛도 우리포도 못지 않게 좋다. 브라질 기지에 고마운 생각이 다시 한번 든다. 본국에서 보낸 양이 얼마인지는 모르겠으나 역시 저력있는 나라이다.

칠레가 우리나라, 중국, 일본 등지에 포도와 키위를 수출한다는 이야기가 텔레비전에 나온다. 가능할 것이다. 반구가 반대라 계절이 반대이고 따라서 칠레의 여름과일이 우리나라에서 인기가 있을 것이다. 그러나 거리가 너무 멀어서 어떨까?

**11월 1일**(화)

대원들이 이제는 귀국에 관심을 갖는다. 2차 월동대의 구성과 도착시기, 우리의 출발 모두가 궁금한 것이다. 지금까지 아무 이야기가 안 나왔으나 이 달 중으로는 확정이 되리라.

킹 조지섬에서 푼타 아레나스까지 나가는 교통편이 큰 문제가 된다. 올 때처럼 배로 나갈 것인가, 아니면 비행기인가? 올 때에 배라는 것은 처음 타본 대원들도 있고 멀미에 큰 고생을 해서 교통편이 관심사가 되는 것이다. 가능하면 비행기가 좋겠으나 우리 마음대로 되는 것이 아니고 연구소의 계획에 따라야 한다.

췬스트랩펭귄이 젠투펭귄의 영역을 침범한다는 이야기가 있다. 젠투펭귄이 먼저 도착해서 차지했던 해안가의 군서지를 늦게 도착한 췬스트랩펭귄에게 뺏기고 위로 밀려 올라간다는 관찰보고이다. 생물의 세계에서 가능하리라. 낮은 곳이니 바다에 가깝고 둥지도 이미 상당부분 지어져있을 것이다. 실제 췬스트랩펭귄은 젠투펭귄보다 공격적이며 영악하다.

저녁황혼이 유난히 아름답다.

**11월 2일**(수)

흐리기는 했으나 바람이 거의 없는 날이다.

오전에 칠레 헬리콥터가 노엘 힐을 높이 날아 넘어간다. 폴란드기지로 가는가? 올 때 안 들르는 것을 보니 비행목적이 우편물수거가 아닌 것 같다.

짜장쇠고기튀김에 김치국과 새김치로 점심을 먹었다. 새김치가 나오는 날에는 밥도 많이 먹는 것 같다. 당연히 식욕이 늘 것이다.

오후에 펭귄군서지에 갔다가 아르헨티나 기지대원 3명을 만났다. 잠수부와 생물학자들이다. 열흘 전에 트윈 오터기로 도착하였으며 현재 20명이 있으며 한여름에는 50명이 넘는다.

내일 아르헨티나 C-130이 부에노스 아이레스에서 남극반도끝 서쪽의 세이무르섬에 있는 아르헨티나 남극기지인 마람비오까지 관광객을 80명 가량 수송하고, 모레에는 다른 C-130이 물자운반차 마람비오기지로 날아간단다. 여름에는 선박으로 4~5회 관광객을 수송할 계획을 갖고 있다. 모레에는 마람비오기지에서 쥬바니기지로 경비행기가 날아온단다.

아르헨티나는 남극을 잘 이용한다. 남극이 본토에서 가깝고 영유권을 주장하는 터이고 국가가 남극에 관심을 갖는 증거이리라.

**11월 3일**(목)

새벽의 약한 북풍이 오후에는 비교적 센 북동풍으로 바뀌면서 기지앞 바다를 메운 유빙조각들을 다 밀어냈다.

칠레 기지대장에게 C-130의 비행계획을 문의했다. 이 달에 2회, 12월에 1~2회, 내년 1월에 2회, 2월에는 없고 3월에 4회 비행예정이란다. 물론 이 계획은 변경가능한 것이라는 말을 잊지 않는다. 이 예정대로라면 2월에 우리가 바라는 대로 비행기로 못 나간다는 이야기이다.

비행기가 있으면 좋고, 없으면 배로 나가면 된다. 배로 못 나갈 이유가 없다. 배는 배대로 장관인 비글해협을 지나간다는 아름다움과 감격이 있는 것이다.

녹두지짐과 건호박무침으로 저녁을 먹었다. 녹두지짐이 맛있어 남은 2장을 더 집어 먹었다. 녹두지짐은 생물학자인 김박사의 작품이다.

칠레 텔레비전은 서울에서의 대학생시위를 보여준다. 서울은 어제가 학생의 날이니까 그냥 있을 리 없다. 무엇이 문제인가?

**11월 4일**(금)

새벽의 북북동풍에 영상의 기온이 오후에는 북동풍으로 바뀌고 이어 남동풍이 되면서 영하의 기온으로 뚝 떨어진다.

중국기지에 물자하역 관계로 바지선 대여를 문의했다. 수신상태가 불량해서 분명히 알아들을 수는 없으나 문제없다는 내용으로 들린다. 확실히 하기 위해서 텔렉스를 보냈다. 확실한 답변을 기다리자.

점심때 생물학자인 정호성 대원이 재배한 오이 한 조각이 나왔다. 철제앵글로 온실을 만들고 씨를 뿌리고 영양액을 공급하고 성의를 보인 것이 생각난다. 언제인가 꽃이 핀 것을 본 기억이 있는데 오이 몇 개가 열린 것이다. 그것을 13명에게 나누다보니 일인당 새끼손가락크기의 한 조각이 돌아간다. 그래도 신선한 오이의 맛이 난다.

서울학생의 시위가 격렬한 것 같다. 오늘저녁에도 시위장면이 나온다.

**11월 5일**(토)

바람없고 시계가 좋은 날씨다.

아침 8시 반경 칠레비행장 관제탑에 불이 켜진다. 비행기가 오는가? 그러나 9시경부터는 구름이 낮게 깔리며 시야는 나빠진다. 9시반, 10시에도 비행기소리는 들리지 않는다. 그러나 12시경 헬리콥터소리가 난다. 건너다 보니 활주로 위에 C-130이 앉아있다. 소리없이 도착했을 리 없으니 소리를 못 들은 사이에 도착한 것이다. 무전기에서 흘러나오는 이야기는 관광객이 75명이다. 며칠 전 칠레 기지대장이 한 이야기가 기억난다.

저녁먹고 보니 C-130은 이륙했다. 비행기가 몇 시에 왔는지는 몰라도 마쉬기지에서 기껏 9~10시간 정도 있었다는 이야기가 된다. 나무 하나, 풀 한 포기 없는 황량한 빙원을 보고, 칠레기지와 중국기지에서 기념품을 사고, 사진을 찍고 기지내부를 구경하고 짧기는 해도 남극에 온 것은 사실이다.

중국기지에서 엔진이 부착된 바지선을 내년 1월 하순에 빌려줄 수 있다는 전문이 왔다. 잘 된 일이다. 고맙다.

**11월 6일**(일)

서풍에 수면 위 높이 30~40미터, 폭 6~7백미터짜리의 원형적인 탁상형 빙산이 들어와 콜린스만쪽으로 밀려간다. 저 빙산은 저것보다 훨씬 큰 것이 깨어져 갈라지면서 드디어 맥스웰만까지 들어온 것이다.

빙산은 백색보다 푸른 색을 띈다. 눈이 얼음이 되고 다시 더 단단하게 되면서 물리적 성질이 달라지는 것이리라.

칠레 텔레비전에 남극 이야기가 나온다. 칠레가 마쉬-8백킬로미터 정도 남서쪽으로 떨어진 아델라이드섬의 까르바할기지-내륙의 어딘가를 거쳐 남극점을 연결하는 항공로를 개척한다는 이야기다.

남극조약에 의해 아무리 남극영유권이 동결되었다고 하나 칠레는 남극영토를 주장하고 1947년에 곤잘레스 비델라대통령이 남극에 오면서 남극에 관심을 쏟고 있는 국가이다. 이에 걸맞게 남극점까지 가는 항공로를 개설한다는 의지를 보이고 있다.

중국바지선 임차 가능성에 관해서 서울로 연락했다.

**11월 7일**(월)

중국바지선 임차 가능성에 대하여 장성 기지대장에게 사의를 표하고 날씨가 좋으면 방문예정을 통보하리라.

이달 출생대원 생일잔치를 야외에서 하자는 의견이 나왔다. 좋은 의견이다. 날씨만 좋으면 못할 리 없다.

서울의 국제방송이 5공비리와 일해재단 자금형성 과정을 수사한다는 이야기를 한다. 일해재단 자금형성 과정에도 의혹이 있는가?

오전에는 바람이 비교적 강했으나, 밤에 들어서면서 평균 초속 20.6미터에 최고 풍속 28.6미터로 올라가면서 눈까지 날린다.

## 불고기 파티

**11월 8일**(화)

어젯밤부터 시작한 눈보라는 새벽에야 끝이 났다. 폭풍 뒤에 태양이 나듯이 태양이 밝게 빛나 시야도 좋다. 하도 날씨가 좋아 그냥 보내지 못하고 상의를 벗고 일광욕을 10분 정도 했다. 남극에 이럴 때도 있는 것이다. 기지 앞바다에는 여기저기 얼음덩어리가 흩어져 있다.

어제 의견대로 오늘은 야외 불고기파티를 벌였다. 불고기판, 숯, 양념한 갈비, 텐트, 마실 것 등을 준비해서 노엘 힐 남동 사면에 도착했다. 아르헨티나 쥬바니기지가 내려다 보이고 포터반도와 3형제봉이 한눈에 들어온다. 흰 빙원으로 된 노엘 힐-포터반도의 능선이 펼쳐진다. 마음만 먹으면 빙원을 지나 몇 시간이면 갈 수 있을 것 같다. 그렇게 가야할 긴박한 이유가 없어서 안 간 것뿐이다.

쥬바니기지에 안부인사를 하고 텐트를 치고 갈비를 구워 야외 불갈비 파티를 벌렸다. 솜씨가 다르고 양념이 다른 것도 아닌데 실내에서보다는 훨씬 더 맛이 있다. 시장도 반찬이겠지만 주위의 경관도 반찬인가?

어느 정도 먹은 뒤 스키를 좋아하는 대원들은 스키를 타고 노엘 힐 사면을 미끄러지듯이 내려온다. 틈틈이 스키를 많이 익혔다. 한국에서는 여간해서는 스키를 못 탈 것이고 여기에서나 즐기자.

노엘 힐 정상에는 20세기초 고래잡이가 한창 성할 때 사용한 고래 이동관찰 초소가 있다는데 지금은 돌을 쌓아 만든 벽만 남아 있는 것으로 생각된다.

까치가 12시 20분경 우편물을 갖고왔다. 한국에 두 명있는 극지봉투 수집가의 한 사람인 임재우 씨가 신동아 2권, 월간중앙 2권 든 소포와 그린피스기지 검열보고서 사본과 편지들이다. 국내에서 9월 28일부터 10월 12일 사이에 부친 우편물들이 이제 도착한 것이다.

야유회로 이 달 출생자 생일파티를 끝내고 두부찌개, 건오징어무침, 새김치와 브라질사과 반쪽으로 저녁을 먹었다. 저녁 후에 안주를 간단하게 차려서 소주를 마시면서 서울에서 가져온 선물을 오늘의 주인공인 조리사 김명종 대원에게 전달했다. 선물은 다이아반지였는데, 서울에 있을 때 보석상을 하는 처남이 어느 날 저녁 놀러와 손가락을 잰 이유를 이제야 알겠다고 흐뭇해 한다.

월간지에 전두환 전대통령을 고발할 수도 있다는 내용의 기사가 있나본데 가능할까? 서울이 어떻게 돌아가는지 몰라도 전 대통령을 고발한다는 것은 어렵다는 직감이 든다.

오후 2시~2시 반의 최고 기온이 7.9℃, 평균 기온이 5.8℃에 이르는 요근래 보기 드물게 높은 기온이고 날씨가 좋은 하루이다.

**11월 9일**(수)

동풍으로 마리안 코브의 유빙들이 상당히 밖으로 나갔다.

극지봉투 수집가 17명에 대해 답장을 썼다. 처음에는 세종기지를 알아서 부탁한 것이 고마워 민간외교의 일환이라는 즐거운 마음으로 답장해 주었다. 그러나, 요사이는 즐거운 마음도 있으나 '일'이라는 생각이 든다. 대한민국 남극 세종기지를 알려야 한다는 의무감 비슷한 심정으로 답장을 쓴다.

부쉬가 미국대통령으로 당선되었다는 단신뉴스가 나온다. 56:44로 이겼단다. 부쉬가 어떤 사람인지는 분명하게 모르나, 우리나라와 사이가 좋아야 할터인데…….

**11월 10일**(목)

연말에 대원들의 집으로 작은 선물이라도 보내는 것이 어떻겠느냐는 의견이 나왔다. 좋은 의견이다. 받는 측에서는 가장이 남극에서 근무한다고 연구소측이 알아서 작으나마 선물이라도 주는 것이 고마울 터이고 대원들은 대원들대로 반가울 것이다.

연구소와 통화해서 월동대, 하계대 각 14명이 예정되었으며 12월 중에 기지에 오는 인원에 대한 식품, 기호품 준비의 필요성을 설명했다.

**11월 11일**(금)

누군가가 "한국이 시끄럽다"라는 이야기를 한다. 올림픽은 잘 끝냈지만 얼마 전 학생의 날에 즈음해서 시위도 격렬했고 월간지를 통해서 보건대 소위 5공비리 청문회 관계도 문제이고 전두환 전직대통령 증언 문제 등이 어수선한가보다.

라디오와 텔레비전 등은 매일매일 일어나는 뉴스를 신속히 받아볼 수 있다는 점에서는 좋으나, 너무나 제한되어 있고, 책으로 보는 것은 여유가 있으나 2~3달 이전의 이야기이다. 그래서 기지생활이 고국소식을 모르고 세상돌아가는 것을 몰라서 불편한 점도 있으나, 한편으로는 그런 소식을 몰라서 마음편한 점도 있다.

사실 우편물이 오니까 가족의 소식을 기다리는 것이 우선 순위 제1이고 한국사회 돌아가는 것에 대하여 한두 대원은 많은 관심을 보이나 상당수 대원들에게는 큰 관심이 없음도 사실이다. 읽어봐야 정치권싸움이고 속이고 빼앗고 죽이는 이야기가 대부분이다. 따라서 월간지의 제목정도나 훑어보고 지나가는 정도이다. 귀국하면 어차피 살아갈 서울이기에 남극에서는 사바세계를 의식적으로 잊는다고나 할까?

어제도 그랬고 오늘도 풍향이 동풍으로 바뀌면서 기온도 영하로 떨어지고 눈까지 날린다. 봄에서 여름으로 들어가는 환절기인가?

**11월 12일**(토)

심한 동풍에 눈까지 날리고 기온도 낮다.

어제 저녁 하계동에서는 술을 좋아하는 몇 명의 대원들이 모여서 이런 저런 이야기를 했나보다. 이야기가 길어져 다른 대원들이 잠을 설친 것 같다.

날씨가 좋아지는 대로 남극조약 제7조에 따라 기지를 검열하겠다는 텔렉스가 소련기지에서 왔다. 검열인원은 10명이고 현재 소련기지에 머물러 있으며 소련 수문기상 국가 위원회 부위원장이 책임자다. 사실 그린피스 검열이후 쓰레기 처리, 폐수처리 등에 관심을 갖고 있으나 100점은 못 된다고 생각하는데, 만약 결정적인 잘못이 눈에 띄면 어떻게 되는 건가? 신경이 쓰인다.

**11월 13일**(일)

아침 9시 55분 소련기지에서 부른다. 10시 30분에 칠레기지를 이륙하여 40분에 기지를 검열차 방문하겠다는 내용이다. 그러나 예정시간보다 20분 빨리 10시 20분에 기지에 왔다.

검열단은 50대 중후반의 소련 수문기상 국가 위원회 부위원장인 A. 칠링가로프박사를 단장으로 한 10명에 소련기지의 루릭 갈킨의 후임인 외과의사인 브리즈린 등 11명의 대식구이다. 1~2명은 40대 후반으로 보이며, 나머지는 50대로 보인다. 모두 체격이 크며 철저한 위계질서가 잡혀 있다.

검열단장은 영어를 안 하는지, 못 하는지, 전속통역관이 일일이 통역을 한다. 대원들의 명단, 기지건설관계, 군인관련여부, 기지의 쓰레기 처리 방법, 폭발물소지 여부, 과학적 특별관심구역 등 남극특별지역에 관한 지식, 연료와 식품 등 물자운반관계, 국제협력, 자료의 배포와 교환

등을 물어서 미리 준비한 검열지를 채워가는 방식으로 검열한다. 연구동, 발전동, 차고동을 둘러보고 만족한 인상이다.

2시간 이상의 검열이 끝난 뒤, 기지가 깨끗하고, 볼 것을 다 보았고, 좋은 시설이며, 과학적 연구에 큰 발전이 있을 것이며 대단히 좋은 연구기지로서 남극기지로서는 대표적으로 내놓을 만한 기지라고 좋게 강평을 했다. 내년 10월 남극조약 협의 당사국 회의 전에 보고서를 작성할 것이라는 이야기도 덧붙인다.

스웨덴과 스페인이 남극조약 협의 당사국 자격을 얻어서 당사국 수는 20개국이며 에콰도르와 페루는 신청했으나 자격을 얻지 못했다는 이야기도 들려준다.

우리나라의 남극연구 당면목표가 남극조약 협의 당사국 자격획득임을 그들도 잘 알고있다. 좋은 인상을 받고 떠났으므로 소련의 지지는 받을 수 있을 것으로 생각된다.

남극조약 협의 당사국(ATCP)의 자격이란 남극에서 '실질적인 과학연구활동'을 하는 나라가, 기존 협의 당사국들의 전원 찬성으로 얻을 수 있는 자격이다. 남극조약 협의 당사국만이 남극에서의 규정, 조약, 권고문 등을 심의, 개폐할 수 있고 의견을 낼 수 있다.

그들은 AN-74기로 아르헨티나의 마람비오기지를 경유해서 지난 9일 마쉬기지에 도착했다. 내달 5~10일 사이에 소련쇄빙선 아카데믹 페도로브호가 100~170여 명의 승객을 싣고 킹 조지섬에 올 예정이란다. 지난 3월 여기에 왔을 때 올라가 보았던 선복이 붉은 최신예 쇄빙선이다. 그들은 스티커와 엽서 등을 내어놓았고, 88담배와 소주를 답례로 주었다.

검열단원의 한 사람인 G. E. 그리구로브 박사는 이름이 눈에 익어서 알아 보았더니 남극반도와 동남극지체구조에 권위가 있는 지질학자였다. 그가 쓴 남극반도지질에 관한 책을 서울에서 산 기억이 있다. 자기는 지질학자가 대장인 줄 몰랐다며 다음 헬리콥터편에 소련 남극지질도 3매를 보내 주겠단다.

중국과학자 45명은 어제 전세낸 칠레공군기로 도착했단다.

오후에는 날씨가 좋았고 물이 많이 빠져서 대원 몇 명과 삿갓조개를 땄다. 저녁에 먹은 남극조개 된장국은 맛이 좋았다. 구수하고 먹을 만하다. 많이 못 잡은 것을 아쉬워 할 정도로 인기가 높다. 다음에도 물이 빠지면 보자.

저녁 6시 40분경 AN-74로 보이는 C-130을 닮은 처음보는 비행기가 마쉬기지를 이륙한 것으로 보아 낮에 이야기한 내일 저녁 모임은 없는 것으로 생각된다.

**11월 14일**(월)

폰툰 근처의 얼음덩어리가 하나하나 떨어지기 시작한다.

10시 40분경 꼬리에 붉은 표지가 있는 비행기가 마쉬기지에 도착한다. 어제저녁에 이륙한 소련비행기가 다시 돌아오는가?

오늘로서 카드를 다 썼다. 서울의 여러 사람과 외국의 아는 사람들, 극지봉투 수집가들과 몇몇 사람 등 모두 수십 통이상 쓴 것 같다. 받는 사람들은 상당히 신기해하고 반가워 할 것이다. 어쩌면 그들 생애에서 받는 성탄카드 가운데 남극에서 보낸 카드는 이것이 처음이자 마지막일 수 있다는 생각이 든다. 언제 비행기가 들어올지 몰라도 이 달 하순에 칠레 마쉬기지 우체국을 떠나면 내달 10~15일 경에는 받아 볼 것이다. 성탄카드로서는 빨리 받는 기분이 들 것이나 그래도 늦게 받는 것보다는 나으리라는 생각이 든다.

오후에는 날씨가 좋아 부두앞 측심작업을 하려고 고무보트를 꺼내다가 킬의 접착부분이 60센티미터 정도 떨어진 것을 발견했다. 1차 시운전때에도 공기가 빠졌고 2차 운행 때에도 빠졌으므로 누구의 의견처럼 지난 8일 기온이 올라갔을 때 찢어진 것으로는 생각되지 않는다. 관리 부주의 보다는 불량품으로 생각이 든다.

젠투펭귄에 이어 친스트랩펭귄도 산란하기 시작하며 자이언트 페트렐도 알을 낳기 시작한다. 남극의 봄에 빨리 서둘러서 종족보존의 생산작용을 시작한 것이다.

칠레텔레비전은 지난 5일 마쉬기지를 방문한 관광객을 보여준다. 이제 남극의 관광시즌이 시작되었는가? 칠레는 킹 조지섬을 이용해서 국고수입을 올리고 자국을 광고하는 기분이 든다. 항공편은 킹 조지섬이 남극의 전부이고 선박편은 여러 섬을 방문한다는데 수입도 수입이려니와 칠레 남극영토를 광고하고 인정받으려는 의도가 있는 것 같다. 어쨌든 남극 가까이 있어서 남극의 덕을 보고 있다. 오늘도 칠레의 C-130이 왔다 갔는데 관광객 수송용인가?

하루 종일 바람없고 좋은 날씨다.

**11월 15일**(화)

발전기 방열기의 냉각수 통에 균열이 생긴 것을 서울에 알리기 위하여 내용을 정리했다. 3대가 모두 같은 곳에 같은 현상이 한 달 내에 일어났으니 이는 제품의 하자라고 생각하는 것이 당연하다. 발전기 가동에 지장이 있을 정도는 아니나 눈에 띈 것은 띈 것이다.

칠레 텔레비전은 소련 남극검열단과 칠레 기지장을 등장시키며 킹 조지섬을 소개한다. 칠레한테도 소련 남극검열단의 킹 조지섬의 기지 검열은 관심거리이리라. AN-74비행기는 극지비행 전문항공기라는 설명도 덧붙인다.

이란과 이라크가 포로교환을 시작한다는 보도가 있다. 이제 드디어 길고도 지루한 전쟁이 끝났나보다. 1979년 또는 1980년부터 시작한 전쟁 같은데 오래도 끌었다. 같은 회교에서 계파가 다르다는 이유로 전쟁을 한 것으로 아는데 같이 사이좋게 살라는 종교의 이름으로 엄청난 살육이 자행된다.

코란은 마호메트가 만든 것이라 신성하고 위대한 것이나, 그의 해석을 죄많은 인간이 하기 때문인가?

새벽에 약하던 북풍이 오후로 들어서면서 심한 북동풍이 되더니 저녁부터 다시 약한 북풍으로 변했다.

**11월 16일**(수)

오늘이 1985년 11월 한국 해양소년단 연맹이 주관한 한국 남극관측 탐험대가 킹 조지섬에 도착한 지 만 3년되는 날이다. 벌써 3년이 흘렀나? 그때 윤석순 총재포함 킹 조지섬 탐사팀 10명은 긴장이 된 채 C-130으로 마쉬기지에 도착했다. 활주로 부근에는 눈이 군데군데 남아 있었다. 보통 생각되는 가혹한 기상의 남극은 아니었기에 마음을 놓았고

다정한 한쌍의 가마우지

마쉬기지에서 태어난 아이를 비롯해 꼬마들도 본 기억이 난다. 칠레양념 가운데, 우리나라의 고추장과 비슷한 것이 있어서 그것을 많이 먹었다가 나중에 물을 켜서 혼났던 생각이 난다.

서울에서는 윤석순 총재 등이 모여서 옛날 이야기를 할 것이다. 오늘의 세종기지는 '우리들'덕분에 지어진 것이라는 이야기가 분명히 나올 것이다. 그들로서는 함직한 이야기이다. 한국 남극관측 탐험대가 왔다 가고, 그 다음 해 말에 남극조약에 가입했다. 작년초에는 기지건설이 확정되고 4~5월에는 후보지 답사가 있었다. 따라서 그들로서는 그들의 킹조지섬탐사의 공을 주장할 근거가 될 수 있다. 정부가 주도해야 할 일을 여러 가지 사항을 고려하는 동안에 민간인이 먼저 해낸 것이다. 물론 그 이후는 정부쪽으로 이관되었지만.

저녁 7시 반~8시 사이에 C-130으로 생각되는 비행기소리가 난다. 마쉬기지에 올 일이 있는가? 요새는 낮이 길어서 밤 10시까지도 훤하니까 이착륙에 큰 문제가 없으리라.

칠레 텔레비전은 칠레해군 선박 삘로도 빠르또호가 내년 3월 귀환 예정으로 남극을 항해한다는 보도를 한다. 이제 본격적인 남극항해의 계절인가?

**11월 17일**(목)

어제에 이어 오늘도 하루 종일 영상의 기온에 흐리고 비오는 날씨이다. 영하의 기온이라면 눈으로 떨어질 것이 물로 떨어진다. 요근래 들어서 눈이 많이 녹았다. 음지이거나 눈이 두껍게 쌓인 곳에는 아직도 눈이 남아있으나 이제는 땅도 많이 나타났다. 달력으로는 봄에 해당하나 남극의 여름에 들어온 기분이다.

기지 서쪽 끝 해안가에서 해표유골 2구를 발견했다. 껍질은 다 벗겨졌지만 유골은 비교적 신선한 것으로 보아 죽은 지 얼마 안 되는 것으로 생각된다. 지난 여름에 죽은 것인가? 자연사나 병사인가?

**11월 18일**(금)

어제에 이어 오늘도 하루 종일 영상의 기온에 흐리고 비오는 날씨다.

거주동 복도 4곳에서 물이 샌다. 바람으로 건물의 용골에 틈이 생겼는가 보다

오후 펭귄군서지 부근에서 자이언트 페트렐 알 1개를 채집했다. 자이언트 페트렐은 펭귄보다 비교적 겁이 많다. 펭귄은 알을 품고 있는 경우에 사람이 접근해도 도망은 거의 가지 않는 반면 이 새는 잘 놀라며 잘 날아간다. 언제 돌아올지 몰라도 어미없는 알은 도적갈매기의 밥이 되기 안성맞춤이다.

실험실에서 알의 내용물을 뽑아내니 붉은 색을 띤 것이, 조직이 발생중에 있다. 자이언트 페트렐 한 마리를 죽인 것이다.

**11월 19일**(토)

비교적 센 동풍에 영하의 날씨이다. 며칠 만에 기온이 영하로 떨어지

고 눈이 날린다.

2차 월동대가 언제 도착해서 우리가 언제 여기를 떠날지 아직 모른다. 그러나 집으로 빨리 가고 싶은 마음은 못 말린다. 연구동 벽에는 벌써 언제부터인가 달력에 X표를 하면서 날짜를 지워가고 있다. X표를 하다가 보면 집으로 갈 날이 있으리라.

귀국과 휴가가 모든 대원들의 관심사이다. 귀국 일정, 경유 도시와 그 가운데 있을 휴가 일정에 휴가비, 비자문제 등 의문이 많다. 휴가는 귀국중 휴가도 문제이나 귀국후 휴식기간에도 관심이 쏠린다. 얼마나 쉬는지? 그 때 연구소 외의 대원들에게 기본급이 지불되는지?

이때 남극 세종기지 근무는 '8시간 근무 아닌 24시간 근무'라는 이야기가 나왔다. 사무실, 작업장에만 있는 시간만이 근무시간이 아니고 먹고 자고 쉬는 시간 전부가 근무라는 뜻이다. 식사, 휴식, 취침에 관계없이 일이 있으면 가야 되고 따라서 식사, 휴식, 취침 등을 하더라도 조금의 휴식도 없다는 뜻이다. 자기가 맡은 일을 대신해 줄 사람이 없으니 하루종일 긴장과 대기의 연속이라는 뜻이다. 지난 몇 월인가도 비슷한 이야기가 나온 것으로 기억된다.

상당히 일리있는 이야기이다. 사무실과 숙소가 가까이 있어 출퇴근이 없다는 게 긍정적인 면도 있으나 부정적으로 작용할 수도 있다. 그런 점에서 기본급의 150퍼센트를 극지수당으로 받는 액수가 결코 많은 것은 아니라는 의견도 나왔다.

우리가 알기로 칠레는 본국 급여의 3.4배, 아르헨티나는 6배, 브라질은 직책에 따라 정규급여 외에 월 6천~2천불의 수당이 있다. 우리는 말이 150퍼센트이지, 실제는 140퍼센트이다. 금전에 대한 욕구만으로 남극에 온 것은 아니나 그래도 금전은 가장 중요한 요소의 하나이다.

요사이 들어서는 낮길이가 길어서 저녁 10~11시경에 어두워진다. 따라서 6시에 저녁을 먹고나더라도 훤하다. 대원들은 이러한 시간을 이용해서 기지 주변을 산보한다. 노엘봉 서쪽으로 해서 포터반도의 북단을 따라 펭귄군서지로 돌아오는 길이다. 새들이 돌아오고 코끼리해표들이 보이니까 가기와는 주위경관이 다르다. 혹시나 조류들을 교란시켜 산란에 영향을 주지 않을까 염려스럽다. 누누이 당부했으니 큰 일은 없으리라 믿는다. 한국사람이 남극의 자연환경에 부정적인 영향을 미치는 것은 바람직하지 않다.

크리스틴 오나시스가 죽었다는 텔레비전보도가 있다. 인생무상이다. 30을 조금 넘은 나이에 세상을 떴으니 세계최대 선박갑부의 유일한 상속녀이면 무슨 소용이 있는가?

**11월 20일**(일)

포터 코브 북쪽 해안을 산보한 김박사가 규화목으로 보이는 암석을 갖고왔다. 세로무늬는 보이지만 나이테는 불분명하다. 겉의 광택나는 부분은 목질부분이 무연탄질로 탄화된 것으로 보인다. 나이테가 분명치 않아서 규화목으로 단정은 못 하겠으나 규화목이라면 바튼반도에서는 처음 발견되는 것이다. 필데스반도와 다른 지역에서는 규화목이 발견된 보고가 있다.

**11월 21일**(월)

바람은 거의 없고 평균 기온이 영상인 날씨다. 실외는 눈과 얼음이 상당부분 녹아서 흘러내리나, 실내는 아직도 얼어 있다.

현대소를 건설할 때의 염려, 즉 여름에 만수가 되면 둑 전체가 밀려나지 않을까 두려워했으나 10월초에 만수된 이래 지금까지 큰 문제없다.

**11월 22일**(화)

오전에 기지 서쪽 바닷가를 산책하면서 상태가 좋고 신선한 해초류를 수거해서 식물채집을 했다. 물로 몇 번 씻어서 염분을 빼고 두꺼운 종이 위에 건져서 물기를 빼면서 모양을 내야되는데 이것이 잘 안 된다. 해초의 형태가 간단한 것은 괜찮으나 머리카락 같은 잔 가지가 많이 난 것은 대단한 정성이나 손재주가 필요하다. 일일이 물 묻은 붓으로 자기모양을 찾아주고 그러면서도 전반적으로 멋을 내야 한다. 어떤 종류는 이러한 작업이 원래의 자기모양을 오히려 인위적으로 없앤다는 생각이 든다. 우리같이 여기에서 일년간을 사는 사람에게는 흔한 해초류이나, 우리나라 국민학교학생한테는 보기드문 표본이리라

부둣가에 관측용 눈금자를 세우고 있다.

이렇게 남극해초류를 채집하다 보니 칠레남극연구소 생각이 난다. 칠레는 남극영토를 주장하면서 매년 정기적으로 남극주간을 만들어 펭귄, 도적갈매기 등 조류와 이끼류와 해초류도 전시된다. 동남극생물표본을 전시하고 남극관계 독서감상문을 모집, 시상한다.

**11월 23일**(수)

요근래 들어 드물게 좋은 날씨이다. 하루 종일 태양이 밝게 빛나고 바람도 세지 않다.

양배추샐러드를 곁들여 마지막으로 남은 안심스테이크로 점심을 먹었다. 얼마없는 안심이라 잘 보관했다가 요리를 하곤 했는데 오늘이 마지막이다. 오늘이 수요일이고 체육의 날이라 오후에는 날씨도 좋아서 대부분의 대원들이 산보하리라는 것을 예상하고 비장했던 마지막으로 남은 안심을 내어 놓은 것으로 생각한다. 서울에서라면 수 인분이 될 정도로 양도 많고 맛도 좋다. 양배추를 가늘게 썰고 마요네즈로만 양념을 했어도 맛이 난다. 지난 7월 하순에 도착해 냉장되어 있기는 했어도 야채는 야채이다.

오후에는 포터 소만의 북쪽해안 라군까지 갔다가 돌아오면서 단층지대로 표시된 계곡까지 갔다. 급경사의 깨어져 내리는 암설 언덕을 따라 계곡 벽까지 사람이 올라간 자국이 있다. 아르헨티나 기지대원들이 올라간 자국이리라. 흔적으로 보아서는 최근, 지난 여름 같기도 하다. 주로 응회암 내지 각력암으로 된 암설 사이에서 화석을 찾았다. 드디어 규화목으로 보이는 흑색암석을 찾았다. 대개의 규화목은 나이테가 보이는데 나이테가 없다. 그러나 껍질로 보이는 부분이 무연탄으로 탄화된 것으로 보아 나무일 가능성은 있다.

돌아오는 길에 해안에서 빈사의 크랩이터해표 2마리를 발견했다. 한 마리는 목이 2~3센티미터 폭으로 갈라져 한 뼘이상 찢어졌고 유혈이 낭자하다. 다른 한 마리는 머리가 깨졌는데 피가 솟아나고 있다. 수컷끼리 암컷을 놓고 생사를 결판지은 것인가? 두 마리 모두 해표로서는 바싹 말랐고 기력도 많이 쇠퇴한 것으로 보아 벌써 며칠 된 것으로 생각된다. 해안가 눈위에 이들이 엎드려 있다는 것은 무슨 뜻인가? 물속에서는 출혈이 더 심하고 피냄새를 풍기게되면 킬러 고래가 모일 것이기에 그냥 육상에서 굶고 있는 것인가?

며칠 전부터 어금니가 이상하다. 이가 잘 맞지 않고 음식물을 씹는데 신경이 쓰인다. 이것도 건강이 나빠진다는 한 증거인가 아니면 일시적 현상인가?

**11월 24일**(목)

어제 수거한 새알 가운데 친스트랩펭귄알은 조직이 아직 생기지 않았으며, 껍질이 두껍고 속이 푸른 색이다. 반면, 자이언트 페트렐알은 조직이 생기고 있었으며 크기가 펭귄알보다 크며 껍질이 얇고 속이 희다.

주칠레 한국대사관의 주진엽 참사관과 귀국문제를 협의했다. 귀국시 미국비자는 대사관이 개입하면 2~3일이면 받을 수 있고 칠레출국에는 큰 문제가 없을 것이라는 반가운 답변을 한다.

오후에는 아르헨티나 기지대원 5명과 우루과이 기지대원 1명이 기지를 방문했다. 용건은 스쿠버용 공기 압축기를 빌리고 싶다는 것이다. 못할 게 없다. 우리 장비가 좋으면 빌려주고 우리도 빌려쓰면 된다. 빌려쓰는 것도 좋지만 능력이 있으면 빌려주는 것이 더 기분좋은 일이다.

현재 아르헨티나 기지에는 20명이 있으나 10일 후에 남극보급선 바이하 파라이소호로 30명이 오고 내년 1월 하순에는 쇄빙선 알미란테 이리자 호로 47명이 더 온단다. 아르헨티나도 남극영토의 영유권을 주장하는 나라이기에 남극전용 보급선이 있고 쇄빙선이 있다. 우루과이비행기는 29일 도착예정이란다. 두 나라 모두가 남극에서 가까워 선박이나 비행기가 쉽게 올 수 있다.

## 인간생활 흔적

**11월 25일**(금)

오늘 점심식단의 한 가지는 어제 오후에 잡은 삿갓조개를 삶아서 초고추장에 찍어 먹는 것이었다. 한두 점 집어서 먹어봤지만 맛을 모르겠다. 초고추장에 찍어 먹는 것은 자체의 맛보다는 초고추장의 맛이라는 말이 있으나 그래서 그런지 삿갓조개가 특별한 맛이 있는 것 같지는 않다. 식탁에 놓인 삿갓조개의 대부분이 그대로 놓여 있다는 점에서 다른 대원들도 비슷한 것 같다. 지난번 삶아서 국으로 만든 것은 맛이 좋았는데 어제 오후에 잡은 것이라 죽어서 맛이 간 것인가? 아니면 입에 익지 않아서인가?

저녁먹고 기지 동쪽 해안을 산책하다가 유난히 평탄한 지역을 발견했다. 흙속에 묻힌 비닐봉지가 눈에 띄어 호기심이 발동되었다. 돛단배 그림에 Security라고 쓴 영국제 나무통으로 된 성냥 2갑, Bryant & Maye, BIG본펜, 직경 2센티미터, 길이 7.5센티미터 정도의 초 등을 비닐로 싸서 땅에 묻은 것을 찾아냈다. 이외에 병조각, 붉게 부식되고 남은 깡통조각, 로프조각, 영어와 불어로 된 코닥사진필름 설명지 등을 파내었다.

지역이 비교적 장애가 없고 해안에서 가깝고 노엘 힐에서 흘러내리는 물이 가까이 있다는 점을 보아서 인간이 상륙하기 좋고 생활하기에 적합한 장소로 생각된다. 실제 평탄하고 바위와 자갈이 없는 지면도 자연현상이 아닌 인위적 현상으로 생각된다. 킹 조지섬에 온 백인국가가 많지만 이 물품들의 주인공은 영국인으로 생각된다.

영국이 이 섬의 애드미럴티만 켈러반도에 하계기지를 세운 것이 1947년초이고 이어서 월동을 했으며 국제지구물리관측년도에는 기지를 지었다. 1961년에는 이 섬을 떠났으며 이후에는, 필요한 경우에만 부정기적으로 방문한다. 따라서 이 지점은 영국인들이 이 부근 조사차 야영했던 지점으로 생각된다. 이런 단어가 있는지는 모르겠으나 일종의 남극고고학이라고나 할까?

실제 지금도 간혹 20세기초 남극의 영웅적 탐험시대에 사용했던 유물, 즉 정어리통조림 등 부식과 양념 등이 얼음 속에서 발견된다는 이야기를 읽은 적이 있다. 오늘 여기에서 발견한 것은 역사는 짧아도 킹 조지섬의 연구역사를 보여주는 비교적 오랜 물품들이다. 이들을 비닐로 포장해서 가져왔다.

포터코브의 북쪽 해안을 산보한 대원들의 이야기가 며칠 전까지 해안에 있던 빈사의 해표 2마리가 안 보인다는 이야기를 한다. 며칠전 그들을 봤을 때 그 해표들은 살 것 같지 않았는데 어디로 간 것인가?

해표들도 코끼리나 북극의 월러스처럼 죽을 때에는 아무데서나 죽지 않고 자기네의 무덤에서 죽는가? 코끼리나 월러스는 남겨놓을 상아나 어금니가 있어서 그렇게 모여서 죽는다고 생각할 수 있으나 해표는 남길 것도 없는 것 같은데…. 그렇더라도 아직 우리 사람들은 모르고 있으나, 해표는 인간의 눈에 안 띄는 곳에서 죽는 습성이 있을지도 모른다는 생각이 들었다.

하루 종일 대단히 좋은 날씨이다.

**11월 26일**(토)

조리사가 일어나 부스럭거리는 소리에 눈을 떴다.

창밖이 밝은 것이, 오늘 날씨가 좋으리라는 생각이 든다. 그러나 아침 먹으면서 기압이 떨어지고 흐려지며 눈이 날리기 시작한다.

날씨가 안 좋았으나 잠수를 하는 대원들은 30분 이상을 잠수했다. 그저께, 어제 좋은 날씨를 놓쳐서 조급해졌는가? 김박사 등과 잠수하는 모습을 해안에서 지켜보았다. 성게, 불가사리, 해조류, 등각류, 삿갓조개 등을 채집했다. 불가사리는 크기도 크지만 다리가 5개 아닌 20여 개로 처음 보는 종이다.

캐나다 동부에 지진, 타이에 홍수, 아제르바이잔에서는 50여 명의 죽음 등 지구가 조용할 날이 없다. 아제르바이잔과 아르메니아는 옛날 1920년대 소련의 스탈린 시대에 강제 편입시킨 곳으로 알고 있는데 아직까지 독립운동을 하고 있다. 실제 1970년대 불란서에 있는 아르메니아인들이 조국 찾기 운동을 하는 것을 보았다. 자기 자신은 몰라도 철이 나면서 할아버지, 할머니, 아버지, 어머니의 이야기를 듣고 그들의 독립, 애국의 이야기를 들으면서 독립의 열기는 끌 수 없고 지울 수도 없는 것이다.

남극 지하자원개발 이야기가 나오며 마쉬기지를 보여준다. 혹시 칠레가 남극반도의 지하자원을 개발하려는 의도인가? 남극반도는 안데스산맥의 연속이기에 구리, 철, 연, 아연 등 지하자원은 많을 것이나 경제성이 문제이리라.

**11월 27일**(일)

칠레 텔레비전은 어제에 이어 오늘도 마쉬기지를 보여준다. 일찍이 칠레는 남극반도를 포함한 지역을 칠레 남극영토로 선언을 했고 대통령이 방문했으며 민간인 거주 마을을 유지하고 있다. 따라서 남극조약에서는 남극 영유권을 거론 않기로 했으나 칠레는 남극영토 영유권을 주장하고 있다. 특히 마쉬기지에서 중계하는 칠레국영 텔레비전은 그러한 의식구소가 더욱 심하리라 생각된다.

저녁으로는 생선을 둥글게 뭉쳐서 익힌 것인데 생각보다는 맛이 있다.

하루 종일 영상의 기온에 진눈깨비와 비가 날리고 있다.

**11월 28일**(월)

지난번 검열왔던 소련검열단장 칠링가로프 박사에게 검열보고서 1부를 신청했다. 보고서가 나오려면 아직 멀었지만 필요성은 표시해야 한다.

며칠 전에 찾아냈던 인간 거주지를 다시 찾았다. 영국 W. Symington회사제품인 수프, 닭고기, 토마토, 비스킷 포장지와 GALE'S의 레몬커드 병뚜껑, Kraft식품회사의 깡통 등을 찾아냈다. BIG 청색 볼펜 뚜껑 2개, 병, 테이프는 아직도 접착력이 남아있다. 15센티미터 가량의 금발머리카락으로 보이는 것도 한 오라기 찾았다. 백인, 그것도 영국인의 흔적이 틀림없다는 생각이 든다.

**11월 29일**(화)

시설담당인 윤민섭 대원이 점심을 안 먹었다. 아침 일찍 일어나고 아침도 꼭꼭 빠뜨리지 않는 사람이 아침과 점심을 안 먹는 것을 보니 어제 저녁 무슨 이유에서인지 과음했거나 다른 이유가 있을 것 같다.

최근 들어서 아침을 안 먹는 대원들이 늘어서 먹는 사람이 소수가 되었다. 여러 가지로 해석이 된다. 그러나 가장 중요한 이유는 낮이 길어서 저녁먹고 오후 늦게까지 밖에서 활동할 수 있고, 따라서 늦게 일어나는 경우를 생각할 수 있다. 아침은 먹고 싶은데, 식사시간이 끝난 것은 아니지만 식사시간 중에 눈을 떠서 누워 있으면 굳이 먹으러 나오기가 귀찮은 것이다. 잠이 든 것도 아니고 완전히 깬 것도 아닌 상태로 그 시간을 즐길 수도 있다.

다른 이유는 긴장이 풀리는 것을 생각할 수 있다. 이제는 갈 날이 얼마 안 남아서 해이해질 수도 있다. 아침 먹으라는 이야기를 했을 때, "아침이야 안 먹어도 업무만 하면 된다"는 정확하며 실리적인 반응을 보인 적이 있다.

**11월 30일**(수)

오전에 잠수를 할 줄 아는 정호성, 이동화 대원 2명이 부두 앞에서 잠수작업을 했다. 전번의 잠수처럼, 해삼류, 등각류, 갑각류, 대형해조류, 대형 및 소형 불가사리들을 채집했다.

잠수작업을 하는 대원들을 지켜보면서, 저 두 사람은 인생을 행복하게 살 남다른 방법을 갖고 있다는 생각이 든다.

오후부터 세어지기 시작한 바람은 남동풍이 되면서 기온도 떨어졌지만 지난 6~8월에서처럼 두자리 숫자는 아니다. 풍속은 최고 20미터를 못 넘긴다. 그런 점에서 남극반도 빙원의 기온도 올라가고 바람도 약해지나 보다. 이제는 남극의 늦봄이자 여름이 눈앞에 왔다.

**12월 1일**(목)

2~3천톤으로 보이는 붉은 색과 백색으로 된 선박 한 척이 칠레기지 앞과 우루과이 기지 동쪽 콜린스만 사이를 오가는 것이 상당히 센 바람 속에서 안전하게 정박할 장소를 찾나보다. 무슨 배인가? 그러나 11시반 칠레기지대장과 통화하면서 의문은 풀렸다. 아침의 그 선박은 미국관광선 소사이어티 익스플로러호란다. 남극의 여름이 시작되면서 관광객이 선박으로 남극을 찾기 시작한다.

칠레 기지대장 이야기로는 이 달에는 3일, 9일, 13일에 걸쳐 C-130이 들어온다. 9일비행기에 한국사람 6명이 오며, 13일 비행기에는 자기 후임인 신임마쉬공군기지 대장 바리엔토스 칠레공군중령이 도착하고, 자기는 내년 1월 5일 출발예정이라고 유쾌한 목소리이다. 이곳에서 만 2년간이나 살다가 문명세계로 귀환하니 기쁠 것이다. 당신만 가는 것이 아니고 우리도 간다. 남극은 남극대로 다른 대륙에 없는 아름다움과 좋은 점이 있으나 사람은 사회적 동물인 것이다.

오후에 칠레기지에 비행기가 들어왔다. 얼마 전부터 들어온다던 우루과이비행기로 생각된다. 우루과이비행기라도 우편물은 가져 왔겠지?

어제에 이어 오늘도 방글라데시 홍수이야기가 텔레비전에 나온다. 어제 이야기로는 5백여 명 정도가 사망했다는데 홍수가 심해서이겠지만 피해가 너무 크다. 방글라데시에 가 본 사람 이야기가 반년은 비 한방울없이 가물고 반년은 엄청나게 쏟아붓는 우기라는데, 올해는 더욱 심했나보다. 지구가 조용할 날이 없다.

**12월 2일**(금)

어젯밤부터 세어진 남동풍은 오늘도 종일 그 기세를 누구러뜨리지 않는다.

칠레기지에 비행기 모습은 없다. 어제 들어온 우루과이비행기는 어제 저녁 바람속에서 이륙한 것으로 생각된다. 어젯밤 12시경 비행장의 점등 신호는 그 비행기의 이륙을 준비함이었나보다.

관광선 월드 디스카버리호가 브라질기지를 통하여 우리 기지의 텔렉스 번호를 물어왔길래 알려주었다. 그후 몇 시간 안 되어서 그 관광선에서 이번 5일 우리 기지를 방문하고 싶다는 전문이 왔길래 방문을 허락하는 답전을 보냈다. 그냥 무턱대고 오는 것이 아니고 여기의 뜻을 물어온다. 우리가 거절할 수도 있으나 거절할 필요가 없다는 생각이 든다.

지난 2월인가 칠레기지를 방문하는 동안 관광선이 기지에 들어왔다는 이야기를 들은 기억이 난다. 시간이 잘 간다. 이제 남극의 여름이 시작되면서 1988~1989년 관광시즌이 시작되었고 관광객이 찾아 오는 계절이 되었다.

며칠 전 발사된 비밀조사목적의 미국 우주왕복선은 성공리에 임무를 수행중이고 소련국토의 80퍼센트가 조사범위에 들어간다니 숨을 곳도 그렇게 없다. 물론 소련은 바보가 아니길래 눈에 띄는 80퍼센트도 효율적으로 이용해서 군사시설을 준비할 것이고 눈에 안 띄는 20퍼센트도 잘 이용하리라.

**12월 3일**(토)

1988년의 마지막 월회의를 했다.

기상을 간단하게 언급하고, 업무 인계준비를 하도록 했다. 갈 날이 하루하루 다가온다. 모레 기지를 방문하는 관광선을 포함하여 이 달부터는 기지에 손님이 많아질 것이기에 그에 따르는 기지주변의 환경보호를 당부했다. 월동생활이 다 해가면서 육체적으로도 피곤한 상태에서 정신적인 긴장이 풀릴 우려가 있어서 생활이 해이해지고 건강이 나빠질 가능성이 있어서 마지막까지 긴장을 풀지 말도록 당부했다. 마지막에 조심해야 한다는 것을 강조했다. 마지막이 좋아야 모두가 좋은 것이다.

저녁 늦게 아르헨티나 기지대원 5명이 고무보트로 왔다. 이들은 내일 날씨가 좋으면 오후에 축구하러 오겠다는 제안을 했다. 좋은 일이다. 기지를 지으면서 기지 동쪽 해안에 만들어 놓은 축구장이 킹 조지섬에서는 제일 좋은 축구장인 것이다.

종일 날씨가 좋아서인지 칠레 해군선박의 입항과 출항, C-130의 도착과 출발, 아르헨티나비행기 T-84의 아르헨티나 기지 뒤 빙원에의 도착 등 바쁜 날이다.

**12월 4일**(일)

오전에는 날씨가 좋았으나 오후부터 이는 바람에 눈이 날리며 기지앞 해안으로 얼음이 밀려든다.

우리 기지앞에 얼음이 밀리면 아르헨티나 기지 앞에도 얼음이 모이리라. 그렇게되면 고무보트가 나오는 데에 문제가 있을 것이다. 오후 3시 현재 아르헨티나 기지 대원들도 안 나타나고 우루과이 기지로부터도 아르헨티나 기지대원들과의 축구에 관한 아무런 연락도 없다.

오늘 저녁에는 귀한 채소가 나왔다. 정호성 대원이 심혈을 기울여 재배한 토마토가 결실되어 식탁에 오른 것이다. 며칠 전에는 오이를 결실했고 오늘은 토마토를 결실한 것이다. 그냥 먹어버리기에는 너무도 아까운 토마토이다. 7월 하순 도착한 토마토씨를 심고 영양액을 주고 해서 키운 것이다. 토마토라 그래야 엄지손가락 끝만한 것이어서 한 입에도 모자라지만 색깔과 맛이 토마토다.

아르헨티나에서 군사혁명이 일어났다는 텔레비전 보도가 있다. 오늘 오후 바다상태도 좋지 않았으나, 좋았다 하더라도 아르헨티나 기지 사람들이 올 수 없었으리라는 생각이 든다. 우리야 텔레비전으로 늦게 알았으나 그들은 값싼 무선전화가 언제나 가능하기 때문에 우리보다 빨리 알았으리라. 따라서 축구할 분위기가 아니었으리라.

저녁 늦게 갑자기 헬리콥터소리가 난다. 이렇게 늦게 우편물이 올 것도 아니고 손님이 올 일도 없을 터인데…. 회색의 칠레헬리콥터는 기지 위를 낮게 선회하면서 내리지는 않는 폼이 기지를 구경하는 것으로 생각된다. '헬리콥터 갖고 사람 놀래키는구나'라는 생각이 들었다. 그러고보니

정호성 대원이 심혈을 기울여 재배한 토마토

맥스웰만에 칠레해군선박 2척이 들어와 있다.

연구소에 11월초부터 하계조사와 2차 월동대, 하역작업, 우리의 귀국과 관련해서 문의한 내용에 대하여 납득할 만한 대답이 없어 재촉하는 팩시밀리를 보냈다. 서울도 바쁘겠지만 우리의 요구사항에 대해서 너무 설명이 없고 무성의하다는 생각이 든다. 귀국과 휴가건에 대해서도 우리들의 의견을 최대로 반영해 달라는 내용도 삽입했다.

## 관광선의 기지 방문

**12월 5일**(월)

관광선 월드 디스커버리호가 12시에 기지를 방문하겠다는 텔렉스가 왔다. 관광선은 11시 15분에 넬슨섬 끝에 나타났다가 없어진 게 포터 코브의 아르헨티나 기지를 방문하러 간 것 같다. 드디어 12시 30분 기지 앞에 정박하고 승무원들과 관광객들이 상륙했다. 식사도 제대로 못하고 부두로 나갔다.

독일계 50대의 선장이야기는 승객이 122명이란다. 간혹 젊은 사람들도 있으나 대부분이 60대 노부부들이다. 대부분이 백인이나 간혹 동양인도 보인다. 일본인 젊은 남자와 독일인 남편을 둔 중국여자 관광객도 있다. 기지 방문을 환영한다는 이야기를 한 다음 세종대왕을 설명하고 세종기지의 역사를 소개하고 현재의 인원과 하는 일을 간단히 설명했다.

남극을 며칠간 구경하는 그들에게는 남극에서 일 년을 산 우리가 신기하게 보이나보다. 열심히 듣고 보고 사진을 찍고 여기저기 둘러본다. 숙소도 보고 싶다기에 필자의 방을 보여주고 가족사진을 설명해 주었다.

관광객들 대부분이 대한민국 남극과학연구단과 제1차 월동대 스티커나 뺏지를 요구한다. 뺏지는 인기가 좋았다. 보는 사람마다 달란다. 도안도 예쁘고 색상도 좋아서인가보다. 심한 경우 어느 할머니는 옷에 붙은 것을 강제로 뜯으려고 한다. 비싸지 않으면서도 한국 남극기지 대원들의 옷에 붙어있으므로 한국 기지방문의 좋은 기념품이고 선물인 것이다. 관광선의 뺏지를 답례로 내놓기도 했다. 어느 부인은 사겠다고 현금을 내어 놓으나 팔 수는 없는 것이다.

식당을 구경하던 한 부인은 식탁에 놓인 두루마리휴지를 보고 웃음을 못 참고 어쩔줄 모른다. 사실 최근들어 식탁용 휴지가 떨어져 두루마리를 써왔다.

손님이 설마 식당까지 올 것으로 생각 못해서 못 치운 것인데 눈에 띈 것이다. 웃음을 멈춘 부인에게 최근의 상황을 설명했고, 그 부인도 남극에서의 여러 가지 부족한 생활을 이해한다고 대답한다.

우리는 특별한 생각없이 두루마리를 식탁에서 쓰는데 그 부인은 그것이 그렇게도 우습게 보였다는 것은 그들과 우리 사이의 휴지문화에 큰 차이가 있음이리라.

선장은 11년 동안에 남극을 56회 항해했고 4개월 항해에 2개월은 쉰단다. 그의 초청에 관광선을 방문했다. 지난 2월인가 3월에도 올라와 본 적이 있지만 남극에 오는 관광선답게 안전, 편의시설, 생활시설 등 선내 시설이 잘 되어 있다. 이 정도가 되니 일인당 수천불에 손님을 끌 수 있으리라.

관광선이 약속대로 2시간 후에 기지를 떠난 뒤 아르헨티나의 쥬바니기지대원들의 보트 2척으로 쥬바니기지를 방문했다. 지난 3월, 9월에 만난 적이 있는 쥬바니 기지대장 도밍고 레데스마씨는 이것이 9번째 월동생활이다. 30년전, 그러니까 24세에 최초의 월동을 한 이래 쥬바니기지만 격년으로 3번째 월동이다.

쥬바니 기지의 간단한 역사를 알게 되었다. 1953년에 건설되었으며, 본관은 1978년에 건설되었다. 3년에 1번씩 선박으로 쓰레기를 본토로 운반해 처리한다.

쥬바니기지대장과 함께 남극사적지 36번을 찾아갔다. 1874년 독일인 '에두아르드 달만'이 그린란드호로 상륙해서 남긴 동판과 말뚝이다. 1947년 영국사람들이 이 섬을 탐험할 적에는 눈바람에 씻긴 채 서 있었으나 그 후에 망실되어 1987년 독일 최신예 쇄빙선 폴라 슈테른호가 와서 복원한 것이다. 붉은 화강암에 부착한 동판은 이제는 수백 년 가리라.

텔레비전에서는 아르헨티나의 군사혁명이 불발이라고 보도한다.

하루 종일 좋은 날씨에 많은 손님이 기지를 방문하고, 우리도 다른 기지를 방문한 분주한 하루이다.

대원들도 갑자기 손님이 많아져 즐거운 표정이다.

단파방송의 수신상태가 좋지 않아서 불분명하지만 서울에서 개각인지 무언지, 하여간 중대한 문제가 있는 것 같다. 국무총리, 장관……하는 게 무언가 심상치 않다.

기지를 방문한 관광객(오른쪽이 김동엽 박사)

## 중국이 제2기지 건설

**12월 6일**(화)

오전 10시경에 칠레해군선박 옐초의 선장 일행이 기지를 방문했다. 얼마전 선박들이 본토를 떠나는 것을 텔레비전에서 본 기억이 있다. 선장은 40대 중반으로 생각되는 비교적 말이 없는 장교이다. 선장과 함께 올라온 장교는 이름으로 보아 불란서계이다. 장교들이라 기지설명에 관심을 갖고 듣는 품이 역시 다르다.

칠레에서 군인, 특히 장교는 신사이고 양반이고 귀족이라는 생각이 다시 한 번 든다. 연구동으로 안내해서 시설들을 설명했다. 그들의 업무와는 너무나 다른 분야이지만 관심을 갖고 듣는다. 선장일행에게 연구실을 보여주는 동안 칠레수병 수십 명이 기지에 올라왔다. 모두가 젊은 얼굴들이다.

선장의 초청으로 대원 몇 명과 함께 칠레 선박으로 가서 점심을 먹었다. 동양사람이 온다고 쌀밥도 준비했고 송아지고기에 처음보는 야채도 있다. 그 야채는 삶아 잎부분에서 줄기에 닿는, 잎의 아랫부분에 있는 살을 먹는 야채인데 맛이 그런 대로 괜찮다. '옐초(Yelcho)'는 남미 칠레 원주민 인디언 여자이름이며 봄을 뜻한다고 설명한다. 1943년 미국에서 건조된 1천6백톤의 배이니 2차 세계대전에 쓰고, 어쩌면 6.25사변에서도 쓴 뒤에 칠레에 양도한 것 같다. 건조 45년된 배인데도 시속 16노트를 낸다니 빠른 편이다. 또 다른 선박은 같은 칠레해군의 삘로도 빠르또 호이다.

칠레 해군장교 이야기가 한국건물에는 처음 들어와 봤고 따라서 방에 들어오면서 신도 처음 벗어본다는 이야기를 했다. 처음에는 불편했고 어색했으나 곧 한국인 습관의 장점을 알게 되었단다. 즉 신이라는 게 여러 곳을 밟기 때문에 더러워질 수 있기에 방에 들어갈 때 신을 벗는 것은 아주 좋은 습관이라고 불란서계 칠레장교가 이야기한다.

또 한 가지 칠레장교가 하는 이야기는 자기는 올림픽 때문에 한국을 알게 되었지만 텔레비전에 나오는 한국 대학생들의 시위모습으로 보아 한국대학생들은 대단히 무섭고 격렬하다는 이야기도 덧붙인다. 수건으로 복면하고 화염병을 던지는 대학생의 모습은 여기에서는 상상도 못하는 대단히 무서운 모습인가보다.

옐초에서 돌아온 후 고무보트로 장성기지를 방문했다. 얼마전부터 하역관계로 이야기된 바지선을 보고 확실히 하기 위함이다. 제5차 중국남극고찰대 대장은 40대 중후반의 물자공급 및 운송과 기지유지의 책임자인 유서연(劉瑞燕)씨이다. 장성기지에서 1차 월동을 했다며 1985년 11~12월 중국기지방문시 나를 보았다는 말을 한다. 그러고 보니 그의 얼굴이 기억날 것도 같고 서울에 가서 당시의 사진을 보면 알 것도 같다. 부대장겸 신임월동대장은 30대 중반의 이과(利果)이다.

이달 10~12일에는 아르헨티나 남극보급선인 바이하 파라이소호가 수송하는 짐을 하역하고 내년 2월에는 소련기지에서 이용하기로 예약이 되어있으며 따라서 1월중에는 우리 기지가 일주일 정도는 쓸 수 있다. 크기는 18×6.1×1.8미터이며 동독제 엔진이 부착되어 있다.

이 방문에서 중국이 남극대륙에 제2기지를 짓는다는 사실을 알았다. 동남극 호주의 데이비스기지에서 113킬로미터 떨어진 라르스만 힐(Larsemann Hill)에 중국 근대화의 아버지인 손문(孫文) 선생의 호를 딴 중산(中山)기지를 3년 완공 예정으로 올해 시작했단다. 규모는 약 5백평 규모이며 중국의 극지운송선인 극지호(極地號)는 곧 현장에 도착할 것이란다. 극지호가 거기에 가기 때문에 올해는 아르헨티나선박이 물자를 운반한단다. 중국만 해도 대단하다는 느낌이 든다. 1985년에 이곳에 장성기지를 지은 지 만 4년 만에 대륙에 진출하는 것이다. 장성기지는 장성기지대로 운영하고 남극대륙에 들어간다니 놀라울 따름이다. 대륙진출이 상당한 예산이 들 터인데 진출에 타당한 실리적, 외교적, 과학적 이유가 있으리라. 대륙진출의 과학적 이유는 충분하다. 연구지역의 확장과 연구내용의 다양화이며 새로운 연구재료의 확보이다. 또한 대륙에 진출한 다른 것이 국내적으로는 국민에게 자신감을 주고 국제적으로는 국가위신의 고양이다. 매사에 신중하며 묵묵한 중국이 대륙에· 진출했으니 국가적으로도 충분히 검토했을 것이고 타당한 이유를 찾았으리라. 우리나라도 제2기지를 건설할 수 있을지……

관광선선장한테 어제 기지방문에 따른 감사의 전문이 왔으며 브라질기지에서 11일 대원 임무 교대식 참석 초청장이 왔다.

밤 10시반 연구소에 중국바지선 임차관계를 알려주었다. 이때 연구소에서 하준걸 대원이 산티아고에서 물자구매차 필요하므로 13일 들어가는 C-130으로 가능하면 보내달라는 이야기를 한다. 별 일 없으면 보내리라. 체중도 많이 줄었고 집도 가까운 곳에 있다. 이번에 올 하계대, 월동대의 명단을 통보해 주고 귀국관계를 알려주기를 요구했다. 연락할 때마다 잘 하겠다면서 그뿐이다. 무슨 일이 있고 어떻게 진행되는지 몰라도 섭섭하다. 또 한번 기다려보자.

바람은 거의 없고 최고 7.0℃까지 올라가는 날씨가 좋은 날이었다. 어제와 마찬가지로 바쁜 하루였다. 그런데, 오늘 그 와중에서 선글라스가 행방불명이 되었다. 오전 칠레해군장교들을 연구동으로 안내했을 때 연구동 책상에 벗어놓은 것까지는 기억한다. 연구동에 몰려 들었던 칠레수병이 손댔나? 하여간 없어졌다. 산티아고에서 우리 돈 5만원 가깝게 주고 산 불란서제 CB 2000으로 상당히 좋은 것이었는데…….

축구를 하러 온 8명의 아르헨티나 대원들이 축구 아닌 탁구만 하고 돌아가게 해서 미안하다.

꼬마들이 쓴 편지 5통, 전번 소련기지 검열단의 지질학자가 주겠다던 소련 남극지질도 3매, 리더스 다이제스트의 남극지도 복사 허가, 임재우 씨가 보낸 카세트와 잡지에 극지봉투 수집가의 편지 42통 등 90여 통의 우편물이 왔다.

**12월 7일**(수)

하준걸 대원의 기지출발과 관련해 마쉬기지와 협의했다. 9일, 13일 C-130의 운행이 예정되어 있으며, 12일 오후나 13일 오전 헬리콥터로 데리러 오겠다는 의견이다. 9일의 비행기에는 한국사람이 없다. 그러면 그렇지. 있다면 지금쯤에는 연구소에서 무슨 이야기가 있어야 한다.

어제 우편물을 담아온 마대를 반환하고자 정리했다. 중고마대이기는 하나 정확하게 말하면 칠레정부의 재산이다.

그저께 관광객이 지나간 후 비교적 새 것인 빨간 여자장갑 한 짝을 주웠다. 관광선에게 답전하면서 킹 조지섬을 다시 방문할 기회가 있으면 찾아가라고 전했다. 장갑 한 짝, 버리면 그만이겠으나 잃어버린 사람에게 사연이 있는 귀한 물품일 수 있다.

오후 내내 극지 일부인 수집가에게 답장했다. 양이 점점 많아진다. 그만큼 우리기지가 알려진다는 의미이다.

**12월 8일**(목)

새벽 5시에 눈을 떠 커튼을 젖히니 넬슨섬의 해안이 선명하게 보인다. 좋은 날씨다.

연구소에 중국기지의 바지선 임차건을 간단히 언급하고 간섭계 설치 문제를 집중 거론했다. 간섭계가 무엇이고 규모가 얼마나 큰지 모르는 상태인지라 기지의 여건만 알려주고 작업에 따르는 문제점이 될 수 있는 사항을 통보했다.

월동대원 대다수의 의견이 킹 조지섬에서 푼타 아레나스까지는 선박

아닌 비행기로 나가기를 원해서 그 사항을 '절대적 희망사항'이라고 통보했다. 우리 마음대로 비행기를 타는 것은 아니나 우리로서는 일단 희망사항을 표해야 하는 것이다.

하준걸 대원 귀국과 관련해서 본인의 희망을 최대로 수용해 주도록 요청했다. 본인은 월동대의 귀국길에 서울을 가보고 싶어한다. 그러나 하 대원은 산티아고에서 계약을 맺었기에 문제가 생길 수 있으리라. 대장인 나에게는 큰 어려움이 없다면 대원의 희망사항을 거부해서는 안 되고 연구소측과 협의하는 것이 최소의 임무이다.

젠투펭귄이 부화를 시작했다는 이야기를 한다. 10월초에 와서 교미를 하고 집을 짓기 시작하고 알을 낳고 품더니 이제 새끼가 태어나는가?

저녁으로 먹은 녹두지짐이 맛있어 할당된 3장을 다 먹고도 남은 2장을 더 먹었다. 서울에서처럼 불순물이 섞인 것이 아니고 소위 순 녹두지짐이다.

밤 11시 반경 연구소에서 우수 연구원의 추천을 의뢰하는 전문이 와서 김박사와 의논하여 답전을 보냈다.

최근에 집에서 온 편지들을 한번 더 읽고 답장을 썼다. 딸은 역시 여자아이라서 애교가 있고 귀엽다. 그러나 남자아이는 쓰기 싫은 편지를 엄마한테 밀려 억지로 쓴 것 같은 기분이 든다.

밤이 깊어지면서 바람은 더욱 세차진다.

**12월 9일**(금)

며칠전에 공지했던 대로 오전에는 제1차 월동대의 공식 사진을 찍었다. 국기도 있어야 하고 남극의 정취도 내야하기에 눈이 아직도 많이 쌓인 국기게양대 앞에서 찍기로 했다. 눈이 많이 쌓여서 키가 큰 대원들은 국기게양대 끝이 손에 잡힐 정도이다.

미리 이야기한 대로 대원들의 복장을 훑어보았다. 제복이라는 것이 반드시 좋은 것은 아니나 그래도 1차 월동대라고 색깔과 형을 일정하게 만들어서 지급한 옷이 있으니 그것을 입는 것도 나쁠 이유는 없다. 눈에 띄게 남다른 복장을 한 대원은 옷을 갈아입게 하고 명찰이 없는 대원은 명찰을 달게 했다. 굳이 눈에 띄게 행동하는 대원이 있다. 우리가 극지의 세종기지에서 임무를 성공적으로 완수하면 되는 것이지 그 이상은 아닌 것이다. 우리가 누구고 어떻게 생겼는지 알 사람은 다 알고 설혹 몰라도 괜찮은 것이다.

내일 그리니치섬에 있는 해군 프라트(Prat)기지 근무대의 임무교대식 초청 연락이 왔다. 새벽 6시 반에 칠레해군함정에 승선해야 하고 통신실에 스페인 말을 할 줄 아는 대원을 대기시켜달라는 부탁도 잊지않는다. 김박사와 함께 가기로 하고 선물로 줄 한국담배와 한국 안내책자를 준비하고 세종기지 기념 일부인을 배낭에 싸 넣었다. 분명히 기지의 일부인을 찍어 달라는 사람이 있을 것이다.

조리사의 수고로 양갈비찜, 편육, 닭고기찜, 야채 과일칵테일 등으로 하준걸 대원의 환송식사를 준비했다. 대원 중에서 가장 나이많은 대원이 가장 젊은 대원에게 누구보다도 신경을 쓰는 것이다.

하준걸 대원은 지난 2월부터 같이 살다가 10개월 만에 기지를 떠나는 것이다. "월동끝에 산티아고로 휴가를 간다"고 몇몇 대원들이 부러워한다. 반면 본인은 들떠서 어쩔 줄 몰라 한다. 13명 대원 중 유일하게 미혼이고 가장 젊어 막내취급을 받아왔다. 휴가도 좋고 막내도 좋고 다 좋으니 2차 월동대에게 질좋은 물품만을 사주어라.

**12월 10일**(토)

프라트기지로 간다는 설레임으로 새벽에 깼다. 새벽 5시 영상의 기온에 바람은 거의 없고 시계는 좋으나 유빙들이 해안에 모여있다.

아침 8시반 고무보트편으로 김박사와 함께 칠레해군선박 옐초에 승선했다. 우루과이 아르티가스기지의 하계대장인 까뻬 육군중령과 부대장, 중국기지의 대장인 진대하교수와 지체구조학자 장도박사와 마쉬기지의 젊은 공군장교 2명이 이미 승선하고 있다.

프라트기지까지는 맥스웰만에서 약 40해리, 즉 70킬로미터가 넘는다. 선박은 맥스웰만을 나와 오른쪽으로 넬슨섬과 로버트섬을 보면서 남서쪽으로 항해한다. 날씨는 춥지 않으나 흐려서 주변의 풍광을 못 보는 것이 못내 섭섭하다. 11시 반 드디어 그리니치섬 북쪽의 칠레만에 위치한 프라트기지에 왔다. 프라트(A. Prat)는 1817년에 태어나 1879년에 죽은 칠레해군의 영웅이다.

이 기지는 1947년에 건설했으며, 프라트의 흉상, 콘크리트표석, 순직한 대장의 십자가, 성모 마리아상 등 남극 유적지가 4곳이나 있으며 해군기지답게 조석을 관측하는, 작지만 유서깊은 기지이다. 1960년에는 기지대장이 무참하게 순직하기도 했다. 붉은 색 목조건물에 칠레국기를 그린 기지이다.

1987~1988년에는 8명이 월동을 했고 새로이 9명의 후임 대원들이 도착해 임무교대를 한다. 1987~1988 월동대원은 전원 수염을 길러 신임자들과는 구별이 된다. 원래 칠레 본토라면 용납못할 용모이나 월동대에서는 용인되는 것 같다.

뚱뚱하고 점잖게 생긴 까스뗄리 해군제독이 임무 교대식을 주재한다. 교대식이 끝난 후 함께 간 칠레 지방신문의 기자라는 못 생긴 아가씨들이 기타를 치며 노래한다.

거기에 맞춰 열심히 노래하는 칠레의 젊은 수병들을 볼 때, 역시 여기는 남극이고 사람이 그립고 여자가 그리운 곳이라 생각된다. 프라트기지는 비행기 착륙시설이 안 되어서 세 달에 한 번씩 경비행기 트윈 오터가 우편물을 낙하하는 것 외에는 선편이 유일한 교통수단이다. 따라서 이 기지에 여자를 포함하여 이렇게 많은 손님이 모이는 것은 일 년에 한 번 정도이리라. 거기에 비하면 킹 조지섬은 양반이라는 생각이 든다.

돌아올 때에는 옐초 아닌 뻴로도 빠르또호에 승선했다. 2천5백톤에 헬리콥터 2대를 싣고 있다. 선장 및 해군장교 가족이라는 민간인 12명이 타고 있으며 여름에는 군의관도 승선한다.

밤 10시경 기지 앞에 왔을 때 파도가 높고 날씨마저 흐리고 어두워 고무보트가 위험할 것 같아서 헬리콥터편을 선장에게 부탁했다. 그러나 다행히 정호성, 이동화 대원 등이 고무보트로 접근했다. 출렁거리는 파도는 상당히 높아서 불안했으나 불안감을 애써 감추었으며 기지에 무사히 닿았다.

**12월 11일**(일)

저녁때, 오후에 기지에 온 아르헨티나 기지 대원들이 가져온 붉은 포도주를 마셨다. 대원의 부인이 보낸 것인데 한 병을 들고 온 것이다. 붉은 포도주는 씁쓸하고 흰 포도주는 정갈한 것이 특징이다. 대원의 부인이 관심갖고 고른 것이라 상품으로 생각된다.

아르헨티나 대원 6명은 저녁을 먹고 동풍에 눈이 날리는데도 기지를 떠났다. 날씨가 나쁘니 가능하면 자고 가라고 권해도 듣지않았다. 결국 고무보트로 20~25분 정도에 갈 수 있는 기지를 한 시간 만에 잘 도착했다는 연락을 받고 마음을 놓았다.

**12월 12일**(월)

바람은 거의 없고 흐리고 눈이 내리고 있다. 어제 저녁부터 밤새 내려서 기지주변이 하얗게 덮였다.

내일 기지를 떠나는 하준걸 대원편에 연구소 송원오 부장에게 건물하자 내용을 설명하는 편지를 보냈다. 산티아고에서 부치는 것이 칠레기지를 통하는 것보다 빠르리라고 생각된다.

오후에 시계가 좋아지면서 맥스웰만을 건너다 보니 칠레기지쪽에 선복이 붉은 배 2척이 들어오고 있다. 한 척은 소련의 아카데믹 페도로프호이다. 남극의 여름이 되면서 남극에 흩어져 있는 7개의 상주기지의 인원을 교대시키고 물자를 공급해야 한다. 소련만 해도 남극탐험과 연구에 긴 역사와 전통이 있는 나라이기에 남극에 깊은 관심을 표하고 있다.

오후 2시반~3시 사이에는 오늘까지 월동기간 중 최고 기온인 10.4℃가 관측되었고, 30분간의 평균 기온은 8.1℃이다.

**12월 13일**(화)

어제 특별히 늦게 잔 것도 아닌데 7시가 넘어서 눈이 떠졌다. 긴장이 풀린다는 증거인가? 풀리기에는 너무 이르다.

바람은 거의 없고 시계가 좋은 것을 보니 오늘 날씨가 좋을 것 같다.

어제 입항했던 붉은 배 두 척 중 작은 것은 안 보이고 칠레해군선박 두 척이 들어와 있다.

칠레 C-130은 오후 1시경에 도착해서 4~5시에 떠날 예정이며 정오경에 하준걸 대원을 데리러 오겠단다. 그러나 9시 50분 헬리콥터가 날아왔

남극에서 월동하는 새의 일종인 쉬스빌

다. 그 편에 브라질 기지대장 호세 알렝카 해군대령이 왔다. 지난 9월 18일 칠레기지에서 보았을 때에는 수염을 길렀으나 깨끗이 깎아서 처음에 몰라 보았다.

연구실의 소형온실과 표주박꽃을 신기하게 쳐다본다. 브라질기지의 외부는 철제이고 내부는 목제인데 이슬과 곰팡이가 문제란다. 심한 경우 천정에서 물이 떨어져 실내에서도 우산을 쓰고 있어야 된단다.

건물, 생활, 식품, 통신관계 등 여러 이야기를 하다가 어제 만들어 놓은 눈사람 앞에서 사진을 찍고 1시간 후에 하대원과 함께 기지를 떠났다. 올림픽타이핀, 커프스 버튼을 선물로 주니 어린아이처럼 기뻐한다.

장성기지 이야기가 바지선은 기지간에는 무료이며 연료를 보충해주면 좋고 내주중에 세종기지를 찾아 오겠단다. 남극에서 같이 고생하는 처지에 사용료는 큰 문제가 아니라는 것이 이해가 갈 만도 하다.

오후 4시 40분 C-130은 드디어 이륙했다. 7시경에는 푼타 아레나스에 닿을 것이다. 하대원은 이제 살이 찌겠다.

저녁식사 후에 이방용, 권명호, 이동화 대원 등이 크리스마스 트리를 만들고 있다. 건설단이 떠날 때 놓고 간 것을 찾아낸 것이다. 드디어 성탄절이 오는가?

**12월 14일**(수)

하대원이 산티아고에 도착했다. 바싹 마른 아들을 본 그들의 부모님은 어떻게 생각할까? 남극에서 얼마나 고생하고 못 먹었길래 그렇게 말랐느냐고 연구소를 원망할 것이다. 식성이 까다로워 요리사가 상당히 신경을 써주었으나 몸무게는 7~9킬로그램씩 빠졌다. 어쨌든 이제부터는 살이 붙으리라.

젠투펭귄은 둥우리당 1마리 또는 2마리가 부화되었다. 청회색이거나 회색으로 부리 끝이 희고 눈도 못 뜨고 크기가 주먹의 반 정도이다. 반면 친스트랩펭귄은 아직도 부화가 안 되었다. 젠투보다 늦게 도착해서 늦게 산란한 것이다. 그러나 아직도 대개의 젠투펭귄은 알을 품고 있다. 스쿠아는 지금까지는 펭귄이나 자이언트 페트렐 등의 알을 먹었으나, 이제는 펭귄새끼를 먹을 수 있게 되었으니 죽으라는 법은 없다. 자연의 섭리인지?

고무보트 운행이 문제이다. 날씨가 좋아지면서 기지간의 유일한 교통수단인데 안전과 협조문제가 대두된다. 연구와 업무가 운행에 최우선이고, 안전수칙을 지키고 운행 전에 허락을 받고 운행 후에 보고하고 기록을 남기게끔 했다. 해황이나 기상이 운행에 무리일 경우에 운행은 금지되며 출발과 귀환시 반드시 보고해야 한다.

10월하순 긴 논의 끝에 담배를 나누기로 하고, 어떻게든 담배문제를 해결하고 있으나 부족한 것이 사실 같다. 단호하게 끊거나 현저히 줄여서 다른 대원에게 담배를 준 대원이 있는가 하면 "될대로 되라"는 식으로 피워버리고 다른 사람에게 말은 못하고 금단현상에 고생하는 사람도 있는 것 같다. 규모있게 피울 수 있는 사람도 주변에서 담배가 없는데 혼자 피우기 무엇해서 다른 사람에게 준다거나 해서 담배를 빨리 떨어지게 한 것 같다.

저녁먹고 프라트기지 방문건과 담배문제 그리고 고무보트 운행문제 등을 논의했다.

**12월 15일**(목)

칠레기지에 담배판매 가능성을 타진했다. 자기네들도 담배에 여유가 없어 팔 수 없다는 답변을 했다. 칠레기지도 모자라나?

중국기지에 담배 4백갑을 판매하거나 아니면 차용해 달라는 텔렉스를 오래 전에 보냈는데 오늘 오후에야 판매 가능하다는 답전이 왔다. 잘 되었다. 담배의 질과 값이 문제이겠으나 그래도 해결된 셈이다.

**12월 16일**(금)

저녁때 아르헨티나 기지대원 8명이 고무보트로 기지를 방문했다. 그 중에 한 사람은 부에노스 아이레스 대학교 심리학과 교수이다. 키가 작고 뚱뚱하고 머리가 벗겨지고 턱수염이 많다. 그의 연구주제는 극지에서의 인간행동연구이다.

동물행동은 많이 들어봤지만 인간행동연구는 생소한 단어이다. 그의 설명에 의하면 대원들이 극지에서 법규를 만드는 과정과 그것들을 준수하는 상태와 인간의 생산성을 연구하고 있다. 관찰하거나 이야기하거나 설문지를 쓰게 함으로써 연구자료를 획득한다. 대원들의 심리검사방법으로는 '나의 어머니는……' '나의 가정은……'식으로 작문을 시킴으로써 심리상태 연구 재료를 얻기도 한다. 이러한 연구도 필요하리라 생각된다. 아르헨티나는 남극연구에 긴 역사와 전통이 있는 나라이기에 사람의 심리상태나 행동을 연구하는 전문가가 있다는 생각이 든다.

**12월 17일**(토)

이제는 날씨가 좋아지면서 외국기지를 방문할 기회가 생긴다. 외국기지를 방문할 때의 행동지침이라고 말할 수 있는 사항에 관해서 이야기하였다.

대원의 생각으로는 자신이 개인일 수 있으나 한국사람이고 한국기지의 대표가 될 수 있음을 감안해서 모든 행동을 신중히 하도록 당부했다. 민간외교를 하고 있다는 마음가짐이 필요하다. 얼마 전에도 비슷한 이야기를 한 적이 있으나 실수를 할 수 있는 것이다.

최근에 들어서 아침식사와 실내에서의 행동과 기지내 청소 등 생활상태가 해이해지는 것 같아서 주의를 환기시켰다. 마지막까지 잘함으로써 소위 유종의 미를 거두어야 하는 것이다.

쥬바니기지에는 최근 하계연구대원들이 도착하면서 월동대원 몇 명이 질병에 이환된 것 같다. 대장도 열이 나고 목이 붓고 기침이 나고 심한 감기에 고생하는 것 같다. 월동대원들은 비교적 질환이 없는 곳에 살면서 저항력이 약해져서인가? 이선생이 대장의 감기약과 조리사의 치통진통제와 '콘택600' 스무알을 돌아가는 대원편에 보냈다.

어제저녁에 온 아르헨티나 기지대원 가운데에 취미가 조개껍질 수집가로 38세인 사람이 있었다. 아르헨티나해군을 전역하고 영어로 의사소통이 되는 몸이 가는 남자이다. 수집동기는 8살때 아저씨한테서 필리핀산 조개껍질 1개를 선물받은 것이 인연이 되어 지금까지 30년 동안 모으고 있다.

2년후에는 아르헨티나조개에 관한 책을 출판할 예정이라니 아마추어단계는 지난 것으로 생각된다. 어릴 때의 감격이나 충격이 일생동안 계속되고 있다고 생각하니 부러운 마음이 든다. 자기한테 없는 아시아산 조개껍질을 부탁받았다.

저녁때 관광선 월드 디스커버리호가 기지를 방문했다. 이 달 들어서 두번째 방문이다. 전번과 같은 120여 명의 관광객 대부분이 서독, 스위스, 오스트리아 등 유럽의 노부부이다. 시설을 구경하고 사진을 찍고 뱃지를 달라고 조른다. 독일 브레멘에서 온 부인은 브레멘 안내책자를 선물로 내어 놓는다. 이들은 지난 11일에 푼타 아레나스를 떠났고 어제 피터만섬을 출발해서 오늘 킹 조지섬에 도착한 것이다. 이제 엘레펀트섬-남 조지아섬－포클랜드군도를 거쳐 푼타 아레나스로 돌아갈 예정이란다. 남극관광이 단순한 빙산과 펭귄구경을 넘어서 영웅시대의 남극탐험 역사가 깃든 곳을 찾아보는 것이다. 엘레펀트섬은 1914～1916년 영국 섀클튼경 일행이 집단생존한 곳이고, 남 조지아섬은 과거 고래잡이의 기지이며, 피터만섬은 불란서 쟝 샤르꼬가 탐험했던 곳이다.

하루 종일 바람이 거의 없고 영상의 좋은 날씨다.

**12월 18일**(일)

오후 중국 장성기지대원 9명이 수륙양용탱크로 기지를 방문했다. 장성기지에서 연구하는 일본극지연구소 생물학자 2명도 함께 왔다. 이들은 지난 달 중순 장성기지에 도착했다. 중국바지선의 사용은 무료이고, 사용 1～2일 전에 통보하면 자기힘으로 올 것이며, 바지선 조종사 한 사람만 세종기지에 유숙시켜주면 된단다. 못 할 이유가 없다.

문명세계에서 하듯이 임차료, 인건비, 연료, 보험…식으로 계산하면 상당액이 될 것이나 여기에서는 그렇게 하지 않는다. 이것이 남극인 것이다. 기지시설을 안내해 주고 저녁먹기를 권했으나 굳이 거절하고 떠나는 것이 폐를 끼치지 않겠다는 뜻이리라.

이들에게서 담배 4종류 5백갑을 샀다. 담배포장지나 질은 조악하게 보이나 담배피우는 대원들이 반가워 한다.

월드 디스커버리호 선장한테서 기지방문시 베푼 호의에 감사한다는 전문이 왔다. 관광객입장에서는 한국기지를 보아서 좋고 우리는 세종기지를 보여주고 한국남극연구를 소개해서 좋은 것이다.

## 부두 앞 측심작업

**12월19일**(월)

날씨가 좋다.

며칠 전부터 하려던 부두앞 측심작업을 해야되겠다는 생각이 든다. 드디어 오후에 대원들과 함께 측심작업을 했다. 부두에서 방향을 잡아주고 고무보트에서는 거리를 재고 수심을 재는 작업이다. 부두에서 방향을 잡아 주는 일은 비교적 쉬우나 고무보트에서 잡아주는 방향에 맞추고 부두에 묶어놓은 로프를 이용해서 직선으로 거리를 유지하는 것은 쉬운 일이 아니다. 방향과 거리를 유지하면서 끈으로 수심을 잴 수 있게끔 고무보트를 조정하는 일이 특히 어렵다.

10~20미터 간격으로 거리 1백미터까지 5개방향으로 재어 놓으니 훌륭한 수심도가 되었다. 당연한 현상이기는 하나 부두를 중심으로 해서 양쪽해안으로는 얕고 부두방향으로는 깊다. 부두에서 30미터만 나가도 수심이 20미터가 되며 50미터 나가면 수심 30미터가 넘는다. 따라서 부두쪽으로는 비교적 깊고 큰 계곡이 발달하는 셈이다.

오늘의 측심결과는 칠레의 해도와 차이가 많다. 칠레해도는 해안에서 1백~2백미터 이내 지역도 수심 5미터미만이라는 점에서 너무나 얕게 조사해 놓고있다. 이런 것도 남극이 아직 할 일이 많다는 간단한 증거가 된다. 킹 조지섬이 1819년 발견된 이래, 사람의 발길이 잦고, 따라서 1:10,000정도의, 남극으로서는 대단히 상세한 해도가 나올 정도인데도 우리의 현장조사와는 큰 차이가 있다. 킹 조지섬이 이 정도이니 다른 곳은 말할 필요가 없다고 생각된다. 우선 측정자료가 없고 있어도 부정확하다. 칠레기지앞, 중국기지앞, 우루과이기지앞도 그러할 것이다.

저녁때 기지 서쪽 해안가에서 벙어리장갑 한 짝을 주었다. 손바닥은 가죽이고 속은 합성섬유로, 상표는 없으나 제품의 질은 비교적 좋다. 기지건설단의 것으로는 너무 낡은 것이고 금세기초 고래잡이용은 아닐 것이고….

**12월 20일**(화)

오전내내 기지대청소를 했다. 눈으로 덮여 있을 때에는 몰랐는데 눈이 녹으면서 쓰레기들이 드러나기 시작했다. 얼마 전부터 대청소를 해야 되겠다고 느꼈다가 오늘 날씨가 좋아서 시작한 것이다. 철사 절단기와 마대를 나누어 주고 설상차를 동원해서 나무토막을 포함한 모든 인조물들을 수거했다.

플라스틱 파이프 조각, 쇠파이프 조각, 함석조각, 보온재, 라면봉지, 병, 면장갑, 가죽으로 된 용접용 장갑, 용접봉, 못,…종류도 많고 양도 많다. 건설이 끝나면서 눈으로 덮여 있다가 이제 노출된 것이다. 그린피스가 왔을 때에는 눈으로 덮여 있어서 천만 다행이었다.

쓰레기수거가 쉬운 일이 아니다. 한 두어 시간 작업했더니 허리가 뻐근하고 목이 탄다. 점심시간에 양파감자국물을 두 사발이나 들이키고 식곤증에 책상에 앉아서 졸았다. 내가 이 정도이니 작업을 더 많이 열심히 한 젊은 대원들은 더 할 것이다.

오후에 해안을 산책하다가 해표새끼와 남극바닷제비의 미라를 발견했다. 새끼해표미라는 등뼈는 다 없어지고 머리뼈와 가죽만 남아서 딱딱하게 말라있다. 죽은 다음에 새들에게 파먹히면서 등뼈는 심한 바람에 가죽에서 분리되고 말라 비틀어진 것이다.

남극 자연환경의 특징 중 하나가 건조하다는 것인데 바닷가인 여기도 미라가 만들어질 정도로 건조한 것이다. 여기의 강수량도 4~5백밀리미터로 우리나라의 1/3정도이니 그렇게 건조한 곳은 아니다.

저녁 먹고 맛을 본 온실재배 고추는 대단히 매웠다. 문자그대로 작은 고추가 맵다는 것을 실감했다. 그러고보니 고추의 매운 성분은 고추가 달림과 동시에 일정량이 생긴다는 생각이 든다. 매운 성분의 양은 일정한데 고추가 커지면서 희석되기 때문에 큰 고추가 덜 맵다는 상상을 마음대로 해본다.

**12월 21일**(수)

오늘 오후 기지를 방문한 4명의 아르헨티나기지대원 가운데 22세의 아들이 있는 51세의 기상담당자 카스트로는 남극에서 6번의 월동경험이 있다. 베르크너섬 해안에 있었던 엘스워드기지에서 3회, 남극반도의 알미란테 브라운기지에서 3회 등이다.

22세때 엘스워드기지에서 처음 월동했을 때인 1959년에는 쇄빙선인 헤네랄산 마틴호의 쇄빙 능력 이상으로 바다가 결빙되면서 쇄빙선이 접근하지 못해서 1년 월동이 2년 월동으로 되었다. 남극이란 그럴 수도 있는 곳이다. 그러고보니, 연료뿐 아니라 식품도 일년분 정도는 예비품을 갖고있어야 한다는 생각이 든다.

알미란테 브라운기지는 1984년 4월 기지대장인 50대의 의사가 정신이상으로 방화한 기지이다.

함께 기지에 온 다이버인 다니엘에 의하면 며칠 전 표범해표가 코끼리해표새끼를 잡아먹는 것을 목격했단다. 코끼리해표새끼가 바위 위에 엎드려있는데 물속에서 표범해표가 솟아올라서 목을 물어 물속으로 끌어넣었다. 그 시간이 눈깜짝할 사이로 코끼리해표새끼가 방심하다가 죽은 것이다. 먹고 먹히는 남극생태계에서의 대단히 극적인 한 장면이다.

**12월 22일**(목)

오늘은 2시 6분에 해가 떠서 저녁 9시 51분에 해가 지니 낮시간이 19시간 45분이다. 낮시간이 가장 긴 날이다.

저녁때 우루과이의 아르티가스기지 개소 4주년 기념식에 참석했다. 남극연구를 협의, 조정하는 비정부 조직인 남극과학연구위원회에서 킹 조지섬의 필데스반도에는 기지가 많다고 했지만 기지를 지은 지 만 4년이 되었다. 중국의 장성기지는 두어 달 늦게 지어졌다. 소련과 중국, 칠레기지 등에서도 참석했으며, 아르헨티나 기지에서는 기상과 해황이 나빠서 못 왔다.

칠레기지에서는 곧 떠날 전임대장과 후임대장이 같이 왔다. 전임대장은 산티아고의 칠레공군본부 남극 기획과장으로 전속되며 1년후에는 대령으로 진급 예정이다. 임무교대 일자는 12월 28일이며 후임대장은 2년간 근무할 예정이다.

중국기지의 현재 진대하대장은 내년에 있을 개썰매로 남극을 횡단하는 국제남극횡단 탐험대에 참가할 예정이나 자세한 계획은 모르고 있다. 칵

대장이 정신이상으로 방화한 알미란테 브라운 기지

테일에다 닭고기수프로 된 식단으로 화기애애했다. 영어, 스페인어에 손짓과 표정이 뒤섞였으나 의사와 감정은 충분하게 소통되었다.

올 때에는 바람이 덜 심해서 맥스웰만을 25분 정도에 건너 왔으나 돌아갈 때에는 바람이 심하고 파도가 높아서 35분 정도 걸렸다. 와서 기상자료를 보니 기지로 돌아 올 때의 평균 풍속은 초속 7미터 정도였는데, 풍향에 따라 다르겠으나 이보다 더 심해지면 고무보트의 운행은 위험하고 어려울 것으로 생각된다.

**12월 23일**(금)

의사인 이선생이 점심을 굶는 것을 보니 감기몸살이 심한가 보다. 어제에도 진통제인지 수면제인지를 먹고 거의 의식없이 행동했다는데 오늘도 마찬가지인가보다. 방에 가 보니 담요를 뒤집어 쓰고 누워서 과일통조림을 뜯어만 놓고 먹지도 않고 있다. "내 병은 내가 아니 염려말라"는 말을 우선 믿기로 하고 돌아와 이동화 대원에게 미음과 더운 물을 갖다

주고 관심갖고 지켜보도록 당부했다.

지난 주일 아르헨티나 기지에서 감염된 것으로 생각된다. 19일에도 고열이 있었으나 참고 견디었고 어제와 오늘은 더욱 심해진 것으로 생각된다. 의사가 아프니까 일단 손을 쓸 도리가 없는 것 같다. 더 심해지면 칠레기지와 협조해서 후송하는 것을 검토할 수도 있으나 일단 의식이 있으니까 그의 말을 믿고 마음을 놓았다.

한국기지의 건물은 극지에서의 가족적 내지는 가정적 생활을 고려 안한 완전히 사무실타입의 건물이라는 생각이 든다. 같이 앉아서 이야기할 넓은 공간이 절대 필요하다.

이 공간에는 음향기기와 비디오 세트가 있고 다과도 있어야 한다. 또 응접, 휴식, 전시기능을 고루 갖추고 있어야 하고 가능하면 실내는 목재로 장식되어야 한다는 생각이 든다. 실제 폴란드, 우루과이, 아르헨티나 기지들은 그와 유사한 실내장식을 한 방이 있으나 우리기지만이 그러한 공간이 없다. 왜 이런 생각이 갑자기 날까?

관광선 소사이어티 익스플로러호의 선장으로부터 성탄과 새해인사 텔렉스가 왔다. 이제 올해도 서서히 지나간다. 서울의 가족들이 보고싶다.

하루 종일 기압은 변화가 없었으나 심한 동풍이 계속되었다. 오후 늦게부터는 마리안 코브해면에 흰 파도가 인다.

**12월 24일**(토)

이선생이 아침을 먹는 것을 보니 마음이 놓인다.

신년인사, 2차 월동대의 인적사항, 하계 조사 구역과 일정, 소포문제, 해외출장비 관계, 귀국일정, 피복반납관계, 1988년도 연구소 주요소식, 멀미약 등 관심사항을 모아서 서울로 연락할 준비를 했다. 돌아갈 날이 하루 하루 다가온다.

돼지갈비찜, 닭고기볶음, 통조림김치, 양장피와 당근에 겨자를 얹어서 부족한 대로 만든 팔보채 등으로 된 뷔페식으로 성탄절날 저녁 특식을 먹었다.

밤 늦게까지 칠레샴페인과 붉은 포도주 등을 마시면서 이런저런 이야기를 했다. 이야기의 결론은 킹 조지섬을 떠날 때에는 항공편이 절대우선이라는 이야기다. 지난 2월 초순 드레이크해협을 건너올 때의 끔찍한 기억이 아직도 남아 있는가?

브라질, 중국기지에서 성탄 및 신년축하전문을 받고 답전했다.

**12월 25일**(일)

바람은 거의 없고 춥지 않은 날씨이다.

오후 4시경 칠레의 헬리콥터가 마쉬기지전용 붉은 포도주 2병과 우편물을 갖고 왔다. 언제인가 칠레기지대장에게 마쉬기지 전용포도주가 있다는 이야기를 들은 적이 있는데 이것이 바로 그것인가보다. 남극기지전용 포도주이니만큼 질이 좋으리라 생각된다. 설혹 질이 좋지 않더라도 기지전용제품을 만들어 줄 정도로 관심을 가져준다는 것만으로도 기분좋은 것이다. 사람은 인정을 받을 때 새로운 힘이 솟는 법이다.

서울에 있는 임재우 씨가 신동아 4, 5, 11, 12월 호와 월간조선 11, 12월 호 등 월간지 6권을 보냈다. 책값에 우편요금 등 최소한 10만원은 든 것 같다. 포장해서 우체국까지 들고 간 것은 계산 안 했다. 더군다나 신동아 4, 5월호 2권은 반송된 것을 다시 부쳤으니 반송비도 2만원은 넘으리라. 고맙다. 내가 해주는 것이라고는 기지 일부인을 찍어서 보내주는 정도인데….

밤 10시경 서울연구소 허형택 소장으로부터 전화가 왔다. 월동하면서 처음 받아보는 소장의 전화이다. 소장은 대원들에게 안부를 전하며 소내 인사문제와 귀국문제에 관한 언급이 있었다. 이어서 부장은 연구소에 노조문제가 있으며 내년 1월 17일 칠레의 C-130편으로 2차 월동대가 기지에 도착할 예정이며, 우리는 2월 9일 C-130편으로 귀국시킬 계획임을 설명했다. 노조가 무엇인지는 몰라도 요사이 연구소에는 그러한 것이 생겼나 보다.

젠투펭귄은 90퍼센트이상이 부화되었으며, 90퍼센트이상이 2마리의 새끼를 갖고 있다. 큰 것은 벌써 어미키의 2/3정도이며 무게도 7백그램 내지 1킬로그램 정도이다. 반면 췬스트랩펭귄은 40퍼센트 이상이 부화되었다.

해안에서 전형적인 화강암 왕자갈 한 개를 채집했다. 이 섬의 대부분이 안산암 등 화산암 내지는 응회암 등 열파쇄성 퇴적암이기는 하나 심성암인 화강암이 있다는 것은 지질학적으로는 흥미있는 일이다.

**12월 26일**(월)

다면성 인성검사를 했다. 이 검사는 이번이 두 번째인데, 서울에서 할 때에는 집과 얼굴, 나무 등 그림도 그리게 했는데 오늘은 그림이 없었다. 이 검사는 비정상적인 사람을 대상으로 하는 것이라는 것을 한눈에 알 수 있다. 적어도 대개의 정상인이라면 거의 일어나지 않을 일을 묻는다. 이 방법으로 본인이 전혀 몰랐던 사실이 밝혀진다니 참으로 신기하기만 하다.

그림으로 그 사람의 심리상태를 읽는다는 것이 이론적으로는 가능하다고 생각되나 얼마나 많은 자료가 있는지 몰라도 그것으로 진단한다는 것은 상당히 어려우리라 생각된다. 기지에 월동하면서 심리가 어떻게 변했을까 궁금하다. 서울에서보다 합리적이 되고 환경에 적응되었을까, 아니면 더 단조로워지고 더 둔해졌을까? 무슨 변화가 있기는 있을 터인데 어떻게 해석될지 궁금하다.

텔레비전에서는 칠레 안데스산맥에서의 화산폭발을 보여주고 있다. 대자연은 살아서 움직인다.

오전, 오후에 바람없고 좋던 날씨가 저녁때에는 동풍에 눈이 날리기 시작해서 들이 부옇게 덮인다.

**12월 27일**(화)

2차 월동대에게 넘겨줄 사항들을 정리하기 시작했다. 국경일 기지에서의 의식, 맥스웰만에 출입하는 선박관계, 관광객들의 관심, 그린피스의 관심사항과 대비책, 급수방법, 해빙의 시기와 안전사항, 환경보호관계 심리검사, 칠레헬리콥터의 자료 등 크고 작은 여러가지 일이다.

간단하게 말하면 이들은 1차 월동대의 산 경험인 것이다. 이런 사항을 모르면 모르는 대로 살아갈 수 있으나 알면 좋은 것이다. 이런 사항을 다시 알려면 일년을 살아야 한다. 그럴 필요없이 먼저 경험한 사람이 정리해서 인계함으로써 빨리 알게 할 수 있는 것이다. 다음 팀은 새로운 것을 경험해서 살아감으로써 극지생활 경험이 증가하게 되는 것이다.

세종기지에서의 생활은 가족과 떨어져 단조로운 환경에서 살아야 한다는 것이 괴롭다고 생각된다. 행동지역이라고는 사방 3~4킬로미터 정도의 바튼반도가 전부이다.

물론 마리안 코브가 얼면 북쪽의 위버반도까지 확장될 수 있으나 그 기간은 두어 달에 불과하다. 간혹 고무보트로 10킬로미터 떨어진 중국과 칠레, 소련, 우루과이기지나 그보다 약간 가까운 아르헨티나기지 등을 갈 수도 있으나 그 재미도 한두 번이다. 언어와 문화, 피부가 다르고 그들이 우리를 불편하게 하듯이 우리도 그들을 불편하게 할 것이다.

반복되는 단조로운 생활과 식단, 매일 만나는 얼굴들, 제한된 휴식과 취침공간 등 무료한 생활이 문제이다. 쉬어도 쉬는 것이 아니고 대원들의 취향도 같지 않다.

클래식음악을 좋아하는 대원이 있는가 하면 그런 음악을 들으면 머리가 아프다는 대원도 있다. 머리야 안 아프겠지만 좋아하지 않는다는 뜻이리라. 당구도 바둑도 그렇다. 좋아하는 사람에게는 더할 수 없이 좋을 수도 있으나 그렇지 않은 경우에는 참기 어려운 소음일 수도 있다. 특히 잠들 무렵에는.

**12월 28일**(수)

오랜만에 부는 서풍에 얼음조각들이 밀려 들어와 마리안 코브가 유빙으로 덮였다.

오후에 쥬바니기지에 일출과 일몰관계 자료를 구하러 간 대원 3명에게 저녁먹을 즈음에 풍속이 세어지고 해상상태가 거칠어지면서 기지귀환보다는 아르헨티나기지에 머물 것을 지시했다. 쥬바니기지에도 사람이 많겠지만 해황이 나쁜데 불구하고 위험하게 돌아오는 것보다는 낫다.

밤 10시가 넘어서 KBS라디오와 인터뷰를 했다. 어제저녁부터 연락이 오다가 오늘밤에야 성사가 된 것이다. 요근래의 기상상태와 연구상황, 특히 킹 조지섬은 서울보다 덜 추울 것이고 따라서 방송을 듣는 사람이 놀랄 수도 있겠다.

오늘이 칠레기지의 대장 임무 교대식인데 특별한 연락이 없어서 참석을 안 했다. 그러고보니 작년 4~5월의 후보지 답사 때부터 알던 칠레기지대장과 마지막 이별을 제대로 못 했다. 귀국길에 산티아고에서 시간이 있으면 만나자.

**12월 29일**(목)

오후에 쥬바니기지의 신임월동대장인 아르만도 구스만 등 6명이 기지를 방문했다. 대장은 53세의 단단한 체격의 기계공 출신이며 25세때 처음 월동한 이래 지금까지 10번 월동을 했단다. 결국 2~3년마다 월동을 한 계산이 된다. 학자도 아니면서 남극에서 겨울을 열번씩이나 보낸 의지와 경험이 아르헨티나 남극연구의 밑거름이 된다는 생각이 든다.

아르헨티나는 1904년부터 오르카다스기지에 사람을 상주시키면서 남극의 영유권을 주장하고 있다. 아르헨티나는 대륙, 반도, 빙붕 등에 기지도 많으며 남극에 관심을 갖고 남극에서의 활동에 참여하는 사람이 많다. 이런 것이 역사의 전통이고 유산인 것이다.

올해 쥬바니기지에 우리 기지의 발전기와 같은 제조원인 캐터필러사 제품인 50킬로와트 발전기 2대를 신설한다며 발전동에 큰 관심을 보인다. 그들에게서 아르헨티나의 남극잡지 안타르티다 14, 15권을 받았다.

내용은 독창적이기보다는 과거에 있었던 자국 또는 타국의 남극 탐험활동을 회고하고 생물, 생존, 자연환경을 소개하는 내용들이다. 아르헨티나가 좀 더 부유하면 매년 발행할 수도 있으나 부정기적으로 1년에 한 권 또는 3년에 두 권 정도 나오는 책이다.

아르헨티나의 남극탐험사, 영유권관계와 남극정책을 보여주고 있다. 스웨덴 남극탐험대와 생활했던 아르헨티나의 남극탐험영웅 해군장교 호세 마리아 소브랄(1880.4.14~1961.4.14)의 탐험에 얽힌 빛바랜 사진들은 감동을 자아낸다.

어제는 헬리콥터가 고장이 나서 운행을 못 했으며 정비가 되는 대로 우편물을 갖다 주겠다니 기다려 보자.

칠레화산은 폭발을 계속해 용암이 2킬로미터씩이나 흘러 내린다. 안데스가 노했나?

폭풍설이 휩쓸고 간 자국

**12월 30일**(금)

어제 하루 종일 영상의 날씨에 바람이 거의 없던 좋은 날씨였는데 바람소리에 잠을 깰 정도로 밤사이에 날씨가 정반대로 바뀌었다. 거주동의 건물이 흔들릴 정도이니 풍속이 적어도 20미터 정도는 된다.

대기과학실에 나가보니 평균 기온 6.9℃에 북풍이 불며 평균풍속이 17.4미터이다. 세종기지와 연구소기를 고쳐 달고 고무보트를 끌어올렸다. 현대소가 넘치면서 폰툰 쪽으로 개울이 생겨 폰툰은 모래에 묻혀간다.

오후에는 실내청소를 끝내고 3시부터는 종무식 겸 다과회를 했다. 오렌지 주스에 과자와 통조림과일 칵테일을 놓고 관광선 월드 디스커버리호 선장이 선물한 하이네켄 맥주를 마시면서 1988년을 회고했다.

지난 1월 25일 서울을 떠났고 2월 6일에는 칠레에서 임차한 조사선 크루즈 데 프로워드호로 남미의 끝 푼타 아레나스를 떠났다. 10일에 건설중인 기지에 도착하여 이제 만 10달이 지났고 이제는 돌아갈 날을 손꼽아가고 있다. 여러 가지로 부족한 점과 어려움이 있었으나 안전사고나 큰 위험없이 잘 견디어 준 대원들이 고맙다.

풍속이 20~25미터 정도이면 모래가 날리고 30미터가 넘으니까 괴어 있는 물이 날리며 현대소 수면에 파고 10센티미터 정도의 파도가 인다. 35미터가 넘으면 부두벽에 완충용으로 달아 놓은 타이어가 파도에 부두 위로 밀려 올라오며 파도가 비처럼 날린다.

저녁 7시반~8시 사이에는 드디어 평균 풍속 30.8미터에 최대 순간 풍속 43.3미터에 달해서 기지 개소 이후 최대의 풍속을 기록했다. 1988년 끝을 최대의 바람으로 마감하려는지?

**12월 31일**(토)

어젯밤보다는 바람이 약해졌으나 여전히 센 북풍이다. 어제 바람과 파도에 밀려온 얼음으로 해안은 하얗게 덮여 있다.

연료보온장치 등에 이상없는 것이 풍속은 세었으나 풍향이 좋았나 보다. 그러나 빈 드럼통이 4~6번 저유탱크까지, 거리로는 100여 미터, 높이로는 거의 20미터 정도 밀려올라가고 무거운 타이어가 몇 개씩이나 부두에 밀려올라온 것은 바람의 위력을 증명하고도 남음이 있다.

1988년도 다 간다. 남극이 어떤 곳인지, 월동생활이 어떤 생활인지 모른 채, 막연한 기대와 불안감에 싸인 채 이곳에 와서 올해를 잘 보냈다는 생각이 든다. 여러 어려움, 특히 인위적인 어려움이 컸다고 생각된다. 무엇이 문제이고 그 대책이 무엇인지 파악도 못하고 임기응변도 있었을 것이고 막연하게 우왕좌왕도 했을 것이고, 반면 현명하게 판단해서 대책을 세웠을 때도 있을 것이다. 어떻든, 잘 된 경우가 훨씬 많을 것이라는 생각이 든다. 그러나 속으로 크게 두려워했던 두 가지 일, 안전사고와 화재가 안난 것이 무엇보다도 다행이라는 생각이 든다. 이 두가지는 해명이나 이유가 필요없다. 모두가 대장의 책임이고 과실인 것이다. 마지막까지 파헤치면 담당자나 관련 당사자들의 과실일 수 있겠지만 그렇더라도 지휘책임은 면할 길이 없다. 하느님의 도움으로 그런 일이 안 생긴 것이 천만다행이며 감사드린다.

이제 3주일 정도 있으면 2차 월동대가 올 것이고 2월 초순에는 우리가 이곳을 떠날 것이다. 그때까지 별일이 없도록 긴장을 해야 한다. 마지막 순간까지 긴장을 풀어서는 안 될 것이다. 마지막이 좋아야 모두가 좋은 것이다.

오전의 센 바람은 더욱 세어져 밤늦게는 평균풍속이 20미터가 넘었고 최고풍속은 36.4미터에 달했다. 어제에 이어 오늘도 센바람으로 연말을 장식하는가? 그렇더라도 북풍이어서 기온은 영상 8.8℃까지 이른다.

## 새해아침

**1989년 1월 1일**(일)

1989년 새해 아침, 일찍 깨었다.

북풍이 대단히 심하나 기온은 영상이다.

쌀, 음식, 술, 도라지나물, 북어, 다시마 등을 차려놓고, 냉수 떠 놓고, 촛불 켜놓고 第一次冬季隊祖上神位(제1차 동계대조상신위)라 써 벽에 붙이고 차례를 지냈다. 우리나라 최초의 남극기지인 세종기지에서 1차 월동대로 겨울을 보내고 새해를 맞이한 것은 분명히 우리들만의 노력이나 공은 아니다.

기지를 짓기까지 많은 사람들이 참여했으며 1년을 살아갈 수 있게끔 여러 사람들이 신경을 썼다. 직접 참여하지 않은 사람들이라도 남극에 관심을 표명하고 걱정했으리라. 대원들의 입장에서는 마음놓고 근무를 하게끔 한 가족들의 노고가 있는 것이다. 물론 조상님들의 눈에 보이지 않는 손길이 우리를 보호하고 있다. 오늘의 차례는 이 모두에게 감사하는 것이다.

떡만두국, 도라지무침과 건멸치볶음으로 새해아침을 먹었다.

오후에는 펭귄군서지를 찾아갔다. 스쿠아부부가 심하게 경계음을 발하고 거세게 위협비행을 하는 것을 보니 심상치 않다. 잘 관찰해 보니 스쿠아가 알 한 개를 부화시켰고 다른 한 개는 부화직전이다. 부화된 새끼는 병아리보다는 크며 솜털이 보수수한 것이 대단히 귀엽다. 새끼는 다

예쁘고 귀여운 것이다. 다른 알 한 개는 3밀리미터 정도로 알이 깨어져 있어 잘 들여다 보니 새끼스쿠아의 부리가 움직이고 있다. 스쿠아도 조류인지라 어미가 알을 깨어주면 새끼가 나오는 것이다. 스쿠아식구가 네 식구가 되니 어미스쿠아가 할 일이 더욱 많아지겠다. 그래서 그런지 펭귄군서지 주변에는 펭귄새끼시체도 여기저기 눈에 띈다. 스쿠아는 주로 내장만 파먹는 것 같다. 스쿠아는 다른 새들의 알도 훔쳐 먹는지라, 스쿠아에게 먹힌 알 껍질이나 조직이 군데군데 흩어져 있다.

가장 극적인 것은 자이언트 페트렐의 알이 조직이 만들어지다가 스쿠아에게 먹혀 붉은 조직 몇 덩어리와 피가 돌멩이 위에 떨어진 것이었다. 눈에 띄기 수 시간 전에 먹힌 것으로 생각되며 조직은 아직도 신선했다. 펭귄이 부화되면서 스쿠아에게 죽은 것도 있지만 겉으로는 외상이 없이 죽은 것도 있다. 길을 잃고 헤매다가 굶어 죽었나?

펭귄군서지의 아래 해안에는 코끼리해표 몇 마리가 한가로이 쉬고 있다. 코끼리해표는 남극물개 도살이후 도살된 해표이다. 큰 것 한마리 내에서 지방이 7백리터, 3드럼 반이 나온다는데….

시설담당인 윤민섭 대원과 기상학자인 이방용 대원은 해안에서 주워온 통나무로 장승을 만들고 있다. 해안에 굴러다니는 것은 보았으나 주워다가 장승을 만들 것이라고는 생각하지 못했다. 통나무의 유래는 모르겠으나 오랜 동안 기지 주변의 해안에서 온갖 풍상을 다 겪었으니 튼튼할 것이고 이제 한국솜씨로 천하대장군과 지하여장군을 조각하는 것이다.

사실 1987년 4~5월 기지 후보지 답사 당시 한국기지에는 장승을 세우자는 이야기가 있었으나 건설비가 삭감되면서 없어진 것이 생각난다. 그때에는 등대 건설안도 있었으나 함께 삭제되었다.

한국기지가 남극에 항해하는 선박들에게 무엇인가 도움을 주기 위해서는 등대가 필요하다는 생각이 난 것이다. 실제 칠레남극해안에도 등대들이 있다. 뚜렷한 표지가 없는 남극에서의 등대는 문명세계의 등대보다 훨씬 더 반갑고 기여하는 바가 크리라. 그런 맥락에서 한국의 냄새를 풍기기 위해서 장승도 세울 것이 거론되었으나 모두가 삭제되었던 것이다.

**1월 2일**(월)

휴일이어서 그런지 기지전체가 착 가라앉은 기분이다.

기지를 떠나기 전의 마지막 심리검사 설문지를 완성했다. 과거의 심리검사와는 달리 남극에 대한 의식과 월동생활의 어려운 점과 개선안을 제시하는 데에 주안점을 두었다. 월동생활을 다시 할 의향이 있는지의 여부로 설문지의 끝을 맺었다.

기지 서쪽 바닷가에서 황철석과 갈철석이 나뭇잎의 맥처럼 들어간, 수석의 문외한이 보아도 멋이 있는 20×10×5센티미터 정도의 유백색 자갈을 하나 주웠다. 학문적으로도 의미가 있겠으나 돌멩이 모으는 사람들은 분명히 좋아하겠다.

스쿠아의 알이 드디어 오늘 부화했단다. 입이 하나 더 늘었으니 어미 스쿠아는 더욱 열심히 펭귄새끼를 사냥해야겠다.

**1월 3일**(화)

오후에 기지를 떠나 펭귄군서지를 거쳐 해안을 따라 단층지역까지 갔다가 산을 넘어서 기지로 돌아왔다. 신과 옷도 무겁고 지면도 평탄치 않아서 4시간 정도를 걸으니 힘들다. 펭귄군서지의 스쿠아 알 두 개 다 부화되어 어미 스쿠아가 더욱 거세게 덤벼든다. '걱정하지마라. 나는 네 새끼들을 구경만 한다'고 속으로 중얼거렸다. 보존이 잘 된 물개 상악골과 상박골 각각 1개씩과 해표상박골 한 개를 해안에서 주운 것이 큰 수확이다. 상악골은 이빨도 몇 개씩이나 있고, 육질부분은 거의 부패가 되어 역한 냄새도 거의 안 난다. 단지 입천장 부근에 검게 변색된 육질이 남아있을 뿐이다.

해안에서는 코끼리해표 가족 약 70마리를 만났다. 코끼리해표는 몸은 둔해도 사람에게 우선 한두번 포효를 하고 덤벼들 기세를 취한다. 처음에는 구경만 하고 있었으나 덤벼드는 모습을 보니 해표를 굴복시켜야 되겠다는 생각이 강하게 솟구쳤다. 단순한 굴복이 아니라 유혈을 낭자하게 해서 이겨야 되겠다는 대단히 잔인한 생각이 무럭무럭 솟았다. 이래서는 안 되는데 하면서 해표를 쫓아보내고 발길을 돌렸다

오후 3시경 칠레의 까치가 우편물을 갖고 왔단다. 이용훈 주칠레 한국

대사님의 카드가 왔다. 지난번 기지에서 보낸 카드를 받으신 증거다. 광주에 사는 극지봉투 수집가인 장세영선생님이 월간조선 12월 호를 보냈다. 서울의 정치소식은 알면 흥미가 생기지만, 몰라도 괜찮고 아직은 먼 세계의 일로 생각하고 싶다.

오기세선생의 봉함엽서 내용으로는 1985년 한국남극관측 탐험대의 대장이던 홍석하 씨가 주축이 되어 남극점에 가려는 움직임이 있는 것 같다. 남극점은 여기와 다르며 엄청난 준비와 노력이 필요하고 생명의 위험이 있다. 그러나 남극점에 도달하려는 움직임이 있다는 사실이 반갑다. 남극대륙 빙상에서는 문자 그대로 얼음과 하늘 외에는 보이는 것이 없으리라. 기회만 된다면 참여하고 싶다.

서울연구소의 여직원인 최은진양이 카드를 보내왔다. 서울을 떠나기 한 달전에 들어와서 접촉이 별로 많지 않았는데 여자인지라 극지에서 고생한다는 애틋한 마음에 카드를 보냈으리라. 그 카드는 레몬향기가 나는 카드이다. "대장님 카드는 더 크고 향기가 더 진합니다"라고 어느 대원이 농담섞인 질투의 말을 한다. 남자학교에서 4년을 살다 보니 남학생을 이해하게 되었고 못하는 노래가 없다는 그 여직원이 고맙다.

꼬마들한테서 카드가 왔다. 색연필로 그림을 그리고 만화식으로 글도 썼는데 꼬마들의 카드만드는 모습이 보이는 듯하다. 카드는 정성이 필요하다는 엄마의 말에 성의를 다해서 만든 것으로 생각된다.

돼지고기볶음, 김치볶음, 도라지나물과 버섯국으로 저녁을 먹고 늦게까지 극지봉투 수집가들에게 답신을 썼다. 답신이 귀찮더라도 대장은 민간외교관이라는 사실을 기억하니 거기에 충실하자.

내일 새벽 5시 KBS에서 인터뷰요청 전화가 있다는 이야기를 듣고 잠자리에 들었다.

**1월 4일**(수)

어젯밤 인터뷰요청 때문에 긴장이 되었는지 평소보다 이른 5시 10분에 눈이 떠졌다. 서풍이 비교적 세고 영상의 기온에 시계는 좋다.

5시 20분경 KBS보도본부에서 전화가 와서 준비했다. 날씨와 새해아침식단, 어려운 점, 월동경험, 건강여부, 가족과의 별리, 식생활, 연구,

우편물관계 등 대원들의 사생활과 기지에서의 활동전반에 관한 것들이다. 신선한 야채와 과일이 없다는 것 외에는 문제점이 없고 건강하며 잘 있다고 답변했다. 대답도 그렇게 했지만 사실도 그렇다.

설혹 세세히 따지면 어려운 점과 부족한 점이 있겠으나 그런 사실을 서울에 알릴 필요는 없는 것이다. 말이란 돌고 돌면 과장될 것이고 상당수의 대원들의 가족에게 알려질 것이다. 그보다는 문제없이 잘 있는 것이 대원이나 가족에게 좋은 것이다. 서울이 영하7.2℃이니 여기보다 훨씬 춥다.

시무식을 끝내고 지난 달 20일에 이어 2차 기지 대청소를 했다. 신년새해를 청소와 더불어 시작한다는 것이 이상하게 생각될 수도 있으나, 눈이 녹으면서 기지 주변에 쓰레기가 하나하나 나타나고 있다. 대원들이 모인 김에 해치우기로 생각했고 대원들의 생각도 나와 같아서 호응도가 높았다.

철사, 나무, 스치로폴, 천조각, 비닐 등 20~30포대분의 쓰레기가 수거되었다. 대부분이 기지 건설에 따르는 쓰레기이고 생활관계 쓰레기는 얼마 안 된다.

산티아고에 있는 하준걸 대원으로부터 팩시밀리가 왔다. 제2차 대한민국 남극과학연구단 30여 명은 16일 칠레의 C-130을 임차해서 들어온다는 사실을 알려준다. 숙소에는 큰 어려움이 없어 보인다. 현재의 거주동과 하계 연구동과 4, 5번 컨테이너에 모두 50명은 잘 수 있다. 안 되면 연구실 등 방법을 찾아야겠다.

발전기 기술자가 7일 칠레기지에 몇 시간 체류하는 동안 우리 기지까지 와서 냉각수통의 누수현상을 보아준다는 것은 현실적으로 어렵다는 생각이 든다. 본인은 구경 겸 오고 싶겠지만 날씨도 날씨려니와 고무보트가 여의치 않으면 왕복 헬리콥터 비용도 적지않은 것이다.

**1월 5일**(목)

오전내내 쓰레기 분리작업을 했다. 탈 것과 타지 않을 것으로 나누는데, 안 탈 것의 대부분은 철물과 유리다. 탈 것은 태울 수 있는 것과 태울 수 없는 고무, 플라스틱, 비닐류로 나누어야 한다. 남극을 깨끗하게 보존하자는 환경보호문제도 있고 그린피스와의 약속을 이행하는 작업이다. 어제의 수거도 힘들지만 오늘의 분리작업도 쉬운 것이 아니다. 시설담당 대원들의 지원요청을 이해할 만도 하다.

내일 오후 2시 반부터 3시 사이에 뉴질랜드와 영국의 합동 기지검열단 6명이 기지를 검열하겠다는 연락이 왔다. 현재 그들은 엔듀어런스호라는 영국선박에 있단다. 지난 11월 소련사람들이 하는 식의 검열이라면 괜찮다. 그러고 보니 어제 오늘의 기지청소는 내일을 예상하고 한 것 같은 기분이 든다.

오후에 고무보트로 칠레기지까지 가서 가져온 우편물 가운데에는 임재우 씨가 보낸 아리랑음악카드가 있었다. 오랜만에 들어봐도 아리랑은 역시 대한민국의 가락이다. 대원 모두가 신기한 듯 귀기울여 듣는다.

오늘 우편물 가운데 영국에서 보낸 책이 포함되어 있다. 언제인가 결함이 있는 책을 보낸 기억이 있다. 그런데 포장지를 보니 영국에서 온 것이 아니고 폴란드기지에서 온 것이다. 칠레우체국에서 잘못해서 폴란드기지까지 갔다 돌아온 것이다. 전번편지에 쓴 우편료 반환의 수표는 없다. 새 책을 떠나기 전에 받은 것만으로도 기분이 유쾌하다. 영국은 역시 상도의가 발달했다는 생각이 든다. 손님이 왕인 것이다.

칠레 헬리콥터 조종사인 에스피노사 대위가 오늘 들어온 C-130편으로 산티아고로 교육받으러 간다며 인사차 무전이 왔다. 고맙다. 한 1년간 여기에서 같이 살고 얼굴을 알다 보니 인사를 받는다. 그런 것은 인사고 예의니 피부색깔과 문화나 국적은 상관없는 것이리라.

밤 10시 20분경 연구소에서 전화가 왔다. 서울시간으로 1월 7일 12시경 신임과기처장관이 연구소를 방문하니 대기하라는 내용과 귀국할 때 단체로 들어오라는 내용이다. 그러고 보니 이제는 돌아갈 때가 된 것 같다. 아직도 한 달 이상이나 남았는데…….

한참 자다가 전화벨소리에 깨었다. 수화기를 드니 스페인 남극연구단원들이 기지를 방문했단다. 눈을 비비고 시계를 보니 0시 20분이다. 옷을 주섬주섬 입고 나가니 6명의 스페인 해군들이 연구동을 둘러보고 있다. 어젯밤에 맥스웰만에 입항한 선박은 스페인 남극 연구단의 선박 라스 팔마스호이다. 예인선을 개조했으며 46미터길이에 엔진은 7천마력이며 1천5백톤이다. 현재 과학자 24명을 포함, 54명이 승선하고 있단다.

스페인은 여기에서 남서쪽으로 2백킬로미터 정도 떨어진 남 쉐틀란드 군도의 리빙스톤섬 사우스만에 현재 왕의 이름을 딴 후안 카를로스 1세 하계기지를 건설해 12월부터 3월말까지 8명이 주변의 자연환경을 연구하고 있다고 설명한다. 작년 2월 준공식에 참석했던 마뉴엘 카따랴느 박사가 단장이다. 연구원들은 아르헨티나의 우슈아이아까지는 비행기로 와서 라스팔마스호에 승선했다. 기지시설을 둘러보고 새벽 1시경에 돌아갔다. 출항이 임박했거나 아니면 낮에는 도저히 시간을 낼 수 없어서 이렇게 한밤중에 올라 왔으리라.

자신들도 이 시간에 방문한다는 것이 비정상적인 일인 줄 알면서도 방문했으리라. 이것이 남극인 것이다. 보고는 싶고, 시간은 여의치 않아 한밤중에라도 올라오는 것이다. 손님한테 찡그릴 수도 없는 것이 한국사람인 것이다. 기지도 보여주고 대한민국 남극과학연구를 소개할 기회가 생겼다는 좋은 점도 있다.

**1월 6일**(금)

오후 3시 반 뉴질랜드인 3명과 영국인 3명으로 구성된 합동검열단이 황색과 녹색의 영국해군 링스헬리콥터로 도착했다. 이들이 타고 온 배는 며칠 전 맥스웰만에 들어온 붉은 선복, 흰 함교의 3천5백톤짜리 인내라는 의미의 엔듀어런스호이다. 이 배는 1914~1917년 남극의 영웅 섀클튼의 선박과 같은 이름이다. 선령이 30년이나 시속 15노트인 영국 해군 소속의 배이다.

검열 내용은 남극조약 협의 당사국 회의에서 만든 내용인지라, 지난번 소련검열단의 내용과 같다. 어제는 칠레 마쉬기지와 중국의 장성기지를 검열했고, 오전에는 소련의 벨링스하우젠기지와 우루과이의 아르티가스기지를 검열했다. 내일은 애드미럴티만에 있는 브라질의 코만단테 페라스기지와 폴란드의 아르토우스키기지를 검열할 예정이다. 킹 조지섬에는 8개 나라의 상주기지가 있으므로 한 번 오기만 하면 수확이 크다.

검열단원의 한 사람은 니젤 본너 박사이다. 1953년 남극에 처음 왔고 56년부터는 물개연구를 시작하고 몇 년전에는 영국남극조사소 부소장을 역임한 세계적인 물개와 고래연구의 권위자다. 흰 수염으로 덮인 얼굴이 인상적이다. 올해 봄 늦게 「물개 핸드북」이 출판될 예정이라는 사실도 이야기해준다. 본인은 모르겠지만 몇 년전 편지를 써서 남극포유류 논문과 남극 환경보호 논문을 받은 적이 있다.

오늘 기지검열이 있다는 사실을 전혀 모르는 상태에서 그저께와 어제 기지 대청소를 한 사실은 무엇인가 보이지 않는 손이 도와 준 기분이 든다. 신년업무부터 청소를 한다는 것은 나쁘게 볼 이유도 없으나 그렇다고 특히 찾아서 할 만한 일도 아닌 것 같은데, 날씨가 좋았고 기지를 깨끗이 해야 되겠다는 생각에 시작한 청소였는데 아주 잘 한 일이 되어 버렸다.

밤 11시 반부터 서울의 전화에 대기했다. 드디어 0시 10분 신임 이상희 과기처장관과 통화가 되었다. 제2차 대한민국 남극과학연구단의 발단식이 끝났으며, 1월 10일 서울을 떠날 예정이며 모두들 건강에 유의하고 연구성과를 많이 내고 새해 복 많이 받으라는 내용이다. 교신상태가 좋지는 않았으나 이야기를 또박또박 잘 하신다는 것이 첫인상이다. 이상희 장관님은 몇년 전인가 국회의원시절 부산일보에서 주최한 해양관계 학술회의에서 본 적이 있다. 키가 크고 흰 머리가 많고 안경을 쓴 것으로 기억된다.

하루 종일 영상의 기온에 바람이 거의 없는 좋은 날씨다.

**1월 7일**(토)

1차 동계대의 액자를 걸었다. 얼마 전에 찍은 단체사진을 가운데 두고 대원들의 얼굴을 둥글게 오리고 아래에는 이름과 직책을 영어로 썼다. 흑백이기는 하나 그래도 아름다운 멋이 있다. 2차, 3차 월동대의 사진이 계속 붙으면서 우리 기지에도 연륜이 쌓이게 될 것이다.

저녁때 아르헨티나 기지대장 외 4명이 건너와 같이 식사하면서 한 잔 두 잔 마시던 붉은 포도주에 취해 자다가 깨어 건너왔다.

**1월 8일**(일)

새벽에 마리안 코브를 무심히 바라다 보니 스쿠아가 해면 위의 상공에 정지한 채 떠 있다. 스쿠아가 바다로 나오는 일은 흔한 일이 아니다. 아니나 다를까, 물속에서 나오는 가마우지를 공격한다. 가마우지도 지지 않으려고 덤비다가 물속으로 숨는다. 물속으로 숨어봐야 멀리 가지 못할 것이라는 것을 알고 있는 스쿠아는 또 덤벼든다. 쫓고 쫓기는 숨바꼭질을 상당히 길게 하다가 스쿠아는 결국 가마우지를 놓친 채 사라진다. 저렇게 스쿠아가 가마우지를 공격한다는 것은 가마우지가 스쿠아에게 죽음을 당할 수 있다는 것을 의미하는 것이리라.

저녁때 서울과 전화를 함으로써 제2차 대한민국 남극과학연구단의 규모가 밝혀졌다. 월동대는 14명이고 하계조사대도 14명이며, 해수담수화기수리와 관련한 핀란드인 2명과 올해에 새로이 시설하는 간섭계관계인 2명 등이 온단다.

하계대의 1/3은 육상조사그룹이고, 2/3는 해양조사그룹이다. 작년에 빌렸던 칠레선박을 다시 빌리고 대부분의 연구원들은 16일 또는 17일 푼타 아레나스에서 C-130을 이용하고 몇 명은 조사선편으로 올 예정이란다.

우리는 2월 8일 칠레공군의 정기 C-130수송기편으로 나갈 예정이다. 열흘 정도 있으면 30명 이상이 도착하고 한 달 정도 있으면 우리는 여기를 떠나게 된다. 이제는 다 끝난 것이나 다름없다는 생각이 든다.

**1월 9일**(월)

아침 9시경 아르헨티나 기지대원 5명이 떠난 이후 종일 공동작업을 했다. 2차월동대의 식품과 생활용품을 쌓아놓을 공간을 만드는 작업이다. 컨테이너에서 끌어낼 것은 끌어내고 내부를 정리했다. 장비동앞의 강철판을 컨테이너 안으로 옮기고 유효기간이 지난 라면을 소각하여 폐기했으며 쓰레기들을 소각했다.

대원들이 별로 좋아하지도 않는 라면은 상당량 있었으나 소비기간도 지났고 부피만 차지한다. 기름에 튀긴 것이라 잘 탄다. 혹시 외국선박이나 기지에서 연기를 볼까 신경쓰면서 다 태워버렸다.

먹는 것을 태워버린다는 점에서는 죄스러운 생각이 드나 유효보존기간도 지났고 라면 아니라도 먹을 것이 있고 또 당장 짐을 쌓아둘 공간이 필요한 것이다.

영상의 기온에 바람이 거의 없는 날이라 창고 내부정리 등으로 바쁜 날 이다.

**1월 10일**(화)

서울에서 휴가 5일 포함하여 귀국소요일수는 10일이며, 귀국 후 2주일 휴식이라는 전문이 왔다. 휴가 5일을 포함해서 10일 만에 귀국하라는 뜻은 귀국에 최소의 시간만을 쓰라는 뜻이다. 얼마전 연구소의 이야기가 귀국 소요일수는 5일이나 초과될 경우에는 서면으로 허가를 받으면 된다고해서 7일인가 8일을 신청했으나 허가가 안 나온 셈이다. 5일 만에 들어갈 수도 있으나 무척 급하다는 생각이 든다.

귀국 소요일수가 증가하면 출장비를 지급해야 하니 예산을 절약한다는 것도 생각할 수 있으리라. 그렇더라도 5일 만에 귀국 하려면 푼타 아레나스, 산티아고, 미국 등지에서 4일을 자야한다는 뜻이니 대단히 급하다. 가능은 하겠으나 조금도 여유가 없다는 생각이 든다. 반면, 귀국후 휴가는 큰 경비가 안 들기에 우리가 요청한 대로 2주일로 결정한 것 같다. 그럴 줄 알았으면 4주 정도를 해보는 것인데….

며칠 전 채집한 남극물개 두개골을 부식시키기 위하여 수산화칼륨 용액에 담갔다. 겉으로 보기에는 거의 다 부패되었으나 아직도 부패되는 냄새가 난다.

**1월 11일**(수)

어제 서울에서 온 휴가와 귀국관계 전문으로 같이 모여서 이야기했다. 휴가없이 곧장 귀국하자는 감정적인 의견도 있었으나 휴가는 갖기로 했다. 그러나 어디로 가느냐에는 의견이 많았다. 페루의 마추 픽추, 브라질의 이과수폭포, 미국의 로스앤젤레스 주변, 아니면 칠레의 관광지역 등이 거론된다.

여러가지 사실을 고려해서 로스앤젤레스에서 휴가를 보내기로 하고 휴가포함 귀국소요일을 14일간으로 잡았다. 산티아고에서 미국비자를 받는 데에 긴 시간이 필요하리라 생각된다. 그 외에 귀국 후 2주간의 유급휴가를 준다면, 서울도착부터 2주일되는 날까지 근무계약이 되어 있어야 할 것이다.

그러나 외부에서 들어온 인원의 대부분은 그 전에 계약이 만료된다. 따라서 제도적으로 분명히 해둘 필요가 있는 것이다. 이야기된 내용들을 정리해서 연구소로 발신했다. 휴가포함 귀국소요일수가 10일이 넘는다면 허가를 얻어야 된다니 허가를 얻으려면 행정적인 노력이 필요한 것이다.

**1월 12일**(목)

영상기온에 바람이 거의 없는 좋은 날씨다.

점심때쯤 되어서 아르헨티나 기지대장 외 2명이 기지에 왔다. 그 중의 한 사람은 안과계통 질병환자이다. 비프스테이크, 아르헨티나식 수프와 오렌지주스로 점심을 먹고 환자는 의사한테 진찰을 받았다. 증세는 대단한 것 같지 않아도 의사가 보는 것과 안 보는 것은 환자에게 심리적으로 큰 차이가 있을 것이다.

아르헨티나 기지대원들은 부에노스 아이레스에서 근무하는 경우, 월수입이 미화 3백불 정도이며, 그 정도로 2~3인 가족이 자동차를 몰며 중산층생활을 한단다. 남극에 오면 2달 수입이 1년수입과 같다. 그렇더라도 남극근무를 자원하는 사람은 많지 않아서 하계대의 경우, 거의 같은 사람이 다시 오는 실정이라고 이야기한다. "돈 없어도 좋으니 인생을 즐기자"는 생활태도인가? 파격적인 보수에도 남극에 올 의사가 없어서 아르헨티나 기지 월동대는 의사없이 견디는 것이다.

저녁때 그들이 돌아갈 때, 이선생은 콘택과 테라마이신, 부스코판 등을 주고 사용경우와 사용방법을 설명해 주었다. 약이름은 달라도 성분은 치유효과가 있는 것이다.

## 세종기지의 장승

**1월 13일**(금)

오늘은 세종기지에 가장 한국적인 기념물이 섰다. 다름아니라 시설담당 대원들이 장승을 만들어 부두의 바위 옆에 세운 것이다. 얼마 전 작업하는 것을 본 기억이 있는데 오늘 완성된 것이다. 장승의 인물은 월간지에 나오는 장승 가운데에서 가장 권위있는 모습대로 깎아 만들었고 기지에서 구할 수 있는 페인트로 칠도 했다.

글씨는 한시에 조예가 깊은 김박사가 썼다. 장승의 지름은 20센티미터 정도이고 짧아서 콘크리트관 기초로 받쳐도 키가 작아서 그렇지 잘 생긴 장승이다. 이제 한국기지를 방문하는 사람들은 한국적인 장승을 보고 동양의 신비함을 생각하리라.

장승은 최근 들어 우리나라 국민의 종교적 신앙과는 거리가 먼 것이다. 단지 우리 조상들은 장승이 마을을 지켜주는 수호신으로 믿었던 것이다.

장승은 이제 제1차 월동대의 작품이 되어서 기지를 지킬 것이다.

오전에는 바람 거의 없고 좋던 날씨가 오후에 들어서면서 바람이 세어져 칠레 남극연구소장이 기지를 방문하지 못했다.

**1월 14일**(토)

제2차 남극연구단이 오기 전 마지막 회의를 했다. 여러가지 어려운 점이 많았으나 그래도 큰 문제없이 월동생활을 끝내게 된 데 대하여 대원들에게 감사를 표하고, 남극생활이 단 한번의 경험으로 끝나게 되더라도 남극생활에 대한 긍정적인 자세를 갖도록 당부했으며, 마지막으로 얼마 안 남은 월동생활을 잘 끝맺자고 이야기를 맺었다.

월동생활의 마지막 심리조사를 했다. 지금까지의 조사처럼 단순한 월동생활의 감정조사가 아닌 남극을 생각할 때 연상하는 것, 남극에 오게 된 동기, 급여, 기쁨, 괴로움, 건강상태, 감정상태, 대우, 월동에 대한 소감, 식욕 등 월동생활 전반에 관한 질문이다. 인간의 욕심이나 희망은 끝이 없는 것이겠으나 그래도 심리상태를 파악해야 한다. 기발한 아이디

한국적인 정취가 풍기는 기지의 장승

어나 생각 못한 건설적 의견이 나올 수도 있다.

점심먹고 마지막 도라지를 찢었다. 물에 불린 도라지를 손톱이나 젓가락으로 찢는 것으로 벌써 몇 차례 해왔으나 이제는 찢을 도라지가 더 없다. 2차대가 오게 되면 도라지 반찬을 먹을 수 있으리라.

어제 못 와서 오늘 오겠다던 칠레 남극연구소장은 안 왔다. 맥스웰만에는 칠레해군의 선박과 칠레 남극연구선, 아르헨티나의 남극보급선 바이하 파라이소가 정박해 있다.

**1월 15일**(일)

칠레 남극연구선은 출항했으며 붉은 선복의 다른 배 한 척이 들어오고 있다. 대부분의 남극연구가 남극의 여름에 수행되므로 선박의 출입이 잦다. 더군다나 킹 조지섬에는 8개 나라의 상주기지가 있으며 남극반도 서쪽에 있는 기지들로 출입하는 배들이 들르는 곳이라 선박의 출입이 더욱 많아진다.

저녁을 먹고 펭귄군서지를 찾아갔다. 펭귄새끼들은 상당히 커서 어미와 떨어져 자기들끼리 모여 소위 유치원을 이루고 있다. 그러나 아직도 알을 2개씩이나 또는 새끼 한 마리에 알 한 개를 품고 있는 펭귄들도 간혹 있다. 아직도 부화되지 않은 알들은 무정란일 터인데 어미는 그냥 품고있다.

스쿠아의 새끼들도 상당히 커져서 이제는 중병아리 정도이다. 펭귄새끼들의 시체는 그렇게 많이 눈에 띄지 않는 것으로 보아 스쿠아들이 먹어버린 것 같다. 간혹 발견되는 말라버린 새끼펭귄의 껍질이 비극적인 죽음을 말할 따름이다.

스쿠아는 여전히 펭귄군서지 근처에서 호시탐탐 기다리고 있다. 쫓아도 잘 달아나지 않는다. 기다리는 것이 스쿠아의 최대무기라는 조류학자의 말이 기억난다.

**1월 16일**(월)

예정대로 된다면 오늘은 제2차 대한민국 남극과학연구단이 칠레 C-130으로 도착하는 날이다. 안개가 낮게 깔려 시계는 나쁘나 높은 구름 위에는 햇빛이 찬란하다. 이 정도의 날씨면 C-130이 충분히 오리라 마음이 놓인다. 9시경 구름이 서서히 걷히면서 마리안 코브에서 유빙은 많이 흘러나간다.

9시 10분 칠레기지에 알아보니 C-130은 아직 푼타 아레나스를 이륙 안 했으며 2월의 C-130운항에 대해서는 아는 바가 없단다. 드디어 11시 55분 ,관제탑에 불이 켜지고 오후 1시 40분에 C-130이 도착했다.

오늘의 비행기는 어제 와야 할 정기편이 기상관계로 하루 늦게 온 것이며 우리나라가 전세낸 C-130은 오늘밤이나 내일 올 것이라고 비행관계장교가 설명한다. 오늘 온 C-130이 오후 5시 10분에 이륙했으니 그

편으로 오기에는 너무 늦고 그렇다고 다른 C-130으로 올 것 같지도 않다는 생각이 든다.

드디어 저녁 9시 20분 8,880킬로헤르츠로 조사선 크루즈 데 프로워드와 교신이 되었다. 조사선은 15일 저녁 7시 반에 푼타 아레나스를 떠나서 마젤란해협을 지나 비글해협을 통과중이며 5명이 승선하고 있다. 기지 도착은 19일로 예정되어 있으며, 칠레공군기로는 28명이 올 예정이다. 33명의 새 식구가 일시에 오나 연구동과 비상숙소를 이용하면 숙박에는 문제가 없다. 4, 5번 컨테이너를 포함, 숙소를 준비한 지 며칠되었고 쓸데 없는 것을 태워서 창고도 최대로 비워 두었다.

밤 10시경 중국 장성기지를 불렀으나 응답이 없다. 날씨가 물론 가장 중요한 요인이 되겠으나 중국바지선 오는 대로 전대원이 붙어서 하역하면 곧 끝날 것이다.

어제 입항한 붉은 선박인 브라질 남극연구보급선인 바론 데 떼페호와 칠레 해로선박 뻴로도 빠르또호는 나갔다. 반면 옐초호는 입항하여 정박했으며 폴라 듀크호는 들어 왔다가 나간다. 하늘도 바쁘지만 바다도 바쁘다.

저녁때 아르헨티나기지대원 3명이 기지를 방문했다. 그중의 한 사람은 외과의사인데 대장이란다. 얼마 전에 신임대장이 왔었는데…. 아르헨티나기지에서는 남극에 근무하는 경우 본국 급여의 6배를 받는데 대개의 경우 1,800~2,000불 선이란다. 이 급여로는 근무하려는 의사가 없어서 이번에 월 3천불의 파격적인 대우로 의사를 근무시키기로 하고 며칠 전에 기지에 도착했단다. 직책도 연구와 기지관리의 책임자인 기지대장이라고 한다.

의사라는 직업은 어느 곳에서든지 부르조아인가? 지난번에 왔던 기계공출신의 심경은 어떨까? 미리 알았나? 아니면 급작스러운 조치인가? 아르헨티나기지운영도 이해못할 것 같다.

**1월 17일**(화)

영상의 날씨에 바람은 거의 없으나 흐리고 가랑비가 날린다.

10시 55분에 조사선은 남미 끝에서 피항중이라는 소식을 전한다. 우리가 여기에 올 때와 같은 경우이다. 드레이크해협을 쉽사리 건널 수 없는 것이다.

11시 20분 뜻밖에 송원오 부장한테서 무전이 왔다. 칠레수송기로 오는 인원 28명은 이미 칠레기지에 도착해서 호텔에서 대기중이다. 오늘의 기상으로는 헬리콥터 비행이 불가능하다고 칠레공군이 판단한 것이다. 아침의 기상이 나빠서 칠레수송기가 못 올 것으로 생각했으나 예상을 깨고 온 것이다. 게다가 칠레기지에서는 이 비행기가 우리나라의 전세편이라는 사실을 알고 있었을 터이나 무슨 일인지 푼타 아레나스의 이륙과 마쉬기지의 도착사실을 우리에게 통보하지 않았다.

11시경에 도착한 팀은 오늘은 그냥 칠레기지에 묵으면서 중국기지를 방문하여 의례적인 인사를 할 계획을 갖고 있다.

장성기지에 조사선 도착 관계를 설명하고 바지선의 협조를 구하는 전문을 보냈다.

저녁 8시 조사선의 이야기로는 오늘 새벽 3시 40분부터 그때까지 피항하고 있으며 밤 11시 기상상태를 받아보고 출항시간을 결정하겠단다. 11시교신에는 닻을 올리고 떠날 준비를 하니 거의 20시간 가깝게 피항하는 셈이 된다. 우라가 올 때보다 훨씬 오래 피항한다.

남미끝은 현재 비가 오고 있으며 배는 많이 흔들린단다. 비글해협은 산으로 둘러싸인 좁은 해협이니 웬만한 날씨에도 항해가 가능하나 일단 넓은 바다로 나오면 항해가 쉽지 않다. 조사선이 이 상태로 온다면 19일 밤 늦게나 20일 일찍이 기지에 도착할 것 같다.

오늘 저녁은 아르헨티나기지에서 갖고 온 남극 대구찌개이다. 기지앞에 연구용으로 쳐둔 그물에 걸린 남극 대구를 일부는 연구용으로 보관하고 일부는 식용으로 하고 있는 것이다. 며칠 전 아르헨티나 기지대원들이 냉동된 남극 대구 1통을 갖고왔다. 생각했던 것보다 기름기는 적으나, 특히 맛이 있다고는 생각 안 되며 단지 싱싱하고 담백한 맛이 있어 좋았다.

**1월 18일**(수)

어젯밤부터 영하로 떨어진 기온에 바람이 상당히 분다.

9시 40분 마쉬공항관제탑과 활주로에 점등신호가 들어온다. 헬리콥터가 이륙할 것인가? 그러나 9시 30분 현재 지난 30분간의 평균 풍속은 11.8미터에 최대 풍속은 19.9미터이다. 10시 5분에 점등신호는 꺼졌다. 아마도 공항사용을 포기했나보다.

11시 40분 조사선과 연락이 되었다. 현재의 위치는 남위 57° 10′, 서경 65° 31′이며 평균 속도는 8.5노트이니 어제 저녁 11시 출항이후 1백해리 정도를 항해한 셈이다. 이러한 상태로 가면 20일 오후에나 들어올 것 같다.

내일 10시경에는 헬리콥터비행이 가능하다니 기다려보자. 1만7천킬로미터를 잘 날아와서 마지막 10킬로미터에서 고전하고 있다. 1만7천킬로미터는 마지막 1천2백킬로미터를 제외하고는 문명의 세계이기에 기상문제가 없고 마지막 1천2백킬로미터의 관문도 비교적 잘 통과했으나, 여기 10킬로미터에서는 대자연의 위력에 꼼짝 못하고 있는 것이다.

12월초순 이후 처음으로 일평균기온이 영하로 떨어졌고 바람도 비교적 심하게 부는 하루다.

**1월 19일**(목)

9시 현재 조사선은 남위 60° 03′, 서경 62° 09′을 항해중이다. 드디어 남극권에 들어온 것이다. 이 상태로 항해한다면 내일 03시경에는 기지에 도착될 것 같다고 이야기했다.

새벽의 날씨는 좋지 않았으나 아침이 되면서 호전되어 드디어 10시에 제2차 대한민국 남극과학연구단 제1진이 칠레헬리콥터편으로 기지에 도착했다. 거의가 다 잘 알던 사람들이다. 하계연구대와 월동대원 대부분과 담수화장비 기술자인 핀란드인도 2명이나 왔다.

대부분의 사람에게 남극은 처음이지만 머릿속에서 그린 혹한의 남극은 아니기에 어떻게 생각할까? 가혹한 남극도 있는 반면, 기온면에서는 우리나라 겨울보다도 온화한 남극도 있다. 그러기에 이 섬에는 여덟 나라의 상주기지가 모여있는 것이다. 더군다나 지금은 여름인 것이다.

오후에는 새로이 도착한 사람들에게 기지의 개황을 설명하고 기지에서의 생활을 안내했다. 멀리 나갈 때에는 이야기하고 나갈 것을 당부했다.

중국바지는 오늘은 날씨가 나빠서 못 오고 내일 오전에 오겠다는 연락이왔다.

오늘 점심과 저녁에는 2차 남극연구단이 가져온 귤이 후식으로 제공되었다. 지난 10월 하순 브라질의 귤을 먹어 본 이후 처음 먹는 귤이다. 귤을 씹을 때 그동안 귤맛을 잃어버린 기분이 든다. 저녁때에는 신선한 상추쌈을 먹었다. 콩나물, 숙주나물 외에는 몇 달 만에 먹어보는 푸른잎의 신선한 야채인 것이다. 상추는 고소해서 고추장이든 된장이든 다른 양념은 필요없다.

**1월 20일**(금)

조사선은 새벽 3시에 도착했다. 같이 온 5명의 표정은 파도에 고생하기는 했으나 기지에 왔으므로 안심하는 표정들이다.

아침을 먹고나서 영하의 날씨에 바람이 약간 있으나 고무보트를 이용해서 우선 식품부터 내렸다. 식품이 크고 무겁게 포장되지 않았다는 점도 있으나 먹는 것이고 상하는 것이기에 우선 내리는 것이다.

상자에 닭을 그린 냉동닭, 육류라고 쓴 비닐에 싼 붉은 색의 돌덩어리처럼 언 쇠고기, 돌멩이처럼 언 대가리 잘라낸 큼직한 여러종류의 생선, 비닐포대에 들어있는 당근과 양배추, 그물포대에 들어있는 호박, 양파, 감자, 상자에 든 사과, 복숭아, 귤 등의 과일과 배추김치, 무김치, 젓갈류 등 기지에서는 모두가 귀한 식품들이다. 소주, 위스키, 맥주, 꼬냑, 포도주, 청주, 법주 등 술도 다양하게 준비했다.

식품과 다양한 주류를 본 첫 느낌은 2차 월동대는 우리보다 준비를 훨씬 잘 했다는 생각이 든다. 역사는 발전해야지, 반복하면 안 되는 것이다. 육류, 어류 등 냉동을 필요로 하는 식품은 배의 냉동고에 보관했으나 그 외의 물품은 선실에다 가득히 쌓아놓아서 끄집어내는 데에 적지 않은 고생을 했다. 침대 아래에까지 집어넣어서 일일이 엎드려서 꺼내야만 했다. 다 같은 남극 연구원들의 짐이니까 대원들이 불평없이 노동을 했지, 아니면 상당한 불평을 했으리라.

아침도 새로 가져온 야채로 만든 샐러드를 먹고, 점심에도 새로이 담가온 김치를 먹었다. 저녁은 떨어지고 시든 잎을 모아 만든 겉저리 등

주로 야채를 먹었다.

무엇보다도 배추가 신선해서 좋았다. 지금까지 먹던 군냄새가 나거나, 통조림으로 만드느라 삶아서 싱싱한 기운이 없던 김치가 아닌 것이다. 저녁때에는 후식으로 일년 만에 복숭아를 먹었다. 우리나라의 백도보다는 못 하지만 그래도 신선한 과일이다.

**1월 21일**(토)

아침부터 온다던 중국기지의 바지선은 점심을 먹고난 후 수륙양용탱크와 함께 도착했다. 그들은 장비 2종류로 도와줄 의도인 것 같다. 그러나 수륙양용탱크의 용도는 그렇게 크지 않기에 장성기지로 귀환했다. 중국 장성기지 신임 월동대장인 이과(李果)와 대원이 직접 조종해서 2차례에 걸쳐 컨테이너 한 개분의 화물과 50킬로그램들이 프로판가스 30통과 작은 물품 등을 전부 양륙했다. 오늘분의 하역을 다 끝내니 밤 12시다. 피곤하기는 했으나 그래도 오늘의 작업이 성공적으로 되었다는 점에서는 만족스럽고 기쁘다.

**1월 22일**(일)

바지선이 4왕복하면서 모든 하역을 끝냈다. 컨테이너 문을 열고 지게차가 재주좋게 짐을 갑판에 내려놓거나 바지선에 올려놓거나 아니면 여러 대원들이 협력해서 힘으로 해결하는 등 예상보다 빨리 끝냈다. 1차 월동대는 서울로 돌아갈 기분으로, 2차 월동대는 자기네가 일년간 쓸 물건이기에 힘드는 줄 모르고 하역했다.

크루즈 데 프로워드호의 선장은 키가 큰 62세의 칠레해군대령 출신인 페데리꼬 혼씨이다. 칠레 해군선박 삘로또 빠르도호의 선장을 2년간 해서 남극해의 항해경험이 많기도 하고 선박의 홀수가 얕다는 점도 있겠으나 헌신적으로 우리의 하역을 도와 주었다. 한 번은 만조를 이용해서 중국바지선을 가운데 넣고 배를 직접 부두 끝에 붙이기도 했다. 선박을 가능하면 부두 가까이 대주어 여러 모로 하역작업이 쉬웠다.

남극항해시 한 번은 안개와 눈보라 속에서 위치를 잃어버렸는데 날씨가 개어서 보니 예상했던 지점에서 무려 60분, 1백킬로미터 이상이나 벗어난 경험이 있다며 무서웠던 순간을 추억하기도 했다.

중국의 수륙양용탱크

중국 바지선은 기름 4드럼을 연료로 보충해 주겠다는 제안을 고사하고 저녁 9시 소련기지로 떠났다. 어제는 소련기지가 쓰겠다는 신청을 했다는데, 우리가 먼저 지난 11~12월부터 사용신청을 했길래 우리를 먼저 도와준 것이다.

이 바지선은 쓸모가 있어서 맥스웰만 부근의 여러 기지에서 사용 주문이 밀린다. 기지간에는 무료라는 사실을 굳게 강조하기에 사용료지불은 생각안했다. 그러나 하역 때문에 소비한 기름을 채워주겠다는 제의를 왜 굳이 사양하는지 이해를 못 하겠다.

서울에 하역완료를 전하는 통화에서 우리는 2월 8일 칠레공군기로 킹조지섬을 떠나도록 협조가 되었으며 휴가 5일을 포함해서 귀국 소요일수는 10일이란다.

우리의 요망사항은 받아들여지지 않았고 결국 최소의 일자만 허용한 셈이다. 책상에 앉아있는 사람은 현지의 어려움이나 바람은 모르고 예산대로, 상식대로, 심하게 말하면, 하고 싶은 대로 한다는 생각이 든다.

**1월 23일**(월)

장성기지에 하역을 도와주어서 고맙다는 전문을 보냈다. 이어서 주칠레 한국대사관에 2월 8일의 기지 출발 사실을 알려주면서 협조를 구하는 전문을 보냈다. 염려하던 하역이 빨리 끝난 이제는 우리의 귀국이 현안 문제가 된 것이다.

유효기간 3개월짜리 칠레 체류비자를 받아 입국해서 일년 이상을 살았으니 칠레법에 저촉이 될 것이다. 미국 비자가 없는 대원들은 미국 비자를 받아야 한다. 아무리 귀국경유차 미국에 입국하더라도 비자가 필요하리라.

미국에서는 남미에서 오는 사람과 짐은 마약 때문에 철저하게 검색하니 우리라고 예외일 수는 없으리라. 이런 서류들은 대사관의 협조없이 우리가 일일이 만들 수도 있지만 협조가 있으면 대단히 쉽게 되리라.

김용탁 대원에게 하계 연구대로 온 건국대학교 축산학자 정길생 교수의 연구 재료획득에 협조토록 했다. 정교수의 연구주제는 물개류의 번식생리인데, 물개류를 포획해서 생식기관과 혈액을 채취해야 한다. 그러나 서울에서 준비한 물개마취방법이 현실성이 없어 보였다. 따라서 우리가 협조해야할 필요가 있다고 생각된다. 김용탁 대원도 정교수 작업의 어려움을 아는지 협조하겠노라고 선선히 대답한다.

**1월 24일**(화)

오전에는 바람이 세지 않아서 바다가 비교적 평온해서 우루과이의 아르티가스기지를 방문했다. 방문용건은 의례적인 이유도 있으나 얼음시추작업과 예정된 칠레비행기가 결항할 경우 2월 11～13일 사이에 오는 비행기에 탑승할 수 있도록 협조를 구하는 데에 있다.

얼음시추건은 우루과이기지의 동쪽에 발달한 빙원에서 얼음을 시추할 때 그들의 도움이 필요하기 때문이다. 얼음시추건은 아무런 문제없고 비행기 탑승도 큰 문제는 없을 것이라는 답변을 들었다. 일방적인 협조를 부탁하는 것이 미안해서 세종기지 방문을 정식으로 제안했다.

오후에는 칠레선박 옐초호의 선장인 산티아고 머피 로하스 중령과 불란서의 일간지 「르 피가로」지 여기자인 사빈느 르 까르빵띠에르양 등이 기지를 방문했다. 불란서 여기자는 미인은 아니나 통통한 몸매에 활동적인 여자로 옐초에 편승하여 남극반도 일대를 항해하다가 배가 맥스웰만에 들어오자 선장과 함께 기지를 방문한 것이다. 기지를 설명하고 떠나기 전 국기 옆에서 사진을 찍고 파리의 주소와 전화번호를 적어두었다. 기름묻은 해군구명조끼를 입은 모습이 극지에 나올 만한 용기와 능력이 있는 여자로 보인다.

담배를 피우는 대원들은 물자가 하역되면서 2차 월동대의 총무와 교섭하여 담배를 구매한 것 같다. 입에 맞는 담배가 공급되면서는 중국 담배가 푸대접을 받아 대부분의 대원들이 중국담배를 버리거나 기념품으로 서울에 가져간다고 싸 둔다. 서울에서는 분명히 중국담배가 좋은 선물이 되리라.

**1월 25일**(수)

오전에 칠레공군기편으로 뉴욕주립대학교의 김재수 박사가 도착했다. 60이 넘은 나이에 중키이며 몸은 마른 편이고 비교적 말이 없다. 고층대기물리연구용 간섭계를 설치하고 동작시키는 법을 알려 주어서 자료를 획득하려는 것이 목적이다.

김재수 박사는 칠레에 머무는 동안에 한국학생시위가 두 번씩이나 칠레텔레비전에 방영되었다고 염려하는 표정이다. 요즈음 학생들의 시위는 때가 없는 것 같다. 요사이는 무슨 이유로 학생들이 시위를 하는가?

오후에 해안을 걷다보니 죽은 가마우지 한 마리가 밀려와 있다. 시체가 상당히 커서 섬짓한 마음에 제대로 관찰을 못했지만 신선하고 머리쪽 상처 외에는 큰 외상이 없는 것 같다. 혹시 전번에 본 대로 스쿠아의 공격을 받아서 죽은 것인가? 그러고 보니 스쿠아는 자신 외에는 천적이 없는 것 같다. 지난 3월인가 눈 위에서 본 스쿠아 시체는 같은 스쿠아한테 먹힌 것일 게다.

펭귄군서지의 펭귄새끼들은 이제는 어미 정도로 커서 저희들끼리 모이기에 둥우리가 이제는 큰 의미가 없다. 서서히 어미 곁을 떠날 때가 되어온 것 같다.

어제와 오늘 정교수와 김대원은 해표 생식기관을 문제없이 채집하는 것으로 생각된다.

**1월 26일**(목)

오전에는 아르헨티나 쥬바니기지로 가서 카를로스 리날디 아르헨티나 남극연구소장을 방문했다. 사실은 어제 오전 이야기로는 오늘 11시 반경 리날디 박사가 세종기지를 방문할 것이라 말했으나 무슨 이유에서인지 오기가 어려우니 우리에게 와 달라는 연락을 받았던 것이다.

1987년 9월 아르헨티나 방문시에 만나 본 60대의 지질학자인 할아버지소장이다. 작년 11월 서울에서 있었던 제1회 국제 남극 과학학술대회는 초청장을 너무 늦게 받아서 못 갔노라고 섭섭한 표정을 지었다. 내년 우리나라의 남극연구를 위해서는 자국의 남극보급선 바이하 파라이소호를 이용하게끔 도와주겠으며 주 아르헨티나 한국대사관이 자기와 계속적인 접촉을 갖도록 요청했다.

저녁 먹은 뒤 몇 시간은 아르헨티나기지에서 온 부에노스 아이레스대학교 심리학자와 월동생활 전반에 관한 의견을 개진했다. 월동대 구성, 인선 문제점, 인계사항, 휴가, 급여, 연구-지원간의 문제점, 대장으로서의 어려움, 남극연구에 참여하게된 동기, 앞으로의 계속 참여의사 등 광범위한 것이었다.

대개의 경우, 전문가로부터 이러한 질문을 받으면 마음이 썩 내키지 않는다는 것이 솔직한 답변이다. 오늘의 경우도 예외는 아니었다. 그러나 그들이 외국인이라는 점도 있었고, 그보다는 그들의 태도가 진지해서 나도 모르게 그들에게 최선을 다해서 협조했다. 물론 답변자의 신분은 밝히지 않는다는 전제하에 성실히 답변했다.

교수는 영어를 거의 못했으나 동행한 조교로 보이는 남자와 여자 덕분에 의사소통은 큰 어려움이 없었다. 대장으로서 가장 두려운 것은 대원의 안전사고와 기지의 화재라고 답변했다. 그 두 문제만 없으면 나머지는 염려할 것이 아니다. 다시 월동하겠느냐는 질문에 주저없이 다시 하겠노라고 답변했다. 이유를 묻기에 신기한 남극의 환경이 개인적으로 매력이 있고 연구직은 서울이나 남극이나 책상에 앉아있는 만큼 기지에서의 생활에 큰 어려움이 없다는 것을 설명했다.

연구업무는 단순업무의 반복이 아니기에 언제나 신기하고 흥미로운 것이다. 따라서 주변의 환경이 큰 문제는 아니다. 게다가 주변이 얼핏 보면 바람만 불고 흰 눈과 얼음으로 덮인 것 같아도 날씨와 기지 주변의 지형과 생물, 지면이 매일매일 바뀐다. 따라서 기지 주변은 항상 변하는 것이다. 단지 문제라고 한다면 문명세계에서와 같이 많은 사람과 다채로운 시설이 없다는 것이 문제이다. 그것은 개인의 태도와 흥미의 방향이 문제이지 시설, 그 자체는 큰 문제가 아니라고 생각된다. 단지 문명세계에 있는 가족이 염려되지만 잘 견디리라고 막연한 기대를 갖는다.

**1월 28일**(토)

떠날 날이 하루하루 다가온다.

주변의 사람들에게 돌멩이 하나를 줍는 것보다 이끼붙은 돌멩이가, 남극의 생명체가 함께 있다는 점에서 보다 좋은 남극적인 선물일 것이라 생각된다.

저녁 먹고 나서 요즈음의 서울이야기를 들었다. 학생들의 교수에 대한 태도는 우리의 학생때와는 많이 달라졌다. 우리나라는 유교문화권이기에 군사부일체(君師父一體)라고 배워 왔는데 최근 들어서는 철저한 개인위주의 의식구조와 행동으로 바뀌고 있단다.

젊은이는 젊은이대로 이유가 있겠으나 최근의 급속한 경제성장과 밀려들어오는 외국, 특히 일부 일본과 미국의 잘못된 풍조, 부모들인 우리 기성세대의 무교육과 비교육적인 태도에 기인된다고 나름대로 생각된다.

최근에는 경제가 성장이 되어서 겨울에는 스키장이 미어지고 '스키 못 가면 사람축에 끼이지 못한다'는데, 이 이야기가 극소수의 사람에게 해당되는 이야기라고 생각은 드나, 이러한 의식구조와 태도는 성실한 대다수의 국민들에게는 위화감을 주리라. 대학교 교수 급여로 스키를 못 가니 스키를 즐긴다면 극소수 자유업자 내지는 불로소득자들일 것이다. 사람은 혼자사는 게 아니고 같이 사는 사회적 동물이다.

혁명이 일어나면 부유층이 민저 그 책임을 져야한다는 옛날 불란서에서 튜니지학생의 이야기가 기억난다. 그 학생의 논리는 부유한 사람은 개인의 노력보다는 부모, 국가, 사회제도, 근로자 등에 힘입은 바 크며, 개인의 노력이라면 거의가 반사회적, 불법적 행위라는 논리였다. 우리나라의 경우는 어떨지 몰라도 상당부분은 해당되리라.

해외여행이 자유화되고 소지할 수 있는 외화의 액수가 증가되면서 좋은 영향도 있으나 부작용도 크리라 생각된다.

## 아르헨티나 남극보급선의 침몰과 구조

**1월 29일**(일)

오후 2시 40분경 조사선에서 아르헨티나 남극보급선 바이하 파라이소호가 세종기지에서 4백킬로미터 정도 남서쪽으로 떨어져 있는 앤버스섬 소재 미국 파머기지 앞에서 좌초했다며 구조의사 유무를 타진해 왔다.

현재 좌초된 선박은 바위 위에 얹힌 상태이며 끌어내려고 아르헨티나 비행기가 펌프를 포함한 장비와 인원을 마쉬기지로 공수할 예정이라는 설명도 덧붙였다. 2시 40분경 우리의 의사를 타진할 때에는 구조에 소용되는 일체의 용선료는 선박회사 부담이라고 답변했다. 그러나 3시경 의논차 조사선에 도착해 선장과 논의할 때에의 선장의 이야기는 구조작업은 단지 용선주인 한국과 피구조자인 아르헨티나 사이의 문제이며, 일체의 비용은 양측의 부담이라는 의사를 분명히 했다. 20분 동안에 선장은 선박회사와 협의해서 그렇게 결정했던 것 같다.

구조작업에 얼마나 긴 시간이 소요될지 모르나 첫째는, 우리의 연구작업이 지장을 받고 둘째는, 연료와 부대경비를 제외한 순수용선료만 일수 백만원 가까이 지불되고 셋째, 구조에 부수적으로 생길 수 있는 일체의 생명이나 재산의 책임이 우리측에 있다고 생각할 때 구조비용에 대한 언급이 없는 아르헨티나측의 단순한 구조요청만으로 구조에 나서기는 어렵다는 생각이 우리측의 지배적인 생각이었다.

그러나 밤 11시 30분경 쥬바니기지에서 경비를 부담한다는 전제하에서 구조요청이 왔다. 우리의 연구계획이 어긋나도 인명의 구조는 중요한 것이기에 도와주기로 결정했다.

**1월 30일**(월)

영상의 기온에 흐리고 바람이 약간 있다. 지난 21~22일 하역한 이후 날씨가 가장 나쁜 날로 생각된다.

오늘 새벽 1시경에는 쥬바니기지에서 2명의 아르헨티나 기지대원이 아르헨티나 남극연구소장의 편지를 갖고 왔단다. 구조결정에 감사하고 한국도 같은 경우가 생기면 구조해 주겠다는 의례적인 편지이며 비용관계에 대해서는 일체의 언급이 없었다. 그렇더라도 어젯밤 11시 반의 구조요청은 같은 사람의 행위로 보아야 하므로 비용문제는 앞으로 문제가 아니라는 생각이 든다. 그들에게 수중램프와 잠수복 등의 장비를 빌려주었다.

아침 7시경 현재 조사선은 칠레기지 앞에서 아르헨티나에서 공수된 장비를 선적중에 있다. 어제 정오경 날아온 C-130은 아르헨티나 비행기로 생각되며 오늘 새벽 3시, 5시에도 날아왔다. 아르헨티나의 쇄빙선 알미란테 이리자호는 현재 사고해역으로 항해중이며, 사고선박은 길이 1×9미터(또는15미터)의 크기로 찢어져 잠수부 15명이 5~20일간의 작업을 필요로 한단다. 대단히 급박하다는 생각이 든다. 탑재된 헬리콥터 2대는 갑판이 경사져서 비행불능이란다. 배가 상당히 많이 기울어진 것으로 생각된다.

서울연구소로 구조활동관계를 보고하려고 하니 팩시밀리가 불통이다. 소위 "가는 날이 장날인가?" 이럴 때에 안 통할 것이 무엇이람?

12시 반경 송박사와 하준걸 대원이 현장구조차 기지를 떠났다. 몇몇 대원이 구조에 나설 의사를 비쳤지만 거절하기로 결정했다. 어떤 위험이 있을지 모르는 상황에서 최소의 사람만을 현장에 보내자는 의견이 지배적이었다. 두 사람의 표정이 처연하다.

사고해역은 남위 65°경이 된다. 한번도 가본 적이 없는 곳이고 그럴 일이야 없어야겠지만 생명의 위험도 없다고 이야기할 수는 없다. 송부장이 제일 어른이니 제일 중요한 일을 하라는 젊은 사람들의 뜻을 송부장이 거절하지 못해서 가는 것이 아닌지? 하대원은 유일하게 스페인말을 할 줄 아는 사람이다. 8,890킬로헤르츠나 2,250킬로헤르츠로 아침 9시, 저녁 9시에 교신하기로 했다.

조사선은 마쉬기지에서 장비와 인원을 싣고 쥬바니기지로 가서 식품을 싣고 드디어 4시 반 사고해역으로 출발했다.

저녁 9시 조사선을 불렀으나 답변이 없다. 교신시간을 잊어버렸나? 아니면 무슨 일이 생겼나? 불안해진다. 기지에서의 바람은 세지 않으나 조사선은 원양에 나가 있다.

서울과의 통신은 여전히 안 된다. 내일은 해결책을 찾아야겠다.

**1월 31일**(화)

마쉬기지를 불러서 산티아고 주재 한국대사관에 서울연구소와 통신이 두절되었으며 조사선이 아르헨티나 선박구난차 출항했음을 알려달라고 의뢰했다. 여기의 상황을 길고 자세하게 설명하기는 어렵고 일단 중요상황만 간단명료하게 연락하면 된다.

조사선은 오늘 아침 9시에도 안 나오더니 드디어 1시 30분에 나와서 3시간 후에는 현장에 도착할 것이라고 알려왔다. 지난 밤엔 파도가 심해서 배가 25°까지 기울어졌으나 마땅히 피할 곳이 없어서 항해를 계속했단다.

경사 25°이면 대단한 기울기다. 모든 사람들이 배가 뒤집어지는 것으로 알았을 것이다. 생존이니 비상이니 해도 전복되면 다 죽는다. SOS를 한들 누가 구조하러 올 것인가?

저녁 5시 조사선은 현장에 도착했으며 7시 반경 조사선이 만 안쪽에 정박했을 때에는 바이하 파라이소호는 15°가량 기울어진 채 바위 위에 얹혀있었다. 그러나 9시 25분경 "침몰직전"이라며 급히 쥬바니기지와 마쉬기지로 연락해 달라는 요청이 왔다. 마쉬기지를 몇 번이나 불렀으나 응답없다. 다 퇴근했는가? 할 수 없이 아르티가스기지를 불러서 현장의 소식을 전하고 쥬바니기지와 마쉬기지 및 아르헨티나소속의 발베 은신처에 통보를 요청했다. 드디어 9시 55분 바이하 파라이소호는 침몰했으며, 조사선은 54명을 구조해서 내일 아침 날이 밝으면 출발하겠노라고 알려온다. 아르티가스 기지에 같은 사실을 통보했다. 한참 지나서 마쉬기지와 발베가 무전기에 나왔다. 아르티가스기지의 이야기를 못 믿겠다는 듯 다시 한번 확인하는 것이다. 안 됐지만 연락온 대로 "바이하 파라이소는 침몰"이라고 답변했다.

사고당시의 상황은 알 수 없으나, 어쨌든 1981년에 건조한 1만4천톤짜리의 훌륭한 남극보급선을 한 척 잃어버렸다. 며칠 전에 내년의 물자 운반 협조를 하겠다던 바로 그 선박이다. 남극은 해도도 부정확하고 조사 안된 곳이 많아 순간적인 부주의나 실수는 돌이킬 수 없는 손해를 초래할 수 있는 것이다.

**2월 1일**(수)

어제 저녁 연구소로 팩시밀리 2장을 전송했으나 전화는 안 된다. 오늘도 연구소와 산티아고 한국대사관으로 전화통화를 시도했으나 안 된다. 전화가 되기도 하고 안 되기도 한다. 어딘가 고장난 것으로 생각된다. 연구소에서 상당히 궁금할 터인데 연락할 방법이 마쉬기지를 통하는 수밖에는 없다.

바이하 파라이소호는 1월 29일이 아닌 28일에 좌초되었으며 마쉬기지는 긴급 구조요청신호를 28일에 접수했으나 무슨 이유에서인지 조사선에서는 29일 오후 2시 40분에 연락을 받았다. 28일에 알았어도 결과에는 차이가 없을지 모르나 석연치 않다.

**2월 2일**(목)

조사선은 새벽 3시 40분, 기지 앞에 도착했다. 구조된 승객과 물자를 쥬바니기지에 내려놓고 돌아온 것이다. 좌초 당시 바이하 파라이소호에는 기름이 7백톤 적재되어 있었으며 헬리콥터 2대도 구출하지 못했단다. 기름 7백톤이면 3천5백드럼인데 이들이 남극바다를 더럽히면 부근에 있는 동식물에게 큰 영향을 미치리라.

그저께 저녁 9시 반경 아르헨티나선박이 기우뚱 기우뚱하더니 전복되어 침몰되었다고 최후의 순간을 목격한 사람이 설명한다. 승객들은 좌초직후 전원 구출되어 스페인 남극연구선인 라스팔마스호로 미국 파머기지

제1차 대한민국 남극과학연구단 월동대원들

로 수송되었거나 우리 조사선에 승선했다.

아르헨티나는 그렇지 않아도 경제난이 심하다는데 건조비 6천만불 상당의 배와 대당 1천5백만불짜리 헬리콥터 2대 등 거의 1억불을 남극해에 가라앉혔다. 너무 아깝다.

거기에다가 기름으로 남극바다를 오염시켰다. 기름은 시간이 흐르면 없어지고 생물들도 다시 번식하고 생장하겠으나 그게 언제인가가 문제다. 남극의 자연을 훼손, 파괴했으며 엄청난 물질적 손해를 입었다. 인명 피해없는 것이 천만다행이다.

1월 30일 오후 맥스웰만을 벗어나 31일 아침 남극반도의 젤라슈해협을 들어설 때까지 배가 굉장히 흔들렸단다. 무전으로는 25°기울어졌다고 알려왔으나 모두 죽는 줄로만 알았단다. 노련한 선장의 이야기도 정상적이라면 피항해야할 것이나 피할 곳이 없어서 그냥 항해를 계속했단다. 배는 갔지만 승객 대부분은 멀미로 쓰러져 밥도 못 먹고 죽은 듯이 있다가 젤라슈해협으로 들어오면서 하나 둘 일어나기 시작했다.

밤에 연구소에 바이하 파라이소호 구조출동 경위를 설명했다. 이어서 우리들의 귀국일정을 알려왔다. 2월 8일 칠레기지를 떠나 푼타 아레나스에 도착한 뒤, 1박하고 다음날 푼타 아레나스를 이륙해서 산티아고에 도착하고 다음날 산티아고를 이륙해서 미국을 경유하여 휴가후 16일 오전에 대한항공을 타고 17일 저녁 5시 20분에 서울에 도착하는 일정이다.

결국 휴가 5일 포함해서 10일 만의 귀국이다. 우리는 14일을 요청했는데 10일로 된 것이다. 논리적으로는 가능할지 몰라도 우리에게는 조금도 여유가 없다. 월동대원들이 하루라도 늦게 들어가는 것이 그렇게도 기분나쁜가? 아니면 그렇게도 예산이 부족한가?

**2월 3일**(금)

피복을 반납하면서 방한복과 우의 등이 비교적 새것이기에 낡은 피복을 갖고있는 대원들과 바꾸었다. 그들은 야외작업이 많아서 기름이 묻고 낡은 것이다. 좋은 옷을 놓고 갈 필요가 없다. 1차대가 놓고가는 옷들은 어차피 작업복이 될 터인데….

**2월 4일**(토)

해양조사를 하러 조사선에 승선했다.

선장이 바이하 파라이소호의 침몰 경위를 설명했다. 그에 따르면 사고선박은 미국 파머기지 남동쪽의 만으로 정박하러 외양에서 해안쪽, 즉 서쪽에서 동쪽으로 가다가 1월 29일 오후 3시 반경 암초를 받았다. 뱃머리쪽에 큰 구멍이 뚫려 남남서쪽으로 5백미터 정도 흘러갔다.

처음에는 뱃꼬리부분 왼쪽이 물위에 나타났으나 시간이 가면서 뱃머리가 물위에 나타나게 되었으며, 결국 전복하여 침몰한 것이다. 뚫린 구멍을 막고 물을 뽑아낸다는 것이 생각처럼 쉽지는 않았으리라. 게다가 기관실이 침수되면서 발전을 하지 못했기 때문에 전기로 여는 헬리콥터격납고문을 열지 못했다. 결국 대당 1백억원 정도의 비싼 헬리콥터 2대도 건지지 못했다.

기지로 돌아올 때 칠레 남극연구소가 임차한 알카사호를 사고부근의 두머섬 사우스만에서 보았단다. 이 배는 긴급구조신호를 못 받았는가?

**2월 5일**(일)

맥스웰만 가운데 수심 496미터와 436미터 등 비교적 깊은 곳은 환경이 주변과 현저하게 다르다는 것을 알게 되었다. 퇴적물 색깔이 완전히 흑색이고 적어도 육안으로는 일체의 생물체도 없으며 흔적도 안 보인다. 수심이 갑자기 깊어지는 웅덩이 환경이므로 해수의 순환이 없어서 산소의 공급이 없고 따라서 생물이 살지 못하는 것 같다.

맥스웰만 자체가 피요르드이고 곳에 따라서는 웅덩이나 깊은 계곡이 발달할 것이다. 이러한 곳은 해수의 순환이 잘 되지 않을 수도 있을 것이다.

얼음 때문에 조사가 곤란한 곳을 빼고 얼음을 피해서 칠레기지 앞으로 가서 정박했다.

**2월 6일**(월)

잠자리를 바꾼 탓인지 일찍 눈이 떠진다.

소시지 2개와 빵으로 아침을 먹었다.

오전 기지 북쪽 콜린스만 수심 50미터 정도의 지점에서 퇴적물은 완전히 썩었다. 새우젓 썩은 냄새가 역겨워 구역질이 난다.

새우젓냄새는 허옇게 썩는 크릴에 기인한다. 왜 이런 현상이 생길까? 어제와 같은 원리로 보기에는 수심이 너무 얕다. 수심이 절대 필요충분조건이 아니라면 지형적 이유 내지는 해수의 유동이 독특해서 해수가 순환하지 못하는가? 아니면 다른 무슨 이유가 있는가?

메슥거리는 속 때문에 작업을 제대로 못하는 연구원과 함께 간신히 연구재료를 채집했다. 연구에는 시체라도 필요한 것이다.

**2월 7일**(화)

마쉬기지에서 내일 10시경 C-130이 도착하여 오후 3시경 이륙 예정이니 12시까지는 탑승할 인원과 화물을 자기네 공항에 도착시키라는 연락이 왔다.

평소에 자주 만났던 아르헨티나 기지대원 5명이 이별의 인사차 찾아왔다. 그저께 이별파티를 하자고 연락이 왔을 때 어려울 것 같아서 거절했더니 이렇게 찾아온 것이다. 언어와 문화가 달라도 사람이 없는 남극이라는 이곳에서 친하게 지낸 정의 표시이다.

필요한 이야기는 자기 나라의 모국어로는 못하고 외국어와 손짓과 표정으로 의사와 감정을 소통시키면서도 자주 보게 되니 친하게 되었다. 잘 하면 내년에 또 만날 수도 있으리라.

아르티가스기지와 중국기지에게 출발인사를 했다.

김재수 교수의 고층대기물리현상에 관한 세미나가 있었는데 관심을 가지고 들었다.

## 칠레 공군 마쉬기지 이륙

**2월 8일**(수)

어제 저녁 몇 가지 술을 섞어 마셨으나 기분좋게 마셔서인지 일찍 눈을 떴다.

오늘 세종기지를 출발해 귀국길에 오른다는 생각에 들떠서 아침도 안 먹고 짐을 옮겼다. 한참 바쁘게 왔다갔다 하는데 우루과이 아르티가스기지 대장과 군의관 등이 고무보트로 기지에 왔다. 손님에 대한 인사는 아니었으나 곧 출발한다고 생각하니 같이 이야기를 할 수 없었다.

11시 50분경 조사선은 마쉬기지 앞에 정박했다. 우리 기지를 자주 찾았던 아르헨티나 쥬바니기지의 다이버 생물학자인 다니엘은 고무보트로 딸아이와 이별을 고했다.

드디어 3시 50분 우리 제1차 대한민국 남극과학연구단 월동 조사대 13명을 태운 칠레공군기 C-130은 굉음을 내며 안개 속에서 마쉬기지를 이륙해서 구름 위를 비행했다. 구름 사이로 보이는 얼음으로 덮인 킹 조지섬을 뒤로 하고 비행기는 곧 드레이크해협 위를 날고 있다. 귀가 멍멍해져 침을 들이키며 비행기소음을 억지로 참았다. 이제 한 두어 시간이면 사람이 사는 문명세계에 닿는다.

남극도 좋았고, 킹 조지섬도 좋았으며 세종기지도 좋았고 월동 생활도 좋았다. 이제 돌아가지만 다시 돌아와 월동을 또 하겠노라고 다짐하는 사이에 비행기는 킹 조지섬에서 멀어만 간다.

**蔣舜槿**

부산 중·고등학교 졸업
서울대학교 문리과 대학 지질학과 졸업
서울대학교 대학원 지질학과 졸업
불란서 보르도 Ⅰ대학교 해양지질학 박사
1985년 한국남극관측 탐험대에 참가
1987년 2월~1989년 2월 대한민국 남극과학 연구단 제1차 월동조사대장
1989년 2월~현재, 한국해양연구소 극지연구센터부장
1990년 12월~1991년 12월 제4차 월동조사대장

**하얀 지평선**

---

지은이 · 장순근
펴낸이 · 이수용
펴낸곳 · 秀文出版社

---

1992년 1월 5일 초판인쇄
1992년 1월 10일 초판발행

출판등록 1988. 2. 15 제 7－35호
132－033 서울 도봉구 쌍문3동 103－1
전화) 904－4774, 994－2626 팩시) 906－0707

---


ISBN 89－7301－026－3